Maximilian Harden

Apostata

Maximilian Harden

Apostata

ISBN/EAN: 9783742895400

Hergestellt in Europa, USA, Kanada, Australien, Japan

Cover: Foto ©Thomas Meinert / pixelio.de

Manufactured and distributed by brebook publishing software
(www.brebook.com)

Maximilian Harden

Apostata

Apostata.

Von

Maximilian Harden.

Zweite Auflage (4. Tausend).

Berlin 1892.
Verlag von Georg Stilke.

Vorwort.

Die guten Feinde tragen die Schuld. Dem Drängen der Freunde, die auf seinen Wochenwanderungen durch die „Gegenwart" den anfangs befremdlichen, dann ihnen vertrauten Apostata geduldig begleitet haben, dem hätte ich vielleicht nicht nachgegeben, weil, was der Tag geboren hat, in kreisender Uebergangzeit gar zu rasch gealtert nicht nur, auch veraltet erscheint. Aber mein abtrünniger Freund erwarb sich auch Haß, weit über Verdienst, und da ward er stolz und wollte in prächtigerem Gewande erscheinen und bohrte und pochte und mahnte Tag für Tag; und trotz seinem undeutschen, von dem Kaiser, den der Galiläer bezwang, entlehnten Namen hielt er es mit dem deutschen Weisheitkünder, mit Ludwig Feuerbach, dem Ueberwinder transcendentaler Gespinste, der gesagt hat: Es ist ehrenvoll, von der Dummheit gehaßt zu werden; es ist beneidenswerth, von der Gemeinheit gehaßt zu werden. Die guten Feinde also tragen die Schuld.

Was Apostata will? Sein Ehrgeiz schwindelt nicht hoch, nicht höher als zu dem Ruhme des kleinen Knaben, der — in Andersen's Märchensatire von des Kaisers neuen Kleidern — dem von den Schranzen belogenen und sich selbst belügenden Potentaten, als der in vermeintlichen Prunkgewanden gar eitel einherstolzirt, entgegenruft: „Aber er hat ja nichts an!" Dem Kaiser nämlich hatten zwei schlaue Betrüger ein Kleid aus köstlichem Stoffe versprochen, der die wunderbare Eigenschaft besitzen sollte, jedem Dummen und Unfähigen unsichtbar zu sein. Und da Niemand in den Verdacht der Dummheit und Unfähigkeit gerathen mochte, pries alle Welt des nackten Kaisers neue Kleider, bis des kleinen Kindes Ruf dem Betruge ein Ende machte und zuletzt alles Volk rief: „Aber er hat ja nichts an!"

An Betrogenen und an Betrügern ist auch in unserer gar nicht mehr märchenhaften Zeit kein Mangel und des Kindes Ruf könnte Wunder wirken, wenn es ihm gelänge, das Marktgeschrei der abgehetzten Parteigreise zu übertönen. In der Stadt des Kaisers, der für jede Stunde des Tages einen andern Rock hatte, war es still und man hörte die Kinder und Narren; heute schaffen sie schwerer sich Gehör und müssen drum auch die Betrüger bei Namen nennen. Der harten Nothwendigkeit, wo es der Sache gilt, auch vor persönlichen Angriffen nicht, in falscher Vornehmthuerei, zurückzuscheuen, durfte der Abtrünnige sich nicht entziehen. Die Personen sind gleichgiltig, die typischen Vertreter einer angefaulten Moral haben den Pranger verdient und die Peitsche.

Den Zeitungschreibern, denen von hohen und höchsten Stellen schon jüngstens so manches Ungemach widerfahren ist, wird in diesen von bewußter und deshalb anspruchsloser Subjektivität erfüllten Blättern vielerlei nicht gefallen, mindestens nicht auf den ersten, flüchtigen Blick. Bei besserer Muße aber, dessen bin ich gewiß, werden die Ehrlichen, und deren Zahl ist doch nicht so gering, wie sie scheint, mindestens die gute Absicht erkennen, der deutschen Publizistik ein Warnungssignal aufzustecken. Oder sollte sich auch an einem kleinen Manne erfüllen, was einst schon ein großer Mann, was Otto Bismarck beklagt hat: „Dieses einfältige Federvieh der deutschen Presse merkt gar nicht, daß es gegen den besseren Theil seiner eigenen Bestrebungen arbeitet, wenn es mich angreift?"

Berlin, 18. Januar 1892.

M. H.

I.

Phrasen.

✻

Kann man nicht, wie der Kollege Stanley, der berühmteste und bestbezahlte Handlungreisende der Welt, im dunkelsten Afrika Ströme und Wälder entdecken und den Retter spielen bei Leuten, die sich erst gerettet fühlen, wenn sie des Retters wieder lebig sind; kann man auch nicht einmal, wie der verspätete Conquistador Don Windthorst, vom sicheren Port Meppen aus das Christenthum verbreiten in der wilden Heidenheit oder, wie der Doctor des Patriotismus Carl Peters, die eigens dazu mitgebrachte Flagge hissen über gerechte und ungerechte Landstriche — nun, so muß man sich eben bescheiden genug sein lassen an der Aufgabe, den hellen Erdtheil immer mehr aufzuhellen. Auch das ist so übel nicht. Europa ist nämlich gar nicht so uninteressant, wie es in dieser Zeit des überseeischen Enthusiasmus aussieht, und wenn wir eines schönen Tages einen europäischen Buffalo Bill mit einer sorgfältigen Auswahl unserer Sehenswürdigkeiten nach „drüben" schicken sollten, dann werden die blasirtesten Massais, die skeptischsten Somalis ihren mit Recht so geschätzten Mund aufreißen vor Erstaunen über die wohlassortirten Segnungen der Kultur. Aber so weit sind wir noch nicht, und die verehrlichen Negerstämme lernen einstweilen nur unsere guten und besten Seiten kennen: das Christenthum, die Krupp'schen Schiffsgeschütze und den Branntewein.

Aber mir fällt ein, daß ich davon eigentlich gar nicht sprechen wollte. Ich bin furchtbar neidisch, und die Lorbeeren der unterschiedlichen Entdecker lassen mich nicht ruhen. Wir haben eine innere Mission; warum sollten wir nicht auch innere Entdecker haben? Es wird schon kommen, dachte ich bei mir; Saabani ist auch nicht an einem Tage genommen. Oder doch? Ich weiß wirklich nicht. Und das Unerwartete geschah, d. h. es geschah das Erwartete —: es kam! Und nun sage noch Einer, daß man am grünen Tische nicht zum Entdecker werden kann! Phrasien ist buchstäblich an einem grünen Schreib= tisch mit Tintenflecken und gestopften Stellen entdeckt worden. Εὕρηκα, wie einer der ältesten Mathematik= lehrer und der ärgsten Renommisten in seiner geschmack= vollen Weise zu sagen pflegte.

Ja, aber was ist Phrasien? Wo liegt es, was will es, was soll es und was kann es uns eventuell ein= tragen? — Man ist nämlich etwas mißtrauisch geworden gegen neue Länder, die gewöhnlich so lange viel Geld kosten, bis sie abgetreten werden — im Interesse der europäischen Friedenspolitik. Wird man sie los, heißt's weitausschauende Politik; behält man sie auf dem Buckel, heißt's unentwegtes Festhalten am einmal Erworbenen.

Das ist Phrasierjargon, die neueste **und** zukunftreichste Weltsprache; einige Philologen wollen sie von der alten Augurensprache ableiten, aber das **ist wohl** nur eine Professoralmarotte.

Also: Phrasien **ist** ein Land **mit sehr** gemischter Bevölkerung; es liegt in Europa, zwischen Reval, Saloniki, Gibraltar und Friedrichsruh. Eine detaillirte Karte von Phrasien gibt es nicht, da die Grenzen fortwährend ebenso schwanken wie die Ergebnisse der clausula Franckenstein oder die respektiven Thrönchen der Dynastien Obrenowitsch und Coburg-Cohary-Stambulow. Kosten **wird** uns Phrasien im Laufe der Zeiten **schon** genügende bereiten, darum ist mir nicht bange; dafür aber wird es uns auch weiter nichts eintragen als das Gelächter der Nachwelt.

Phrasien ist ein durch und durch **modernes Land**. Frühere Ansätze zu dieser merkwürdigen Staatenbildung sind allerdings in der vormärzlichen Geschichte zu entdecken, aber über ein kurzathmiges Geschrei von Freiheit, Gleichheit, Brüderlichkeit und anderen abstracten Hauptwörtern kam man damals nicht hinaus, weil einerseits die Zeit noch nicht erfüllet war, andererseits eine unbequem mächtige Persönlichkeit, der später **zu** besprechende Anti-Phrasius, den Heilsweg versperrte. Kaum aber war dieser gewaltige Geselle bei Seite geschafft, da erhob, ohne Unterschied der Nationalität, Religion und Parteistellung, das **im** Stillen herangereifte Phrasierthum das muthige Haupt. Schnell war eine unpolitische Verfassung gegeben, das Bürgerrecht wurde Jedem, er mochte wollen oder grollen, verliehen, der auf dem ungeheuern Gemeinplatz, dem Reichslande von Phrasien, betroffen wurde, und ehe man sich dessen versah, war mitten in Europa ein Staat entstanden, in dem, nach dem **schönen** alten Goethewort, alle Völker unter einem Himmel **sich gleicher Habe** brüderlich erfreu'n. Neuland **nicht nur** und Freiland, sondern, **was viel** mehr sagen will: neues Kulturland. Denn die Phrasier sind höchst civilisirt, **höchst** human, stellenweise sogar gebildet **und immer** „unentwegt".

Die Phrasier sind ein friedliches Volk. Sie schwärmen **für** internationale Schiedsgerichte, **für** internationale Konferenzen **und sie gehen** ernstlich mit der Absicht um, einen internationalen Kongreß einzuberufen, der von Jahr zu Jahr **ein progressiv** steigendes Friedensrüstungsystem festsetzen **soll**, natürlich mit Berücksichtigung der kommenden Dynamitgeschütze und Gasgewehre. Außer diesen Waffen kennt **der echte** und rechte Phrasier nur zwei Schutz- und Trutzwehren: das gesprochene und das geschriebene Wort. Was ein **echter Phrasier werden will**, hält schon an seine **Amme eine** zündende Ansprache über die weltanschauung-erschütternde Bedeutung der modernen Kultur im Allgemeinen und des Gummipfropfens im Besonderen. Von Unterserta an erhitzt solch' ein Phrasierwürmchen sich über die Reform der humanistischen Geistesbildung und über das allgemeine, **gleiche und** direkte Realgymnasium mit Güßfeld'scher Klassenfütterung. Und ist der Knabe erst erwachsen, d. h. alt oder jung genug, um besoldeter Assessor, Volkvertreter oder zurückgestellter Einjähriger werden **zu können**, dann wendet er sich mit einem hörbaren Ruck der sozialen Frage **zu**. So geht es in glatt aufsteigender Linie vorwärts; **theils wird** geredet, theils auch geschrieben, und wenn das Leben des Phrasiers herrlich **war**, so ist es aus Toasten, Parlamentreden und Leitartikeln zusammengesetzt gewesen.

Die soziale Frage vertritt bei den hochentwickelten Phrasiern die Stelle, die bei den **Naturvölkern die** Götterlehre oder allenfalls später das Heldenlied einnahm. Spricht **ein** Phrasier das vokalreiche Wort „sozial" nur aus, so erbebt er in mystisch-religiösem Schauer. **Sozial** ist ihm Alles: Christenthum, Königthum, Literatur, Kunst und was sonst noch das Leben schmückt und ziert. **Sozial** for ever! Heinrich IV. ist längst überholt, nicht nur in Sachen der Bartmode und der Geringschätzung von Messen, sondern auch in seiner primitiv unzulänglichen Sozialpolitik. Die Zumuthung, **daß der Bauer oder** der Industriearbeiter nur an Sonntagen sein Huhn im Topf habe, würde heute mit allgemeiner Entrüstung zurückgewiesen werden; täglich soll **der** Enterbte seine zwei Hühner mindestens in seinem schön blauemaillirten Topf haben; so gehört sich's; wie er sich diese unent-behrlichen Nahrungmittel verschaffen **will, das** bleibt ganz und gar ihm überlassen. Phrasien **ist ein** streng konstitutioneller Staat, in dem Jeder nach seiner Façon satt und selig werden kann. Genöthigt wird nicht. Der Staat ist zurückhaltend genug, nichts als etliche indirekte und aberetliche direkte Steuern von seinen Bürgern zu verlangen und sich im Uebrigen um ihre Eigenthum-verhältnisse überhaupt nicht **zu** kümmern. Man nennt das konstitutionelle Garantien.

Früher nahm man an, das soziale Leben stände im

Zeichen eines ewigen Kampfes zwischen den Fetten und den Mageren, den Besitzenden und den Darbenden. Veralteter Zauber; Zopf und Philisterei! In Phrasien ist man längst dahinter gekommen, daß alle Gegensätze sich versöhnen lassen, mit Worten oder mit Druckerschwärze auf Holzpapier. Wer Geld hat, der hält es fest und redet über Versöhnung von Kapital und Arbeit, vom unentbehrlichen Hand in Hand Gehen der Arbeitnehmer und -geber; wer sich täglich mindestens dreimal umkleidet, kostspielige Badereisen unternimmt und einen Zug von Rassepferden hält, der wüthet gegen den umsichgreifenden Luxus und tritt mit bewundernswerthem und trotzdem bewundertem Elan für die Vereinfachung der äußeren Lebensformen ein; wird Einer Ministerpräsident, so versöhnt er flugs die widerstreitenden Nationalitäten oder Parteien — mit Wort und Schrift; kommt ein neuer Finanzminister, so stellt er als sein Programm die Versöhnung der staatlichen, städtischen, adligen und bürgerlichen Interessen auf und verspricht den Landwirthen hohe Kornpreise, den Konsumenten billiges Brot, den Einzelstaaten niedrige Matrikularbeiträge und dem Reich geringe Ueberweisungen. Der Adel will im Volk aufgehen und erzieht seine Söhne in Kadettenhäusern und wohlverschlossenen Kasinos; der liberale Bürger will die einmal vorhandenen Standesunterschiede respektiren und gräbt ganz sacht den Latifundienbesitzern die Quelle ihres Wohlstandes und die Möglichkeit des Fortbestehens ab; der Unteroffizier arbeitet für die Humanität und traktirt seine mit Kommißbrot genudelten Ferienkolonisten mit angewandter Rippenstoßpädagogik. So wird von früh bis in die späte Nacht hinein ununterbrochen versöhnt in Phrasien, dem saturirtesten der saturirten Staaten. Als einst in einem brennenden Theater Hunderte von Menschen erstickten und schmorten, da erstattete einem herbeigeeilten Prinzen der höchste Wachthabende den Rapport: „Alles gerettet, Kaiserliche Hoheit!" In Phrasien lautet die Parole einen Tag wie den anderen: „Alles versöhnt!" Die Erstickenden oder Zerquetschten sind rücksichtvoll genug, nicht zu widersprechen.

Die Weltanschauung der Phrasier ist — wunderbar genug bei ihren sozialistischen Weltbeglückungtendenzen — eine individualistische. · So behaupten sie mindestens. Sie preisen mit viel schönem Reden die große, starke, eigenartige Individualität, so lange sie nicht unziemlichen Lärm verübt, oder sich gar einfallen läßt, die Kreise der phrasischen Gesellschaft durch Größe, Kraft und Eigenart zu stören. Das Genie ist ihnen heilig; nur muß es natürlich bereit sein, auf den ersten Wink die genialen Sprünge aufzugeben und zu gutbürgerlicher Sittsamkeit und Nachtwächtergemächlichkeit zurückzukehren. Aber das versteht sich ja am Ende von selbst. In Phrasien ist, wie in jedem anderen Kulturstaat, nur Raum für solche wohlerzogene Genies, die auf Verlangen auch die Löwenhaut abwerfen und sich als Schnock, den Schreiner, dem hohen Adel und verehrlichen Publico entpuppen können. Dafür brauchen aber etwaige Eselsköpfe nicht in der Garderobe abgegeben zu werden; sie fallen nicht weiter auf und verrathen keinerlei destruktive Gelüste.

Jahrelang schien es, als hätten sämmtliche

Phrasier sich zum Geniekultus bekehrt; aber auch dieser Schein trog. Es war da nämlich ein Mann aufgetaucht, der schon vorhin erwähnte Anti-Phrasius, der auf den verwunderlichen Einfall kam, es unter Phrasiern mit der Wahrheit, unter Rücksichtmenschen mit der Rücksichtlosigkeit versuchen zu wollen. Erst lachte man, dann folgte empörtes Zischen, und besonders kräftig entwickelte Mannesseelen spuckten sogar vor seinem Namen aus. Shocking! Aber der Mann hatte Erfolge, und mit denen weiß man auch in Phrasien zu rechnen. Und da er im Laufe der Zeit lernte, auch mit der Phraseologie, der Menschenrechtsakte seiner Volkgenossen, sich abzufinden, so wurde er über Nacht der Abgott der Massen. Wenn er sich räusperte, so hielt man den Athem an; wenn er sich renommirend über die Furchtsamkeit und die Autoritätsucht seiner Landsleute lustig machte, so hieß man's geflügelte Worte. Und es war nur natürlich, wenn den Riesen in Lilliput allmählich eine gallenbittere Menschenverachtung ankam. Wohin er trat, da fand er Moorboden, weichen, nachgiebigen; wohin er blickte, da sah er krumme Rücken, devote, stumpfsinnige Bewunderung. Und nur ganz unten, tief, tief unter der glänzenden Schaale empfand er den bohrenden, den alten, kalten Haß, die haine inassouvie des Phrasierthums gegen das Genie . . .

Nun ist er fort. Er fiel, weil er nach seinen Phrasiererfahrungen die ganze Menschheit beurtheilte, weil er an keinen sittlichen Adel, an keine freie, ehrliche Ueberzeugung mehr glauben mochte, weil er mit Menschenhand in die Speichen des unaufhaltsam rollenden Zeitenrades **eingreifen wollte.** Es ging ein Trauerrauschen durch die ganze organische Natur, und wieder erscholl der alte Schreckensschrei: Der große Pan ist tot! . . . In Phrasien aber athmete man auf, **und für die erzwun=** gene Bewunderung rächte man sich durch **tausend Efels=** fußtritte. Wieder griff **man** zu den **alten Waffen:** dem gesprochenen und geschriebenen Wort, und in **Rede und** Schrift ward es verkündet: Phrasien ist endlich wieder frei, der Tyrann **ist** gestürzt — es lebe die Humanität!

Aber der Kurs blieb der alte. Neue Soldaten, neue Steuern und altes Elend. Was macht das den Phrasiern? Sie waren unter sich, ungestört, ohne den Riesenschatten, sie konnten reden und **reden** und ihr Versöhnungwerk munter fortsetzen. Erreicht wurde damit nichts; aber man hatte **einen** neuen Begriff erfunden, den „moralischen Erfolg". **Und** es verging kein Tag, an dem nicht ein moralischer Erfolg erzielt worden wäre, daheim oder in Sansibar oder am Cap der Guten Hoff= nung. Und **man verwünschte den** gestürzten Giganten, der den perfiden Freundschaftbezeugungen seiner Aller= getreuesten nicht Stand **halten** wollte und plötzlich **begann,** die Phrasier **mit Phrasierwaffen zu** bekämpfen: mit Rede und Schrift. **Willst** Du denn **ewig leben?!** Der Trotzende war **bald** allein, und für ein **von** unermüdlicher Arbeit erfülltes Leben ward ihm **als Lohn** ein Denkmal vorbereitet, das ihn ermahnen sollte, nicht mehr so un= historisch lebendig herum **zu** spuken. Er lachte, daß im Sachsenwalde die alten **Stämme** sich bogen in bitterem Leid um den gefesselten Titanen . . .

Phrasien aber war wieder einmal gerettet. —

*   *
*

Man wird mein neues Kulturland in keinem Atlas finden, wenn man es überhaupt suchen sollte. Und wen man auch fragen wollte: „Bist Du vielleicht ein Phrasier?„ — er wird mit einem entrüsteten Nein antworten. Das ist des Landes so der Brauch. Man liebt die traute Heimath, doch man bekennt sich nicht zu ihr.

Wie ich selbst das Wunderland entdeckte? Ich ahnte es längst, wie auch Kollege Stanley den Congo ahnte, noch ehe er ihn mit Augen sah. Und als ich in der letzten Woche mich durch die mit Friedfertigkeit, Freiheit, sozialer Gerechtigkeit und Völkerverbrüderung angefüllten Spalten der Zeitungen hindurchgeplätschert hatte, da schwand der letzte Zweifel. Man feierte, mit munterem Sang und Klang, mit dicken Damen und dressirten Flöhen, mit fröhlichen Fahnen und seliger Bierrührung, das Schützenfest in Phrasien, der Erdboden war aufgeweicht, der Himmel weinte. Und ich lachte.

20. 7. 1890.

II.

Die Schuhkonferenz.

Das Neueste aus Phrasien.

❧

Im Lande Phrasien erringt man ohn' Ermatten noch immer moralische Erfolge.
Man redet und schreibt, man schreibt und
redet. Die Regierungmaschine steht zwar stockstill, aber
sie gibt pfeifende, prustende, gellende Laute von sich, wie
eine Lokomotive, die abgehen will, soll oder muß.
Sieht man das Feuerungmaterial an, das in ihrem
Riesenbauch spurlos verschwindet, dann wird man guter
Hoffnung voll auf eine stolze, weite Fahrt. Aber die
Maschine steht still. Ein Signal nach dem anderen
wird gegeben, in allen Farben erglänzen die bunten
Lämpchen, umsonst: immer neue Hindernisse sperren den
Weg. Man redet und schreibt, man schreibt und redet
— man versöhnt. Aber die Maschine steht still.
Es fehlt der Weichensteller, der mit grob zupackender
Faust die Bahn sonst frei zu machen wußte. Die
wackeren Phrasier begucken den Schienenstrang mit seinen

verschlungenen Biegungen und, wie verschieden auch ihr
Sehnen nach Süd und Nord, nach Ost und West
schweift, sie trösten sich in seliger Toaststimmung mit
der beruhigenden Gewißheit: Der Kurs ist der rechte.
Aber die Maschine steht still.

Lautes und lustiges Leben regt sich in Central=
Phrasien. Dort, in der wasserköpfigen Provinz Refor=
matoria, schlägt das Phrasierherz am mächtigsten. Täg=
lich werden neue Bahnen eröffnet — mit Druckerschwärze
auf Papier, mit Rede und Schrift. Seit Jahresfrist
hat man dort zu reformiren begonnen: das Heer,
Offiziercorps und Reglement; die Sozialpolitik; die
Steuern, Einkommen=, Gewerbe=, Zuckersteuer; die länd=
liche Kommunalverwaltung; die Schule, Volks= und
höheren Unterricht; ferner Juristerei, Medizin und leider
auch Theologie; endlich Kunst, Literatur und Theater.
Es muß Alles anders werden. Wie? /Das fragt der
Muthige nicht. Die Hauptsache ist, daß neue Bahnen
eingeschlagen werden müssen; wohin sie führen, das
sieht man am besten, wenn man am Ziel steht. Zur
Abfahrt ist auch in Reformatoria alle Welt bereit.
Aber die Maschine steht still.

Damit nun inzwischen etwas zu geschehen schiene,
ward jüngstens in gedachter Provinz wieder einmal eine
Konferenz versammelt. Schon längst nämlich war den
erleuchtetsten Phrasiergeistern eine neue „Frage" auf=
gedämmert: Die Beschuhung=Frage. Sollte die kunter=
bunte Verworrenheit der Fußbekleidung bis in's neue
Jahrhundert dauern? Sollten nationale Zehen ewig in
französische Spitzstiefelchen, in englische Platttreter ein=

gepreßt bleiben; sollte der Reiche anderes Schuhzeug tragen als der Arme und damit der soziale Ausgleich gehindert werden, von Kopf zu Fuß? Nimmermehr. Den Phrasiern der gleiche, der gleichmachende Phrasier= stiefel! Die Losung ging durch die Lande, und un= geheurer Jubel jauchzte dem Gedanken einer Schuh= konferenz entgegen, von der man eine entschlossene Lösung der drückenden, ab und zu auch wohl brennenden Frage, nicht zimperlich halbe Maß = Regeln erwarten durfte.

Alle Vorbereitungen wurden getroffen. Die Enquetebogen gingen von Ort zu Ort, und genau ward festgestellt, welcher Procentsatz der Bevölkerung in Schnür=, Knöpf=, Zug= und Schaftstiefeln aufgewachsen, welcher in Halb= oder in Lackschuhen groß geworden war. Name, Stand, Bekenntniß, Personalverhältnisse, Steuerstufe, Miethpreis 2c. mußten genau aufgezeichnet werden, außerdem natürlich Kosten und Dauerbarkeit der betreffenden Stiefelart. Ein Haushaltungvorstand hatte etwa einen halben Tag zu thun, um für sich und die Seinen den wohl formulirten Fußsteckbrief aus= zufüllen. Daneben entbrannte ein wilder, ein fröhlicher Broschürenkrieg. Kein Schuster blieb bei seinem Leisten. Jeder neue Tag warf neue Ballen von Flugschriften auf den Markt, in die Schaufenster. „Die Zukunft des Phrasierstiefels!" „Schnabelschuh oder Sandale?" „Fort mit der Halbheit! Ein offenes Wort gegen Zug= stiefel." „Was wird aus unseren Füßen?" „Die Schäden des klassischen Zehenformalismus." „Der Schuh für Alle." „Humanistischer Kulturschwindel oder: Die

Rückkehr zur realen Natur = Fuß = Bekleidung." „Der erzieherische Einfluß der Plattsohle." „Wo uns der Schuh drückt." Vor allen Buchläden las man's erregt und fast bis zu des Phrasiers geistigem Liebling= geschäft, fast bis zur Scatkarte wälzte sich die leiden= schaftliche Debatte fort.

Die Konferenz wurde berufen. Die beiden mäch= tigsten Schuhparteien im Lande, die Humanisten und die Nationalrealisten, erhoben alsbald ein furchtbares Gezeter. „Wie!?" riefen die Humanisten, „diese respektlosen Banausen sollen mit uns tagen, mit uns, den alten Meistern vom Schemel und Pfriem, mit uns, deren lederner Ruhm nicht in Aeonen untergehen kann? Will man die Zukunft unserer Füße dieser Vandalen= horde ausliefern, die keine Ideale kennt und kein Gold= käferleder?" „Was?!" tobten die Nationalrealisten, „aus dieser Konferenz soll eine gedeihliche, eine moderne, eine volkthümliche, eine soziale Abgründe überbrückende Entwickelung hervorgehen, aus dieser Konferenz, in der vaterlandlose Nachahmer fremd= ländischer Fußmoden, pechzähe Verehrer der sogenannten Antike das große Wort führen? Will man denn wieder die Phrasier dem Hohngelächter der Welt preis= geben?"

Aber die Konferenz trat dennoch zusammen, und ruhig hielt sie Sitzung um Sitzung. In athemloser Spannung harrte das Land, denn nun sollte es sich entscheiden, wie man künftighin sich zu beschuhen hätte. Das war eine eminent nationale Angelegenheit, und jeder Flickschuster fand eine Zeitung, der es eine Ehre

war, sein sachverständiges **Gutachten an** hervorragender
Stelle drucken zu dürfen, nach dem klingenden Ein=
leitungsätzchen: „Aus Schuhkreisen **wird uns** geschrieben"
oder auch: „**Zur Schuhfrage geht uns von besonders**
geschätzter Seite die folgende Auslassung **zu.**" Leider
wurde aber nichts ausgelassen; die Zeitung **ward zum**
Schuhbazar. Bald wurde weitschweifend nachgewiesen,
daß **nur** römische Sandalen eines großen Kulturvolkes
würdige Fußzier sei; **bald wurden die ritterlichen Alt=**
vordern aus **den Gräbern** beschworen, mit **ihren gelben**
und braunen Schaftstiefeln, so stark, so fest, so kernhaft
urphrasisch; nur der chinesische Schnabelschuh kann uns
vor Umsturztendenzen bewahren, hieß es **hier;** nur ein
moderner Rindlederstiefel taugt **für diese** Jahrhundert=
wende der Freiheit, der Gleichheit, der Lederbrüderlich=
keit. Sogar **des** alten Rembrandt van Rijn vom leit=
artikelberühmten Zeitzahn angefressenes Schuhzeug wurde
hervorgekramt **und ein** Bauernschuster **aus** Gottorp —
dicht an der Phrasiergrenze — empfahl **männiglich** seine
auf großen Absatz berechneten Nachahmungen.

Die Aufregung wuchs, und nie **wurden** schönere
Reden gehalten, nie herrlichere Aufsätze geschrieben.
Hatte man anfänglich nur auf **die rapid** zunehmende
Hühneraugengefahr warnend verwiesen **und auf** den ge=
steigerten Konsum **von** Ringen, Seifenpflaster und allerlei
Geheimmitteln, so war man **nun** längst bei den großen
„Gesichtspunkten" angelangt und bei den noch größeren
Worten. Statt **der** Hühneraugen nannte man die
vokalreichere Hygiene; **jede** harmlose Modenarrheit
wurde zum Vaterlandverrath, und reichte auch das noch

nicht aus, dann mußte die soziale Gefahr in's Treffen. Damit war dann jeder Widerspruch von vornherein abgeschnitten. Umsonst beriefen sich zurückgebliebene Leute auf die nicht ganz zu verwerfenden Thaten, die in den alten Stiefeln das lebende und das ihm voraufgegangene Geschlecht vollbracht hatte; umsonst warnte der weise Altmeister Zeller, man möge nicht vom Schuh verlangen, was der Schuh nun einmal nicht leisten könne; umsonst forderten vereinzelte Individualisten gleiches und freies Stiefelrecht für alle guten Europäer. Ihre Stimme verhallte in dem allgemeinen Taumel, von dem ganz Reformatoria ergriffen war. Der Vater, der Staatsbürger, der Menschenfreund wollte die große Frage endlich gelöst sehen, und Alles lauschte, sie ja sollte und mußte Entscheidung bringen, dem Orakelspruch entgegen der Konferenz.

Die tagte, unangefochten von wüstem Lärm. Ab und zu nur drang aus ihren weiten Gemächern die Kunde von der oder jener Rede, von einer oder der anderen Abstimmung; sonst blieb Alles stumm. Endlich, da ihre Zeit erfüllet war, trat sie mit einer längeren Erklärung hervor, die hier im Auszug mitgetheilt werden soll:

„Es ist wünschenswerth, und zwar im Hinblick auf die moralische, die hygienische und nicht zuletzt auf die sozialpolitische Bedeutung der folgenschweren Angelegenheit, daß in der Schuhfrage neue Bahnen eingeschlagen werden. Diese neuen Bahnen zu finden, ist die Schuhkonferenz berufen worden, diese neuen Bahnen mit Entschlossenheit zu betreten, hat sie, nach Ueberwindung un-

gezählter Schwierigkeiten, in dreizehntägiger Sitzungs-
dauer sich schlüssig gemacht.

Es ist wünschenswerth, daß **auch in** Zukunft, soweit **nicht gewichtige** Interessen **es** untersagen, die
größtmögliche **Mannigfaltigkeit** bezüglich des **Schuhwerks**
dem Volke **erhalten bleibt.** Ein Stiefel schickt **sich nicht**
für alle **Füße: zu** diesem erhabenen Grundsatz **hat sich**
nach eingehendster Berathung die Konferenz mit Ein-
stimmigkeit **bekannt.**

Der spanische Stiefel ist abgeschafft. Schnabelschuhe sind **nur** noch auf Grund eines besonderen Er-
laubnißscheines **zu** liefern.

Der Halbstiefel mit seinen erschlaffenden Gummi-
zügen verliert seine Berechtigung. In seine Rechte tritt
der zu demselben Preise zum Verkauf zu stellende, bis
über den Knöchel reichende Mittelschuh für Jedermann
aus dem Volke.

Es **ist ferner wünschenswerth,** daß **zwischen** Schnür-
und Knöpfstiefeln **in der Weise** eine **Verschiebung** eintritt, daß künftighin **der erste** vorwiegend **für die** An-
gehörigen des **Berg-,** Bau-, Maschinenbau-, **Post-** und
Forstfaches angefertigt, **der** zweite **den gelehrten und**
künstlerischen Berufen vorbehalten **wird. Der** neunte
Knopf fällt — ausnahmelos — **fort. Die** Sandale
trägt **von** nun an den Namen: Riemenstiefel.

Von diesen aus einem wahrhaft modernen Empfinden hervorgegangenen Reformen erhofft die Konferenz
eine gedeihliche, vorwärtsführende Entwickelung der
Schuhfrage. Einzelbestimmungen, die aus diesen grund-
legenden Thesen **sich** ergeben, wird die mit der Aus-

gestaltung betraute Schuhbureaukratie vorzuschlagen haben." (Fortsetzung folgt nicht.)

* * *

Wie diese Beschlüsse im Phrasierreich, insbesondere in Reformatoria aufgenommen worden sind, darüber liegen ganz zuverlässige Berichte zur Stunde noch nicht vor. Ein erster Drahtbericht meldete: „Jubel bei den Humanisten, Katerstimmung im Lager der National-realisten"; ein zweiter, der zwölf Stunden später ein-traf: „Alles ruhig, auch Zeitungen." Aus Privat-mittheilungen ist aber zu ersehen, daß man bereits mit der Absicht umgeht, demnächst eine neue Konferenz ein-zuberufen, die in demselben Geist wie ihre so ungemein erfolgreiche Vorgängerin die neue große Frage der end-lichen Lösung entgegenführen soll: Schlapphut oder Cylinder?

20. 12. 1890.

III.

Kollege Bismarck.

Herrn

Redacteur Fürsten Otto von Bismarck

z. Zt.

Friedrichsruh.

(Eventuell nachzusenden: Hamburg, Verlag der „Hamburger Nachrichten".)

Sehr geehrter Herr Kollege!

Wir sprechen ja hier ganz unter uns, und da werden Sie es gewiß nicht ableugnen, daß Sie, seit Sie Ihren Beruf verfehlt haben, ganz formell in die Redaktion der „Hamburger Nachrichten" eingetreten sind. Ich will Ihnen nicht verhehlen, daß in hiesigen journalistischen Kreisen sogar das Gerücht verbreitet ist, Sie wohnten überhaupt im Hamburger Hause des Herrn Hartmeyr, und der Bismarck, der in Friedrichsruh zu sehen ist, sei nur der bekannte Doppelgänger, über dessen Fopperei sich Herr Emil

2*

Abranyi so bitterlich zu beklagen hatte. Aber das er=
zählt man sich nur im Café Kaiserhof, wo alltäglich
nach Schluß der Parlamentsitzungen und vor dem Leit=
artikel für's Morgenblatt Weltgeschichte gemacht und
Melange getrunken wird; eine Garantie will noch Niemand
dafür übernehmen. Schließlich ist das ja auch ein gleich=
giltiges Detail; ob Sie durch freie Wohnung und
Naturalien oder durch Baarzahlung für Ihre publizistische
Thätigkeit entschädigt werden, das ist am Ende unter
Kameraden ganz egal. Jedenfalls müssen Sie sich doch
sehr gut stehen, selbst wenn Sie nur ein anständiges
Zeilenhonorar beziehen, denn — unter uns! — Sie
schinden ja kolossal Zeilen!

Woher ich das Alles weiß? Von Herrn Eugen
Richter, wenn er Ihnen bekannt ist.

Dem Manne glaube ich nämlich Alles, denn der hat,
wie weiland Graf Lerma, Lügen nie gelernt. Und da
er seit Monaten behauptet, alle in den „Hamburger
Nachrichten" erscheinenden Artikel über innere und aus=
wärtige Politik rührten, gleichviel von wo sie datirt
seien, von Ihnen her, so kann ich Ihre Einnahmen nicht
gering anschlagen. Uebrigens ein brillanter Kontrakt,
der Ihnen gleichzeitig erlaubt, auch für München zu
arbeiten! Zwei, manchmal auch drei Leitartikel pro Tag,
etliche Entrefiletchen — alle Achtung vor Ihrem Fleiß!
Scherz bei Seite: Sie müssen ja von früh bis spät
dictiren, um das Alles fertig zu kriegen. Natürlich mit
der Schreibmaschine? Chrysander muß das Tippeln doch
allmählich gelernt haben. Jedenfalls dürfen Sie sich
nicht wundern, wenn ich Sie schlankweg als Kollegen

begrüße. Ein Wort Richter's soll **man** nicht dreh'n noch
deuteln: Sie schreiben in Hamburg, Sie schreiben in
München, Sie korrespondiren sogar für russische Blätter
— in Frankreich sind Sie wohl noch nicht angekommen? —:
Sie sind also Journalist, und im Angesicht **dieser unan-**
fechtbaren Thatsache verflüchtigt sich Ihre **frühere Thätig-**
keit vollständig. Dabei will ich gern zugeben, daß **Sie**
in der dreißigjährigen Ministerepisode Ihres Lebens sich
manches **recht** achtbare Verdienst erworben haben. Aber
— wiederum unter **uns!** — welcher von Ihren jetzigen
Kollegen hätte die Geschichte von 64, 66, 70 nicht
ebenso gut oder besser gemacht?! Ich will gar nicht von
Eugen Richter reden, der ein Genie **und an** fruchtbaren
Gedanken bekanntlich überreich ist; aber jeder bescheidene
politische Journalist — und die Schafsköpfe vom Feuilleton zählen ja nicht mit! — **mußte** doch seit 1848 **ganz**
genau, wie die Sache geschoben werden mußte. Sie
waren zufällig der Mann an der Spritze und Sie haben
sich nicht ohne eine **gewisse** Geschicklichkeit aus der Affaire
gezogen; aber darin werden Sie Richter doch gewiß bei-
pflichten: wenn Moltke Ihre Politik nicht „heraus-
gehauen" hätte, dann war die Karre gründlich verfahren.
Na, das sind alte Geschichten, die wir hier **nicht** auf-
wärmen wollen. Es macht Ihnen ja Niemand **einen**
Vorwurf, selbst Herr Richter nicht, der Ihre Unfähigkeit
stets **in** seiner milden und menschenfreundlichen Art be-
leuchtet und durch Ihren von ihm entdeckten „Alkoholis-
mus" entschuldigt hat. Sie haben sich alle Mühe gegeben, und wenn man jetzt erkennt, daß Sie auch als
Redner Ihrem Nachfolger „nicht entfernt gewachsen" sind

und daher als Reichstagabgeordneter eine „recht schlechte Rolle spielen“ würden, so mag das ja für Ihre Eitelkeit einigermaßen schmerzlich sein, — die Berechtigung dieser wohlabgewogenen, gänzlich zornlosen Urtheile werden Sie selbst gewiß nicht in Abrede stellen.

So anerkennenswerth es nun aber auch ist, daß Sie in Ihrem Alter nochmal den Versuch machen, einen anständigen Beruf zu ergreifen, einen Beruf, dessen erhabene Schwierigkeiten Sie heute wohl selbst nicht mehr mit dem kinderleichten Diplomatenspielen vergleichen werden, so kann ich Ihnen doch nicht verhehlen, daß Ihre neuen Kollegen von Ihrer Berufwahl nur in recht mäßigem Grade entzückt sind. Ich möchte Ihnen nicht rathen, sich etwa um die Mitgliedschaft des Vereins Berliner Presse zu bewerben; selbst wenn Herr Pindter, was ich bezweifle, Ihr Einführungpathe sein wollte, würden Sie voraussichtlich viel mehr schwarze als weiße Kugeln erhalten. Diese Mittheilungen werden Sie vielleicht in Erstaunen setzen; aber es ist eben der Zweck dieser flüchtigen Zeilen, Sie nach dieser Richtung hin aufzuklären. Die Verbrechen, die man Ihnen in der Presse mit gutem Recht vorwirft, sind folgende:

    I. Sie schreiben überhaupt.

    II. Sie schreiben anonym.

    III. Sie werden gelesen.

Ich weiß nicht, ob Ihnen, verehrter Herr Kollege, bekannt ist, daß der Journalismus nirgends so begeisterte Verächter hat wie unter den Journalisten. Es ist so. Die Kritiken, die von hohen und höchsten Stellen über die verkommenen Gymnasiasten und über die Hunger-

kandidaten gefällt worden sind, reichen **nicht** entfernt an
dasjenige Maß von Verachtung herab, das im Allge=
meinen **die Presse** der Presse entgegenbringt. Ich will
die Gründe nicht untersuchen, ich begnüge mich mit der
Feststellung der Thatsache. Als kürzlich das irrthümliche
Gerücht aufkam, der deutsche Kaiser habe seine Abwesen=
heit auf dem Ballfeste **der** Berliner Presse entschuldigen
lassen, da wurde der Gedanke an eine solche Möglichkeit
als ein völlig „absurder" bezeichnet — wohl gemerkt:
von den Journalisten selbst. Offenbar hielten die be=
treffenden Herren ihre Gesellschaft **für** eine so gemischte,
daß ihnen der Gedanke an hohen Besuch absurd erscheinen
mußte. Durchschnittlich hält jeder Journalist sich selbst
für den einzigen anständigen Vertreter seines Berufs;
für die nächsten Kaffeehausgenossen hat er noch **eine** ge=
wisse mitleidige Achtung übrig; **der Rest** ist Schweigen.
Wenn Sie diese Enthüllungen gebührend beherzigen,
werden Sie begreifen, warum man Ihre Preßthätigkeit
fast durchgehends als „unwürdig" und Ihrem „Ruhm
nicht angemessen" bezeichnet. Sie brauchen sich **nur**
Leute vorzustellen, **die** ihren eigenen Beruf so gering
schätzen, daß Jeder, der ihn ergreift, ihnen an seiner
persönlichen Würde Einbuße zu erleiden scheint. Haben
Sie überhaupt noch ein Herz, dann muß **dieser** Beweis
selbstlosester Bescheidenheit Sie tief rühren.

Ich gebe Ihnen zu, daß die Logik, die sich hier
geltend macht, einigermaßen brüchig erscheint. Einerseits
stellt man Sie als einen kleinlichen, habgierigen, bos=
haften und mit allen **sonst** noch erdenklichen schlechten
Eigenschaften versehenen Menschen hin; andererseits soll

die Journalistik Ihrer nicht würdig sein. Aber was
wollen Sie? Warum sind Sie nicht Bierbrauer oder
Damenschneider, Spezialitätendirektor oder Dramaturg
geworden? Zum Zeitungschreiber sind Sie immer noch
zu gut, — wenigstens behaupten das Ihre jetzigen Kollegen,
die es wissen müssen.

(In Parenthese erlaube ich mir zu bemerken, daß
Sie selbst das Allermeiste dazu beigetragen haben, die
publizistische Thätigkeit in schlechten Geruch zu bringen.
Freilich in Ihren Lehrjahren, als Sie noch nicht ahnten,
wie weit Sie es einst bringen würden. Ich möchte
Ihnen nicht alle Ihre Aeußerungen über die Leute der
„Druckerschwärze auf Papier" in's Gedächtniß zurückrufen;
erinnern Sie sich gefälligst **nur** an Ihren Petersburger
Brief über das „einfältige Federvieh der deutschen Presse"!
Können Sie von den so bösartig Angegriffenen und
neuerdings auch noch durch das sehr brauchbare Medium
Max Bewer Gezüchtigten ernstlich verlangen, daß sie
zusammenrücken, **um** Ihnen einen behaglichen Platz
am Schreibtisch des deutschen Journalismus einzu-
räumen?)

Aber Sie schreiben nicht nur überhaupt und machen
sich dadurch Ihren engeren Berufgenossen verächtlich, Sie
schreiben auch anonym! **Hier ist's** erlaubt, gesittet Pfui
zu sagen. Wer schreibt anonym? Sie meinen: Crispi
in der „Riforma", Gladstone in den „Daily News" und
Herr **von** Helldorff im „Deutschen Tageblatt"? Ja,
wenn Sie sich eben nicht höher schätzen als diese Staatsmänner, dann ist Ihnen nicht zu rathen, noch zu helfen!
Lernen Sie doch endlich Ihre Situation begreifen: Ihr

Charakter und **Ihre Thaten sind** — es gibt einen Richter
in Berlin! — gerichtet; Ihre Pflicht und Schuldigkeit
aber ist es, sich so zu benehmen, als ob Sie wirklich
jener inkommensurabel große Mann wären, für **den man**
Sie irrthümlich eine Weile hielt. Kein deutscher Poli=
tiker unterzeichnet seine Zeitungartikel, selbst Eugenius,
der edle Ritter, schwebt nur als „Begründer" über den
Wassern seiner absolutistischen Despotie; was jenen er=
laubt, Ihnen ist es verboten: Sie müssen unterzeichnen.
Ich rathe Ihnen übrigens auch noch privatim dazu,
sonst setzt man nächstens noch die Theaterkritiken der
„Hamburger Nachrichten" auf Ihre Rechnung, und wenn
eine Rhederannonce von einem **nur** zeitweilig zurück=
gestellten, übrigens aber noch durchaus seetüchtigen Schiff
spricht, dann lesen Sie sofort: „In **der** sattsam bekannten
hämischen Manier bietet Fürst Bismarck in dem Ham=
burger Blatte für Friedrichsruh seine **Dienste aus.** Er
nennt sich dabei ein noch durchaus seetüchtiges, nur zeit=
weilig zurückgestelltes u. s. w. u. s. w." Ja, Sie
lachen. Sie sind eben noch ein Neuling **im Handwerk.**
So wird's aber gemacht.

Ihre Naivetät geht glücklicherweise nicht so weit,
daß ich nöthig hätte, Ihnen zu sagen, wie unangenehm
Ihre Kollegen durch das Aufsehen berührt sind, das
Ihre Artikel machen. Haben Sie jemals mit Schau=
spielern verkehrt? Es können auch Schauspielerinnen
gewesen sein. Ich nehme — die Frau Redactrice hört
uns ja nicht — Ihr Schweigen für Zustimmung. Nun,
dann wissen Sie wohl etwas vom Rollen= und Toiletten=
neid zu erzählen. Aber — glauben Sie mir —: das

ist **noch** gar nichts im Vergleich zu den freundlichen
Gesinnungen deutscher Journalisten unter einander. Wenn
in Mühlhausen im Elsaß ein guter Artikel geschrieben
wird, bricht an sämmtlichen politischen Tischen im Kaiserhof eine Gelbsuchtepidemie aus. Das wundert Sie?
Haben Sie denn wirklich niemals darauf geachtet, daß
deutsche Zeitungen — **mit** ganz verschwindenden Aus-
nahmen — **sich** strengstens davor hüten, gute Artikel
aus anderen Blättern abzudrucken? Das geschieht wohl
in London und Paris; bei uns citirt man nur, was
noch unter dem Niveau **der** eigenen Leistungen zurück-
bleibt. Und nun kommen Sie, und das Publikum, das
doch die Zeitungen redigirt, verlangt nach Ihren Artikeln!
Zum letzten Male unter uns: Sie schreiben **zu** gut, als
daß man Sie gern abdrucken sollte. Neben Ihrem
höllisch persönlichen Stil nimmt sich **das** tagesübliche
Zeitungdeutsch mit seiner unentwegten Voll- und Ganz-
Begeisterung, mit seinen schiefen Bildern und verblaßten
Redeblüthen nicht gerade vortheilhaft aus. (Ich werde
mich hüten, diese Belobigung drucken zu lassen, sonst
fordern Sie von Ihrem Verleger noch vor Quartalschluß
Zulage, und Sie sollen jetzt schon fünfzig Pfennige für
die kleine Zeile bekommen. Sie sind ein Feiner!)

Also: Sie schreiben überhaupt, Sie schreiben anonym, Sie werden gelesen, — drei entscheidende Gründe
für Ihre Kollegenschaft, Ihnen die Lanzen entgegen
zu strecken. Außerdem sind Sie 'mal etwas Anderes
gewesen. Ein ordentlicher Journalist darf nie etwas
Anderes gewesen sein. Achten Sie gütigst darauf, mit
welchem Ingrimm jeder in die Presse verschlagene Fach-

mann begrüßt zu werden pflegt, gleichviel, ob er ein Paſtor, ein Major oder ein praktiſcher Arzt iſt. Wenn eine Normalzeitung einen Artikel „als offenbar aus Fachkreiſen herrührend“ bezeichnet, dann will ſie ihn völlig vernichten; nennt ſie ihn aber gar „inſpirirt“, dann iſt er ſchon erledigt. Das wäre auch noch ſchöner, wenn es am Ende gar Mode werden ſollte, die Leute ſchreiben zu laſſen, die von den Dingen etwas verſtehen! Und was wird denn aus uns, wenn ich fragen darf? Mein ſehr geehrter Herr, wir haben einen gemeinſchaftlichen Kollegen, der über Politik, Religion, Literatur — neueſte und älteſte —, Naturwiſſenſchaften, Philoſophie, Theater und Geſellſchaftleben in ſogenannten „führenden Blättern“ zu urtheilen berufen iſt. Morgens erledigt er die Stern= warte, Mittags ſchafft er neue äſthetiſche Werthe, nach Fünf fertigt er den Reichstag ab, und bis Mitternacht hat er es mit dem Drama zu thun. Und ich übertreibe nicht, wenn ich behaupte, daß er mit dem gleichen Ver= ſtändniß alle dieſe ſcheinbar ſo verſchiedenen Gebiete be= herrſcht. Ein Anderer — er iſt ein Doktor, ſonſt un= beſtraft — beſchränkt ſich auf Hoffeſtlichkeiten, Pferde= rennen, Oper und Operette, Trabfahrten und gereimte Lokalchroniken. Und dieſen Leuten wollen Sie Konkurrenz machen? Zum allerletzten Male unter uns: Wenn Herr Hartmayr ſeinen Vortheil verſtünde, könnte er gut 35 Pfennige pro Zeile ſparen. Aber die Verleger werden eben nicht alle. Haben Sie übrigens einen langjährigen Kontrakt gemacht? Vorſicht! Wer weiß, wie bald wieder ein leitender Staatsmann redaktionsreif iſt! Bei der jetzigen Witterung hält ſich die Sorte nicht lange, und phantasiereiche Leute sehen schon eine Zeit kommen, wo sich die Unterstaatssekretäre a. D. zu Dutzenden um erledigte Lokalredaktionen bewerben werden. Schließen Sie schnell und ohne Kündigung bis 2000 mit Hartmeyr ab. Vielleicht kann ich Ihnen **hier noch** ein paar Korrespondenzen verschaffen.

Gern hätte ich Ihnen noch Mancherlei über die Stellung Ihrer alten Freunde zu Ihrer jetzigen Thätigkeit erzählt, aber **ich** habe noch über Miquel's Quotisirungrede und über den heutigen Frackabend im Opernhause **zu** schreiben. Sie sind ja **von** der Zunft und werden begreifen. Ein nächstes Mal also mehr und für jetzt kollegialen Handschlag über den bekannten „Ozean **von** Druckerschwärze und Papier"

von Ihrem neidlos ergebenen

22. 2. 1891. Apostata.

IV.

Genoſſe Schmalfeld.

"Es gab eine kleine Pferdepartei,
Doch wagte sie nicht zu stimmen;
Sie hatte Angst vor dem Geschrei
Der Alt-Langohren, der grimmen.

Als Einer jedoch die Kandidatur
Des Rosses empfahl, mit Zeter
Ein Alt-Langohr in die Rede ihm fuhr
Und schrie: »Du bist ein Verräther!«"

Seit einigen Wochen will mir es nicht mehr aus dem Sinn, unseres einzigen Heinrich Heine hohes Lied von den Wahleseln. Es steht unter den letzten Gedichten im 18. Bande der Campe-Ausgabe, es ist vor rund vierunddreißig Jahren geschrieben, aber es gibt eine erschöpfende Geschichte der Vorgänge, die sich zum Gaudium des Auslandes zwischen Elbe und Weser zugetragen haben und die ein so wundervoll langgezogenes Echo aus dem Kreise der Alt-Langohren und Verlagspolitiker fanden. Sehen wir uns die Geschichte einmal an.

Am 16. April 1871 wurde in dem durch Otto Bismarck geschaffenen Reiche die Verfassung beschlossen; am 15. April 1891 erhielt derselbe Bismarck nach amtlicher Feststellung 7365 Stimmen und am 30. April 1891 wird er mit dem Cigarrenarbeiter Schmalfeld einen nicht ungefährlichen Stichwahlkampf zu bestehen haben. Das sind die Thatsachen. Aber erst die Kommentare, die ihnen von der Presse, der Vertretung der öffentlichen Meinung, beigefügt wurden, geben diesen Thatsachen ihren Reiz. Da faselt ein so zu sagen liberaler Byzantiner, dessen urkomische Bauchwellen am politischen Trapez den Trübsinn ganzer Geschlechter schon aufgehellt haben, von einem verfehlten Plebiscit, als ob Otto Bismarck sich in Geestemünde, Balje, Bützfleth, Otterndorf ein Reifezeugniß zu holen brauchte; da verhöhnen die „Freisinnige Zeitung" und die „Germania", in deren Augen der selige und bald wohl auch heilige Windthorst, dieser glänzendste Ausdruck schlauer Trivialität, ein großer Mann ist, den „Heros der Nation", der „nur mit Ach und Krach, als Lehnsmann anderer Parteien hereinhumpelnd auf fremden Wahlkrücken", in den Reichstag gelangen könne; da schreibt das Centralorgan der deutschen Sozialdemokratie, der 15. April bedeute „das Ende des deutschen Boulanger und der deutschen Boulanger-Legende". Diese Proben genügen wohl, um die spöttische Geringschätzung zu erklären, mit der man von allen Seiten der bewohnten Erde nach dem jetzigen Deutschland hinüberblickt. Es ist hohe Zeit, eine starke Pferdepartei zu gründen, im Reiche der Alt-Langohren.

Zunächst möchte ich die bescheidene Ansicht aus-

sprechen, daß die Stimmenzahl für Bismarck eine über=
raschend große gewesen ist — unter den gegebenen Um=
ständen. Er hat dreimal mehr Stimmen bekommen
als der freisinnige Bierwirth, der ihm gegenüber stand,
und er ist dem Genossen Schmalfeld um fast 4000
Stimmen voraus. Wenn man bedenkt, wie seit Mona=
ten gegen Bismarck von oben und von unten gearbeitet
wird, wie selbst ganz gleichgiltige und persönliche Dinge,
z. B. das Ausbleiben einer kaiserlichen Geburtstag=
gratulation, im Wahlkampfe von angeblichen Demokraten
ausgebeutet wurden, dann muß man sagen: die Nieder=
sachsen haben sich tapfer gehalten, so tapfer, daß selbst
Herr Langbehn mit ihnen zufrieden sein kann. Gesiegt
haben im 19. hannoverischen Wahlkreis nur die Sozial=
demokraten, und sie haben bewiesen, daß sie, allen refor=
matorischen Wunderdoktoren zum Trotz, mit jedem Tage
gefährlicher werden. Das Schauspiel aber, das sich in
einem großen Theil der deutschen Presse uns bietet, be=
deutet einen rauschend instrumentirten Triumph des
Banausenthums, jenes fürchterlichsten Gegners aller aus=
gewachsenen Persönlichkeiten. Deshalb sollten die wenigen
Menschen, die da oder dort etwa noch verstreut in
Deutschland leben, sich doch recht ernstlich besinnen, ehe
sie den 15. April 1891 als einen Nationalfesttag in den
Kalender aufnehmen.

Politik bei Seite. Man sagt und schreibt, Bis=
marck dürfe nicht in den Reichstag kommen, weil er ein
Gegner des deutsch-österreichischen Handelsvertrages, des
Arbeiterschutzgesetzes und der neuen Landgemeindeordnung
sei. Das klingt ganz plausibel, beweist aber gar nichts.

Denn — ganz unter uns! — alle diese schönen Dinge, mit deren Erörterung uns die an chronischer Gedanken= armuth leidenden Zeitungen tagaus, tagein langweilen, alle diese Reformen, die wie eine Chokoladetafel aus dem Automaten hervorschnellen, dieses ganzes Geschwafel von einer neuen Aera: das ist ja Alles herzlich unwich= tig und bedeutunglos. Das Brot wird nicht um einen halben Pfennig billiger, wenn der Getreidezoll künftig 3,50 Mk. anstatt 5 Mk. beträgt; nicht einen einzigen zufriedenen Menschen mehr schaffen die staatlich geregelten Fabrikordnungen, und die Junker werden auf dem platten Lande den Ton angeben, gleichviel, wie die Gemeinden zusammengelegt, die Stimmrechte vertheilt und die Ab= gaben geregelt werden. Das sind Zweckmäßigkeit= und Nützlichkeitfragen, mit denen sich die Fachmenschen ab= plagen mögen, die Eugen Richter, die, mit dicken Scheu= klappen versehen, ihr Leben damit hinbringen, am Budget einige Abstriche zu machen, die von der nächsten Militär= forderung zehnfach dann überholt werden. Für subalterne Geister ist das eine sehr ehrenwerthe und hochachtbare Thätigkeit, nur soll man uns nicht einbilden wollen, daß sie für die Menschheit auch nur die allerbescheidenste Bedeutung hat. Deren Interesse steht erst in Frage, wenn die blöde, brutale Barbarenmasse die große Per= sönlichkeit niederzuzwingen versucht, wenn die Indivi= dualität gefährdet ist und bedroht. Dann nahen die Hunnen und: gute Nacht dann, Kultur!

Darum handelt es sich hier. Daß Bismarck viel= fach einen unheilvollen Einfluß geübt hat, daß sein Rücktritt nothwendig geworden war, glaube ich gern;

auch das ist wahr, daß er **heute nur erntet, was er selbst**
säte: sein schwerer Stiefel trat jede Selbständigkeit nieder,
und den im Rückgrat Verkrüppelten gilt heute schon **ein**
gut berittener Kavallerist mehr als der durch einen Wink
aus dem Sattel geschleuderte Riese, den **man früher nur**
bäuchlings bewundern durfte. Aber er hat ja die Macht
nicht mehr, und ohne **den** Apparat der Gewalt will er
sich seinen Gegnern zu letztem Kampfe stellen, Mann
gegen Mann. Können sie mehr verlangen? Er **will**
sich aussprechen, der Abrechnung sich nicht entziehen, und
man ruft ihm zu, er möge gefälligst auf seinem präch=
tigen Postamente bleiben und nicht „seinen Ruhm ent=
blättern". Nein, wirklich, er hat Recht: „Niemals ist
mir eine größere Dummheit vorgekommen, als diese un=
erhörte Forderung." Die einfachste Logik hätte **seinen**
Gegnern gebieten müssen, ihm mit **allen** Kräften die
Wahl zu erleichtern, **anstatt** ihn **mit zum** guten **Theil**
würdelosen Mitteln zu befehden. Aber es ist auch gar
nicht seine politische Haltung, die ihm diese Legion von
Hassern verschafft hat, es ist nicht der konservative Macht=
politiker, den man bekämpft, sondern einzig **und** allein
die große Persönlichkeit. Vor ihr wird den Kleinen **allen**,
den Vielzuvielen, bange, und deshalb möchten sie, so fern
ihnen auch der Sozialismus steht, **so viel** Schrecken er
auch ihren bourgeoisen Nerven erregt, doch lieber „das
kleinere Uebel" wählen. **Das kleinere Uebel, das ist der**
Genosse Schmalfeld.

Es wäre außerordentlich thöricht, den ehrenwerthen
Cigarrenarbeiter hier dem Begründer des Deutschen
Reiches zu vergleichen. Nicht von dem Reichbegründer

ift die Rede; denn, darin haben die Freifinnigen Recht, Reichstagmandate find keine Belohnungen für geleistete Dienste. Aber ift denn Bismarck wirklich nichts weiter als der Begründer des Deutschen Reiches? Ich dächte doch, er ift nebenbei noch eine Individualität von ganz märchenhafter Pracht und Fülle, er ift — Bismarck. Die Begründung des Reiches war fein Werk und fein Er= folg; wenn er aber dieses Werk nicht geschaffen, diesen Erfolg nicht erzielt hätte, er bliebe derselbe, der er ift, der geniale Mensch, die unermeßlich reiche Natur. Wie oft ift Leffings Wort von dem ohne Hände geborenen Raphael citirt, wie felten ift es verstanden worden. Wenn Bismarcks Thätigkeit überhaupt keine greifbaren Spuren hinterlaffen hätte, wenn nichts von ihm übrig bliebe als feine Reden und feine Briefe, meinetwegen die unpoli= tischen nur, nur die an feine Frau: fein Name würde nicht vergessen werden. Wer möchte die Reden Windt= horfts heute noch lesen, diese geschickt auf die Augen= blickwirkung berechneten, mit Witzchen und Pointen zierlich gesäumten Banalitäten, in denen nicht ein Ge= danke zu finden ift und nicht die dumpfe Ahnung einer höheren Auffaffung der Dinge? Diese Kost schmeckt nur, wenn fie frisch weggegeffen wird, in einer großen Versammlung, wo alles Individuelle ausgewischt ift und nur die derben, anspruchlosen Maffeninstinkte gelten. Für breite Bettelsuppen versprach schon Mephisto den höllischen Köchen ein großes Publikum. Und als an des schlauen und honnetten Windthorst Bahre das große Loben anhob, als felbst feine Gegner buschiges Lorbeer= gemüse zu Markte brachten, da galt die Huldigung im

Grunde viel weniger **dem** Todten und feinen zweifel=
haften Verdienften als der Gefchicklichkeit, mit der diefer
Unermüdliche immer wieder die leicht verdaulichen Speifen
zufammengequirlt hatte, **den** Appetit der Dürftigen zu
ftillen. Einer hübfchen Frau ein groteskes Kompliment,
einem Minifter eine niedliche Malice, einem lachluftigen
Abgeordneten einen **die** Seffion füllenden Witz, einem
lungernden Reporter **eine in** Zeilen umzufetzende Anek=
bote: wer folche Gaben auszuftreuen weiß, deffen **Nekrolog**
wird köftlich fein **und** er ift ein großer Mann in allen
Volksküchen **des Geiftes.**

Aber der Genoffe Schmalfeld ift ihm doch noch
„über". Denn der ift eben gar **nichts,** nichts als der
fechsundbreißigfte Sozialdemokrat im deutfchen Reichstag,
kein bedeutender, nicht einmal ein amüfanter Mann. Und
darum möchten fie ihn alle fo gern haben, ihn, **nicht den**
Großen, Unbequemen, der einen fo breiten Schatten wirft,
der das Niveau der Debatten am Ende gar erhöhen
könnte. Es ift oft genug zum Erbarmen niedrig, diefes
Niveau, und es fitzen doch einige geiftvolle und ein paar
Dutzend kluge Männer in den Parlamenten. Durch In=
ftinkt und Gewöhnung werden fie herabgedrückt; denn
Erfolge können fie doch nur haben, wenn fie genau **das**
fagen, was ihre Partei und die Gegner ihrer Partei von
ihnen erwarten. Da wurde neulich über die Zulaffung
der Frauen zu den gelehrten Berufen verhandelt. An
keinem befferen Theetifch hätte man mit den öden Tri=
vialitäten wirthfchaften können, die da feierlich von der
Tribüne herab verkündet wurden; jede einigermaßen ver=
ftändige Frau wäre mit diefen ftolzen Männern fertig

3*

geworden, und selbst Herr Bebel, der über diese Dinge
ein vortreffliches Buch geschrieben hat, wagte sich im
Kreise seiner Genossen nur mit Gemeinplätzen hervor,
wie sie schließlich auch der als Proletarier maskirte Kommerzienrath Singer geleistet hätte. In den Parlamenten,
so scheint es, werden die stärksten Intelligenzen allmählich zerrieben, genau wie in den Vereinen für Vogel-
zucht, Litteratur oder Kaninchennahrung. Und Niemand
ist deshalb dort so beliebt wie der Genosse Schmalfeld,
der manchmal Meyer, mitunter aber auch von Schultze
heißt.

Schmalfeld, Meyer und von Schultze: das sind
Gattungnamen von gutem Klange im heutigen Deutschland. Sie geben den Ton an, und es sieht beinahe so
aus, als würde überhaupt nur noch für sie bei uns gearbeitet, mit großen Worten und klingenden Phrasen,
mit viel Geschrei und wenig Wolle. Wir sollen eins,
zwei, drei, glücklich gemacht werden durch ein neu ent-
decktes feudal-modern-patriarchalisch-sozialistisch-absolu-
tistisch-romantisches Allheilmittel, jede Stunde einen
Theelöffel voll, mit reichlichem Wasser verdünnt; wir
sollen so glücklich gemacht werden, wie Schmalfeld, Meyer
und von Schultze es nur irgend wünschen können. Eine
beneidenswerthe Aussicht. Und während ob solcher herrlicher Hoffnung alles in bezechter Wonne schwimmt,
während das ganze heilige römische Reich deutscher Nation
sich bei einem großen Banausenkommers in Permanenz
erklärt, kommen die fatalen Friedenstörer und wollen uns
einen großen Mann, einen ohne Gattungnamen, wieder
auf den Nacken laden, kaum, daß wir ihn glücklich los-

geworden sind, diesen unangenehm großen Mann mit
den prachtvollen Tragödienfehlern und dem einzig ge=
arteten Künstlertemperament. Kann nicht geduldet wer=
den, darf nicht geduldet werden.

Darum schnell **eine neue große Wahlversammlung**
einberufen. Nieder mit **der Bismarckpartei**, mit der
Partei, **die in Bismarck** nicht **den Schutzzöllner**, nicht
den Kartellpapa, nicht **den Diplomaten**, auch nicht ein=
mal **den Reichschöpfer bewundert**, sondern **die mächtige**,
gewaltig an sich fesselnde Individualität, **die auf die**
Sozialreform=Automaten beinahe beleidigend herabschmun=
zelt. Die Genossen Schmalfeld, Meyer, von Schultze
haben das Wort zur Bekämpfung **der Pferdekandidatur**,
und sie rufen!

> „Und weil ich ein Esel, so rath' **ich euch**,
> Den Esel zum König zu wählen;
> Wir stiften das große Eselreich,
> Wo nur die Esel befehlen.
>
> Wir alle sind Esel! J—A! J—A!
> Wir sind keine Pferdeknechte.
> Fort mit den Rossen! Es lebe, Hurrah!
> Der König vom Eselgeschlechte!"
>
> So sprach **der Patriot**. Im **Saal**
> Die Esel Beifall rufen.
> Sie waren alle national
> Und stampften mit den Hufen.

20. 4. 91.

V.

Gips.

Es war am 9. Mai, Vormittags zwischen zehn und zwei Uhr. Die Koffer waren schon gepackt, denn die großen Ferien für die schlimmen parlamentarischen Schulschwänzer sollten an demselben Tage noch angehen. Vorher waren nur noch die Forderungen für Kamerun, für das Reichsversicherungamt und für das neue Reichstaggebäude zu erledigen; ferner war eine Aenderung des Invaliditätgesetzes, ein Vertrag mit Italien und die Generalakte der Antisklaverei-Konferenz zu genehmigen, endlich die Entscheidung über die Steuern auf Zucker und Spirituosen zu treffen. In vier Stunden war die ganze Arbeit gethan, und die Volkvertreter konnten im schönen Bewußtsein der erfüllten Pflicht zu den heimischen Aeckern die kostenfreie Fahrt lenken. Ehe sie aber schieden und das Vaterland verwaist zurückließen, bescheerten sie uns zuvor noch eine lustige Debatte, deren Angedenken für alle Zeit bewahrt bleiben sollte: Die Gipsdebatte.

Das neue Reichstaggebäude soll eine Wandelhalle und die neue Wandelhalle soll Ornamente erhalten. Darüber herrscht allgemeine Einigkeit. Aus welchem Stoff **aber** sollen die Ornamente angefertigt werden? Aus istrischem Kalkstein, sagen die Einen; aus Gips, wünschen die Anderen. Gips ist billig, Kalkstein **ist** theuer; aber Gips ist auch unechtes und Kalkstein **ist** echtes Material. So wenigstens dachte man bis zum 9. Mai, Vormittags zwischen zehn und zwei Uhr; **denn** man erinnerte sich, daß der Kalkstein von der Natur geliefert wird, während Gips ein künstlich verarbeitetes Pulver ist, das vom Stein nur den Schein borgt.

Unter den vielen großen Verdiensten des Herrn von Boetticher ist es vielleicht das größte, daß er diesen Irrglauben endgiltig beseitigt hat. **Der Herr Staats=**sekretär im Reichsamt des Innern erhob sich nämlich **zu** einer oratorischen Gipsverherrlichung von geradezu epochemachender Bedeutung. Für Herrn von Boetticher hat die Bezeichnung „echtes Material" keinen Sinn, **denn** er kann nicht zugeben, daß „das eine Material **echter** ist als das andere". Der Sitzungbericht verzeichnet **an** dieser Stelle **den** Zuruf: „Sehr richtig! rechts." Der Stellvertreter **des** deutschen Reichskanzlers **und die** konservativen Parteien des deutschen Reichstages haben also gemeinsam festgestellt, daß zwischen Gips und Kalkstein ein Unterschied überhaupt nicht existirt und daß als Stein zu betrachten ist, was wie Stein aussieht. Ob Herr von Boetticher in jeder Lage seines Lebens bereit gewesen wäre, Alles, was glänzt, auch für Gold zu nehmen, — danach hat ihn leider die Kalksteinpartei

nicht gefragt. Hoffentlich holt der Abgeordnete für die
Hamburger Nachrichten später diese Unterlassung nach.
Vorläufig wurde der Herr Minister nur an seinen ver=
storbenen Kollegen von Goethe verwiesen, der in seiner
„italienischen Reise“ mehrfach von unechtem Material
gesprochen und der Bezeichnung also doch wohl einen
Sinn beigelegt hat. Was aber kümmert Herrn von
Boetticher, der nicht nur die festeste Stütze der Reichs=
regierung, sondern obendrein noch ein Skatspieler von
hervorragendem Talent ist, von Goethe und seine italie=
nische Reise? Soll der Vertreter des größten deutschen
Bundesstaates vielleicht gar das Gutachten eines Wei=
maraner Diplomaten einholen, ehe er im Gipsstreit ent=
schlossen Stellung nimmt? Das würde dann wirklich
den Triumph des Partikularismus bedeuten. Und was
kann von Weimar Gutes kommen? Nein, Herr von
Boetticher ist durchaus der Mann, über amerikanisches
Schweinefleisch sowohl wie über sogenannte künstlerische
Fragen das entscheidende und erlösende Wort zu sprechen,
und um ihm eine neue eklatante Genugthuung zu geben,
sollte man ihn schleunigst à la suite des allgemeinen
deutschen Gipsverbandes stellen.

Aber nicht formell nur, auch in der Sache hat der
Herr Staatssekretär das Richtige getroffen. Alle moderne
Kunst drängt zum charakteristischen Ausdruck, und charak=
teristisch läßt sich des neuen Deutschen Reiches Geist nur
in Gips ausdrücken. Die eiserne Zeit hat Friedrich
Spielhagen in einem merkwürdig schlechten Drama ver=
gebens heraufzubeschwören versucht; die bronzene Zeit ist
mit Bismarcks Rücktritt und mit Moltkes Tode als

abgeschlossen zu betrachten, und was jetzt im Anzuge ist, kann nichts Anderes mehr sein als das Gipszeitalter, die Epoche des stucco di lustro. Die ganze neue Herrlichkeit wäre rettunglos kompromittirt worden, wenn Herr von Boetticher einen Unterschied zwischen echtem und unechtem Material zugegeben hätte. Als Patriot durfte, als Minister konnte, **als** vom großen Indiskreten **verfolgte** Unschuld mochte **er das** nicht thun. Er plaidirte **für** den gegipsten Reichstag, er empfing ein „lebhaftes Bravo" zum Lohn, und mit stattlicher Mehrheit wurde die gegipste Volkvertretung beschlossen, für die auch Herr Richter sein korpulentes Ansehen einsetzte. Herr von Boetticher und Herr Richter vereinigten sich in dem weisen Wort: „Wenn der neue Reichstag nur gute Gesetze macht; der Stuck thut es wahrhaftig nicht."

Und er wird gute Gesetze machen, **daran zweifelt** nicht, deutsche Bürger und Bürgerinnen; **er wird vielleicht** noch viel bessere Gesetze machen als der alte Reichstag, der sich nach sechsmonatlicher Arbeitzeit **von** Schillers Todestage bis zu Schillers Geburtstage Ferien gegeben hat, bis zum 10. November, **allwo er** wieder, schrecklich, tagen wird. Der neue Reichstag wird Gipsstuck haben, weil auch das alte Schloß nur Gipsstuck hat, weil die Volkvertretung nicht **echter** ornamentirt sein darf als der Fürstensitz und weil **die** Welt an des neunzehnten Jahrhunderts **Neige unter** dem Zeichen des Gipses steht. Erst dann, wenn der bunte Stuck auf sie herablächelt, werden die Reichsboten gestimmt und bereitet sein, die gewaltigen Aufgaben zu lösen, die ihnen die Gesetzgebung der Zukunft nicht ersparen kann. **Diese**

Aufgaben gehörig zu formuliren, kann Niemand geschickter sein als Herr von Boetticher, der Gipsminister, ohne dessen Mitwirkung nach einem treffenden Wort des Herrn Professor Hans Delbrück eine gute Regierung überhaupt nicht denkbar ist, und den im Amte zu erhalten alle Parteien mindestens 350,000 ebenso gute Gründe haben.

Gewisse Institutionen freilich werden uns auch fernerhin erhalten bleiben müssen. So wird z. B. auch in Zukunft kein deutscher Bürger wählbar sein dürfen, der aus öffentlichen Mitteln eine Unterstützung empfangen hat. Wer etwa diese Bestimmung für veraltet halten und darauf hinweisen wollte, daß man in nicht so entlegenen Ländern als Almosenempfänger aus öffentlichen Mitteln doch immerhin Staatssekretär und Stellvertreter eines Reichskanzlers bleiben kann, der mag sich durch Herrn von Boetticher darüber belehren lassen, daß zwischen einem Minister und einem Abgeordneten denn doch ein größerer Unterschied besteht als zwischen Gips und Kalkstein. Bei gewissen Summen fängt eben die Geruchlosigkeit an, und wie es — nach Fiesko — groß ist, eine Krone zu stehlen, so ist es beinahe erhaben, mehrere Zehntausend Doppelkronen mit Würde anzunehmen, ohne ängstlich nach dem Ursprung zu forschen noch zu fragen. Wenn ein großer Gewinn im Skat liegt, warum sollte ein findiger Skatistiker nicht die richtige Karte tourniren? Freuen müßten die Bürger sich vielmehr, daß sie Minister haben, die nicht nur Sozialreformatoren, fett bepfründete Domherren und Welfenfondspensionäre sind, sondern auch Skatspieler von europäischem Ruf.

Etwas neuer als die Wählbarkeitbestimmung ist
schon die Auffassung, die den Korrektor für den Inhalt
einer Druckschrift verantwortlich machen will, neuer und,
ich kann mir nicht helfen, auch bedenklicher. Man überlege nur freundlichst, welche ungeheure Rolle der Korrektor
und die Korrektur im heutigen Deutschland spielen. Am
Pfingsttage, so lehrt die Apostelgeschichte, hielten die
Jünger des Herrn die erste Predigt mit Zungen, die
zertheilet waren, als wären sie feurig; und Parther und
Meder und Elamither, und die da wohneten in Mesopotamien und in Judäa, in Kappadozien, Pontus und
Asien, in Phrygien und Pamphylien, in Egypten und
Lybien, Juden und Judengenossen, Kreter und Araber,
sie hörten die Apostel mit ihren Zungen die großen
Thaten Gottes reden, und einen Jeden verstand ein
Jeder. Heute feiern wir wieder Pfingsten, und wieder
wird in feurigen Zungen gar viel geredet; so aber Einer
wähnet, die Rede verstanden zu haben, wird ihn am
Tage nach Pfingsten der Korrektor eines Besseren über-
führen, und einsehen wird der Enttäuschte, daß die Zeiten
der ersten Christen, die keiner Korrektur bedurften, dahin
sind, trotz Tolstoi und Egidy und trotz dem preußischen
Kultusminister Grafen von Zedlitz-Trützschler-Tolstoi, der
da erklärt hat, zu allen Zeiten seien die größten Verbrecher zugleich auch die gebildetsten Menschen gewesen,
und nur den Einfältigen gehöre das Himmelreich auf
Erden. Allerdings verfiel auch diese Aeußerung des
Unterrichtministers dem Schicksal der Korrektur und
ward im Reichsanzeiger nicht mehr gelesen. Ohne den
Korrektor geht es eben nicht mehr; er ist der wichtigste

Mann im neuen Staat der feurigen Zungen, und man sollte ihm nicht das Leben noch mehr erschweren, da er ohnehin jetzt genug zu verbessern hat und zu streichen. „Sie entsetzten sich aber Alle, und wurden irre, und sprachen Einer zu dem Andern: Was will das werden?" (Apostelgeschichte 2, 12.)

Es entspricht nur dem Geist der Zeiten, wenn mitunter sehr hochgestellte Personen selbst das Amt des Korrektors übernehmen, wie das in dieser Woche just im goldenen Mainz am Rhein passiret ist. Hatten da zwei Offiziere auf offener Straße einen Wehrlosen niedergehauen, und die Zeitungen, alles Bösen böse Verbreiter, hatten den Vorfall in einiger petitzeiliger Entrüstung gemeldet. Da trat, auf dem gar nicht mehr ungewöhnlichen Wege der Korrektur, der Herr Gouverneur von Mainz auf den Plan und verkündete, die Zeitungdarstellungen hätten zum großen Theil „als sehr übertrieben, gehässig und besonders auch als aufhetzend" sich erwiesen. Na also! Was ist denn geschehen? Ein Lieutenant ist von einem Architekten schwer beleidigt worden; der Architekt hat die Satisfaktion verweigert, und so hat ihn denn der Herr Lieutenant eben niedergehauen. Das ist Alles, und darum das große Geschrei. Ein Glück noch, daß wenigstens die Kreuzzeitung das Recht auf Niederhauen als einen integrirenden Theil der patentirten Offizierehre mit schönem Idealismus vertheidigt. Die Beleidigungklage, sagt der Freiherr von Hammerstein, ist für die Tiefenbacher gut, für Gevatter Schneider und Handschuhmacher; der Offizier trägt des Königs Rock, den das Volk bezahlt; er erhält aus den

Steuern des Volkes **vom** König direkt seinen Sold, nach dem der Soldat heißt, folglich steht es ihm frei, Jedermann aus dem Volke über den Haufen zu stechen, **wenn** er und sein bunter **Rock** beleidigt wurden. Ist das logisch oder nicht? Recht und Gesetz sind ja wunderschöne Dinge, so lange sie nicht mit **den Idealen** des modernen Ritterthums kollidiren. Recht **und Gesetz** sind von istrischem Kalkstein; die patente Ritterehre ist aus angestrichenem Gips gefertigt, eine Gesellschaftstütze in stucco di lustro, und ein Unterschied zwischen **echtem** und unechtem Material besteht nicht, sagt **Herr** von Boetticher, der im Tourniren und Turniren Muth und Kraft gestählt hat.

Hier bleibt für die Gipsgesetzgebung der Zukunft noch viel zu thun. Der Begriff der Satisfaktion und der Satisfaktionpflicht muß künftig unter allen Umständen die Basis **der** Rechtstaaten **bilden.** **Ein erster** Schritt zu diesem Ziel, **auf's** Innigste zu wünschen, ist durch die neu belebte Erörterung der Korpsburschenherrlichkeit bereits gethan worden, und **die Kommission** zur Ausarbeitung eines bürgerlichen Gesetzbuches **für das** Deutsche Reich wird hoffentlich die hier gegebenen **An**regungen nicht **in** den Wind schlagen und vielleicht den Senior der Bonner Preußen für **ihre** Sitzungen kooptiren. Es war hohe Zeit, daß etwas in dieser Richtung geschah, denn **die Begriffverwirrung** hatte bereits riesige Dimensionen angenommen. Gab es doch schon Leute, die in dem ganzen Couleurwesen auf deutschen Hochschulen nichts Anderes mehr sahen als ein kindisches Ueberbleibsel **aus der** schlechten alten Zeit **der** holden

Trunken- und Raufboldenhaftigkeit; die den bunten
Cereviskappen, den Kanonenstiefeln, den vielfarbigen
Bändern und Bierzipfeln, den Ulmer Doggen und falschen Bernhardinern die Reverenz versagten! Die nicht
einsehen konnten oder mochten, daß die Couleurstudenten
den farbigen Stuck der Universitäten darstellen und also
mit besonderer Hochachtung angeschaut sein wollen, im
Gipszeitalter. Das ist nun anders geworden und ernsthafte Blätter beschäftigen sich selbst und ihre Leser heute
wieder ernsthaft mit der Frage, ob denn nun die Korps
oder die Burschenschaften den Preis verdienen im Wett-
kampfe der nationalen Jugend. Die Entscheidung ist
nahezu eben so schwierig, wie die von Heine angeregte
Disputation über die besonderen Vorzüge der Kapuziner
und der Rabbiner; aber es ist schon die Thatsache mit
Freude zu begrüßen, daß im Volke der Dichter und
Denker wieder ernste Fragen von ernsten Leuten ernst-
haft behandelt werden. Ob man nun die Burschenschaften für das echte, die Korps für das unechte Material ansehen, ob man es umgekehrt halten will, das
ist nach dem erlösenden Wort des Ministers von Boetticher, der in den Listen der paukfeindlichen Welfen als
alter Herr geführt werden sollte, unter Kommilitonen
doch ganz egal. Die Hauptsache ist und bleibt die Feststellung, daß die Schmisse den Charakter bilden, und die
Erkenntniß, daß nur der Bakkalaureus zum Gesellschaft-
retter taugt. „Dies ist der Jugend edelster Beruf!"
Also Excellenz von Goethe in der modernsten Scene des
Faust II.

Eine wahrhaft befriedigende Lösung dieser im eminentesten Sinne sozialen Frage wird sich allerdings nur auf dem jetzt mit Recht so beliebten Wege der internationalen Abmachung erreichen lassen. Auch auf dem Gebiet der Satisfaktiongesetzgebung wird **Deutschland** die Führung übernehmen müssen, und da gedeihliche und ersprießliche Reformen nur von oben kommen dürfen, sollten die Dynastien den Anfang machen. Sie sollten sich zu einem Elitekorps zusammenschließen, einen sorgfältig erwogenen Komment einsetzen, von Zeit zu Zeit **einen** größeren Renommirbummel durch die europäischen Gaue unternehmen, alljährlich tüchtig kommersiren **und** etwa vorkommende Differenzen Mann **gegen Mann**, ohne die Völker zu bemühen, an den Landesgrenzen auspauken, natürlich mit Binden und Bandagen, mit Armpolstern und Fechtbrillen wohl verwahrt. Kleine Könige unter achtzehn Jahren würden **dann der** Obhut der Fuchsmajore anzuvertrauen sein; bei jeder Krönung **würde der** Landesvater steigen und die Mütze durchbohrt werden, und nur nach dem Kommando des Präsidenten dürfte die Fidelitas **anheben.** Dabei verstünde es **sich von** selbst, daß Herrscher von zweifelhafter Legitimität **in den** Korpsverband nicht aufgenommen und etwa **dem bul**garischen Neffen des Herzogs von **Koburg** und Santa-Chiara höchstens die Rechte eines Konkneipanten eingeräumt werden dürften, **der**, falls er bei dem Senior aller Reußen Aergerniß erregt, sich **zu** stärken hat und bei etwaigen Selbständigkeitgelüsten sofort von der Korona in den B.=V. zu erklären ist, ohne übrigens mensurfähig zu sein . . .

Man fabelt jetzt oft und gern von den Vereinigten Staaten von Europa, die den bedrohlichen Wirthschaftkampf mit der nordamerikanischen Union aufnehmen sollen. Die schneidigen Ideale der Gipszeit aber werden erst dann verwirklicht, **die Stuckepoche** wird erst dann **erfüllet sein**, **wenn** man das bisher **ganz** thöricht für echt gehaltene Material der bürgerlichen Rechtanschauung zum alten Tröbel geworfen haben wird, und wenn **an** die Stelle des europäischen Konzertes, dessen Kapellmeisterposten augenblicklich vakant ist, der neue, verheißungvolle Coleurverband **getreten sein wird**:

Der europäische S. C.

v. c. f.

18. 5. 1891.

VI.

Die beiden Leo.

Sie sehen einander gar nicht ähnlich, die beiden Leo. Hier der feine, kluge Kopf eines welt= männisch erfahrenen Priesters, List und Milde anziehend gepaart; dort ein gramvoll mächtiges Haupt mit feuchten Heilandaugen, **die** über das Irdische hinaus **in** mystische Nebel blicken; ein zarter und doch sehniger Körper hier, und dort eine stämmige Gestalt von grobem Knochenbau. Fließende Gewande aus köstlichem Stoff kleiden den Einen und die **Tiara** schmückt seinen Scheitel; in plumpschäftige Stiefel **steckt** der Andere **eine berbe** Hose, seinen Leib deckt ein dünnes **Hemd, das** geglättete Haar eine bäuerische Leinenmütze. **Ein großer, ver=** zärtelter Herr und ein leidender', armer Mensch: so treten sie äußerlich **vor** unseren Blick, **der** Zauberer von Rom und der Erlöser von Jasnaja Poljana, Leo XIII. und Lew Nikolajewitsch Tolstoi. Und jeder von Beiden verkündet, er habe **den** rechten, den wahren Glauben und das unverfälschte Christenthum, er allein.

Etwas wie eine Aehnlichkeit wäre vielleicht auf=
zufinden: Papa und Väterchen, beide umgeben ihr
Dasein mit einer Legende. Der dreizehnte Leo spielt
den Gefangenen im Vatikan und den verfolgten Mär=
tyrer; Leo Tolstoi gefällt sich in der geräuschloseren
Rolle eines arbeitsamen Mushik. Im Grunde führen
Beide ein recht behagliches Leben, in der schimmernden
Palaststadt der Eine, der Andere im schlichten Herrensitz.
Die Gefangenschaft besteht in der Einbildung nur, und
dem Bauern winkt, sobald er will, ein Herrendasein.
Sie bedürfen der äußeren Symbole, der legendären
Masken, der stolze Kirchenfürst und der demüthige
Kirchenfeind. Die Martyrkrone lockt mächtig und die
weltliche Depossedirung war für das zermorschte Papst=
thum ein Glück wie für Tolstoi die Verfolgung durch
Pobedonoszew, den slavischen Torquemada. Auch des
Herrn von Egidy ernste Gedanken wären ohne Echo
verhallt, hätte die sächsische Regierung ihnen nicht durch
die Verabschiedung ihres militärischen Verfassers eine
freundliche Reklame gemacht.

Weit dehnt sich der Weg zwischen den beiden Leo:
nahe dem Mutterlande der Inquisition thront der un=
fehlbare Papst, nach China und Indien wendet der
Apostel von Tula das Auge. Wollten sie zum Zweck
einer gelehrten Disputation zusammentreffen, sie könnten
kein besseres Stelldichein wählen als das gelobte Land.
Reiseroute ab Rom: Brindisi=Suez; ab Tula: Wladi=
wostok=Suez. Wo Nathan vor Saladin stand, müßte
Lew vor Leo stehen, den er dann nicht mit einem
parabolischen Märchen abspeisen würde. Solch' eine

Disputation könnte außerordentlich lehrreich und inter=
essant werden und die heilige Stätte gäbe ihr den
stimmungvollsten Hintergrund. Da sie nun aber Beide
nicht reiselustig sind, **muß** man sich schon mit ihren
schriftlichen Bekenntnissen begnügen und gelassen prüfen,
was sie der sündigen Welt zu sagen haben.

Papst Leo hat eine Encyklika über die soziale
Frage von **sich** gegeben, ein umfangreiches Aktenstück,
dessen deutschen Wortlaut die „Germania" zuerst
Gläubigen und Ungläubigen mittheilen durfte. Leo
Pecci ist schlau und wußte oft sich in die Welt zu
schicken; er hat mit Bismarck **einen** modus vivendi
gefunden, mit der französischen Republik **seinen** Frieden
gemacht, und noch in der letzten Woche hat er in **der**
Gegend von Toulouse die Fastenzeit durchbrechen lassen,
um den Katholiken die Theilnahme **an den fetten Fest**=
mahlen zu Ehren des in kombinirten Rundreisen **mit**
den legitimsten Monarchen wetteifernden Präsidenten
Carnot zu ermöglichen. Diesmal aber war doch **der**
Kluge klug genug, nicht klug zu sein. Die soziale Frage,
die alle Welt beleckt, wollte er kirchlichen Zwecken dienst=
bar machen; etwas wie eine Vermählung von Sozialismus
und Katholizismus mochte ihm vorschweben **und** das
Ziel zeigen, durch einen Tropfen demokratischen Oeles
der Tiara neuen Glanz zu verleihen. An diesem Vor=
haben mußte auch der Klügste scheitern. Wenn sieben
Kardinäle sich sieben Jahre plagten, sie könnten doch
nimmermehr den Beweis für den sozialreformatorischen
Beruf der katholischen Kirche erbringen.

In einem aus Gut und Böse, aus Ehrlichkeit **und**

4 *

Jesuitismus wunderlich gemischten Buche — „Ein Kate=
chismus der Moral und Politik für das deutsche Volk" *)
— wird unter hundert anderen auch eine recht hübsche
Anekdote vom Papst Benedict XIV. erzählt. Als nach
seiner Erwählung der frühere Kapuziner auf die Loggia
der Peterskirche hinaustrat und auf das dichte Gedränge
zu seinen Füßen hinabsah, da rief er aus: „Welche
Menge von Menschen. Wovon lebt nur all' das Volk?"
„Der Eine betrügt den Anderen," erwiderte ein welt=
läufiger Kardinal. Und der Papst fand, indessen er
segnend die Hände erhob, das selbstzufrieden stolze
Wort: „Ed io li buggero tutti! Und ich betrüge sie
Alle!"

Mit ungeschwächten Kräften setzt Leo XIII. das
Geschäft des vierzehnten Benedikt fort. Nur die Firma
ist verändert, einige neue Artikel sind angeschafft worden:
der Syllabus, das Unfehlbarkeitdogma, der Unbefleckten
Empfängniß, im Uebrigen blieb es der alte Kramladen
für zahlungsfähige Fromme ohne Unterschied der Nationa=
lität. Jetzt soll das reich assortirte Lager abermals
vermehrt werden, durch billig, zum Selbstkostenpreise
abzugebende soziale Heilslehren. So wenig wie Benedikt
hat Leo eine Ahnung, „wovon all' das Volk lebt".
Schon in seinem sozialpolitischen Antwortschreiben an
Wilhelm den Zweiten hatte der Papst den unfehlbaren Irr=
thum ausgesprochen: „Weil die Gesellschaft die religiösen
Grundsätze aus dem Auge verloren, vernachlässigt und
verkannt hat, sieht sie sich bis in ihre Fundamente er=

---

*) Leipzig, C. L. Hirschfeld.

schüttert." Wie soll **auch** der Gefangene **im** Vatikan
wissen, daß nicht Philosophie oder — **was** dasselbe ist —
Religion den Lauf der Welt zusammenhält, sondern
„das Getriebe durch Hunger und durch **Liebe**"? Wenn
er in seiner langathmig leeren Encyklika durch religiöse
Arcana die sozialen Kämpfe beschwichtigen will, so **hat**
ihm schon der zum blassen Idealisten verfälschte Schiller
die Antwort gegeben:

„Was die Herren da schwatzen! Der Magen und was noch thut Alles,
An zwei Gliedern nur hängt die moralische Welt."

Papstthum und Volkwirthschaft gibt **keinen Reim**.
Unter dem Krummstab hat durch die Jahrhunderte der
Hunger gehaust und das heulende Elend, das bezeugt
der Blick auf den alten Kirchenstaat **und auf das neue**
Belgien, das schwarze Land der **Kutten und Kohlen**.
Die Päpste und ihre Handlanger haben „sie **alle be-**
trogen", sie haben **den Betrug** in ein System gebracht.
Der freien Forschung, **der** kulturförderlichen **Wissenschaft**
haben sie widerstrebt, **Thesen** haben sie mit Scheiterhaufen, muthige Wahrheiten **mit dem** großen Kirchenbann beantwortet **und daneben doch von allen Kultur-**
fortschritten klüglich profitirt, **zu** eigenem Behagen und
in maiorem dei gloriam, zur größeren Ehre ihres
mit heidnischen Lappen kunterbunt herausstaffirten Gottes.
Friedrich Vischer traf **den** Nagel auf den Kopf, da er
in seinen Aphorismen *) schrieb: „Immer auf's Neue
muß ich mich wundern, **daß** ein eifriger Katholik unsere
moderne Tracht tragen, Eisenbahn, Telegraph, Buch-

---

*) Altes **und** Neues. Neue Folge. Stuttgart, Adolf
Bonz & Co.

druckerkunst, alle Fortschritte unserer Mechanismen be=
nutzen mag. Alle diese Formen widersprechen schlechtweg
den Voraussetzungen, der ganzen Grundlage seines
Glaubens und Wollens." Derselbe Widerspruch geht
durch die neue päpstliche Encyklika: der Kirche wird
der Vorrang auf dem Gebiete der modernen Sozial=
politik zuerkannt, und zwischen den Zeilen steht doch zu
lesen, daß die Kirche in den allzu langen Epochen ihrer
Allmacht nichts, rein gar nichts zur Linderung der
sozialen Noth vermocht hat. Wie es im Mittelalter
aussah, das mag man im dichterischen Spiegel Goethes
erschauen: während die empörten Bauern nach Brot
brüllen, feiert man in der bischöflichen Pfalz leckere
Gastereien. Zu allen Zeiten hat die Kirche einen guten
Magen gehabt, und niemals hat die Sorge um die
Noth der gemeinen Menge ihren süßen Verdauung=
schlummer gestört.

Nicht hier aber würde Lew's Polemik gegen Leo
einsetzen. Die Kulturfeindschaft der Klerisei ist allmählich
zum Gemeinplatz geworden, den man nur noch in Leit=
artikeln verschämt unterbringen kann. Und der Mann
von Jasnaja Poljana hat gewiß nicht das Recht oder
den Wunsch, mit irgendwem über Kulturhaß zu hadern;
er haßt sie selbst inbrünstiger denn irgend ein Pfaffe,
die „verfluchte Wissenschaft", und in der trotzdem un=
geheueren Kreutzersonate hat er ihr Sündenregister
aufgestellt. Von dieser im Animalischen erschütternden
Ehetragödie würden die ehelosen Beamten des Römer=
thums nichts verstehen, mindestens ex officio nichts
verstehen dürfen. Aber sie sollten ihn hören stärker

beſchwören, wenn Lew Nikolajewitſch den Päpſtlichen
ſeine rückſichtlos offenen Gedanken über Staat und Kirche *)
vorleſen würde. Da **erſt** möchte ſie luſtig werden, die
Disputation von Jeruſalem.

Leo des Dreizehnten Sozialpolitik **intereſſirt** die
Welt nicht und die hierarchiſche Anmaßung, **die ſich**
über ſtaatliches Recht und Geſetz dreiſt, doch **nicht gottes=**
fürchtig erhebt, iſt eine alte Geſchichte, die niemals **neu**
war. Spaßhaft iſt es nur, zu ſehen, wie der Pontifex
Maximus auf Petri Stuhle der evangeliſchen Grundlehre
direkt in's Geſicht ſchlägt. Nicht nur Lew Tolſtoi, ſelbſt
Auguſt Bebel ſteht dem Chriſtenthum Chriſti näher als
der Statthalter des Höchſten, **und wieder muß** man an
Friedrich Viſcher denken und **an ſein Wort:** „Der
Katholizismus iſt an **das** Heidenthum anbequemtes,
darüber ſelber Heidenthum gewordenes **Chriſtenthum.**"

Der Papſt **tritt** dem Kollektivismus **und Kommu=**
nismus, weitſchweifig noch mehr als nachdrücklich, ent=
gegen. Die erſten Chriſten waren Kollektiviſten **und**
Kommuniſten. Der Papſt empfiehlt eine **Reihe** von
übrigens längſt bekannten und meiſt ſchon verwirklichten
Einrichtungen, die eine Verbeſſerung im irdiſchen Looſe
der Armen herbeiführen ſollen. Auch **der** Stifter des
Chriſtenthums ließ die Mühſäligen **und Beladenen zu**
ſich kommen; aber nicht irdiſche Verbeſſerung verhieß er
ihnen, ſondern getröſtete ſie auf reiche Belohnung im
Jenſeits und pries ſie um ihre Leiden, deren jedes ihnen
ein Anrecht **auf** himmliſche Ehren erwarb. Wie kommt

*) Berlin, **Caſſirer** & Danziger.

der Papst unter die Sozialreformatoren? Will er der großen konstantinischen Kaiserlüge, die vom Konzil von Nicäa an fortzeugend Unheil hat geboren, ein neues, modernisirtes Mäntelchen umthun? Ein vergebliches Bemühen, der Anfang vom Ende. Da der Statthalter Christi sich in eine durchaus materielle Frage verirrte, da er den an sich schon unchristlichen Begriff seiner „Kirche" zur Erreichung irdischen Vortheils offen einsetzte, gab er sich selbst auf und die eigene Daseinsberechtigung. Christlich hätte er gehandelt, und die Welt priese ihn als ein religiöses Genie, wenn er den ekklesischen Schatz den Armen geöffnet, allem Gepränge entsagt und der priesterlichen Völlerei ein Ende bereitet hätte. Billiger freilich und weitaus bequemer ist sein Staatsozialismus, der von allen Besitzenden Opfer heischt, nur nicht von seiner schwarzen Armee und von ihrem Generalstab, von Loyola's wilder, verwegener Jagd. Es mag hingehen, daß ein Papst nicht weiß, „wovon all' die Leute leben", daß er von den ökonomischen Lebensbedingungen auch nicht einmal dämmernde Ahnung hat; wenn Rom aber gegen Nazareth mobil macht, wenn es eine Leidensreligion, einen Kultus der Schwachen zu eigensüchtigen Propagandazwecken mit den derben Surrogaten der Arbeiterschutzgesetzgebung verfälschen will, dann bleibt uns nur die Wahl, aus vollem Halse zu lachen oder gegen den Krummstab den Krückstock zu Hilfe zu rufen, den alten Fritzen und rationalistischen Voltairianer mit seinem zornigen Ruf:

> „Sors des cendres, Rome païenne,
> Va confondre Rome chrétienne
> Et ses prêtres ambitieux!"

Ein Glück nur für alle Kämpfer gegen Rom, daß es Preußens größter König war, **der** wider tous ces frauduleux pontifs gewettert hat. Kein staatlich bestellter Korrektor wird dieses Aufbäumen der Wahrheit gegen die pompöse Lüge auszutilgen **vermögen.**

Der slavische Lew **ist** ein anderer **Kerl als der** römische **Leo.** Es ist sicher, **er** rechnet **mit einem** sittlichen Idealismus, der immer der Mehrzahl der Menschen fremd bleiben muß; aber er **hat** doch wenigstens Ideale, hindostanische meinetwegen, während man **in Rom nur** praktische und taktische Kniffe und **Pfiffe** kennt. Tolstoi ist konsequent; den unausweichlichen Weg vom **unver-** fälschten Christglauben zum sanften Kommunismus hat er stracks zurückgelegt. Er widerstrebt nicht dem Uebel, er sucht es auf; er sieht **in der** hierarchischen ἐκκλησία nur einen pfäffischen Trug; **der** Begriff „christlicher Staat" ist ihm eben so unfaßbar **wie der Begriff** „heißes Eis", denn „es gibt entweder **keinen Staat, oder es** gibt **kein** Christenthum". Mit ihm **kann** man marschiren, **denn** man weiß genau, wohin **er** führt; ihn kann man bestreiten, denn sein **Wollen hat er** ernst **und muthig** bekannt. Wer aber will den Zauberer von Rom unter seinen tausend Verkleidungen packen? Mit **der** katholischen Kirche ist es wie mit **den** Zeitungen: diese werden **von** den Abonnenten redigirt, jene **wird** von den Gläubigen beherrscht, **von** der Gemeinde. Leo XIII. glaubt **zu** schieben, und **er** wird geschoben. Wohin? Wer weiß es und — wer sagt es?

Durch die müde Kulturwelt geht ein todwundes Stöhnen nach **neuem** Glauben. Schon lange währt es, in der Romantik trank es sich einen wüsten Rausch und seiner Katzenjämmerlichkeit großer Poet war Heinrich Heine; in dem bohrte jene piété sans la foi, deren Verkünder heute Jules Lemaitre geworden ist, einer der feinsten Europäer. Neue Opiate sollen jetzt dran und von dem slavischen Aufklärichtfeinde borgt der in Trüb= sinn verfallene Gallier sein Fläschchen, drin mildflüssig die Mitleidenessenz lockt. Den deutschen Markt über= schwemmen theologische Schriften; der Schwache, der Arme, das Weib rüsten zu neuer, zu schrecklichster Tyrannei; eine zweite Reformation kündet vernehmlich sich an. Und die Pfaffen aller Konfessionen zetern über den Geist des Unglaubens, spotten ihrer selbst und wissen nicht wie, und der römische Bischof versendet eine soziale Encyklika im Prachtband, die den Tolstorsten und Sozialisten nur ein letztes mitleidiges Lächeln abzwingen kann für den armen, papiernen Papst, der sämmtliche Evangelien und die brenzlige Geschichte des Katholizismus obendrein vergessen hat, über die deutsche Gewerbenovelle.

24. 5. 1891.

VII.

Franco-Russe.

Um dieselbe Zeit etwa, da die deutschen Zeitungen täglich mit niedlichen Anekdötchen das Scheitern der französischen Ausstellung in Moskau und das nahe bevorstehende Ende der franco-russischen Sympathien ihren schmunzelnden Lesern bewiesen, hatte mein Weg mich nach Marseille geführt. So ungestüm tobte der Mistral und so freigebig spendete er körnigen Sand, daß der sonst recht behagliche Aufenthalt in dem bunten Boulevardtreiben der Canebière bald unerträglich wurde. Das Theater lag schon im Sommerschlaf, als einziger Zufluchtort winkte der Kryftallpalast, auf dessen Anschlagzetteln allerlei Spezialitäten gar verlockend sich ankündigten. Es war kein verlorener Abend. Die Vortragkunst — l'art de bien dire, die allmontäglich beim guten Sarcey wiederkehrt — ist den Franzosen noch nicht verloren, und auch Der freut an dem fein pointirenden Vortrag eines Paulus oder Kam Hill sich, dem die derbe Vergnüglichkeit unserer einheimischen Tingeltangelkünftler längst schon nichts mehr sagt. Und da das ganz und gar demo-

kratisch zusammengesetzte Publikum sich musterhaft be=
nahm, da selbst auf dem reichlich und schön beschickten
Liebemarkt graziöse Leichtfertigkeit eher als schamlose
Aufdringlichkeit herrschte, so gab es genug zu beschauen
und zu bedenken. Plötzlich entstand wüthendes Bei=
fallgetöse: Auf der Bühne war ein älterer, fetter
Herr erschienen, ein ausrangirter Operntenor mit der
studirten Vornehmheit eines Zahlkellners und den un=
schönen Resten einer kehltönigen Brüllstimme. Was er
sang, war Schrecken, und seine offenbare Beliebtheit ver=
kürzte rasch meine Hochachtung des marseillaisischen
Kunstverstandes. Den Text seines hymnisch getragenen
Liedes hatte ich nicht zu erlauschen vermocht und begriff
erst, als der ausgediente Provinz=Raoul, hart an die
Rampe tretend, seinen Refrain in's Publikum schmetterte:

„Dieu protège la sainte alliance
Entre la Russie et la France!"

Nun brach das Beifallgewitter los, immer wieder mit
gleicher Wucht, nach jedem der sechs Verse. Der feiste
Barde hatte den Haupterfolg des Abends. Und wieder
einmal bestärkte sich mir der alte Vorsatz: nichts, aber
auch gar nichts von alledem zu glauben, was in den
Zeitungen steht. Denn die sagen niemals, was ist,
sondern immer nur, was ihre Abonnenten zu hören
wünschen und was auf dem Sandwege ihrer Parteilich=
keit wohl erblühen könnte. Die Abonnenten aber und
die Heerdentreter wollen hören und weiter verkünden, daß
Deutschland von Tag zu Tag mehr sympathische Freund=
schaft gewinnt, daß es allein die Geschicke der Welt be=
stimmt, und daß seine Gegner eine zerfahrene Horde von

Schelmen und Talglichtefreſſern bilden. Beim Morgenkaffee und vor dem Abendbrot erfreut ſo etwas den
Philiſter, und ein großer Aufwand von Spezialkorreſpon-
denten und eigenen Drahtberichten wird verthan, auf
daß ſo harmloſe Freude ja niemals **fehle**. Die
Quittung in der einen, den Palmenzweig **in der anderen**
Hand, ſteht der Abonnent, ein abſoluter Monarch, **an**
des Jahrhunderts Neige, in edler, ſtolzer Männlichkeit,
der reifſte Sohn der Zeit; und ſein Buchſtabenglaube
ahnt nicht, daß er von früh bis ſpät belogen wird.

Es iſt nämlich Alles nicht wahr. Weniger **als je**
zuvor liebt man uns heute; **trotz** den Bündnißverträgen
und den Fürſtenreiſen liebt man uns nicht in Italien,
nicht in England, nicht in Holland und kaum im kleinſten
Theile von Oeſterreich. Zur Bismarckzeit fürchtete man
uns; jetzt iſt dieſe Furcht bereits etwas **im Schwinden**,
und die neuen Sympathien, die angeblich die Stelle **der**
Furcht eingenommen haben ſollen, die kümmern **nur in**
der papiernen Welt mühſälig **dahin**. Das klingt nicht
ſehr lieblich, aber es hat den Vorzug, den Thatſachen
zu entſprechen. Man liebt uns weniger als **je zuvor**;
denn zu den wirthſchaftlichen Urſachen **der Antipathien**
hat in allerneueſter Zeit ein lärmſüchtiges, phraſenhaftes
Weſen ſich geſellt und ein unruhiger Alleweltbeglückung-
wahn, den man im Auslande allmählich zu belächeln
beginnt. Früher ärgerte man **ſich an den Deutſchen**,
weil ſie aus den ſchlechten Erwerbverhältniſſen ihrer
Heimath in die Fremde hinausſtrebten und dort **durch**
Unterbietung der geltenden Lohnanſprüche die Eingeborenen zurückdrängten. Heute verſtimmt das **Geräuſch**,

das sie verüben, und das Sedanlächeln, mit dem sie oft genug, toastirend und bankettirend, durch die Lande schreiten. Ist es wirklich ein so großes Wunder, wenn ihr Beispiel endlich Nachfolge findet? Wenn auf die mit einiger Skepsis nur erwiderten Liebewerbungen um England der große Taumelrausch von Kronstadt und Moskau folgt? — In Kissingen hat man einige Ursache zum Triumph. Wie das Regime Bismarck sich niemals gestattet hätte, einen Botschafter und eine Kaiserin um etliche französische Bilder zu bemühen, so hätte es auch Europa den Tag von Kronstadt erspart.

Die franco-russischen Sympathien sind nicht von gestern und vorgestern. Längst schon war die russische „Gesellschaft" völlig französirt, längst hatten die Literaturen beider Länder zu beiden Theilen fruchtbarem Gedankenaustausch sich gefunden. Nicht ohne Byron nur, auch ohne Musset ist ein Lermontow undenkbar, dessen Angedenken in den letzten Julitagen vom ganzen Zarenreiche geehrt wurde. Was die ersten gallischen Sozialphilosophen, was Saint-Simon, Fourier, Proudhon für die russische Generation der vierziger Jahre bedeuteten, das wird den Franzosen heute durch Dostojewsky und Lew Tolstoi zurückerstattet. Die innige Freundschaft, die Männer wie Mérimée, Flaubert und die beiden Goncourt mit Turgenjew verband, darf man bei Seite lassen; denn der Dichter der „Väter und Söhne" war zunächst ein Europäer, dann ein Liberaler und sehr spät erst ein Russe. Mit dem Raskolnikow erst und mit der Kreutzersonate drang die slavische Liebereligion in Frankreich ein und traf hier sofort auf eine

verwandte Geistesdisposition: auf eine erschöpfte That=
sachenmüdigkeit, eine enttäuschte Abkehr vom nüchtern
robusten Positivismus und ein gewaltiges Sehnen nach
neuem Glauben und neuer Frömmigkeit. Der ungeheure
Erfolg einer in ihrer posirenden Kränklichkeit doch so
wundersam reizvollen Erscheinung, wie es die geniale
Komödiantin Marie Bashkirtsew ist, spricht laut für die
Verwandtschaft beider Literaturen.

Der Vicomte de Vogüé, dessen meisterhaften Essays
die Russen in Frankreich ihren raschen Sieg und ihre
mächtige Wirkung auf die jüngere Literatur, von Mau=
passant bis auf Huysmans und Barrès, verdanken, hat
es offen ausgesprochen, daß er bei seinen Versuchen einer
geistigen Verbindung der beiden Länder auch einen
politischen Zweck verfolgt. Als man in Kronstadt
toastirte, ward sein Name nicht genannt, aber der Aka=
demiker hat ohne Zweifel um die sainte alliance größere
Verdienste als etwa der Admiral Gervais, von dem die
Welt vorläufig nur weiß, daß er immer „betäubt“,
aber nie betrunken ist, daß er unglaubliche Mengen von
Flüssigkeiten vertragen kann und daß der berühmte Käse
nicht nach ihm benannt ist. So geht es immer: aus
Tinte und Druckerschwärze wird ein Gedanke geboren,
und irgend einem gut uniformirten Gervais spannt man
die Pferde aus. Alle Gervais und Vogüé zusammen
aber hätten nicht vermocht, den Zaren, der sein Staat
ist, für ihre antideutschen Demonstrationen zu gewinnen,
wenn der gefährliche Zauberer von Friedrichsruh noch
seine diplomatischen Künste geübt hätte. Auch der
blödeste Blick mußte erkennen, was Bismarck für Europa

bedeutete, an jenem denkwürdigen Tage, da der dritte Alexander stehend und unbedeckten Hauptes die Marseiller Hymne anhörte, in deren Text es heißt:

„Que veut cette horde d'esclaves,
De traîtres, de rois conjurés?
Pour qui sont ces entraves,
Ces fers dès longtemps préparés?“

Die Monarchen sollten Bismarck Altäre bauen, nicht nur die preußischen Könige, die sein Genie aus tiefster Unpopularität zu unerhörtem Glanze führte, sondern alle die Kronenträger, große und kleine. Paul Goehre berichtet in seinem nicht genug zu empfehlenden Buche „Drei Monat Fabrikarbeiter“ *) von dem ein müthigen erbitterten Haß, mit dem die sozialistischen Arbeiter den gestürzten Kanzler verfolgen. Dieser Haß ist gerecht, denn Bismarck war der einzige gefährliche Gegner der Sozialdemokratie in Europa. Für Bismarck gab es nur ein Ziel: die Stärkung und Befestigung der alten Monarchie. Diesen Zweck mußten ihm alle, auch die bösesten Mittel heiligen. Dazu brauchte er ein riesiges Heer und ließ von Zeit zu Zeit einen „Krieg in Sicht“ stellen und pikrinsäuerlichen Unfug anrichten; den Adel wollte er reich und zufrieden, das unbeweg= liche Kapital für den Nothfall gesund und leistungfähig, und so mußten hohe Zölle und Prämien herbei; er er= fand das Wort von den Krypto=Republikanern und traf, troß allem Gelärm, den Kern der Sache, denn der ekel=

---

*) Leipzig, F. W. Grunow.

hafte Byzantinismus sogenannter Freisinnsblätter über-
tönt doch die Thatsache nicht, daß der Mehrheit aller
Liberalen die Frage: „monarchisch oder republikanisch"
höchstens eine Zweckmäßigkeitfrage ist. Bismarck richtete
seine Politik so ein, daß die Elemente zufrieden waren,
auf die das Königthum unter allen Umständen rechnen
kann, denn ihn umfing nicht der fromme Wahn, es sei
möglich, alle Interessen zu versöhnen. Die Erfahrung
spricht für den großen Gewaltthäter: heute, nach so
vielen Konferenzen und Reformen, ist kein Mensch im
Deutschen Reiche recht zufrieden; das Börsenbarometer
zeigt andauernd auf schlechtes Wetter, und von Kronstadt
her zieht drohend eine schwere Wolke über Europa herauf.

Der Zar wußte in dem Manne aus dem Sachsenwalde den starken — vielleicht den letzten starken —
Schirmer der alten Monarchie zu schätzen. Mehr in-
stinktiv, denn scharfe Verstandesarbeit ist seine Sache
nicht. Der Charakter dieses Alexander ist für Europa
noch immer ein Räthsel, von dessen Lösung die Ruhe
des Welttheiles abhängt. Denn — darüber lasse man
sich durch kein Preßgeplärre täuschen! — hinter dem
Zaren steht Rußland, steht das ganze, neunzig Millionen
umfassende Volk, das an dem Befreier vom Wucher, an
dem orthodoxen Bauernkaiser mit ganz anderem Enthusiasmus noch hängt als an dem „Zarbefreier", dessen
galanter Lebenswandel und dessen occidentale Sitten zu
dem tadellos bürgerlichen Leben und stockrussischen
Denken des Sohnes in entschiedenstem Gegensatze standen.
Das kleine, von einem ehrsüchtigen Verwandten der
Romanows befehligte Häuflein der Nihilisten ändert an

dieser Thatsache nichts. Mit Knütteln würden die russischen Bauern die Nihilisten totschlagen, an dem Tage, wo der Zar sie zur Hilfe ruft. Dann aber würden freilich zugleich alle die spärlichen Ansätze europäischer Kultur unbarmherzig zerstampft werden von der russischen Jacquerie. Rußland, das schon mitten darin ist in dem von Proudhon erträumten cäsarischen Sozialismus, hat heute noch den großen, den stark machenden Glauben, der unserer Skepsis längst schon verloren ist. Und weit größere Gefahr als von den Nihilisten droht dem Zarenreiche von der langsam an Boden gewinnenden Sekte der Stundisten, die von den deutschen Kolonien in Südrußland liberale und protestantisirende Ideen übernommen und dem Deutschenhaß der Panslavisten damit einen neuen Vorwand geliefert haben. Von diesen Verhältnissen hat man bei uns kaum einen dämmernden Begriff; man nimmt gläubig alle die albernen Zeitunglügen auf, die tagtäglich auf Redaktionkommando ersonnen werden, und behilft sich mit nichtssagenden Protesten gegen die Barbarei und die Kulturgefahr im östlichen Riesenreich. Und während so lustig gehetzt wird, während der wohlüberlegte Mittelkurs der auswärtigen Politik Bismarck's verlassen ist und durch allzu warme oder allzu kalte Strömungen ersetzt werden soll, konnte selbst ein politischer Dilettant, wie Herr von Freycinet, sein Ziel erreichen und das Band der franco-russischen Allianz knüpfen.

In hundstäglicher Erregung zerbricht man sich jetzt werthlose Köpfe darüber, ob die Allianz auf dem Papier steht oder nicht. „Auch 'was Geschriebnes forderst Du,

Pedant?" Wenn der deutsche Kaiser in London freund-
lich begrüßt wird, dann liest man: „Derartige spontane
Ausbrüche der Sympathie wiegen **ganz** ungleich schwerer
als geschriebene und gestempelte diplomatische Verträge."
Wenn ein fast **schon** lächerlicher Jubelrausch **an der**
Newa und an **der Moskwa** die französische Flotte em-
pfängt, so heißt es: „Mögen die **Herrschaften** sich an
vollbesetzten Tafeln **verbrüdern**, — derartige **platonische**
Freundschaftbezeugungen bedeuten **nichts**, so lange der
Zar einem bindenden Vertrage seine Unterschrift verweigert." Wenn der protestantische Kaiser Wilhelm in
Petersburg das griechische Kreuz **küßt**, so ist das ein
selbstverständlicher Akt interkonfessioneller Höflichkeit;
läßt aber der katholische **Herr** Gervais sich **vom Moskauer**
Archimandriten segnen, dann **soll** er ein würdeloser und
lächerlicher Komödiant sein. Wen **betrügt** man denn
hier?

Der **Zar will** heute noch keinen Krieg. Er kennt
die Gräuel **der Schlachtfelder** und wird, schon um sein
epileptisches Leiden ängstlich zu verbergen, den Frieden
zu wahren versuchen. Er hält sich für den Gesandten
des Herrn und treibt mit Pobedonoszew nationale und
orthodoxe Politik. Mögen die **Russen sich** darob beklagen, wenn es **ihnen** Aerger bereitet. Uns sollte
Rußland nebst Sibirien und den Judenaustreibungen
„Hekuba" sein. Was geht es uns an, wie die Russen
glücklich gemacht werden? Ausweisungen und Korruption
und Elend und patriarchalische Regungen haben wir
daheim im Ueberfluß. Und **die** einzigen Absolutisten,
die bei uns auch offiziell noch herrschen, die Zeitung-

5*

abonnenten, sollten endlich einmal dem verlogenen Unfug ein Ende machen, der hetzend und höhnend und
schwatzend nach Spaltenfutter sucht. Man liebt uns
nicht, aber wir sind stark. Und wir könnten uns den
behaglichen Luxus gestatten, in gelassener Ruhe dem
Weltenlauf zuzuschauen, ohne durch unaufhörliches Ge-
töse die neue Mode des politischen Toastirens zu fördern,
bei der es schließlich doch nicht ohne zerbrochene Gläser
abgehen wird. Wie die Dinge jetzt stehen, muß man
beinahe schon einen Krieg befürchten, in dessen Schlachten jede
der demonstrirenden Mächte um den hohen Ruhm streiten
wird, des Weltfriedens aufrichtigste Freundin zu sein.

9. 8. 1891.

VIII.

Der Fall Klausner.

Auf meinem Schreibtisch häufen sich die anonymen Briefe. In sehr freundlichem und in sehr unfreundlichem Tone werde ich aufgefordert, vor den Lesern der „Gegenwart" den Fall Klausner zu erörtern, auf daß ich nicht in den Verdacht gerathe, „Sie hätten sich nun auch jener elenden Clique angeschlossen, die Sie bis jetzt mit so unbarmherziger Rücksichtlosigkeit bekämpft haben." Dieses ist ein Citat, und eines von den sanftmüthigsten. Andere Sendschreiben wiederum legen mir die Frage vor, ob es mir denn gar so schwer werde, Herrn Barnay einmal „Recht geben" zu müssen. Diese frankirten Mahnungen beweisen, daß für den Fall Klausner, der sich während meiner Urlaubzeit abgespielt hat, noch immer ein lebhaftes Interesse vorhanden ist. Und dieses Interesses freue ich mich aufrichtig, denn es gibt mir erwünschte Gelegenheit, wieder einmal die Beziehungen zwischen Theater und Presse aus der Nähe zu betrachten.

Es ist genau ein Jahr vergangen, seit der große
Krach über die Berliner Presse hereinbrach. Ein un=
erschrockener Mann, Herr Dr. Franz Mehring, hat seine
Existenz daran gesetzt, die tief eingefressene Korruption
mit ätzender Säure und glühendem Eisen auszubrennen.
Im August 1890 hatte Mehring das für einen deutschen
Publizisten gewiß glänzende Einkommen von 10,000 Mark
im Jahr; heute ist er ohne Anstellung, und kein bürger=
liches Blatt wird ihm auf absehbare Zeit seine Spalten
öffnen. Das sicht den Tapferen nicht an: freiwillig hat
er, als man ihn mundtot machen wollte, seinem behag=
lichen Posten entsagt, um der guten Sache zu dienen,
für die er den Kampf einmal aufgenommen hatte. Und
diesen weißen Raben unter den Journalisten versuchte
der unsaubere Klüngel vor der Oeffentlichkeit als einen
charakterlosen Soldschreiber hinzustellen, der um Zeilen=
lohn den verschiedensten Parteirichtungen seine Dienste
geliehen habe. Heute mag der Versuch die Herren wohl
einigermaßen gereuen; denn in einer glänzenden und in
ihrer lückenlosen Logik bezwingenden Streitschrift hat
Mehring nicht nur sein eigenes Verhalten über jeden
Zweifel hinaus gerechtfertigt, er hat auch zugleich mit
seinen hinterlistigen und skrupellosen Angreifern eine
Abrechnung gehalten, von deren verheerender Wirkung sie
vorläufig sich noch nicht erholt haben. Wer unsere haupt=
städtischen Preßverhältnisse gründlich kennen lernen will,
dem sei die Schrift „Kapital und Presse" *) an's Herz
gelegt. Das in überzeugtem und darum überzeugendem

---

*) Berlin, Kurt Brachvogel.

Stil geschriebene Buch hat zwei Mängel: es beweist uns nicht bündig genug, daß die erbarmungslos aufgedeckten Uebelstände im Kapitalismus wurzeln, und es sündigt im letzten, der „Philosophie und Poesie des Kapitalismus" gewidmeten Abschnitt gegen die Grundgesetze der ästhetischen Kritik. Es war ein ungeheuerlicher Einfall Mehring's, Männer wie Friedrich Nietzsche und Theodor Fontane als kapitalistisch verseuchte Erscheinungen geißeln zu wollen. Wenn Nietzsche dem christlich-spiritualistischen Schwächekultus seine übermenschliche „Herrenmoral" entgegensetzt, wenn er den Starken, den Gesunden, den Artverbesserer zum Siege führen will, dann kämpft er ebenso wenig für die selbstsüchtig verfettete Bourgeoisie, wie das Fontane thut, wenn er — in seinem Meisterroman „Irrungen, Wirrungen" — eine Alltagsgeschichte poetisch gestaltet. Von diesen beiden Punkten abgesehen, zu denen mein ganz subjektives Urtheil die Folge versagt, wird diese Schrift den Tag überdauern, als ein bedeutendes Dokument zur Kulturgeschichte der Hauptstadt und ihrer publizistischen Vertretung.

Es versteht sich eigentlich von selbst, daß die Schrift totgeschwiegen wurde. Die Angegriffenen, denen neben anderen Niedrigkeiten auch falsche Eide nachgewiesen waren, verhalten sich mäuschenstill, und die Tageblätter waren zu „vornehm", um von der Sache Notiz zu nehmen. Ausführlichere Besprechungen sind mir nur in den Blättern der Herren von Hammerstein und — Liebknecht begegnet; der feudale Freiherr, der die „Kreuzzeitung" ohne Furcht vor Regierungsblitzen einzig und allein nach seiner fest im frommen Absolutismus wurzelnden Ueberzeugung leitet, fand sich wieder einmal mit dem Proletarierführer zusammen. Die Anderen, die sonst so tapfer können schmälen, wann thät' ein armer Junker oder Pfaffe fehlen, schwiegen nun ganz still und tobten ihre Entrüstunggewitter an Schienenflickern und Juden=verfolgern aus. Es war ein erhebender Anblick.

Während alle Welt noch den Heroismus bewun=derte, mit dem die Cliquenhäupter sich niedermachen ließen, während der Rütlischwur der Schweigegemeinde getreulich gehalten wurde, weckten zwei Ohrfeigen ein unsanftes Echo. Herr Ludwig Barnay wollte sie Herrn Max Albert Klausner verabreicht haben. Die Herren waren bisher treue Freunde gewesen; sie hatten im Falle Lindau Schulter an Schulter für das Gute, Wahre, Schöne gefochten, — nun prügelten sie sich. Was war geschehen, daß sie den ersten Grundsatz im Verkehr von Presse und Theater also vergessen konnten: Kindlein, liebet euch untereinander? Vier amüsante Flugblätter sollen uns darüber Auskunft geben: I. „Die Affaire M. A. Klausner." (Verfasser: Ludwig Barnay.) II. „Die Affaire Barnay." (Verfasser: M. A. Klausner.) III. „Die Affaire Barnay." (Verfasser: M. A. Klausner.) IV. „Die Affaire Klausner." (Verfasser: Ludwig Bar=nay.) Die Erlasse datiren aus der Zeit zwischen dem 14. Juni und dem 8. Juli 1891.

Herr Ludwig Barnay ist, wie alle Welt weiß, Direktor des „Berliner Theaters"; Herr M. A. Klausner ist, wie männiglich unbekannt, Redakteur des „Berliner Börsen=Courier". Das sind die handelnden Personen in diesem schlagkräftigen Puppenspiel. Herr Klausner ist

ein vielseitiger Herr. Wie sein Chefredakteur zugleich
Bayreuth und die Börse **als** ständiger Gast und Berichterstatter beehrt, so begnügt sich auch Herr Klausner nicht
damit, politische Leitartikel gegen Bismarck und für
Völkerfreiheit in einem talmudistisch spitzfindigen Stil zu
schreiben und gelegentlich **für** seinen hohen Gönner, den
russischen Finanzminister Wyschnegradsky, ein lustiges
Rubeltreffen zu liefern, wohl auch in deutschen Reichs-
ämtern sich „inspiriren" zu lassen — o nein: sein Macht-
gebiet muß größer sein! Rubelkurs und hohe Politik
füllt eines Posa Herz nicht aus. So ist denn der **treff-**
liche Herr Klausner **auch** Theater- und Literaturkritiker,
und in dieser Eigenschaft hat er schon Dutzende von
Schriftstellern niedergesäbelt, die dem gestrengen **Herrn**
als sittenlos und gemeingefährlich erschienen. Denn im
Punkte der Moral **ist er** sehr streng — gegen Andere.
Uebrigens geht es den Toten, die er bestattet hat, fast
ausnahmelos recht gut. Kurz: Herr Klausner hat von
den Talenten des Muley Hassan (Fiesko, Act I, Scene 9)
einen hübschen Theil ererbt, und man darf sich **nicht**
wundern, wenn man ihn in den schwierigsten Fällen und
für die kitzlichsten Aufträge zu Rathe zu ziehen pflegt.
(S. auch Franz Mehring's Erklärung **in der** „Kreuzzeitung"
vom 14. October 1890.)

Diesmal aber hat er seinen Meister gefunden. Eines
schönen Junitages las Herr Direktor Barnay im „Börsen-
Courier" eine sehr schlimme Kritik der ersten Aufführung
von Shakespeare's brittem Richard. Die Kritik trug, da
Herr Isidor Landau, **der** aus der Seele der Theaterdirektoren heraus, mildfühlend und mitleidig, zu schreiben

pflegt, verreist war, die wohlbekannten Initialen M. A. K.
Herr Barnay wurde sehr nervös, denn Herr Klausner
hatte an die im Prozeß Kainz gerichtlich festgestellte
Thatsache erinnert, daß an gewissen Abenden von der
Direktion des „Berliner Theaters" genau „239 Frei=
billets an eine Claque" vertheilt werden. Nun aber
erinnerte auch Herr Barnay sich der interessanten That=
sache, daß Herr Redakteur Klausner zu seinen eifrigsten
Freibilletabnehmern gehört hatte, bis ihm endlich das
unverdrossen ausgenützte Privilegium entzogen worden
war. Der schlaue Direktor ließ nachforschen und fand,
daß an Herrn M. A. Klausner im Laufe von drei
Jahren 314 Freibillets ausgehändigt worden waren, von
denen — nach der völlig glaubwürdigen Versicherung
des Kassirers — höchstens 40 nachträglich bezahlt wur=
den. Bleiben also 274 Freibillets. Ferner behauptete
der Kassirer des „Victoriatheaters" — und seine Be=
hauptung ist nicht angefochten worden —, Herr Klausner
habe von dem Ausstattungtheater während einer Zeit
von zwei Jahren mindestens 832 Freibillets bezogen.
Macht zusammen 1106 Freibillets in zwei Jahren.

Ueber die weiteren Ereignisse können wir rasch
hinweggehen. Auf sehr gravirende Indicien gestützt,
behauptete Herr Barnay, Herr Klausner habe durch die
böse Kritik der Richardvorstellung „seine Privatrache
wegen gestrichener Freibillets gekühlt". Herr Klausner
nennt Herrn Barnay daraufhin einen „unverschämten,
verläumberischen Lumpen" und liest den betreffenden In=
jurienbrief seinen Getreuen im Literaturcafé vor. Herr
Barnay ringt sich, wie er sehr nieblich schreibt, „in

schlaflosen Nächten und schmerzvollen Stunden" einige Mäßigung ab und leitet die Beleidigungsklage ein. Im Sühnetermin hat Herr Klausner die edle Dreistigkeit, von Herrn Barnay eine Buße von 8000 Mark — und zwar nicht in Freibillets! — und obendrein eine „demüthige Abbitte" zu fordern. Was nun geschah, ist in nächtiges Dunkel gehüllt. Herr Barnay druckt: „Ich fragte Herrn Klausner hierauf nochmals ausdrücklich: »Bleibt also der Lump auf mir sitzen?« und als er dies lächelnd bejahte und damit die schriftlich ausgesprochene Beschimpfung in Gegenwart des Schiedsmannes und eines von mir mitgebrachten Zeugen mir in's Gesicht wiederholte, war ich nicht mehr Herr meines Zornes und ohrfeigte Herrn Klausner rechts und links, wie er es verdient hatte." Zwei Männer, darunter der wunderliche Schiedsmann mit dem noch wunderlicheren Amtssiegel, bestätigten die „schallenden" und „tüchtigen" Ohrfeigen. Herr Klausner aber druckt: „Ich versichere hiermit auf mein Ehrenwort, daß die Hand des Herrn Barnay meine Wange nicht berührt hat.... Wer mich kennt, weiß zur Genüge, daß mein Temperament die Verhinderung einer sofortigen und unauslöschlichen Revanche nicht zugelassen hätte."

Ich genieße nicht den Vorzug, Herrn Klausner und sein Revanchetemperament zu kennen; aber es scheint mir auch ganz außerordentlich gleichgiltig, ob geohrfeigt wurde oder nicht. Der Unbefangene gewinnt den Eindruck, daß Herr Klausner in der That geschlagen und an dem Versuch einer „unauslöschlichen Revanche" durch die dazwischen tretenden Zeugen verhindert worden ist. Ein solcher Schlag schändet nicht, und wenn ihn zehn Mal ein sehenswerther Schiedsmann amtlich bescheinigt. Ohrfeigen sind überhaupt keine durchschlagenden Argumente und durch einen Preisringkampf wird sich Schuld und Unschuld der feindlichen Brüder Barnay und Klausner auch nicht feststellen lassen. Nicht die Körperkräfte der mit Recht so geschätzten Herren interessiren die Oeffentlichkeit, wohl aber das Verhältniß von Presse und Theater, wie es hier an einem schallenden und tüchtigen Beispiel sich darstellt.

Herrn Barnay ist nach seiner schiedsmännlichen Heldenthat der Muth etwas gesunken. Er versucht, um es mit der Presse und insbesondere mit dem ihm „seit vielen Jahren befreundeten Redakteur Herrn Dr. J. Landau" nicht ganz zu verderben, seinen Zwist als einen rein privaten hinzustellen, der mit den Beziehungen zwischen Theaterdirektor und Rezensenten nichts zu schaffen hat. Da war der Kluge klug genug, nicht klug zu sein. Nicht den Privatmann, sondern den Kritiker Klausner hat er einer ehrlosen Handlung beschuldigt und der Kritiker hat ihn deshalb beschimpft. Als er den Kampf mit dem Klausner begann, da hat Herr Barnay — vielleicht unbewußt und wider Willen — an einen der faulsten Flecken in unserem Theatergetriebe gerührt. Und das ist vorläufig seine beste Direktionsleistung.

„Wir wollen keinen Zweifel darüber lassen, daß es nicht die anständigen Publizisten sind, die in unersättlichem Freibillethunger alltäglich vor den Thüren der Theaterdirektoren winseln, die kleine und große Schauspielerinnen für ein Reklämchen erobern, bei Beleuch=

tungproben festessen, einem eitlen Komödianten jubiliren helfen und die Bühnenleiter tributpflichtig machen, durch Aufdrängung von Prologen, Stücken, **Schauspielerinnen,** Bearbeitungen und Uebersetzungen." Diesen Satz **durfte** ich rund **ein** Jahr vor dem Fall Klausner schreiben, denn damals **war es mir** längst schon bekannt, welche schwere Kontributionen die Berliner Bühnenleiter einem Theil der Preßleute zu bezahlen haben. **Das System** Klausner bedeutet kaum eine Ausnahme von der Regel. Neben den Premièrenbillets, über deren Berechtigung man meinetwegen streiten mag **und** von denen manche Blätter sechs, acht Stück und darüber **konsumiren,** werden auch an gewöhnlichen Abenden, **an denen von einem** kritischen Pflichtbesuche nicht die Rede sein kann, ziemlich regelmäßig Freibilletgesuche der Redaktionen den Theaterkassirern überreicht. Mit diesen Freiplätzen werden Verwandte oder Bekannte beglückt, **mitunter auch,** eine erweisliche Thatsache, unbequeme Gläubiger vertröstet oder befriedigt *). Und dann verwundert und entrüstet sich Herr Klausner, der angeblich für die Angestellten des „Börsen-Courier" gebettelt haben will, noch darüber, daß Herr Barnay „die Gewährung von Freibillets mit Besprechungen seines Theaters **in Zusammenhang brachte".** Als ob Herr Barnay die jämmerlich übersetzten Einakter und die einen Werth von mehr als 800 Mark darstellenden Bettelzettel des Herrn Klausner aus angeborener Herzensgüte

---

*) Vier Monate, nachdem diese Worte geschrieben waren, stellte Herr Dr. Mehring im „Vorwärts" fest, daß Herr Klausner an einen seiner Gläubiger „wöchentlich im Durchschnitte 10 bis 12 Theaterbillets im Preise von 30 bis 40 Mark" geliefert hatte!

honoriren sollte und nicht in der selbstverständlichen Annahme, durch Gefälligkeiten gegen den Redakteur das in
den Börsen- und Bühnencoulissen beliebte Blatt zu Dank
zu verpflichten. Jedem Unbefangenen muß es als eine
wunderbare Dreistigkeit erscheinen, wenn ein Kritiker
einen Theaterdirektor rauh anpackt, von dem er sich ganz
gemüthlich, als müßte das so sein, Geldgeschenke machen
läßt, um Onkel und Tante oder den ungeduldigen Schneider zu erfreuen. Ich möchte wirklich nicht pathetisch
werden; aber ich denke, es versteht sich von selbst, daß
eine ehrliche Kritik erst da anfängt, wo dergleichen unsaubere Bettelbeziehungen völlig ausgeschlossen sind. Und
ich bin dieser Ueberzeugung der Zustimmung meiner anständigen Kollegen, deren es auch in Berlin glücklicher
Weise noch einige gibt, gewiß. Man schimpft auf die
Offiziösen, die sich von der Regierung oder von industriellen Verbänden subventioniren lassen, und in der
Kunstkritik soll ein schmieriges Bettelgewerbe erlaubt sein?
Freilich, das Aergerniß kommt von oben. Wenn
der Verein „Berliner Presse“ — dem Mehring deshalb
empfiehlt, sich gefälligst „Klingelbeutel“ oder auch
„Schnorralia“ zu nennen — von reisenden Gastspielern
und von Kunstpächtern Almosen erfleht, wenn er auf
Kosten der Theaterdirektoren und Schauspieler seine
Kassen füllt: woher sollen die ehrenwerthen Vereinsmitglieder bessere Sitten lernen? Es war denn auch der
Gipfel der Komik, daß der Fall Klausner vor das sogenannte Ehrengericht der „Berliner Presse“ kam. Die
Herren Ehrenrichter traten abermals stockernsthaft zusammen und sprachen Herrn Max Albert Klausner bedingunglos frei. Das war ein harter Schlag für Herrn

Barnay, der vor demselben Ehrengericht im Vorjahre so wacker Zeugniß abgelegt hatte; aber der Schlag traf auch Herrn Klausner empfindlich, denn die große chemische Waschanstalt für fleckig gewordene Journalisten-Reputationen hat sich allmählich eine heitere Berühmtheit erworben, und ich sehe wahrlich schon die Zeit, da auch der Jüngstgereinigte über's Weltmeer ziehen wird, im eigenen Salonwagen, mit eigener Badewanne und eigener Bedienung. Namentlich die Badewanne sollte er ja nicht vergessen, denn Reinlichkeit ist auch für einen Kritiker das halbe Leben.

Die Theaterdirektoren aber mögen fortan die Freibilletgesuche der Klausneriden erbarmunglos in den Papierkorb werfen. Denn, Dank den Erfahrungen des letzten Jahres: die Diskreditirung des einst so stolzen Theaterringes hat so reißende Fortschritte gemacht, daß die Lobsprüche der annoch Ueberlebenden nachgerade gefährlich zu werden beginnen. Es ist traurig, aber wahr: das Publikum hält uns bereits Alle für — Mitglieder des Vereins „Berliner Presse"! Und es erwartet den Gegenbeweis, den ich für mein armes Theil hier zu liefern versucht habe.

*   *   *

In Nr. 33 der „Gegenwart" vom 15. August d. J. hatte ich meine Ansicht über den „Fall Klausner" ausgesprochen und es dabei als besonders komisch bezeichnet, daß auch dieser Fall vor die Ehrengerichtsbarkeit des Vereins „Berliner Presse" gebracht worden ist. Meine Charakteristik des vom Verein beliebten Verfahrens hat nun ein Entrüstungstürmchen erregt, das bei einem festlichen Abendessen sehr plötzlich ausbrach.

Vierzig bis fünfzig Vereinsmitglieder waren erschienen, und zwei entrüsteten sich in bedenklichem Maße gegen mich. Auf Wunsch eines dritten Entrüsteten, der Badens halber noch abwesend war, hat nun, wie dem Verein nahestehende Blätter wissen wollen, der Vorstand gegen mich als Verfasser des fürchterlichen Artikels den „Straf= antrag" gestellt. Auch darüber scheinen nun wieder andere ehrenwerthe Männer sich entrüstet zu haben. Und wirklich wäre es merkwürdig, daß die Presse selbst das Beispiel gerichtlicher Schritte gegen publizistische Leistungen gibt, wenn eben der Verein „Berliner Presse" irgendwie eine Vertretung journalistischer Berufsinteressen darstellte. Davon aber kann keine Rede sein. Dieser Verein ist ein geselliger Klub, und man kann von ihm nicht einmal verlangen, daß er publizistische Gebräuche höherer Ord= nung kennt. Die Herren haben ihren „Strafantrag" auch auf den verantwortlich zeichnenden Herrn Verleger der „Gegenwart" ausgedehnt, denn sie konnten und können nicht wissen, daß ich weder vom Herrn Heraus= geber noch vom Herrn Verleger jemals in meiner Selb= ständigkeit beeinflußt werde.

Das Recht auf Strafanträge kann also dem Verein „Berliner Presse" ganz gewiß nicht beschränkt werden und, was mich betrifft, so hätte ich um so weniger Neigung, dem Vorstand in's publizistische Gewissen zu reden, als er mir durch seinen Strafantrag eine wahre Herzensfreude bereitet hat. Schon das Wort „Straf= antrag" hat mich mit heiterer Zuversicht belebt. Es ist ja an sich schon undenkbar, daß der vor der Oeffentlich= keit schwerer Mißbräuche beschuldigte Verein „Berliner Presse" eine Klage wegen formaler Injurie anstrengen könnte. Ein hervorragender Jurist hat einmal als Staatsanwalt gesagt: „Die gewonnene Beleidigungsklage gibt dem Kläger nicht das Recht, zu sagen: man hat mich fälschlich beschuldigt, sondern nur: man hat von mir beleidigende Thatsachen erzählt." Und weiter: „Der durch Ungerechtigkeit Empörte klagt wegen Verleumbung, wegen formaler Beleidigung nur der durch die Veröffentlichung der unbequemen Wahrheit Geärgerte." Da aber zu manchen Zeiten manchmal Mancherlei möglich ist, so war schon der verheißene „Strafantrag" mir ein Labsal. Und ich freue mich bereits auf den umfassenden Wahrheitbeweis, den ich zur Erhärtung der von mir unter meinem Namen erhobenen Beschuldigungen antreten werde.

Von den Vorstandmitgliedern des Vereins „Berliner Presse" ist mir kein Einziger bekannt, und nur ein vollendeter Tropf kann mir daher den Vorwurf persönlicher Gehässigkeit machen. Wenn ich, und zwar nicht zum ersten Male und gewiß nicht als Erster, mit aller durch die Bedeutung der Sache gebotenen Rücksichtlosigkeit den Verein angriff, so geschah es, weil dieser Verein, der sich jetzt als Richter über journalistische Ehre und Sitte aufspielen will, nicht nur in seiner Mitte und unter seinen Ehrenrichtern Männer von befleckter Vergangenheit und übelm Rufe duldet, sondern auch die Preßbettelei an den Thüren der Theaterdirektoren und Schauspieler in ein gar herrliches System gebracht hat. Ist nicht Herr Sonnenthal als „Wohlthäter der Presse" antoastirt worden, weil er, in leicht zu durchblickender Absicht, dem Verein „Berliner Presse" aus seinen Berliner Gastspieleinnahmen ein Geschenk von sage und schreibe 3000 Reichsmark gemacht hat? Hat nicht Herr Friedrich Haase bei Beginn seines letzten Gastspiels mit einem entzückenden avis aux critiques die höchste der zu erzielenden Einnahmen dem Verein „Berliner Presse" in Aussicht gestellt? Werden nicht alljährlich die Theaterdirektoren zu Benefizvorstellungen für diesen Verein gepreßt? Haben wir nicht gelesen, dieser oder jener Mime habe seine Mitwirkung bei solchen Vorstellungen „zugesagt" — was doch wohl eine vorherige Aufforderung bedingt — und dadurch einen Anspruch auf den „Dank der Presse" erworben? Ist nicht bündig und aktenmäßig festzustellen, daß wiederholt vom Verein „Berliner Presse" um derartige Veranstaltungen petitionirt worden ist? Und hat man nicht noch in den letzten Tagen uns in allen Blättern berichtet, man habe für die Gäste vom literarischen Kongreß bei sämmtlichen Berliner Theaterdirektoren Freibillets ausgewirkt, d. h. erbettelt?

Im Verein „Berliner Presse" haben diejenigen Zeitungen ihren Stützpunkt, die „allwochentäglich", wie Herr Klausner so hübsch sagt, die Theaterdirektoren mit unersättlichem Freibillethunger drangsaliren und über deren Interna wir uns gelegentlich des Strafantrages in ausführlichster Ausführlichkeit unterhalten könnten. Im Verein „Berliner Presse" können Ehrenrichter, unter denen der von Franz Mehring und Otto Glagau öffentlich gebrandmarkte Herr Julius Schweitzer prangt, ihr Urtheil auf die Aussagen solcher Zeugen gründen, die durch schonunglos wahrhaftige Angaben sich selbst und die Blätter belasten würden, von denen sie ernährt werden.

Im Verein „Berliner Presse" kann ein Theaterkritiker
freigesprochen und als untadelhafter Genosse anerkannt
werden, der in zwei Jahren von zwei Theatern — die
anderen schweigen noch — 1106 Freibillets bezogen und
das Theater „verrissen" hat, das ihm „seine Freibillets"
entzog. Und dieser Verein sollte nicht als große chemische
Waschanstalt für fleckig gewordene Journalisten-Reputa=
tionen heitere Berühmtheit erworben haben? Ja, haben
denn die Herren nicht Mehring's Broschüren, nicht die
„Kreuzzeitung", den „Vorwärts", die „Germania", den
„Reichsboten", die „Danziger", die „Königsberger", die
„Rheinisch=Westphälische", die „Kölnische Volkszeitung"
e tutti quanti gelesen, in denen Stoff zu unzähligen
Strafanträgen der Erlösung harrt?! Auf Wunsch bin
ich gern bereit, ihnen die betreffenden Nummern noch
nachzuliefern, auf daß die Entrüstungstürme nimmer
ermatten.

Aber es ist mir schon recht, den Kampf allein aus=
zufechten. Und allein werde ich ja nicht einmal im Treffen
stehen. Von getreuen Helfern am Werke der Preß=
säuberung abgesehen, — auch im Verein „Berliner Presse"
fehlt es zum Glück nicht an ständigen Elementen, die seit
langen Jahren mit leider nur allzu bequemem Verdruß
auf dieses den journalistischen Beruf arg diskreditirende
Treiben schauen. Mit ihnen und mit tausend ehren=
werthen Zeitungschreibern im Reich weiß ich mich eins
in der Ansicht: Der Journalist, der vom Theater=
direktor und vom Schauspieler Almosen an
Baargeld oder an Freibillets erfleht oder
auch nur annimmt, der handelt genau so

6*

recht und so schlecht wie der Richter, der von den Parteien sich bestechen läßt. Und da es solche Richter in Preußen und Deutschland nicht gibt, so sehe ich in heiterer Ruhe und im lustigen Vorgefühl eines guten Kampfes der Zeit entgegen, wo mir der Verein „Berliner Presse" den Wahrheitbeweis für alle von mir erhobenen Anschuldigungen auferlegt. Es kann eine ausgedehnte und lehrreiche Unterhaltung werden, deren Vorgeschmack schon die jetzt von putzigen Bürschchen gegen mich geschleuderten Kothklümpchen mich mit wohligem Behagen betrachten läßt, als abminikulirendes Beiwerk zu einem Gericht, auf das ich recht lange schon mich gefreut hatte und dessen große und kleine Propheten allen Anspruch auf meine Dankbarkeit erworben haben.

7. 9. 1891.

IX.

Der heilige Rock.

✿

Fahrpreisermäßigungen im Personenverkehr wer=
den nur für die Berliner Vororte eingeführt;
in der Straße spielen die Kinder Eisenbahn=
unfall; der Semmelumfang schwindet in entsetzender
Progression: das ist nicht sehr ermuthigend für Einen,
der gern reisen möchte, und am wenigsten, wenn der
Eine nicht ein nothleidender Landwirth, sondern nur ein
Hungerkandidat ist. Aber am Ende ist es auch besser
so; denn die satirische Blitzkraft und die wilde Grazie
des unermeßlichen Heinrich Heine müßte besitzen, wer
dem Wintermärchen des radikalen Aristokraten nach sieben=
undvierzig Jahren ein Pendant schaffen wollte: Deutsch=
land. Ein Sommermärchen.

Nicht von Aachen nach Hamburg brauchte der neueste
Aristophanes sich zu bemühen; sein Vaterland würde
größer, seine Wegstrecke bedeutend kürzer sein. Auf der
großen Rheintour könnte er, wenn er einen jener höllisch
verschmitzten Zuschlagcoupons löst, für die unsere Kom=

binationsregierung allweislich geforgt hat, bequem Frank=
furt und Trier befuchen, die beiden Wunderftädte diefes
feuchten Sommers. Zwifchen beiden liegen neunzehn
Jahrhunderte, eine hübfche Spanne Zeit. Denn in der
bifchöflichen Refidenzftadt des Herrn Korum wird der
ungenähte Rock Chrifti ausgeftellt, während die Geburt=
ftadt der beiden deutfchen Dichter Wolfgang Goethe und
Ludwig Fulda der elektrifchen Kraft einen leuchtenden
Palaft erbaut hat. Hier eine Maffenanhäufung von
mafchinellen Betrieben, von Motoren und Batterien, von
Accumulatoren und Dynamos, dort, im kunftvollen
Spiegelfchrein, auf weißer Seide der heilige Rock; hier
das modernfte Prinzip der Kraftübertragung und Kraft=
vertheilung, dort, in myftifchem Weihrauchgewölk, der
einfältig frumbe Reliquiendienft. Da ließe fich denn
wohl mancherlei Nachdenkliches und Betrachtfames auf=
zeichnen, und nicht zuletzt gäbe der Erfolg zu finnen und
zu fchmunzeln, der Erfolg, der fo deutlich für Trier
fpricht. Die Frankfurter mögen auf die Zahl ihrer Aus=
ftellungbefucher mit Fug ftolz fein; gegen die 600,000
Pilger kommen fie doch nicht auf, die lange vor der
Eröffnung fchon für die Trierer Ausftellung fich ange=
meldet hatten. Bifchof Korum fiegt über Edifon, der
Internationalismus der Naturwiffenfchaft wird gefchlagen
durch den internationalen Katholizismus. Und das ge=
fchieht im aufgeklärten Staate der Leffing und Friedrich
und Nicolai, an der Neige des wiffenfchaftlichen Jahr=
hunderts. Mag die hochmüthige Modernität fich damit
abfinden.

Wenn ich die Wahl hätte, ich ginge auch nach Trier.

Von der elektrischen Ausstellung kann man lesen; das
Fortwirken der Legende läßt nur an **Ort und** Stelle
sich erlauschen, aus Miene und **Blick und Ton der Gläu**=
bigen. Was verschlägt es, ob Sybel **und** seine Nach=
treter die Unechtheit des Trierer Gewandes erwiesen
haben, ob irgend ein Papst irgend einmal für den an=
geblich noch ungenähteren Rock von Argenteuil entschieden
hat: den 600,000 Pilgern ist der Rock echt, den **ihnen**
Herr Korum zeigt, sie glauben an ihn, sie betasten **ihn**
mit ehrfürchtigem Finger und brünstiger Lippe, **und auf**
Wunder werden sie nicht lange **zu** warten haben. Denn
das Wunder ist des Glaubens liebstes Kind, hat **ein**
Frankfurter gesagt. Weil an die Botschaft ihm der
Glaube fehlt, grüßt Faust in mondbeglänzter Osternacht
die einzige Phiole; weil sie in jedem mephistophelischen
Hokuspokus ein Wunder sehen, ist den platten Burschen
in Auerbach's Keller **so kannibalisch wohl, gleichwie**
fünfhundert — Pilgern.

Einerlei, **woran** der Glaube sich klammert. Der
Dragoman, **der mir** die Herrlichkeiten von Kairo **in fein**
ohne Erwiderung geliebtes Französisch übersetzte, litt an
gräßlichem Zahnschmerz, den auch die reichlich gespendeten
Kyriazi=Cigarretten nicht zu bannen vermochten. Trotz=
dem sagte der braune Kerl tapfer sein erklärendes Sprüch=
lein auf, und er suchte es sogar durch beinahe ketzerische
Scherzchen zu würzen. Als wir aber in die von der
Citadelle umschlossene neue Moschee gelangt waren, vorbei
an der vereisten Nüchternheit der englischen Besatzung
mit ihren starr glotzenden Schilling=Gesichtern, da winselte
der flinke Araber um Urlaub. Während ich die Alabaster=

wände besah und von den wundervoll schlanken Mina=
rets auf die weißlich glühende Stadt Mohammed Tewfik
Paschas herniederschaute, hatte mein Freund Mustapha
sich auf den Teppich gesetzt und mit vielen Gestikulationen,
mit Kopfbeugungen und verzückten Blicken seine Koran=
sprüche abgehaspelt. „Very good à présent, les dents,“
sagte er mir, als wir am Ausgang die Strohschuhe und
das Backschisch abgaben, und ich glaubte seiner grinsenden
Versicherung. Er hatte sich eben auf seine ganz besondere
Weise in Ekstase versetzt, und die bleibt noch immer das
einzig wirksame Mittel gegen Zahnweh. Und jedenfalls
ist der Aufenthalt in dem kühlen Wunderbau des Pro=
pheten einem Wartestündchen beim Zahnarzt vorzuziehen;
auf einem orientalischen Teppich sitzt es sich behaglicher
als in dem Schreckenstuhl mit dem Kopfklemmer; reli=
giöse Schwärmerei wirkt nachhaltiger noch und sicherer
als das beste Chloroform, und die Folgen beider Heil=
methoden pflegen die gleichen zu sein: Befreiung vom
stechenden Schmerz und süßlich fade Umnebelung der
geistigen Kräfte.

Nicht verspotten: beneiden sollte man die nach Trier
Wallfahrenden, denen für einen kleinen oder lieber noch
großen Beitrag zu den Domreparaturkosten und zur
besseren Ernährung des armen vatikanischen Gefangenen
ein ihrer zahlungfähigen Wohlthätigkeit entsprechender
Ablaß oder auch ein eigens für sie bestelltes Wunder
verheißen wird. Selbst der Geschäftkatholizismus, der
da in Gesuchen um Schankkonzessionen, in Reklamebildern
und Meßlustbarkeiten zum Vorschein kommt, ist in seinen
Wirkungen auf den Geldumlauf gar nicht so fürchterlich.

Und was den Glauben angeht, so scheint mir der Standpunkt von Anzengrubers Steinklopferhanns der richtigste.
Als man den frohen Pantheisten um seine drei Kreuze
für eine Zustimmungadresse an Döllinger und für den
Protest gegen das Unfehlbarkeitdogma bedrängt, da weigert
er seine Unterschrift und meint zum Großbauern: „Hast
Du bisher 's ganze Pfund 'glaubt, werd'n Dich die
paar Loth Zuwag a nit umbringen.“ Das ist keine
Straßenweisheit: wer die sämmtlichen Propheten, Evangelisten und Psalmisten buchstabengläubig verdaut hat,
der kann auch noch ein bischen Unfehlbarkeit und etliche
ungenähte Röcke mit in den Kauf nehmen. Wo ist
denn die Grenze? Den Stöcker und Korum sind die
Döllinger und Harnack und Egidy für Zeit und Ewigkeit verdammte Ketzer, und zugleich trifft von der vorgeschrittenen Erkenntniß sie der Vorwurf der Halbheit.
Gerade diese Entschlossenheit, alles, auch das Unglaub-
lichste, gläubig hinzunehmen, gibt dem Katholizismus
heute noch seine Weltmacht und erklärt den Trierer
Erfolg.

Und, wenn wir einmal ganz aufrichtig sein wollen:
glauben wir etwa nicht an heilige Röcke, wir Rationa-
listen und Protestanten und Atheisten? Das ist ein
wunderlich' Kapitel. Einem Kanadier möchte am Ende,
was wir monarchisches Gefühl nennen, nicht weniger
seltsam erscheinen als uns die blinde Andacht der Rock-
fahrer von Trier und Argenteuil. Daß von Gottes
Gnaden einem sterblichen Menschen, und sei er noch so
jung und unerfahren, die hohe Einsicht verliehen ist, weise
über die Geschicke von Millionen zu entscheiden und —

selbst in Verfassungstaaten — zu bestimmen, ob Krieg sein soll oder Frieden: Das zu glauben, heute noch, nach vieltausendjähriger Erfahrung, nach Nero und den Ludwigen von Frankreich und Bayern, heischt ganz gewiß auch ein gerütteltes Maß von ehrfürchtiger Religion. Auch sonst gibt es noch allerlei heilige Röcke, civile und militärische, denen man, sind sie nur von einer hohen Obrigkeit oder von den nicht immer getreuen Ministranten der Presse amtlich abgestempelt, ehrerbietigen Gruß und scheue Andacht niemals versagt. Was unter dem sakrosankten Rock steckt, danach wird nicht erst lange gefragt: Hier ist ein Wunder, glaubet nur! Und wer am hellen Tage mit Pilatus ist und mit den Radikalen, der schleicht manchmal **bei** nächtlicher Weile, wie jener berüchtigte Nicodemus, zum Meister und läßt sich „inspiriren“. Die Frommen von Trier haben mindestens den Muth ihres Aberglaubens: Christi reine Lehre bekümmert sie nicht, von seinem verschlissenen Gewand aber erhoffen sie Heilung, gute Geschäfte und billige Kartoffelpreise.

Weil im Falle Jesus die hohe Obrigkeit den Amtstempel versagte, galt **der Rock erst, als** der Gottmensch am Kreuze hing. „Die Kriegsknechte aber, da sie Jesum gekreuziget hatten, nahmen sie seine Kleider und machten **vier** Theile, einem jeglichen Kriegsknecht einen Theil, **dazu auch** den Rock. Der Rock aber war ungenähet, **von oben an** gewirket durch und durch. Da sprachen sie **unter** einander: Laßt uns den nicht zertheilen, sondern darum loosen, weß er sein soll . . . Solches thaten die Kriegsknechte.“ So schloß, Johannes und seine christlich=sozialistischen Genossen berichten es **uns**, der erste Kreuzzug

gegen Pharisäer und Bankiers mit einer Kreuzigung
nicht nur, sondern obendrein auch noch mit einer regel=
rechten Lotterie ab, konzessionirt und wohlgefällig be=
trachtet von der Regierung Sr. Königlichen Hoheit des
Herrn Landpflegers. Man braucht nur an die bevor=
stehende Ausspielung der beiden Nyanza=Dampfer, bekannt
unter dem glücklichen Titel: „Deutsche Antisklaverei=
Geld=Lotterie", zu denken, um der Kulturerrungenschaften
von neunzehn Jahrhunderten stolz sich bewußt zu werden.
Die Krämer und Geldwechsler haben längst wieder ihren
Einzug in die Tempel gehalten, Pharisäer und Schrift=
gelehrte geben den Ton an, aber wir haben den Zwischen=
handel erfunden und die Antheilscheine, bis zum Vier=
undsechzigstel hinab, wir haben die Kollekteure, den
Totalisator, das Inserat. Lauter vortreffliche und höchst
moderne Dinge, von denen die begrenzte Einfalt der
jerusalemitischen Kriegsknechte sich nichts träumen ließ.

Der Hauptgewinn aus jener ersten bibelhistorischen
Lotterie wird jetzt ausgestellt, und Herr Korum macht
für Dich die Honneurs, „der Du die Welt erlösen ge=
wollt, Du Narr, Du Menschheitretter!" Noch einmal
dürfte, wenn er die elektrische Zeit erlebt hätte, Heinrich
Heine seinen armen Vetter beklagen, den man an das
Kreuz schlug und von dessen Hinterlassenschaft jetzt eine
stattliche Klerisei es sich wohl sein läßt. Einen melan=
cholisch bitteren Brief dürfte er schreiben und zum knau=
sernden Freund Campe sprechen: „In meinen gesammelten
Werken lasse ich Dir einen heiligen Rock, aber warte
gefälligst mit dem Honorar nicht, bis ich ganz tot bin."
Und vielleicht, himmlisch charakterlos, wie er war, brächte

er es fertig, aus der Matratzengruft sich bis nach Trier zu schleppen und um ein Kevlaar=Wunder zu beten mit den Einfältigen, die der Glaube so selig macht, wie es kein Accumulator und kein Kinetograph vermag.

18. 9. 1891.

X.

Das goldene Horn.

✦

Ein Vexir-Spiel.

Ort der Handlung: Jeder europäische Staat. Zeit der Handlung: Vor jeder Einbringung jedes Reichsetats.

I.

Unmittelbar vor Redaktionsschluß geht uns durch einen eigenen Drahtbericht unseres Londoner Berichterstatters eine Meldung zu, die nicht verfehlen wird, die öffentliche Meinung in ganz Europa und besonders in unserem Vaterlande zu erregen und zu beunruhigen. Der englische »Humbug«, ein als zuverlässig bekanntes Blatt, dem man wohl nicht mit Unrecht intime Beziehungen zum Kabinet Salisbury nachsagt, meldet aus Constantinopel vom 29. d. Mts.: »Die Pforte hat sich in der Dardanellenfrage den russischen Forderungen bedingunglos unterworfen. Der Triumph des Botschafters Nelidow ist ein vollkommener. Die Meerengen werden in Zukunft für die russischen

Kriegschiffe offen sein, für die Kriegschiffe anderer Nationen aber gesperrt bleiben. Der englische Botschafter Mr. White ist vom Sultan seit seiner Rückkehr vom Sommerurlaub noch nicht empfangen worden. Lord Salisbury bot der Pforte die Wiederaufnahme der Verhandlungen über die Räumung Aegyptens an.« Wir geben die uns in letzter Stunde zugehende Nachricht mit allem Vorbehalt wieder. Sollte unsere mehrfach bereits ausgesprochene Vermuthung sich bestätigen und die francorussische Verbrüderung zuerst am Hexenkessel der orientalischen Frage den Hebel ansetzen, dann ständen wir in der That vor sehr ernsten und folgenschweren diplomatischen Verwickelungen, die es als besonders gerathen erscheinen lassen dürften, unser Schwert scharf und unser Pulver trocken zu halten. Um so bedauerlicher aber ist es, daß die Regierung durch die im Interesse einer habsüchtigen Minderheit aufrecht erhaltene Vertheuerung der nothwendigsten Lebensmittel . . . . schlimmste Erbschaft aus den überwundenen Tagen des System Bismarck . . . . wohlfeile und ausreichende Ernährung . . . . alle, ohne Unterschied der Partei und des Bekenntnisses, in festgefügter Phalanx dem Ansturm der gewissenlosen Friedenstörer Trotz bieten, deren Maulwurfsarbeit jetzt am goldenen Horn das geeignete Erdreich gefunden zu haben scheint."

(Vaterländ. Ztg. vom 31. August.)

II.

„Wie wir schon, und zwar vor allen anderen hauptstädtischen Blättern, in unserer gestrigen Abendausgabe —

durch ein ausführliches Telegramm unseres besonders
gut informierten Spezialkorrespondenten — melden konnten,
hat die Pforte vor der Anmaßung der zarischen Despotie
eine nicht eben sonderlich graziöse Kniebeugung exekutirt.
In unserer heutigen Morgenausgabe waren wir, und
zwar früher als alle übrigen Preßorgane der Reichs=
hauptstadt, in der Lage, einen von besonders geschätzter
Hand uns übermittelten Aufsatz bringen zu können, der
den Eindruck wiederspiegeln dürfte, den die sensationellen
Ereignisse am goldenen Horn auf unsere leitenden Kreise
gemacht haben, denen unser Herr Mitarbeiter näher
stehen dürfte, als die sämmtlichen Mitarbeiter sämmtlicher
übriger reichshauptstädtischer Zeitungen. Inzwischen hat
durch die — unter den letzten Nachrichten unseres heute
besonders reichhaltigen Morgenblattes bereits mitgetheilte
— Meldung der als besonders zuverlässig bekannten Tele=
graphenagentur „La Blague“ unsere in jedem Sinne
zuerst gebrachte Darstellung der Situation noch eine be=
sonders interessante Ergänzung erfahren. Offenbar be=
ginnt die unnatürliche Verbrüderung von barbarischer Auto=
kratie und atheistischem Republikanismus Freycinet'scher
Observanz bereits gefährliche Früchte zu tragen, und es
zeigt sich, wie schlecht der von seinen reptilisch groß=
gesäugten Korybanten einstmals jubelnd umheulte Kapell=
meister von Friedrichsruh die gellenden Tonmassen des
europäischen Orchesters abgestimmt hatte. Zu dem Nach=
folger des „großen“ (sic!) Mannes, der sich jetzt bis
zu keifenden Verunglimpfungen gegen einen wahrhaft
großen Toten erniedert, zu Herrn von Caprivi hegen
wir, als Sr. Majestät allergetreueste Opposition, das

Vertrauen, ... durch frivole Minirer des stolzen
Eiffelthurmes des Weltfriedengedankens geschaffenen
Schwierigkeiten Herr werden und den drohenden Orkan
im südosteuropäischen Wetterwinkel — von dem wir eine
detaillirte Karte in unserem nächsten Morgenblatt, also
vermuthlich vor allen anderen publizistischen Vertretern
der öffentlichen Meinung, bringen werden — noch rechtzeitig zu beschwören wissen wird. Schlechterdings undenkbar aber erscheint es uns, daß unsere Regierung,
deren Friedensliebe, Gerechtigkeit und Umsicht wir leb-
hafter als alle anderen Oppositionsorgane anerkannt
haben, im Angesicht des sich bedenklich umdüsternden
Horizontes Maßregeln aufrecht erhalten könnte, die aus
der traurigsten Epoche eines unersättlichen Protektionis-
mus uns überkommen sind. Die skrupellose Brotver-
theuerung des armen Mannes . . . . . . außer dem
schwiegermütterlich zanksüchtigen Peliden aus dem Sachsenwalde keinen ernsthaften Vertheidiger mehr. Feinde
ringsum . . . . . . der unblutige Lorbeer des Brot-
verbilligers Robert Peel . . . . . unsere Abendnummer
vom 27. August . . . . . an's Vaterland, an's theure,
schließ Dich an . . . . fürchten Gott, sonst nichts
auf dieser Welt . . . . . . chauvinistische Phrasentrunkenheit
. . . . unserer Pflicht als größte und gelesenste
Zeitung . . . . . . auch nach dem Quartalwechsel . .
. . . . rechtzeitig zu erneuern . . . . . . Es braust ein
Ruf wie Donnerhall!"

(Mottenburger Tageblatt vom 1. September.)

III.

„Ist die Saat schon reif und soll dieser für die Volksernährung so ungünstige Sommer einen blutigen Erntesegen bringen? Auch heute noch ist diese bange Frage eine offene. Zwar ist jener Theil der viel er- örterten »Humbug«-Meldung, der die Bereitwilligkeit Lord Salisbury's zur Aufrollung der ägyptischen Frage verkündete, bereits widerrufen worden, und es hat sich gezeigt, daß unsere sofort geäußerten Bedenken wohl- begründete waren. In der Hauptsache aber liegt bis heute eine Berichtigung nicht vor; im Gegentheil haben ernst- hafte Blätter und hat der offiziöse Draht die alarmirende Nachricht noch durch die Ankündigung eines vollständigen Systemwechsels am goldnen Horn vielsagend ergänzt. Der Sultan hat ein neues Ministerium gebildet, dessen russenfreundliche Tendenzen, wie ein aus London uns zugehender eigener Drahtbericht zu erzählen weiß, von der gesammten englischen Presse anerkannt werden. Wir leben im Zeitalter der Elektricität. Mit Blitzes- schnelle fast macht jede Nachricht die Runde durch die europäischen Hauptstädte. Längst wäre die ottomanische Regierung in der Lage gewesen, die »Humbug«-Meldung richtig zu stellen. Da dies nicht geschehen ist, muß man wohl oder übel mit dem russischen Siege in der Meer- engenfrage als mit einer vollzogenen Thatsache rechnen. Was das bei dem vorhandenen Zündstoff, der durch die letzten symptomatischen Vorgänge in Paris noch vermehrt worden ist, besagen will, darüber gibt ein Blick auf die Kursbewegungen der politisch außerordentlich feinfühligen

Börsen recht lehrreiche Aufschlüsse. Zu krankhafter Nervosität scheint uns im gegenwärtigen Augenblick, da eine direkte Gefahr noch nicht vorliegt, ein zwingender Anlaß nicht gegeben. Da aber die bevorrechtete Stellung Rußlands am goldenen Horn von allen friedliebenden Großmächten angefochten werden wird, die das Mittelländische Meer nicht ruhig in einen russischen oder französischen See verwandelt sehen können, so dürfte sicherlich eine diplomatische Aktion bevorstehen, deren Folgen sich bei den gewaltig aufgewühlten nationalen Leidenschaften einstweilen noch gar nicht überschauen lassen. Der Presse ist ihre Pflicht vorgezeichnet: sie hat vor jedem Schüren des Feuers sorgsam sich zu hüten, die Dinge nüchtern und gelassen zu betrachten und in erster Reihe für eine Verwohlfeilung der Volksernährung ihr Ansehen einzusetzen. Nachstehend geben wir in e i g e n e n D r a h t = b e r i c h t e n den Eindruck wieder, den die dreisten und gewissenlosen Anschläge der franco = russischen Friedenstörer in den europäischen Hauptstädten hervorgerufen haben."

(Vaterländ. Zeitung vom 3. September.)

IV.

„. . . Die Erregung kommt in den Preßstimmen zu unzweideutigem Ausdruck. Die gemäßigt liberale »Vaterländ. Ztg.« räth der Regierung, ihr Schwert scharf und ihr Pulver trocken zu halten, und sie warnt wiederholt in heftigen Worten vor den »dreisten und gewissenlosen Anschlägen der franco=russischen Friedenstörer«. Aehnliche Urtheile finden sich in den Organen sämmtlicher Parteien. Das viel gelesene und darum nicht ganz einflußlose »Mottenburger Tgbl.« bringt einen zweifellos aus Regierungkreisen stammenden Artikel, der einen Krieg in Sicht stellt **und** an den das Blatt einen schwungvollen patriotischen Appell knüpft, der in einen drohenden Vers der Wacht am Rhein ausklingt. Dem Ernst der Situation tragen auch die Börsen Rechnung, **die** gestern und heute der Schauplatz wilder Kursstürze und fieberhaft erregter Verkaufsangebote waren. Bereits beginnt man von außerordentlichen Militärkrediten **zu** sprechen, die dem früher als ur= sprünglich angenommen zu berufenden Reichstage abver= langt werden sollen. Sicher ist, daß die Marine= verwaltung mit erheblichen Mehrforderungen für den Bau neuer Panzerschiffe und Kreuzer hervortreten wird. Eine ernsthafte Opposition hat die Regierung bei der jetzt herrschenden Kriegbeängstigung nicht zu fürchten. Ueber die geplante Probemobilisirung an der russischen Grenze verlautet noch nichts Bestimmtes.“

(Telegr.=Agentur „La Blague“ vom 3. September.)

V.

„Die **heitere Skepsis, mit** der wir von Anfang **an** als das einzige unter den reichshauptstädtischen Blättern die Tartarennachrichten vom goldenen Horn aufgenommen haben, ist rasch von den Thatsachen als einzig und allein der politischen Scharfsichtigkeit entsprechend bestätigt worden. Die Percys der chauvinistischen Phrase haben wieder einmal zu früh die Hand an den »nationalen« Schwertgriff gelegt und im stillen Kämmerlein, in Sack

7*

und Asche, mögen sie nun dafür büßen, daß sie mit
schlechterdings beispielloser Frivolität unser in ernster
Friedensarbeit sich mühendes Volk freventlich beunruhigt
haben. Wie wir schon gestern in unserer Abendausgabe,
der beiläufig auch als ein hoffentlich erwünschtes Ge=
schenk für unsere verehrlichen Abonnenten der diesmal
besonders reich und geschmackvoll ausgestattete Kalender
für das Jahr 1892 beigegeben war, früher als alle
anderen reichshauptstädtischen Blätter melden konnten,
hat sich am goldenen Horn durchaus keines jener sen=
sationellen Ereignisse zugetragen, von denen schlecht in=
formirte journalistische Entenzüchter so abenteuerliche Ge=
schichten zu erzählen wußten. Weder ist ein Bruch des
Pariser Vertrages, über den wir in unserer Morgen=
ausgabe vom 4. September einen aus völkerrechtlich
autoritativen Feder stammenden Artikel gebracht haben,
erfolgt, noch hat der von uns eingehend und mit be=
sonderer Sachkenntniß gewürdigte Ministerwechsel in
Konstantinopel irgendwie diejenige politische Bedeutung,
die ihm sensationshungrige Organe in ihrer durch Ein=
sicht und persönliche Informationen nicht getrübten reinen
Thorheit zuschreiben zu müssen sich beflissen zeigten.
Wie wir schon häufig betonen durften, ist der Sultan
sein eigener Großvezier, und auch für seine Regierung
gilt das Kaiserwort, daß der Kurs der alte bleibt; an
einem Kaiserwort aber soll man nicht dreh'n noch deuteln.
Es liegt schlechterdings kein Anzeichen für eine Gewitter=
bildung im südosteuropäischen Wetterwinkel vor, selbst für
den nicht, der den Weitblick eines Rudolf Falb, unseres
besonders geschätzten Mitarbeiters, auf die Prophetie

politiſch kritiſcher Tage **zu übertragen** gewohnt iſt. Wenn
Rußland jetzt · ſeine freiwillige Kreuzerflotte nach Er=
ledigung einer Anmeldeformalität ungehindert durch die
Dardanellen paſſiren laſſen darf, ſo iſt das eine mehr
private Verabredung, die nicht entfernt jenes Imbroglio
krauſer und aus den Fingern geſogener · **Nachrichten** er=
klären oder entſchuldigen kann, mit denen wir **von ſchlecht**
unterrichteten und **zum Zwecke** des Abonnentenfanges
mit Wippchenmitteln arbeitenden Blättern **während** der
letzten Tage verängſtigt werden ſollten. Was uns **be=**
trifft, ſo könnten wir faſt ein wenig ſtolz darauf ſein,
daß wir als die Einzigen dieſem ſpekulativen und ſen=
ſationellen Getriebe unſer Ohr nicht geliehen, ſondern
uns mit der objektiven Wiedergabe Deſſen begnügt haben,
was nach den Telegrammen unſerer **aus** anerkannt beſten
Quellen ſchöpfenden Herren Korreſpondenten da ́ oder dort
von den Eindrücken tranſſpirirt hatte. Dank der Staats=
weisheit unſerer, **von uns** durchaus **nicht** prinzipiell **be=**
fehdeten Regierung blaute niemals vielleicht **ein hellerer**
Himmel über dem alten Welttheil als in **dieſen wunder=**
vollen Spätſommertagen, die es Jedem geſtatten, durch
einen Spaziergang **zum** Poſtamt rechtzeitig ſein Abonnement
zu erneuern. Ueber das **wahre** Befinden **des kranken**
Mannes wird in den erſten Oktobertagen bereits **unſer**
eigens zu dieſem **Zwecke** nach Konſtantinopel entſandter
Reiſebrieffteller Pumpus von Peruſia **an** dieſer Stelle
intereſſante Aufſchlüſſe geben, und **da** zufällig auch
unſer demnächſt beginnender neuer Roman, den wir neu
hinzutretenden Abonnenten gratis und portofrei nach=
liefern, auf türkiſchem Gebiete beginnt, ſo . . . .

unfere Pflicht als größte und gelesenfte Zeitung . . . .
. . . renommiftifches Hurrahpathos . . . . . . Banner
des bürgerlichen Liberalismus . . . . . . amerikanifches
Schweinefleifch . . . . . . erfter Erfolg . . . . . . Li=
quidation der Bismarck'fchen Maffe . . . . . . Klaffen=
und Raffenhaß . . . . . . Friede fei ihr erft' Geläute!"
(Mottenburger Tageblatt vom 7. September.)

VI.

„Die »Politifche Korrefpondenz« kündigt eine neue
Militärvorlage an, die zum Zweck einer zeitgemäßen
Neubewaffnung zunächft 20—25 Millionen Mark ver=
langt. Die Gerüchte über weitergehende Forderungen
find einftweilen als ebenfo übertrieben zu betrachten
wie die Meldungen von außerordentlich hohen An=
fprüchen der Marineverwaltung. Sicherem Vernehmen
nach begnügt die Regierung fich vorläufig mit der
Forderung erfter Raten für drei neue Panzerfchiffe, fünf
Kreuzerkorvetten und einige Torpedoboote. Sie geht
überhaupt in ihren Anfprüchen nicht über dasjenige
Maß von Wehrfähigkeit hinaus, das in den Verab=
redungen von Schwarzenau als die unbedingt von den
im Friedensbunde vereinten Mächten zu erreichende
Grenze feftgefetzt worden ift. Die Militärkredite der
Dreibundmächte werden fich daher auch in einem ihrer
Wehrhaftigkeit und Leiftungfähigkeit entfprechenden Ver=
hältniß halten. Oefterreich wird etwa 18, Italien etwa
12 Millionen verlangen. Natürlich find diefe Zahlen
zur Stunde noch keine definitiven. Die verbündeten

Regierungen geben sich der Hoffnung hin, durch diese einstweilen letzte Forderung der Ruhe und Sicherheit Europas einen lange nachwirkenden Dienst leisten zu können. Am 9. November, um drei Uhr Nachmittags, wird auf dem Kapitol zu Rom der nächste Friedenskongreß eröffnet werden."

(W. T. B. vom 25. Oktober.)

September 1891.

XI.

Der korsische Parvenu.

❦

Jn seinen Soirées de St.-Pétersbourg schrieb Joseph de Maistre, eine der frühesten Leuchten des lustig fortflackernden Ultramontanismus: „Es hat niemals eine Herrscherfamilie gegeben, deren plebejischen Ursprung man nachweisen konnte. Sollte diese Erscheinung eintreten, so würde damit eine neue Weltepoche beginnen." Unmittelbar fast darauf wurde das napoleonische Kaiserreich begründet, und Lombroso sieht sich deshalb veranlaßt, den Ausspruch de Maistre's als den albernen Schnitzer eines genialen Menschen zu verzeichnen und als ein beweiskräftiges Degeneration=merkmal.

Lombroso, will mir scheinen, ist es selbst, der hier den Schnitzer macht. Zunächst war Joseph de Maistre durchaus nicht ein genialer, sondern ein recht talentvoller Mensch, zwei Artbildungen, die der Italiener überhaupt nicht genügend differenzirt, angeblich, weil die Grenz=linie nicht zu bestimmen ist. Abgesehen aber von diesem

Grundmangel, den Richet und Brunetière schon auf=
gespürt haben —: Hatte der katholische Reaktionär nicht
richtig prophezeit, und begann nicht eine neue Weltepoche,
als Napoleon Bonaparte die Krone auf's Haupt setzte,
als er der Imperator wurde von eigenen Gnaden, der
korsische Parvenu? Noch heute werden alle Monarchen,
wenn sie es gerade klug finden, aufrichtig zu sein, dem
Urtheil de Maistre's beistimmen. Daß er in elf Jahren
nahezu vier Millionen Menschenleben geopfert hat, um
Frankreich dann doch kleiner zurückzulassen, als die
Revolutionarmee es ihm überliefert hatte: das zwar
können und wollen sie dem Bonaparte verzeihen; nicht
aber, daß er mit so ungeheurem Erfolge eine Rolle
gespielt hat, die der Legitimität vorbehalten bleiben
sollte. Den hassen die Kollegen immer am heißesten,
der vortheilhafte Geschäftgeheimnisse verräth und den
Nimbus der Kaste zerstört. Kann ein Plebejer Kaiser
sein, — wer weiß, wie lange man den kostspieligen
Luxus der Dynastien sich noch vergönnt? Diese miß=
trauische Erwägung hat dem Korsen, den selbst die von
ihm mit Skorpionen gezüchtigten Völker leidenschaftlich
bewundern, den erbitterten Haß aller im echten König=
bett gezeugten Potentaten zugezogen.

Legitim wie seine Heger ist auch dieser Haß, und
ich begreife das große Staunen nicht, das nun die
Erfurter Kaiserrede begrüßt hat. Begreifen würde ich,
wenn man von dem Ausspruch des Kaisers befremdet
gewesen wäre, im Herzen des dritten Friedrich Wilhelm
sei 1808 der Gedanke an eine Vergeltung aufgekeimt.
Denn das ist ein höchstens als Folge der Rettung=

versuche des Herrn von Treitschke verständlicher Irrthum. Der unglückselige Preußenkönig, der die wichtigste politische Unterhandlung seines Lebens durch seine schöne Frau führen ließ, der war 1808 sehr froh, durch den gnädigen Fürspruch des Zaren Krone und Reich bewahren zu können; an Vergeltung dachte sein Kleinmuth gewiß nicht, der auch später zur entscheidenden That nur gedrängt ward. In jenen Erfurter Tagen nach dem 27. September 1808 haben die deutschen Fürsten insgesammt so klägliche Gesichte gezeigt — die Memoiren Talleyrand's haben dafür neue Beweise erbracht —, daß es im monarchischen Interesse gerathen erscheint, diese Erinnerung ruhen zu lassen. Psychologisch aber ist es wiederum verständlich, daß einem Monarchen von stark ausgeprägtem Machtbewußtsein und von einem beinahe mystischen Glauben an seine Berufung gerade diese Erinnerung zornige Wallungen bereitet. Und da auch Fürsten Menschen sind, ist ihnen menschliche Schwäche nicht fremd: anstatt durch die rückhaltlos anerkannte Größe des Gegners das Verschulden der Ahnen und Vettern gemindert erscheinen zu lassen und verzeihlicher, wird mit gerümpfter Lippe von dem Ueberwältiger gesprochen, dessen Opfer dadurch nur um so jämmerlicher aussehen. Solche Schwäche kommt aus dem Temperament, und über die Gefahren des Temperaments für Landesväter ließe sich ein interessantes Kapitel schreiben, das aber auch wieder seine Gefahren hätte. Immer und überall muß der von Gottes Gnaden legitime Monarch in Bonaparte den Parvenu sehen; nur ist es vielleicht unvorsichtig, gerade in Erfurt ihn so zu nennen, denn da regt der Vergleich

des Emporkömmlings mit den Echtbürtigen zu sehr bösen
Betrachtungen an . . .

Die französischen Republikaner, die den brutalen
Despoten doch glühend hassen sollten, sind über den
Trinkspruch Wilhelm's des Zweiten in eine Empörung
gerathen, die dem armen Schwanenritter Wagner's um
ein Haar verhängnißvoll geworden wäre. Und auch in
Deutschland, leugnen wir es nicht, haben wir unmuthige
Worte gehört. Er scheint eben nicht sterben zu wollen,
der Napoleon Béranger's und der Legende. Schon Taine
hat diese Erfahrung gemacht, als er vor drei Jahren
die ersten Abschnitte seiner Napoleon-Studie veröffentlichte. Nicht der rothe Prinz nur und die versprengten
Haufen der Bonapartisten, auch die Republikaner begannen ein Gezeter und warfen ihre Steinbröckchen nach
dem genialen Analytiker. Und doch hat Taine in einem
dem Original ebenbürtigen Bilde ein prachtvolles Ungeheuer gezeigt, einen brutalen Riesen, dem die Grenzen
der Menschheit keinen Raum boten, und der, um sich
ausleben zu können, das Weltall aus den Angeln heben
mußte. Gegen den Zauber der Legende aber kam auch
dieses Portrait nicht auf und Taine wurde von Stunde
an höchst thöricht zu den détracteurs Bonaparte's ge-
rechnet. Sie will nicht untergehen, die Sonne von
Austerlitz, und wer von ihr einmal geblendet ist, dem
ergeht es, wenn er von Napoleon nur hört, wie dem
jungen Heine, als er — in den Reisebildern — des
Tages gedenkt, da er den Korsen durch den herzoglichen
Garten von Düsseldorf reiten sah: „Aber, wie ward

mir erst, als ich ihn selber sah, mit hochbegnadigten, eigenen Augen, ihn selber, Hosianna! Den Kaiser."

Hosianna! Eine andere Tonart duldet der orthodoxe Napoleon-Kultus nicht, dem von den Großen der Zeit kein Einziger sich völlig entzogen hat. „Es nützt ihnen nichts, der Mann ist ihnen zu groß," das war Goethe's Wort, als Deutschland schon zu den Waffen griff. Wieland's Prophezeiung und Parteinahme für den Diktator ist bekannt, und im sechsten Bande der „Hauptströmungen" hat Georg Brandes an die begeisterten Sätze Hegel's erinnert: „Ich habe den Kaiser gesehen, diese Weltseele. Es ist in der That eine wunderbare Empfindung, ein solches Individuum zu sehen, das hier, auf einen Punkt konzentrirt, auf einem Pferde sitzend, über die Welt hinweggreift und sie beherrscht. Den Preußen war freilich kein besseres Prognostikon zu stellen; aber von Donnerstag bis Montag sind solche Fortschritte nur diesem außerordentlichen Manne möglich, den es nicht möglich ist, nicht zu bewundern." Und drei Monate später schreibt der Philosoph: „Wie ich schon früher that, so wünschen jetzt Alle den französischen Armeen Glück, was ihnen bei dem ganz ungeheuren Unterschiede ihrer Anführer und des gemeinen Soldaten von ihren Feinden auch gar nicht fehlen kann." Solches brachte das weltbürgerliche Empfinden des 18. Jahrhunderts fertig; aber auch heute noch, obwohl eine kränkliche Ideologie mit der patriotischen Phrase sich in die Herrschaft theilt, leben dem Korsen schwärmende Bewunderer auf der ganzen weiten Erde, die er zer-

stampft hat, um die Fundamente zu legen für das Werk
der Selbstsucht, bedient vom Genie.

Darin liegt es. Den kolossalen Egoismus, der
sich selbst zum Maß aller Dinge nahm und der sagen
durfte: Je suis à part de tout le monde, je n'accepte
les conditions de personne, den verzieh man und hielt
sich an das Genie. Nun ist das Genie immer ein
Parvenu, denn es sprengt die Schlösser der normalen
Menschlichkeit und klettert zu unermeßlichen Lebens-
gipfeln empor. Aber auch die Behauptung möchte ich
wagen, daß in Napoleon gerade der korsische Parvenu
nicht am heftigsten bewundert nur, nein, auch am
heißesten geliebt wird. Friedrich ist der Große, und zu
Katharina's heldischem Sinn blickt die Nachwelt auf,
aber die mächtigen Gegner waren am Thron geboren
und für den Thron, und sie vollbrachten nur, was hoher
Anspruch von ihnen erwarten durfte. Der Unterlieutenant
Bonaparte, der nach der Kaiserkrone griff und der
civilisirten Erde seines Geistes Stempel aufdrückte, der
mit der Legitimität und der Autorität so himmlisch
rücksichtslos umsprang und seinen Marschällen höhere
Ehren erweisen ließ als den deutschen Länderpapas:
dieser Uebermensch, dieser korsische Parvenu blendet und
fesselt die Geister.

Warum?

Weil es der menschlichen Eitelkeit schmeichelt, zu
sehen, was Menschenkraft und Menschenwille erreichen
kann. Der Fall Napoleon ist der einzige, mindestens
in der Lebensgeschichte der modernen Welt, der das
plebejische Genie zum Siege führte in der rauh realen

Wirklichkeit. Und diesen Fall will die Menschheit sich nicht rauben lassen, durch keine noch so feine und hellhörige Kritik. Darum ist Napoleon nicht ein nationaler Held der Franzosen allein, sondern ein internationaler Heros, in dessen beispielloser Größe Wille und Geist der Menschheit eitel sich spiegelt. Darum ist es immer wieder sein Vorbild, das die Hochflieger verlockt und die Alleinflieger, die großen Verbrecher und die Genies, Raskolnikow und Nietzsche. In jener kleinen Schrift, die eine große Kriegserklärung ist, in der Götzendämmerung, spricht der philosophische Lyriker: „Die Gesellschaft ist es, unsere zahme, mittelmäßige, verschnittene Gesellschaft, in der ein naturwüchsiger Mensch, der vom Gebirge her oder aus den Abenteuern des Meeres kommt, nothwendig zum Verbrechen entartet. Oder beinahe nothwendig: denn es gibt Fälle, wo ein solcher Mensch sich stärker erweist als die Gesellschaft: der Korse Napoleon ist der berühmteste Fall." Armer Raskolnikow, der in christliche Askese sich retten mußte, als er erkannte, daß er nicht der brutale Gigant war, sondern nur eine Laus unter Läusen; ärmerer Nietzsche, den der Wahnsinn umklammerte, da er eben an die Umwerthung aller Werthe gehen wollte, in seinem Hauptwerk: Der Wille zur Macht!

Den Willen zur Macht und die Kraft zur Macht besaß der naive, klare, über die Moralbegriffe von Gut und Böse hinaus gewachsene Naturmensch Napoleon, dem die Kronenträger so wenig Respekt einflößten, die rois fainéants, wie seine Verachtung sie zu nennen beliebte. Weil sie so arm ist an starken Persönlichkeiten,

deshalb hängt die Menschheit, ob auch sein Werk zer=
schellt ist und verweht, an diesen einsam Ragenden ihr
begeistertes Bewundern und hegt angstvoll, daß man es
ihr ja nicht beflecke, das Angedenken des Titanen, der
Alles seiner Persönlichkeit verdankte und nichts seinem
Stammbaum, der nicht ein reicher Erbe war, sondern
ein korsischer Parvenu. Den Fürsten vom echten Geblüt
ist er der verhaßte Eindringling, doppelt verhaßt, weil
sie sich ihm beugen mußten; den Völkern bleibt er, auch
im Purpur noch und umprunkt von dem ganzen Brim=
borium der alten Monarchie, der Sohn der Revolution,
der jede Laufbahn dem Talent offen halten wollte und
der damit begann, dem eigenen Genie die Welt zu
unterjochen. Dessen Zauber konnte selbst der streng
moralisirende Bürgersinn eines Lamartine sich nicht völlig
entziehen, und wenn die weniger poetischen Lamartines
von heute den Mann verabscheuen, der gesalbt sein
wollte und Sire genannt —: die Silhouette des
kleinen Korporals lieben sie alle und treue Wacht halten
sie vor dem Schatten des hageren Emporkömmlings vom
18. Brumaire.

*   *   *

Beim 18. Brumaire war ich stehen geblieben, und
als guter Unterthan hatte ich mich gefreut, den Erfurter
Trinkspruch des Kaisers vertheidigen zu dürfen und
nachzuweisen, daß mit dem Wort Parvenu die Wurzel
des napoleonischen Ruhmes aufgestoßen war. Aber auch
loyaler Hochmuth kommt vor dem Fall und nach dem
18. Brumaire kam der 17. September und ich erfuhr
aus dem „Reichsanzeiger", der falsche Angaben nicht

gelernt hat, daß jenes vielberufene Wort gar nicht gesprochen war. Der Kaiser hat an den korsischen Eroberer erinnert, der uns nicht mehr ist, als irgend ein Attila, Pyrrhus oder Wallenstein, und er hatte den Menschheithelden nicht erwähnt, den korsischen Parvenu. Woraus sich denn die namentlich für künftige Manöverzeiten wohl zu beherzigende Lehre ergibt: Man soll den Toast nicht vor dem „Reichsanzeiger" loben.

20. 9. 1891.

XII.

Der heilige O'Shea.

✦

Im Mordprozeß Heinze rief von den einfach
Sekt trinkenden Vertheidigern Einer mit
entrüstetem Accent: „Sie wollten also,
Herr Zeuge, den so und so zu einem Ehebruche mit der
Beklagten anstiften!" Bei den Geschworenen und unter
den Zuhörern entstand lauter Unwille, denn der Herr
Zeuge hatte die Schandthat gar nicht begangen, deren
man nun ihn zieh. Die Schandthat, nämlich die An-
stiftung zum Ehebruch mit Frau Heinze, der von der
Sittenpolizei kontrolirten Straßenläuferin, die mit dem
Ertrag ihrer Nachtfahrten den wackeren Eheherrn er-
nährte. Für die erschütternde Komik eines Ehebruches
im Hause Heinze zeigten sie keinen Sinn, die Geschworenen und das wißbegierige Publikum. Und so
ging der beste Moment in diesem erschrecklich auf-
gebauschtem Prozeß spurlos fast vorüber. Was jetzt zu
so großartigen sozialen und ethischen Ausblicken benützt
wird: die gierig eingeschlürften Enthüllungen über die

Zusammenhänge von Prostitution und Verbrecherzunft: aus dem Pitaval und aus den Gaunerromanen des Eugène Sue schon konnte man sie aufspüren, denn sie sind uralt und haben ihr Gesicht kaum verändert. Neu aber und überraschend ist, daß man von einem Ehebruch im Hause Heinze sprechen darf, ohne ausgelacht zu werden. Aber wer wird denn zu lachen wagen, wo das sechste Gebot bedroht ist?

Ein anderes Bild. Frau Prager hat ihren Gatten betrogen, und es scheint, sie wollte den Lästigen aus dem Wege räumen. Der Mordversuch, die kriminalistische Frage, interessirt mich nicht. Nur darüber muß ich mich wundern, daß alle Welt mit dem Urtheile so schnell bei der Hand ist: Eine Dirne hat einen stillen Gelehrten schmählich getäuscht. Der stille Gelehrte ist Herr Dr. Prager, ein Mann, der sich damit beschäftigt, zurückgebliebene Jünglinge durch allerlei verfängliche Examina zu pressen. Hat er von dem galanten Lebenswandel seiner schönen Frau wirklich nichts gewußt, hat er nicht vielleicht manche Behaglichkeit hingenommen, ohne nach dem Gleichgewicht von Einnahmen und Ausgaben allzu ängstlich zu forschen? Ich weiß es nicht, alle Welt weiß es auch nicht, bekümmert um dergleichen Nebensachen sich überhaupt nicht. Wer hat den Ehevertrag gebrochen, fragt alle Welt, und sie steinigt die schuldige Frau. Ob die Prostitution vom Manne ausging, ist gleichgiltig. Das sechste Gebot muß in Ehren bleiben.

Herr Prager ist uns eine noch unbenannte Größe, aber Herrn Heinze kennen wir, und wir kennen Herrn

O'Shea. Zwischen beiden ist der Unterschied nicht so unermeßlich, wie er oberflächlichem Zublicken erscheint. Ein armer Teufel lebt vom unreinlichen Gewerbe der Frau, ein ehemaliger Offizier duldet einen zahlungsfähigen und einflußreichen Hausfreund. Der ganze Unterschied steckt in den Röcken, in den Besitzverhältnissen des deut= schen und des irischen Zuhälters. Und diesmal kann alle Welt nicht sozialer Parteilichkeit bezichtigt werden, denn mit gleich ernster und ehrbarer Miene nimmt sie die Ehebruchanklagen auf, im Hause O'Shea und im Hause Heinze. Alle Welt, die Hyperkonservativen nicht ernster und ehrbarer als die weit, bis zur freien Liebe fast vorgeschrittenen Sozialdemokraten. Denn das sechste Gebot, o, das respektiren sie alle, die Feudalen und die Liberalen, die Alten und die Jungen.

Darüber ist nun ein Mensch gestorben, ein genialer Mensch von ganz ungewöhnlicher Kraft im Wollen und Vollbringen. Wie immer der amtliche Totenschein lauten mag, die Geschichte wird und die Legende die Meldung verzeichnen: Parnell hat als Selbstmörder ge= endet, weil alle Welt den mit Frau O'Shea verübten Ehebruch ihm nicht verzeihen konnte, nicht verzeihen durfte. Denn vorläufig gibt alle Welt noch die Moral= gesetze und sie ist drauf und dran, Herrn O'Shea zu kanonisiren. Zum Kirchenvater der offiziell Keuschen taugt der heilige O'Shea auch sehr viel besser als etwa die asketischen Weiberverächter Hieronymus und Augusti= nus und ganz unvergleichlich „moderner" ist er als der in fleischlichen Dingen himmlisch heidnische Martin Luther, der 1522 in seinem Traktat vom ehelichen Leben schrieb:

„Wenn ein tüchtig Weib zur Ehe einen untüchtigen
Mann überkäme und könnte doch keinen andern öffent=
lich nehmen und wollte auch nicht gern wider Ehre thun,
sollte sie zu ihrem Manne also sagen: Siehe, lieber
Mann, du kannst mein nicht schuldig werden und hast
mich und meinen jungen Leib betrogen, dazu in Gefahr
der Ehre und Seligkeit bracht, und ist für Gott keine
Ehe zwischen uns beiden, vergönne mir, daß ich mit
deinem Bruder oder nächsten Freund eine heimliche Ehe
habe und du den Namen habst, auf daß dein Gut nicht
an fremde Erben komme, und laß dich wiederum willig=
lich betrügen durch mich, wie du mich ohne deinen
Willen betrogen hast." Und noch viel duldsamer ist
der Reformator dem geschlechtlichen Appetit des Mannes
gewesen, denn „wisse, daß die Ehe ein äußerlich Ding
ist, wie eine andere weltliche Handtirung." Nicht der
Teufel nur auf die Bibel, auf Luther kann auch Herr
Bebel sich mit Fug berufen; ging doch Meister Martin
so weit, „dem einen Theil zu erlauben, außer der Ehe
seine Begierde zu stillen, wenn die Ehe auch noch existirte,
nur damit der Natur Genüge gethan werde, welcher man
nicht widerstehen könne."

Der Natur zu widerstehen hat in dreihundertund=
siebenzig Jahren offenbar alle Welt gelernt. Ehebruch
kann nicht und darf nicht mehr geduldet werden. Wenn
aber der abgeklärte, der historische Blick zurückschaut auf
den Wandel der angeblich unerschütterlichen und dem
Wesen eingeborenen Sittengesetze, von Luther bis auf
O'Shea, dann mag er die Hoffnung auch schöpfen auf
das mähliche Heraufkommen einer neuen Zeit, in der

die alten Tafeln geborsten sein werden und gebrochen und die alten, von Hand zu Hand gelaufenen Marktwerthe eingestampft, auf daß ihr Edelgehalt neu zu prägender Münze Gewicht gebe und helleren Klang. Und für die Menschlichkeitdichter dieser werdenden Zeit möchte ich hier die Fabel zu einem dann wohl modernen Drama niederschreiben, die einen kleinen Beitrag zugleich auch bietet zur Sittengeschichte aus der Aera des heiligen O'Shea. —

Der demokratische Gedanke hatte seines Triumphes stolze Mittaghöhe erreicht. Wo immer der Einzelmensch zu umfassenderer Macht gelangt war, durch Genie oder durch Marktschreierkünste, da wurde er, früher oder später, durch den neidischen Zorn der Gleichheit heischenden Massen vernichtet; die Großen und die Gerngroßen mußten vor dem demokratischen Gedanken vom Platze weichen: Napoleon und Bismarck, Gambetta und Boulanger. Ueber ein mittleres Durchschnittmaß sollte kein sterblicher Genosse sich aufrecken, denn erfüllet war nun die Zeit der goldenen Mittelmäßigkeit.

Damals also lebte ein Mann, dem war demokratisches Empfinden in Fleisch und Blut übergegangen. Unerbittlich kämpfte er für die politische und soziale Befreiung seines Volkes, dem er ein weithin hallendes Sprachrohr sein wollte. Weil er aber Helfer am Werke brauchte, schloß er einem Parteiverbande sich an, wie das damals noch so Mode war; und weil die Helfer thöricht meist waren, fühlte er bald sich als der Klügste und Stärkste — unter übrigens Gleichen, versteht sich. Das aber schon wurmte die Gefolgschaft und sie warf ihm vor, er sei durch die unumschränkte Machtvollkommenheit, über die er gebot, innerlich korrumpirt worden. Dem Bismarck verglich man ihn und auch dem kleinbürgerlichen Robespierre Eugen Richter, dem tyrannischen Zahlmeister der deutschen Bourgeoisie. Damals nämlich kannte man noch nicht die neue Aristokratie, die Herrschaft der Besten und Tüchtigsten, und ein Despot hieß, wer sich nicht ducken mochte. So erging es auch unserem Helden Parnell. Dies der Name des Mannes.

Um gefügige Werkleute zu haben, mußte mitunter er ein Auge zudrücken, und so gerieth er auch an einen gewissen O'Shea, einen abenteuerlichen und skrupellosen Gesellen, der dem mächtigen Gönner auch seinerseits etwas gönnen mochte, seine Häuslichkeit zuerst und weiterhin auch seine Frau. Diese muß wohl klug und gütig gewesen sein, seltene Eigenschaften für die gefesselten Weibchen von damals, denen eigenes Leben versperrt und die Versorgung durch den Gatten als einziges Ziel berechtigter Wünsche gewiesen war. An Güte und duld=samem Verständniß erwärmte sich der stahlharte Kämpfer, und man weiß ja, wie es geht, wenn ein starker Mann im Frauenzimmer warm geworden ist. Behagliche Jahre vergingen, und für Herrn O'Shea wurde Diskretion immer mehr Ehrensache, und im Lande Heinrichs des Achten und des Baccaratprinzen von Wales fand man in dem ehelichen Triangel keine auffällige Figur. Hilft sich ein Jeder doch, wie er kann.

Da dämmerte dem ehemännlichen Lichthalter ein vortheilhafteres Geschäft auf, das weit einträglicher zu

werden versprach als die bisher bewiesene Toleranz=
häuslichkeit. Politische Gegner wollten Parnell bei Seite
schaffen, und für eine hübsche Summe ging sein gefälliger
Gastfreund hin und klagte auf Ehebruch. Um Beweise
konnte er nicht verlegen sein, er selbst war sein sicherster
Eideshelfer, und alsbald wurde das Verbrechen durch
Richterspruch festgestellt, allen Gutgesinnten zur Herzens=
freude und Seelenwonne. Nun brach das Wetter los.
Kann ein notorischer Ehebrecher noch fernerhin Partei=
führer sein und Vertreter eines für freies Recht
streitenden Volkes? Nimmermehr. Auch eine hohe
und niedere Beamtenschaft des lieben Herrgottes mengte
sich schleunig in's böse Spiel, und von allen Kanzeln,
aus den Spalten aller für Anstand und Sittlichkeit
außerhalb des Inseratentheils begeisterten Blätter zeterte
es gegen den unreuigen Sünder, der schamlos genug
war, durch hartnäckiges Leugnen die mitschuldige Frau
nicht der Meute rücksichtslos auszuliefern. Wie viele
Kaiser und Könige, wie viele Päpste, Kardinäle und
Bischöfe seit der Begründung staatlicher und kirchlicher
Macht Ehebruch und scheußlichste Unzucht getrieben
hatten, ohne an ihren hohen und höchsten Würden des=
halb Einbuße zu erleiden, davon war damals nicht die
Rede. Die gekrönten Freunde der Gräfin Lichtenau und
der bayerischen Reiterjungen hatten die Gnade Gottes,
und Parnell hatte nur sein Genie.

Nach verzweifelter Gegenwehr unterlag der Ver=
brecher; der größte Philister Gladstone kam über ihn,
und sein Volk wusch die Hände in Unschuld; es war
des Führers überdrüssig, der nicht der Heerde zu folgen

gewillt schien. Die Völker kennen, wie die Kinder, keine größere Luft als die, verhätschelte Puppen nach gemessener Weile zu zerstören. Von diesem politischen Kampf jedoch sonderte bald ein ganz persönliches Ringen sich ab. Parnell fiel aus der Rolle und machte der geltenden Sitte, was man damals eine Konzession nannte: er heirathete seine Geliebte. Ein Hohnlachen aus aller Welt war die Antwort, und die Schutzleute des Himmels jammerten laut, da sie von Schuld sich rein fühlten, über die Fortsetzung des Ehebruches; trösteten wohl auch den ärmsten O'Shea in seinem Un= gemach. Vereinigt aber hausten nun schlimm Gepaarte: zwei Menschen, die einander nicht anschauen konnten ohne quälendes Gedenken, ohne daß des Einen Auge sprach: Du hast mich zu Grunde gerichtet, und der An= deren angstvoller Blick: Kann deine Liebe über ein zer= trümmertes Leben hinweg? So mag dem ersten Menschenpaare zu Sinn gewesen sein, da es sich nackt fand und bloß, nach dem Apfelmahl; das hatte auch von den süßen Früchten des Erkenntnißbaumes gegessen, und die Wißbegierde ist auch dem Urchristenthum straf= bar, der Religion für neugierige Juden und zügellose Orientalen, und nicht zufällig spricht die Schrift vom Erkennen des Weibes . . .

Adam kannte den alten Tertullian nicht, aber Par= nell mag ihn gekannt und, als er sterben wollte, wohl an sein Wort gedacht haben: „Weib, Du bist die Pforte zur Hölle! Und alle Welt zerbricht sich den Kopf nicht über den klaffenden Abgrund zwischen Menschlichkeit= anspruch und kirchenväterlicher Moral, über diesen mörderischen Widerspruch, von dem alles Unheil herkommt und alle Erbsünde. Alle Welt sinnt auf Mittel gegen die Prostitution, gegen die ·sichtbare, die der moralischen Verdauung nicht förderlich ist, und läßt von der zimperlichen Tante Voß jetzt sich jene Häuser anpreisen, in denen der Ahnherr von Lessing's Erben die Mönchlein bei rettender Arbeit sah. Alle Welt thut wie die Enthaltsamen, von denen Zarathustra also sprach: „Diese enthalten sich wohl: aber die Hündin Sinnlichkeit blickt mit Neid aus Allem, was sie thun." Und während alle Welt treu und keusch vor dem sechsten Gebot prüde Wacht hält, hört aus der Hündin heiserem Gebell der Wissende deutlich den Kommentar heraus: Du sollst dich nicht ertappen lassen!

11. 10. 1891.

XIII.

Nicäa und Erfurt.

❦

Im Jahre 325 nannte man es ein Konzil, im Jahre 1891 einen Parteitag. Namen aber sind Schall und Rauch, und ich will Den sehen, der mit guten Gründen mich abhalten könnte, vom Parteitag zu Nicäa zu sprechen und vom Erfurter Konzil. Denn die Christen der ersten Jahrhunderte waren eine Partei, und bis zu des Konstantin Bekehrung eine von gefährlich subversiver Tendenz; und der Sozialismus ist heute eine Religion, die neue Religion der Armen und Elenden. Denen hatte, in oft genug polizeilich aufgelösten Versammlungen, der große Agitator Paulus das Himmelreich nach dem Tode versprochen; denen verheißt heute der große Apostel Bebel, Sankt Augustus von Leipzig, das Himmelreich schon auf Erden. Selig Alle, die da glauben, selig die eifrigen Christen, selig die das Heil besitzenden Sozialisten.

Vom Parteitag zu Nicäa sind Protokolle wohl nicht veröffentlicht worden; die moderne Errungenschaft der

Spezialkorrespondenten kannte die arme konstantinische Zeit eben noch nicht. Aber ich glaube, es wird 325 nicht viel anders zugegangen sein als 1891. In Nicäa wie in Erfurt stritten die Alten mit den Jungen: dort warf Sankt Athanasius den Oppositionsführer Arius nieder, hier bezwang Sankt Augustus den Parteiketzer Wildberger. Der Kampf bleibt derselbe, gleichviel, ob er früher von zwei streitbaren Priestern ausgeführt wurde, ob er jetzt zwischen einem Drechslermeister und einem Tapezierer tobte. Und auch die Haltung der Opposition scheint mir dieselbe geblieben, wenn ich in des ehr= würdigen Bossuet Discours sur l'histoire universelle, einem durchaus nicht nur für Kronprinzen lehrreichen Buche, den Satz lese: „Les Ariens cachèrent leurs erreurs et rentrèrent dans les bonnes grâces en dissimulant." Auch auf dem Erfurter Konzil haben die Wildberger und Werner einen beträchtlichen Theil ihrer vorher erhobenen Anklagen verleugnet und zu einer maßvollen Tonart unterwürfig sich bequemt; und wenn sie nicht gleich den Arianern bei den Machthabern wieder in Gunst sich zu betten vermochten, so beweist das eben nur, daß die Parteipfaffen immer unduldsamer werden, im Fortschritt der Jahrhunderte.

Der böse Arius bezweifelte die Gottheit Christi und war übrigens ein frommer Mann, der heute mit Tolstoi sehr gut und mit Egidy noch besser sich ver= stehen würde. Da kam aber damals der große Athanas, Bischof Hilarius von Poitiers war auch dabei, und die thaten den Opponenten in Acht und Bann. Der böse Wildberger bezweifelte die Unfehlbarkeit Liebknecht's, des

sakrosankten „Vorwärts"=Leiters, und war übrigens ein
frommgläubiger Sozialist, der mit den Paulinern recht
gut und mit dem nazarenischen Zimmermannssohne noch
besser sich verstanden hätte. Da kam aber nun der
Weihbischof Bebel, Kirchenrath Singer war auch dabei,
und die zerschmetterten, kraft einer hirtenbrieflichen En=
cyklika, den lärmenden Dissidenten. Und abermals ver=
lange ich Den zu sehen, der mit guten Gründen mich
abhalten könnte, vom Parteitag zu Nicäa zu sprechen
und vom Erfurter Konzil.

Die Frage nach Recht und Unrecht hat niemals
und nirgends mich sehr lebhaft interessirt. Gern aber
will ich zugeben, daß Athanasius und Bebel Recht und
Arius und Wildberger Unrecht hatten. Wie die Men=
schen nun einmal sind, wollen sie alles Neue nur gleich
en bloc annehmen, ohne feinere Unterscheidungen, ohne
Sonderung von Gutem und Schlechtem. Als rein ideeller
Begriff hätte das Christenthum sicherlich nur recht mäßige
Anziehungkraft geübt, wenn nicht die Kaiser aus der
sinkenden Epoche des römischen Reiches durch die Er=
schaffung von Märtyrern dem neuen Glauben eine höchst
wirksame Reklame bereitet hätten. Als aber die letzten
Christenverfolger, als Diokletian und Galerius abgetreten
waren und Konstantin vor allem Volke zur milden Ent=
sagunglehre sich bekannt hatte, da standen die Märtyrer=
kronen in unerschwinglichem Preise, und es galt, ein
neues Zugmittel für die Massen ausfindig zu machen.
Das that der Parteitag zu Nicäa, dem nach Bossuet
dreihundertundelf christliche Genossen beigewohnt haben
sollen. Die erfanden die katholische Orthodoxie mit

Sakramenten und Heiligenverehrung, die setzten den
Reliquiendienst ein und andere ebenso schöne wie nütz=
liche Dinge, die schufen dem vorher nackt und bloß ein=
hergehenden Christglauben ein kirchliches Feierkleid, ein
offizielles Prunkgewand, dessen gleißende Pracht die Blicke
der am Imperatorenaufwand Verwöhnten selbst blenden
und fesseln mußte. Wie sollten die Arianer mit ihrem
durch Beispiel nur, nicht durch Dogma und Lehre agiti=
renden Menschensohn Jesus dagegen aufkommen? Nur
die Orthodoxie und der Bilderdienst kann auf die Länge
die Gläubigen an sich ketten; ist erst das Weihrauch=
gewölk zerflattert, ist auch die Gemeinde schon zerstreut
und kein vernünftiges Ueberreden wird sie wieder zu=
sammenführen.

Nicht die flüchtige Laune des Feuilletonisten ver=
leitet mich, Christen und Sozialisten hier zu gesellen:
die Parallele bietet von selbst sich, und öfter schon ward
sie gestreift. Nur allzu scheu, finde ich, und allzu ängst=
lich, weil man noch immer sich nicht entschließen kann,
im Sozialismus die religiöse Bewegung zu sehen. Und
doch gibt nur dieser mystische Charakter ihm die Kraft,
einen so ungeheuren Heerbann von Glaubenstreitern um
die rothe Fahne zu schaaren. Deshalb erscheint mir
auch das Bemühen so müßig, auf dem Erfurter Konzil
ein neues Programm aufzustellen; Programme mögen
für Parteien wichtig sein — auch das bezweifle ich
noch —, für Konservative und Liberale; eine Religion
ist stark nur durch ihre Mystik, und noch viel gleich=
giltiger als für das Centrum ist für den Sozialismus
der Wortlaut seines Programms. Auch mit menschen=

verständlicher Kritik, wie sie derb, aber für Dumme nicht
ungeschickt jetzt vom Unfehlbaren der „Freisinnigen Zei=
tung" geübt wird, kann man einem Bekenntniß nicht
beikommen, dessen Reich nicht von dieser Welt ist. Und
wer von Bebel heute ausführliche Mittheilungen über
die werdende Gesellschaft der Zukunft verlangt, der ist
nicht viel klüger als Einer, der den Paulus gefragt
hätte, wie er denn nun dermaleinst unter den lieben
Englein wohnen, essen und sich kleiden würde.

An Engel nämlich glauben sie Beide, die Kirchen=
christen und die Sozialisten, und weil ich gar nicht
engelgläubig bin, kann ich Beider Orthodoxie nicht
bedingunglos mich anschließen. Als der erste Kultur=
katzenjammer über die sündige Menschheit hereinbrach,
da sagten ihr weise und heilige Männer: Hienieden ist's
freilich schlimm, muß auch schlimm sein, auf daß Ihr
geläutert werdet und reif für die Gemeinschaft der Engel;
und für jegliches irdische Leiden wurde eine himmlische
Prämie ausgesetzt. Solche Lehre war gut und solches
Versprechen, denn gewarnt waren nun die Reichen und
die Armen getröstet: die Stunde naht des sozialen Aus=
gleiches und die Ersten werden die Letzten dann sein.
Aber die Menschheit wurde älter und endlich gar alt,
und die verheißene Stunde wollte noch immer nicht
schlagen, und kein Englein war noch zu schauen, nicht
das allerkleinste. Und wieder griff die Katerstimmung
um sich, die günstigste für die Geburt neuer Religionen.
Da standen neue Propheten auch schon auf und in
Zungen redeten sie: Das mit den Engeln ist baarer Un=
sinn, von schlauen Pfaffen Euch vorgeschwatzt; die wahren

und wirklichen Engel seid Ihr selbst, Genossen, und
Euer muß schon auf Erden das Himmelreich sein, denn
edel seid Ihr, hilfreich. und gut und werdet, ist nur erst
das verderbliche Eigenthum abgeschafft, wie Brüder unter
einander Euch lieben und nur in verwehten Sagen noch
wird von Noth man hören, von Elend, Verbrechen und
blutiger Schmach.

Da ist die Wurzel des Unterschiedes zwischen christ=
lichem Kommunismus und modernem Sozialismus: die
nazarenische Weltanschauung mißtraute dem Menschen
und war bestrebt, aus böser Naturanlage durch strenge
Askese ihn zu erziehen, eine fast grausame Diät ihm zu
empfehlen und zur späteren Seligkeit ihn heranzukasteien;
diesem Pessimismus tritt nun sozialistischer Optimismus
entgegen, in fröhlichem Vertrauen zum Menschen, dem
er zuruft: Will, und Du bist glücklich! Befreie von
den Ausbeutern Dich, und im Glanz wirst Du hausen
und in der Herrlichkeit! Und das zweizinkige Gabel=
thier fühlt, der Affensprosse, sich höchlich geschmeichelt
und nimmt mit der Botschaft auch den Glauben willig
auf, der schwere Entsagungopfer von ihm nicht heischt.
Die Botschaft hört' ich auch, allein mir fehlt der Glaube,
und bedenklich neige ich zu der Ueberzeugung, daß der
Bergprediger den Menschen doch besser noch erkannt hat
und seine natürlichen Lebensbedingungen tiefer gefaßt
als Karl Marx und Engels und alle die anderen Kirchen=
väter des Sozialismus. Dem aufrechten Vierfüßler ward
mit dem göttlichen Odem auch das verhängnißvolle Ver=
mögen eingeblasen, unablässig, im Wandel der äußeren
Umstände, sich neues Leiden zu schaffen, neue Sehnsucht

auch zugleich nach neuen Zielen. Daß mit einem Zauber=
schlage solche leidige Gabe verschwinden könnte, ist doch
nicht sehr wahrscheinlich; im besten Falle wird es der
Menschheit wiederum, wie bei jedem Umsturz bisher,
ergehen: mit äußerster Anstrengung, unter zuckenden
Schmerzen, wird der Patient sich auf die andere Seite
legen, um bald darauf einzusehen, daß nun seine Lage
erst vollends unerträglich geworden ist. Die Schöpfung,
die dem Gethier mühelos alles zum Dasein Nothwendige
entgegenträgt, sie ist für das menschlich gesteigerte Be=
dürfen nun einmal so unvollkommen und fehlerhaft ein=
gerichtet, daß sie nur den Frommen gänzlich befriedigen
kann, der als schmerzlich läuternde Vorstufe zu ewigen
Genüssen sie hinnimmt, in resignirtem Hoffen.

Da ist es recht vortheilhaft denn, daß auch die
Gabe uns ward, durch bequeme Kompromisse mit un=
veränderlichen Thatsachen uns abzufinden. Die heute den
Bergprediger mit römischer, byzantinischer oder auch pro=
testantischer Inbrunst verehren, denen fällt es gewiß
nicht ein, seinem Beispiel nachzuleben. Sie führen das
Schwert, unterwerfen sich weltlicher Macht, töten und
richten und wissen sehr schlau auf dunkeln Hintertreppen
Ehren zu erschnappen, klingende Titel, fette Pfründen
und buntfarbige Bändchen, wie sie von vielbeschäftigten
Majestäten nach Laune und Willkür gespendet werden.
Solche Möglichkeit schuf erst das Kompromiß von 325,
schuf der Parteitag von Nicäa, auf dem die Vereinigung
der Kirche mit der staatlichen Gewalt durchgesetzt wurde.
Der erste christliche Monarch war zur Entsagung nicht
mehr bereit als seine Nachfahren, die allerchristlichsten

Kaiser und Könige **auch**; **er ließ** sich vergöttern, nachdem er das Kreuz geküßt hatte, er blieb der Herrscher eines kriegerischen Räubervolkes, aber die Athanasianer machten ihm ein behagliches Kompromiß-Christenthum **zurecht**, in usum serenissimi imperatoris, hießen von Gottes Gnaden ihn und überlieferten nachgeborenen Geschlechtern **den** lichten Ruhm Konstantins des Großen. Nicht **des** urchristlichen Glaubenstifters Verkündigung ist heute ver= wirklicht, sondern das konstantinische Staatschristenthum. Es kommt eben immer anders.

Auch für den Sozialismus wird es schließlich **anders** kommen, und **wer** weiß, ob nicht spätere Zeiten **dem** Erfurter Konzil ähnliche Bedeutung beimessen werden wie dem Parteitag zu Nicäa. Herr Bebel hat in Sankt Athanasii Rolle allgemach sich eingelebt, und er ist drauf und dran, einen nicht mehr allzu bedrohlichen Kom= promiß=Sozialismus zu schaffen, mit dem ganz bequem und gemüthlich sich leben läßt. Trotz Herrn von Hammerstein hat er neulich gegen Rußland gehetzt und in Erfurt sprach er mitunter schon fast wie **ein** etwas radikaler Bourgeois. Es ist immer dieselbe Geschichte: so lange die Unterdrückung Märtyrer erweckt, hilft **die** reine Idee sich allein fort; auf die Befreiung **aber** folgt allsogleich auch die Einsetzung einer Hierarchie, **der** dann die Aufgabe zufällt, in ihren Münzen dogmatische Wahr= heit zu schlagen und jedem Frechen harte Strafe zu sinnen, der eigene Prägung in Umlauf setzen möchte. Daß die Menschen Engel sind, glaubt wohl Herr Wild= berger noch — glaubt Herr Bebel nicht mehr, so wenig **wie** Bischof Athanas **an** die beflügelten Himmelbewohner

Harden, Apostata.   9 geglaubt hat. Die Konzentration auf das Diesseits, deren schwingendes Stichwort Feuerbach ausgab, die ist in Wirklichkeit schon fünfzehnhundert Jahre früher erfolgt, als vor das mystische Ideal ein gemächliches Sichabfinden trat und man begann, ohne um das kommende Gottesreich viel sich zu kümmern, eine irdische Behaglichkeit mit allem erreichbaren Komfort zu begründen.

In Erfurt, das ist meine ganz private Ueberzeugung, hat der Sozialismus seinen Tag von Nicäa erlebt. Sankt Augustus von Leipzig sprach ganz offen es aus: „Die Masse schließt sich uns nicht an, weil sie nach reiflichem Nachdenken unsere Ziele als die Ziele der Menschheit erkennt, sondern weil wir die einzige Partei sind, welche die Lage der Arbeiter bessern will, weil wir für die Arbeiter in die Schranken treten und die Ausbeuter an den Pranger stellen." Klingt da nicht die Konzentration auf die jetzt noch zu Recht bestehende Gesellschaftordnung an, der mit den schärfsten kritischen Messern man, auch ohne ein orthodoxer Sozialist zu sein, zu Leibe gehen kann? Herr Bebel trägt der Masse und ihrem Anspruch Rechnung, wie in Bithynien die Häupter der Kirchenpartei imperatorischem Gelüste Rechnung trugen. Dem Christenthum ist das Kompromiß nicht allzu gut bekommen, und erst in der großen Reinigung von Wittenberg hat es neue Kraft gefunden. Herr Bebel ist klug, darum möchte er Athanasius und Luther zugleich spielen und brachte im Erfurter Konzil sechs fein erdachte Thesen durch, die dem resignirten Rückzug eine prächtige Kanonade feuern.

Von Nicäa datirt das grobe Pfaffengezänk, das
bis auf unsere Tage der Harnack und Ziegler sich fort-
gepflanzt hat. Der sozialistische Pfaffenzwist wird auch
nach Erfurt nicht verstummen und allmählich wird er
dazu beitragen, der Gläubigen Ehrfurcht vor den Gesalbten zu erschüttern. Doch auch hier weiß man sich
zu helfen: man exkommunizirt die Arianer, die Wildberger und Genossen, und für die im offiziellen Glauben
Starken befolgt man die Taktik des großen Konstantin
Dieser christliche Landesvater hätte nicht den Fall Boetticher
und erst recht nicht den Fall Manché in das grelle Licht
rücksichtslos öffentlicher Kritik gerückt; denn nach dem
corpus juris canonici hat er zu dem nächstenliebenden
Weisheitspruch sich bekannt: „Wahrlich, wenn ich mit
eigenen Augen einen Priester Gottes oder Jemanden
im Mönchsgewande beim Sündigen betroffen hätte,
so würde ich meinen Mantel abnehmen und ihn
bedecken, damit er von Niemandem gesehen würde.“
Geduldig wollen wir's abwarten, ob der famose Mantel
der christlichen Liebe auch Herrn von Vollmar noch paßt,
dem päpstlichen Garden a. D., der so unvorsichtig war,
offen auszusprechen, was man nicht sagen, nur denken
darf: „Die Darstellung, daß die große Weltwende unmittelbar bevorsteht, ist ein Phantom, ein verlockendes
Irrlicht. Der Optimismus eines verzückten Gläubigen,
eines Ekstatikers, gehört dazu, an den alsbaldigen Sieg
zu glauben.“

So nüchtern klang nun, nach dem großen Rausch,
die Weise, und die begeisterten Arianer mußten das Feld

9*

räumen. Und zum dritten Male will ich Den sehen, der mit guten Gründen mich abhalten könnte, vom Parteitag von Nicäa zu sprechen und vom Erfurter Konzil.

20. 10. 1891.

XIV.

Mahadöh.

Vor mir liegen, zu einem hübschen Haufen geschichtet, allerlei Zeitungsausschnitte, die im Laufe der Woche ich mir aufgestapelt habe. Denn es ist gar nicht immer so ganz leicht, aus der wirbelnden Fülle kleiner und kleinster Ereignisse die am meisten charakteristische Note herauszufinden. Lange habe ich diesmal geschwankt und immer wieder die bedruckten Fetzen durchmustert. Da waren Erörterungen über die hastige Entlassung des Fürsten Bismarck; Paralipomena zum Virchow-Jubiläum und zur Forckenbeck-Feier, diesen Gedenktagen fraktioneller Geschmacklosigkeit; die in einer kaiserlichen Depesche an Helmholtz ausgesprochene Verachtung allen parteipolitischen Getriebes; die in Aussicht gestellte Reform des Zuhälterwesens; die Warnung eines in Dresden zu löblichem Thun versammelten Sittlichkeitbundes vor den Ausschreitungen des modernen Realismus; endlich, in einem einzigen Blatt, vier Sexualmorde, darunter der an einer Prostituirten verübte Lustmord, nach dem blutigen Beispiel des Jack the Ripper.

Der entschied. Nicht nur, weil er obenauf lag, also ein späteres Datum auch als die anderen Vorgänge trug, sondern weil er an symptomatischer Bedeutung sie sämmtlich übertrifft. Von der Dankbarkeit der Großen, von Politik und Parteien und Excellenzen kann auch ein ander Mal gesprochen werden. Für's Erste liegen jetzt Sittlichkeitdebatten in der Luft und Betrachtungen über die Prostitution. Sprechen wir auch davon, in flüchtigen Andeutungen nur, wie krause Laune nach auf=rüttelnden Erlebnissen sie suggerirt.

In seinem ostpreußischen Jagdschloß Rominten soll der Kaiser von den im Prozeß Heinze enthüllten Zu=ständen Kenntniß erhalten haben. So melden die Blätter und fügen hinzu, der Monarch habe seine Minister an=gewiesen, schnelle und gründliche Abhilfe zu schaffen. Die arge Verlegenheit der Minister kann man sich ungefähr vorstellen, wenn man vernimmt, daß von der Wieder=einführung der Prügelstrafe die Rede sein soll. Mit der nämlichen Aussicht auf Erfolg könnte auch etwa an die Einberufung einer internationalen Konferenz zur Be=seitigung des Zuhälterthums gedacht werden. Es ist eben das Unglück der Könige, daß ihnen Niemand die Wahrheit zu sagen wagt, daß vor ihrem Wünschen und Winken Alles bäuchlings dahinsinkt. Auch bei den besten Anlagen und Absichten muß so allmählich der mystische Glaube an eine unumschränkte Machtvollkommenheit sich entwickeln, der in rauher Wirklichkeit doch immerhin ganz feste Grenzen gezogen sind. Daß in einem stark aus=geprägten Selbstbewußtsein der Wunsch lebendig wird, irdischem Elend und Laster aus eigenem Vermögen ein

Ende zu bereiten, das ist gewiß begreiflich und rühmens=
werth. Höheren Ruhm aber noch würde der Diener
erwerben, der den Muth hätte, einem mächtigen Willen
die unübersteigbaren Schranken seines Wirkens zu zeigen;
höheres Verdienst auch um den dynastischen Gedanken,
dem es nicht förderlich sein kann, wenn das Ansehen
des Monarchen häufig erfolglos in Bewegung gesetzt wird.

Nicht jeder Herrscher trägt heute eine Krone. Auch
die Menge ist, die Mehrheit in immer wechselnder Gestalt,
ein Souverän geworden, und Schmeichler umringen sie
und die gekrümmten Schaaren der Liebediener. Die
lispeln und wispern beständig ihr in die Ohren: Ew.
Majestät können Alles, Ew. Majestät brauchen nur Aller=
gnädigst zu wollen geruht zu haben. In so verquollenem
Stil tönt es aus allen Zeitungen den Gewalthabern
entgegen, den monarchischen wie den demokratischen, und
der Irrwahn wuchert fort und die Machtüberschätzung
auf den Höhen und in den Tiefen der Gesellschaft.

Augenblicklich murmeln die Schmeichler das süße
Lied von der Beseitigung der Prostitution. Das muß
man nun freilich wohl verstehen: Beseitigung heißt hier
nicht etwa Vertilgung, sondern Vertuschung. Was keusche
Herzen nicht entbehren können, soll vor keuschen Ohren
doch nicht genannt, von keuschen Augen nicht erblickt
werden. Allerdings ist es kein allzu freundlicher Anblick,
den das Interieur bei Heinze's bietet, und man muß
schon recht abgehärtete Nerven haben, um die Geschichte
von dem Zuhälter lesen zu können, der „gegen Entrée"
den zerstückelten Leichnam seiner Hedwig der neugierigen
Menge zeigt. Nur immer heran, meine Herrschaften, für

zehn Pfennige sehen Sie hier eine Leiche à la White-
chapel, nebst zwei Messern und etlichen Blutlachen, noch
ganz frisch! Und wenn Sie sich verspätet haben, bitte,
das macht nichts, Ihre Zeitung liefert Ihnen einen an-
schaulichen Bericht mit allen Einzelheiten, vielleicht mit
einem Lokalplan, sicher mit einiger sittlicher Entrüstung
von wegen der Gräuel und von wegen des Lasterpfuhles.

Das nämlich ist das Wundersame: Prostitution
und sexuelle Verbrecher sollen in's Dunkel; da aber Sensation nicht gemißt werden kann, müssen Beschreibungen
und Lokalpläne an hervorragende Stelle, in gesperrter
Schrift. Die Moral hält dafür an den Ausschreitungen
des modernen Realismus sich schadlos. In demselben
frommen Blatt, das am Sonnabend eine Warnung vor
der geschickt imitirten Sinnlichkeit einer Novelle des Herrn
Sudermann erließ, stand am Montag die ausführlichste
Beschreibung vom Handel und Wandel der ermordeten
Hedwig Nitsche. Das ist des Landes so der Brauch.

Ich möchte nicht mißverstanden sein. Nicht an der
Oeffentlichkeit der Erörterungen ärgere ich mich, nur an
dem ekelhaften Pharisäerthum, das in Deutschland unser
ganzes Leben durchseucht. Schön: reden wir von der
Prostitution; aber reden wir offen und frei und lachen
wir die züchtige Tante Voß derb aus, wenn sie im Leit-
artikel behauptet, diese Dinge ließen sich nur mit Glacé-
handschuhen anfassen, während·sie im Lokaltheil dem
Sensationbedürfniß der Abonnenten reichliche Opfer bringt.
Es wird Zeit, die Glacéhandschuhe auszuziehen und der
Sphinx in's schreckende Antlitz zu sehen, die seit 2600
Jahren fast ihre schaurige Räthselfrage stellt.

Man hält im Allgemeinen den Athenienser Solon für den Begründer der Prostitution, und man erinnert mit ironischem Behagen an den Ruhmgesang, der ihm für diese kulturelle Großthat von einem poetischen Zeit= genossen gespendet wurde. Der pries den Gesetzgeber, weil er durch die Einrichtung von Frauenhäusern das verehrliche Damenpublikum von Athen vor den Verfol= gungen durch die mannbare Jugend bewahrt hätte. Das war ein ehrlicher und muthiger Mann, der das Ding beim rechten Namen nannte. Denn schließlich hat ja die Prostitution keinen anderen Zweck: sie stempelt die Besitzlosen zur Waare, um die Besitzenden zu schützen. Und wem der heidnische Solon als Schutzpatron nicht paßt, der sei höflichst an den Heiligen Augustinus ver= wiesen und an dessen Wort: „Unterdrücket die öffent= lichen Dirnen und die Gewalt der geschlechtlichen Leiden= schaft wird Alles zerstören und zernichten." Das sollten Justizminister, Polizeipräsidenten und Zeitungschreiber ihren Sittsamkeiten zum Motto setzen, anstatt mit humanen Phrasen den guten Willen in die Irre zu leiten. Hier hilft kein Mundspitzen, es muß gepfiffen sein.

Der vielerfahrene Staat weiß das ganz genau und hat daher des Stempelns hehre Pflicht auf sich genommen. Wie eine morsche Ruine aus zünftiger Zeit ragt die Prostitution in unsere moderne Welt hinein, ist zu sagen: die staatlich reglementirte Prostitution, neben der noch immer Zehntausende von ungestempelten „Bönhasen" — wie man die Unprivilegirten im goldenen Mittelalter nannte — ihr horizontales Gewerbe treiben. Aber der Staat wacht und die Polizei hat offene Augen und fängt sich das ungestempelte Wild ohn' Ermatten ein. Und dann? Ja, dann wird das Weib eine Nummer, wird nach Kräften entmenschlicht und entwürdigt und oben= drein auch noch in der Ausübung des Handwerkes be= hindert. Denn die Polizei gibt der Dirne zwar ein Dienstbuch, aber kein Recht auf Wohnung; sie stößt die Novize auf die Straße, fügt aber hinzu: „Wenn Du bei Deinem Gewerbe Dich abfassen läßt, kommst Du in's Loch. Vorwärts!...."

Und nun geht das gehetzte Vegetiren an, der gräß= liche Konkurrenzkampf um den Mann, die entseelende Gemeinschaft der Verfaulenden mit den Verfaulten, das Werben um die Gunst jedes Nachtwächters, das Feilschen mit der Habgier schmieriger Vermietherinnen, die Sklaverei der Abzahlunggeschäfte und die Erniedri= gung der Sittenkontrole. Und der Zuhälter findet sich ein, irgend ein zum Müßiggang geneigter Fleischerknecht, der nach einer guten Partie gieren würde, wenn er zu= fällig den „bessern Ständen" angehörte, und der nun bei der Verlorenen ein warmes Lager und reichliches Kneipgeld sucht. Warum sie ihn nimmt? Man ist doch nicht ganz allein und hat, wo es Noth thut, einen Be= schützer, der auch pfeift, wenn ein Schutzmann um die Ecke biegt. . . . . .

Von Dichtern und Sozialkritikern sind diese Dinge in aller Ausführlichkeit geschildert worden, wie sie es verdienen, offen und frei. Aber man hört die unbe= quemen Mahner nicht, man liest nicht die Fille Eilsa von Concourt, nicht die Albertine des Christian Krogh, nicht die Studien von Mill und Secrétan, von Bebel

und Léo Taxil. Man will nicht hören, denn man möchte
ruhig schlafen, und die Polizei wird schon Alles zum
Besten lenken. Und die es am ehrlichsten meinen, selbst
die bilden sich ein, so tief im sozialen Körper wurzelnde
Krankheit von Außen vertreiben zu können, durch ein
Pülverchen, ein Reglement oder dergleichen. Die Sexual=
morde aber mehren mit jedem Tage sich und die Ver=
brüderung der Zuhälter treibt blutigen Unfug. Da
finden denn konservative und liberale Pfennigfuchser ein=
trächtiglich sich zusammen, dieselben braven Leute, die
der Frau am liebsten nur den Kochtopfrayon freigeben
möchten, die den Emancipationkampf der aus der Pro=
stitution hinausstrebenden Kellnerinnen mit Hohnlachen
und knotigen Witzen begleiteten, und barmen und jammern
um Freigebung der staatlich konzessionirten Frauenhäuser.
Sie sind nämlich viel zu sittenstreng, um solche verruchten
Orte zu kennen und zu wissen, daß sie die Uebel nur
steigern würden, die so geschäftig sie angeblich ent=
wurzeln möchten. Erfahrene Polizeileute werden schmun=
zeln bei dem Gedanken, durch Toleranzhäuser der Sittlich=
keit auf die Beine zu helfen. In den verschwiegenen
Gebäuden mit den großen Nummern lauern für Jäger
und Wild noch viel schwerere Gefahren und außerdem —:
dem Anspruch der Großstädte zu genügen, müßte man
ganze Quartiere mit Prostitutionkasernen bebauen,
und selbst dann noch würden die Bönhasen nebst den
Zuhältern sich draußen im Freien vergnügen und tot=
schlagen.

Die Souveräne, Kaiser und Völker wissen von
diesen Dingen nichts und ihre Minister haben nur das

Interesse, sie in der Unwissenheit zu erhalten, die am leichtesten immer zu lenken, mit der am bequemsten immer auszukommen ist. Deshalb möchte ich den Herrschern die Nachfolge des Mahadöh empfehlen. Keine Angst: er ist kein Plebejer, im Gegenteil, er ist ein Gott, von den vielen gestorbenen Unsterblichen Einer. Und ein leibhaftiger Minister, Herr von Goethe aus Weimar, hat ihn zum Helden einer indischen Legende gemacht, die also anhebt:

> „Mahadöh, der Herr der Erde,
> Kommt herab zum sechsten Mal.
> Daß er unsers Gleichen werde,
> Mit zu fühlen Freud' und Qual.
> Er bequemt sich, hier zu wohnen,
> Läßt sich Alles selbst geschehn.
> Soll er strafen oder schonen,
> Muß er Menschen menschlich sehn."

Weiteres bitte ich in der Ballade vom Gott und der Bajadere nachzulesen. Da wird man entdecken, daß auch echte Götter zu Zeiten öffentliche Häuser aufsuchen, daß sie verlorene Kinder mit feurigen Armen zum Himmel emporheben können, weil sie nicht Hochmuth und Heuchelei mitbringen, auch nicht Unkenntniß, sondern muthige, wissende Liebe. Da können gekrönte und ungekrönte Häupter lernen, daß Regieren heißen sollte: Menschen menschlich sehen. Und da würden sie vielleicht erröthen vor der Erkenntniß, daß Mahadöh heute ein armseliger Dichter geworden ist, derselbe Dichter, dessen realistische Ausschreitungen der Dresdener Tugendbund mit dem großen Kirchenbann der Pharisäer belegt. . . .

Es gibt so viele alte Dynastien im deutschen Vaterlande. Sollte bei eifrigem Nachforschen nicht doch am Ende eine wenigstens unter ihren erlauchten Ahnherrn den Mahadöh aufspüren? Der wäre, aber auch der ganz allein, der Mann für die Reform der Prostitution. Oder war der indische Gott, der in Liebe auf seine verworfene Bajadere sah, etwa gar der Patron der Zuhälterzunft? Ich will einen Gelehrten fragen.

26. 10. 1891.

XV.

Verein Oelzweig.

✦

In Rom soll dieser Tage eine lange, mit schwarzem Futter umwickelte Stange eingetroffen sein. Das Ding wurde auf's Zollamt geschafft, ausgehülst und als ein weißes Banner erkannt, auf dem, unter entsprechender Titelvignette, zu lesen war: „Verein Oelzweig. Internationaler Diskutirklub für Humanität und Kultur." Die gestrengen Zöllner umwickelten darauf das dürre Holz wieder und ließen das Banner anstandslos passiren, denn sie erkannten die Richtigkeit der Deklaration: „Muster ohne Werth."

Die arme weiße Fahne mußte seitdem noch manche Entwickelung sich gefallen lassen, denn der internationale Diskutirklub für Humanität und Kultur begann seine Thätigkeit, und da geht ohne Bannerschwingen es nun einmal nicht ab. Die Ergebnisse der interparlamentarischen Konferenz und der Tagung unterschiedlicher Friedensgesellschaften können wir in Gemächlichkeit ab-

warten. Hinter den kostbaren Früchten hochsommerlicher
Monarchen-Bewegungen wird das römische Winterturnier
doch wohl nicht allzuweit zurückbleiben. Nur schade,
daß Victor Hugo, der geborene Ehrenpräsident humani-
tärer Vereinsmeierei, nicht mehr seine Rede mit dem
berühmten Refrain halten kann: Montons dans le soleil
et embrassons - nous y. Und auch Tolstoi, der den
romanischen Mystiker allenfalls ersetzen könnte, ist nicht
nach Rom gepilgert, wo sich's im November doch bestimmt angenehmer als im Gouvernement von Tula
lebt; auch er ist zu Hause geblieben und schreibt da ein
Buch, in dem er das einzige und unfehlbare Mittel zur
Beseitigung aller Kriege angeben wird. Es ist nicht
gerade schwer, dieses Mittel vorauszuahnen: die Menschheit
wird da wieder einmal aufgefordert werden, doch gefälligst
so schnell wie möglich in die Sonne zu klettern, Massen-
umarmungen aller vorhandenen christlichen Gemeinschaften
zu veranstalten, im Lichte zu wandeln und dem Uebel
nicht zu widerstreben. Thut sie das nicht in geziemender
Eile: ja, dann ist es nicht Tolstoi's Schuld —, der
hat nun oft genug Rath und Hilfe in den schwierigsten
und diskretesten Angelegenheiten feilgeboten.

Die jetzt am Tiber versammelten ernsthaften Leute
werden jedenfalls geneigt sein, Hugo und Tolstoi als
Utopisten zu verspotten. Aber es scheint mir doch, daß
selbst die verstiegenen Ideale großer Dichter weniger
komisch aussehen als die Phrasengläubigkeit sogenannter
praktischer Politiker, die weder politisch noch praktisch
handeln, wenn sie einen großen und schönen Gedanken
dem allgemeinen Gelächter preisgeben. Und das geschieht

eben jetzt in Rom. Wenn der selige Aristophanes dieses
Schauspiel noch erlebt hätte, dann würde seine Komödie
vom Frieden vermuthlich noch viel lustiger ausgefallen
sein. Daß verständige und kulturfreundliche Männer sich
zusammenfinden, um gemeinsam auf Mittel zu sinnen,
dem System nationaler Verhetzungen ein Ende zu be=
bereiten, das ist gewiß nur löblich, und ein solches
Unternehmen, selbst wenn es durch parlamentarischen
Dünkel nur auf den engen Kreis der Abgeordneten be=
schränkt bliebe, würde die Satire nicht herausfordern.
Denn nur die abscheulichen Nützlichkeitbekenner verlangen
von jeder Bemühung auch sofort einen mit den Händen
zu greifenden und in giltige Scheidemünze umzusetzenden
Ertrag, während der philosophische Geist sich bescheidet,
in getrostem Vertrauen auf die Erhaltung jeglicher Kraft.
Billig und thöricht finde ich deshalb den Hohn, der dem
Friedenskongreß witzelnd Unvermögen vorwirft. Sicherlich
werden die zum weitaus größten Theil völlig einfluß=
losen Herren uns den ewigen Frieden nicht, in Gold=
papier verpackt, auf den Weihnachttisch legen; wohl
aber könnten sie einem menschenwürdigen Zustande uns
um einen Schritt näher bringen, wenn sie ehrlich und
aufrichtig zu Werke gingen. Und weil sie das nicht
gethan, weil sie mit Phrasendreschen und Bannerschwingen
über die Hohlheit ihrer Vereinseligkeit uns zu täuschen
versucht haben, deshalb ganz allein haben sie auch das
Recht verwirkt, ernst genommen zu werden.

Herrn Ruggiero Bonghi, der durch sein Intermezzo
fast so berühmt schon wie sein Landsmann Mascagni
geworden ist, muß um die Aufhellung des Thatbestandes

das größte **Verdienst** zugesprochen werden. Unter sämmt=
lichen Kongreßmännern ist Herr Bonghi bisher der
Einzige geblieben, der aus seinem Herzen **keine** Mörder=
grube gemacht hat: in einem zuviel erwähnten Artikel
meinte er, **die** deutsche Annexion von Elsaß=Lothringen
dürfe nicht fortdauern. Das ist eine **Auffassung** wie
eine andere auch, und es **wäre** den deutschen Romfahrern
nicht schwer geworden, mit Vernunftgründen sie zu wider=
legen. **Aber das** geht nicht. Denn **nun, als** die Wogen
nationaler Entrüstung bei **uns** schon zu schwellen be=
gannen, nun erfuhr man's: **in der** Versammlung
praktischer Politiker darf von Praxis **nicht und nicht** von
Politik geredet **werden.** Scherz bei Seite, statutengemäß,
nach dem siebenten Paragraphen, der in wortgetreulicher
Ueberseßung also lautet: „Die **Redner** werden ersucht,
jede direkte Anspielung auf **politische** Tagesereignisse **zu**
vermeiden; geschieht das nicht, **so hat** der Präsident das
Recht, **die** Redner **zur** Ordnung **zu** rufen und ihnen
nöthigen Falles **das** Wort **zu** entziehen." Und dieser
Paragraph wurde uns zum Trost versetzt und **hinzu=**
gefügt: Seht Ihr's —, vom Elsaß und anderen kiß=
lichen Dingen darf ja gar nicht die Rede sein, also **geht** nur
hübsch ruhig nach Rom und sprecht von Humanität und
Kultur und internationaler Verbrüderung, **und** schwingt
das beinahe noch neue Banner und klettert **in die** Sonne
und küßt Euch!

Mir wird beim Anblick von Männerküssen immer
ein wenig übel und ein schleimiger Bonbongeschmack
meldet sich auf der Zunge. Dieselbe flaue Uebelkeit
stellt sich auch ein, **so** oft ich seitdem über die Alarmirung

des Vereins Oelzweig etwas lese. Schließlich gibt es doch eine Grenze, wo der Spaß anfängt, und diese Grenze sollten ernsthafte Leute recht streng respektiren. Wenn im Bicycle-Klub „Hallo" nicht vom Radfahren, im Zuhälterverein nicht von Dirnen und im Verein „Berliner Presse" nicht von Benefizvorstellungen gesprochen werden dürfte, dann wäre das bei dem immerhin privaten Charakter dieser in ihren Kreisen mit Recht hoch geschätzten Vereinigungen doch nicht annähernd so komisch noch, als wenn ein politischer Kongreß durch Hausgesetz politische Erörterungen verbietet. Es gehört wirklich Muth dazu, seinen Namen und seine Zeit an ein Unternehmen zu setzen, dem von vornherein nur das freilich sehr aus- gedehnte Gebiet allgemeiner Phrasentrunkenheit offen ge- lassen wurde.

Es bleibt thatsächlich nichts Anderes übrig; denn politische Tagesereignisse nennt man in der offiziellen Vereinsprache eben alle Fragen, an denen Europa heute interessirt ist. Solcher Fragen kenne ich eigentlich nur zwei, die eine ernstliche Kriegdrohung einschließen könnten: die französische und die russische. Und als eine sehr lohnende Aufgabe für einen internationalen Diskutirklub möchte ich die Erörterung dieser beiden Fragen ansehen. Wollen die Franzosen wirklich ihre Stellung als Groß- macht auf's Spiel setzen, um im besten Falle zwei ihnen auch geistig inzwischen verlorene Provinzen wieder zu gewinnen, an deren Besitz ihnen im Grunde nicht das Geringste gelegen ist? Geht Rußland wirklich auf die Eroberung von Konstantinopel aus und auf die Ver- slavung und Versklavung der alten Welt? Das sind

hier die Fragen, und wenn d i e bürgerlichen Leute ohne
Amt und Mandat einmal in aller Offenheit verhandeln
wollten, dann würde ich, um über herrschende Stim=
mungen mich zu unterrichten, gern noch viel weiter reisen
als bis nach Rom. Aller Wahrscheinlichkeit nach würde
es sich dann herausstellen, daß die elsässische Frage nur
ein prunkendes Dekorationsstück und daß der russische
Weltherrschaftsplan eine amüsante Erfindung ist, von
denen die Völker nichts wissen und nichts wissen wollen.

Als nach den letzten Wahlen die riesigen Stimm=
ziffern der Sozialdemokratie bekannt wurden, da fragte
ein mitunter pfiffiger Mann: Wer schreit Hurrah? Dieser
gar nicht so dummen, aber auch nicht gar so klugen
Frage möchte ich die wichtigere nun folgen lassen: Wer
will den Krieg? Hurrahschreier gibt es am Ende in
allen Ständen und erst neulich habe ich mich an der
beflissenen Loyalität zweier offenbar nicht evangelische
Theologie Studirender gefreut, die eilfertigst über den
Straßendamm stürzten, um vor winzigen Prinzchen ihre
schwarzen Scheitel ehrfürchtig zu entblößen. Den Jüng=
lingen machte das Vergnügen und mir auch. Aber —:
wer will den Krieg, der unter den jetzigen Umständen
doch ein weniger harmloses Vergnügen sein dürfte? Die
Monarchen nicht, denn sie sagen es selbst und, was mehr
bedeutet, sie wissen, daß es heute leicht um die Krone
gehen kann; die Völker auch nicht, denn sie tragen ihre
Knochen zu Markt und setzen ihr Eigenthum auf's
blutige Spiel, für eine Sache, die ihnen schließlich viel
gleichgiltiger noch ist, als sie öffentlich es einzugestehen
wagen. Der Egoismus ist ja doch ungleich stärker als

10*

seine verstaatlichte und als Patriotismus höchst gepriesene
Erweiterung: ob auf der Hagia Sophia der Halbmond
blitzt oder das griechische Kreuz, darauf legt der russische
Mushik eben so wenig Werth. wie etwa der Sizilianer
auf die Farben der Flaggen in Nizza oder Trient. Der-
artig gehobene Stimmungen, aus denen patriotischer
Grimm aufwächst, sind der Menschennatur sicher nicht ein-
geboren; künstlich müssen sie geweckt und genährt erst
werden durch Alkohol und Phrasen. Wenn er viel getrunken oder tapfere Reden gehört hat, — auch eine
Vereinigung beider Genüsse soll schon vorgekommen sein,
— dann erst fühlt der Philister sich als ein politisches
Thier und als Staatsbürger, dann erst gedenkt er seiner
Militärzeit und heult: „Sie sollen ihn nicht haben, den
freien, deutschen Rhein!" Und Wehe Dem, der ihn
darauf hinweist, daß vorläufig die Wacht am Rhein gar
noch nicht bezogen zu werden braucht. Nachtwandler
und Patrioten darf man nicht anrufen, sonst fallen sie
herab und brechen sich Rippen oder Illusionen. Und das
ist schmerzhaft.

Für etwa zwei Reichsmark monatlich kann heute
Einer sich jeden Tag einen sehr achtbaren patriotischen
Rausch antrinken, bei bescheideneren Ansprüchen an Inhalt und Gefäß auch schon weit billiger, wenn er nämlich eine Tageszeitung abonnirt. Da findet er pünktlich
zum Morgenkaffee immer mindestens einen casus belli,
und nur hohe Feiertage werden mit friedlichen Glocken
sanft und lind ihm eingeläutet, bim, bam, bam, bim,
weil nach Heiligabenden der gute Bürger doch gewöhnlich
einen Kater hat und dann das Böllerschießen nicht ver-

tragen kann. Dieser Wechsel von Bum und Bim, das ist der Presse edelster Beruf. Sie will den Krieg auch nicht, Gott bewahre, wer will denn den Krieg? Aber sie muß doch Spaltenfutter haben; der ostafrikanische Spezialkorrespondent ist nicht gleich bei der Hand, und auswärtige Politik geht am schnellsten. Chauvinistische Kundgebungen in Brest; Nihilistenverhaftungen in Kiew; Ruf eines Pariser Kellners gegen den Dreibund; Auf= rollung der egyptischen Frage; namentlich aber Juden= hetze in Rußland, das zieht immer. Wenn's nachher nicht wahr ist, wenn anstatt der fünfhundert Nihilisten nur fünf Falschmünzer verhaftet und in entsprechender Proportion auch die übrigen Meldungen vergrößert sind —: was thut's? „Wir hatten die Nachricht gleich mit allem Vorbehalt wiedergegeben." Und die Leser haben wieder einmal das Gruseln gelernt.

Da liegt, und nirgend anders, die Kriegsgefahr In nüchternem Zustande sind die Leute, Franzosen, Russen und Deutsche, gewöhnlich sehr froh, wenn sie satt zu essen haben, einen dicken Rock und einen warmen Ofen höchstens noch. Durch die Zeitungen aber werden sie in eine chronische Trunkenheit versetzt, in der ihnen dann Kometen und Kruppkanonen am Firmament er= scheinen. Die Deutschen sehen die Russen, die Russen sehen die Deutschen heranziehen, in Wehr und Waffen, und allerseits wird das liebe Vaterland ersucht, recht ruhig zu sein. Ein im Joche seufzender Redakteur er= zählte mir einmal ein gutes Wort seines altgläubigen Vaters. Der wollte von der Großformatbeglückung des an den Journalismus verlorenen Sohnes nichts wissen, und meinte: „Rede mir nichts, Adolf! Du mußt doch lügen! Gib täglich ein ganz kleines Blättchen, dann will ich's lesen; so viel aber, wie Du da druckst, passirt ja gar nicht in der Welt." Der vortreffliche Mann hätte nach Rom gehen müssen, und mit ihm auch der Berühmtere, der schon am 6. Februar 1876 gesagt hat: „Die eigentliche Schuld liegt an der wunderbaren Leicht= gläubigkeit und an der Sensationbedürftigkeit der Leser. Namentlich die deutschen Leser mögen ernste, sachlich ge= schriebene, belehrende Artikel über innere Angelegenheiten, die uns doch zunächst interessiren, nicht lesen. Keiner liest sie gern, und schreiben mögen die Redaktionen sie noch viel weniger, das erfordert Anstrengung und Arbeit. Deutsche Zeitungen sollen politische Unterhaltungslektüre sein, die man eben beim Schoppen gelegentlich verrichtet, und von der man eine anregende Unterhaltung, vor allen Dingen etwas Neues weit aus dem Auslande er= wartet. Die Zeitungen beschäftigen sich für meinen Geschmack viel zu sehr mit ausländischen Angelegenheiten." Den Sprecher würden die deutschen Mitglieder des Vereins Delzweig nicht besonders gern in Rom sehen, denn er heißt Otto Bismarck, und er hat gethan, was sie nur malten: er hat zwanzig Jahre den Frieden bewahrt vor Chauvinisten, Panslavisten und, das Schwerste von Allem: vor Journalisten.

Phrasen verlangt man in Berlin, auf Phrasen be= schränkt man sich in Rom: da muß man noch froh sein, daß für die nächste Zeit die friedliche, die humanitäre, die kulturfromme Phrase regieren wird. Deshalb wollen wir unziemliche Scherze bescheidentlich unterdrücken und dem Verein Delzweig seinen Spezialheiligen gönnen, den gelehrten Grobschmied Elihu Burritt aus Massachusetts, mit seinen von 1849 her weltbedeutenden „Oliven= blättern". Und da von politischen Tagesereignissen nicht gesprochen werden darf, so entziehe ich mir unnachsichtlich das Wort, denn ich merke schon, daß ich die am Vor= abend des Friedenkongresses veröffentlichte Nachricht glossiren will: „Der neue Militäretat fordert vom Reichstage 120 Millionen für die Armee, speziell für die Artillerie. Dazu kommen die Forderungen für die Marine."

Hoffentlich kommt uns das weiße Banner ohne Flecken zurück über die Alpen. Schonung! Muster ohne Werth!

2. 11. 1891.

XVI.

Trüffelpurée.

❦

Durch die hart gefrorene Thiergartenstraße rollt Wagen auf Wagen. Da und dort machen sie Halt, denn bei Herrn Plutussohn ist Diner und. in mächtigen Speiseförben wird, was gut und namentlich theuer, hinaufgeschafft, daß nur ja Alles vorhanden sei, was die Jahreszeit n i ch t bietet. Unten, in der von der Straße aus sichtbaren Ausstellung von Kupfer und Messing, wirkt und waltet der Koch und muß dafür sorgen, daß jedem Gericht fast eine schwärz= lich=breiige Tunke beigegeben wird, die Herr Plutussohn liebt, die Frau Plutussohn liebt, die alle Gäste aller Plutussöhne lieben, weil den trägen Gaumen sie wach beizt und die müde Zunge, durch ihren fremdartig prickelnden Geschmack. Wenn sie davon reichlich ge= gessen haben, dann erst werden die Plutussöhne und ihre Gäste lebendig, dann erst erzählen sie Börsenwitze und wissen des in Annoncen berühmten Tafelzuhälters bezahlte Tischkartenerklärung nach Verdienst zu würdigen. Es geht doch eben nichts über Trüffelpurée.

Auf Trüffelpurée **haben** sie ihr Leben gestellt. Trüffelpurée verlangen sie von der Liebe wie **von der Kunst**, schmackhaft erscheint ihnen nichts mehr ohne die schwärzliche sauce piquante, deren unbestimmte Farbe die fragwürdigen Zuthaten zum Lebensgericht gleichmäßig und gnädig verhüllt. Kein besseres Symbol wüßte ich für diese faulige Gesellschaft zu finden **als den dunkeln, besonderen Saft, den** so gierig sie hineinschmatzen. Um Trüffelpurée haben **die Anton Wolff und Leipziger** gestohlen und betrogen; weil **sie ohne Trüffelpurée nicht** weiter leben mochten, haben die verlumpten Gebrüder Sommerfeld zur Pistole gegriffen. **Es ist ein aller- liebstes Detail, daß auch von diesen Dieben** Einer Mitarbeiter am „Berliner **Börsen = Courier**" war, nicht für den Handelstheil, o **nein**, den besorgten Andere, sondern für Gastronomie, für die Bereitung von Saucen und Salaten. **Und weil er** diese Thätigkeit wohl honorarfrei besorgte, schrieb ihm der Sommerfeld=Courier auf den Totenschein, er sei durch „Selbsttäuschung **und Optimismus" zu** Grunde gerichtet worden *). **Selbst-** täuschung und Optimismus **ist es für die** Davidsöhne **und Klausner** und wie die Ohrfeigenempfänger sonst noch heißen mögen, wenn zwei Strauchdiebe ihre Mit- menschen ausrauben, um ihnen dafür auf empirischem Wege das Geheimniß getrüffelter Saucen zu erkosten; Selbsttäuschung und Optimismus das jahrelange Piraten-

---

*) Berl. Börsen=Courier v. Sonntag, **den** 8. November.

leben dieses schmutzigen Gesindels, unter dessen bergenden Fittigen der Abschaum der Publizistik sein nächtiges Gewerbe übte!

Aber heute wenigstens will ich mich nicht ärgern, denn der Freude gehört diese Woche, der jubelnden Lust. So viele vergnügte Gesichter habe ich in Berlin lange nicht gesehen. Wissen Sie schon? Wolff und Leipziger verhaftet, die Sommerfeld's tot! Welche? Doch nicht — Ja! Die Börsen = Courier = Sommerfeld's, die Leute der Wechselbank, Krach, Krach, überall Krach, eine wahre Sündfluth von Trüffelpurée! Es ist eine Lust zu leben.

Man muß in die dunstige Atmosphäre des Berliner Westens gebannt sein, um die helle Freude an der begonnenen Reinigung zu begreifen. Jahre hindurch haben wir dieses Lumpengesindel auf Gummirädern einherrollen gesehen, in der Gesellschaft, in der Literatur, im Theater seinen verhängnißvollen Einfluß gespürt und es immer gewußt, geahnt mindestens, daß es eine Verbrecherkolonie war, die ihren verseuchenden Pesthauch durch die Lande schickte. Darum lachen wir jetzt auch Denen ins Gesicht, die uns etwa gar mitleidige Regungen zumuthen möchten, für Wolff, für Leipziger, für Sigmund und Felix Sommerfeld. Auf den Schindanger die Toten, Pranger und Peitsche für die Lebendigen und ihre Helfershelfer: Das ist unser Mitleiden. Denn kein Wegelagerer, kein Räuber und Mordbrenner hat so viel Unheil angerichtet, wie diese privilegirten Schelme, mögen sie nun schon im Zuchthause oder noch auf den,

Sammetfauteuils der zu ihren Zuchtställen erniederten Theater sitzen.

Noch hat niemals ein Dichter sie öffentlich nach Gebühr durchgepeitscht. Balzac's Mercadet und César-Birotteau's Freunde sind neben ihnen ja nur schüchterne Anfänger und in Zola's „L'argent", dem Roman, der angeblich ein unsinniges Zerrbild sein soll, sucht man vergebens nach ihres Gleichen. Aristide Saccard, der Napoleon der Börse, Mazaud und seine übrigen Marschälle: gewissenlose Spekulanten sind sie, aber sie stehlen doch nicht, sie leben doch nicht wie orientalische Despoten vom Tribut einer ganzen Menschheit. Und selbst unter dem zweiten französischen Kaiserreiche gaben sie nicht den Ton an, wie es unsere Wolff und Sommerfeld unangefochten gethan haben, zwanzig lange Jahre hindurch.

Wie wächst dieses Gesindel auf, und wie kommt es zur Macht? Das ist die Frage, die ich während der letzten Woche unzählige Male gehört habe. Die Antwort ist ganz außerordentlich einfach. Zuerst wird die Berechtigung zum einjährigen Dienst erhascht, dann ein Cylinder und Raupenhandschuhe angeschafft, und nun in ein Bankgeschäft, als Volontär oder auch gleich als Kommis. Die Bildung wird an der Börse rasch vervollständigt, in den Premièren oder auf der Rennbahn, am Totalisator. Der Herr ist fertig, und sobald es sich herausstellt, daß er im Geschäft nicht zu brauchen ist, sucht und findet er bald eine gleich gestimmte Seele, zur Begründung eines eigenen Bankhauses. So fand der zweiundzwanzigjährige Sommerfeld seinen Altersgenossen Friedländer, und wie es dann weiter ging, darüber soll uns ein Börsenblatt belehren. „Felix Sommerfeld gewann ohne Schwierigkeiten das Herz und die Hand der jungen, reichen Kommerzienrathtochter, mit einer Mitgift von einer halben Million. Damals erfuhr der Kredit der Firma eine beträchtliche Steigerung, der sich auch bis zuletzt wegen der freundschaftlich gebliebenen Beziehungen der Firma zu dem reichen Schwiegervater in der hiesigen Finanzwelt erhielt." Ist das nicht ganz kostbar, diese Kreditsteigerung durch Herz und Hand eines verschacherten Mädchens?

Trüffelpurée ist kein wohlfeiles Essen, und wenn zu den schwarzen Unverdaulichkeiten nun auch die Einrichtung stimmen soll, wenn man Reit- und Wagenpferde halten, eine sogenannte Schauspielerin mit Brillanten schmücken und möglichst ohne Aktiengesellschafter für sich allein standesgemäß kaserniren will, wenn bei häuslichen Festen weder die Zigeunerkapelle fehlen darf noch die Primadonna mit Cellobegleitung, wenn man selbst zweifelhafte Literaturgrößen nicht gern bei Tische entbehrt, dann reicht am Ende Herz und Hand und Mitgift nicht aus und die „allgemein beliebten und geachteten" Jobber müssen die stärksten von ihren Künsten erproben. Da gibt es nun verschiedene Methoden; die sicherste aber und die bewährteste ist jedenfalls die der Wolff und Leipziger und Sommerfeld. Die Leute werden ja nicht alle, die ihr Geld gern zu recht hohem Zinsfuß unterbringen wollen. Den Leuten kann geholfen werden, von alten, unantastbar soliden Firmen, von Hirschfeld & Wolff, von Friedländer & Sommerfeld.

Da gebt nur Euer mühsam Erspartes getrost in Depot und übt einstweilen recht fleißig die Konjugation des gar nicht mehr unregelmäßigen Zeitwortes: Ich deponire, Du stiehlst, er erschießt sich. . . . . .

Offen gestanden: auch für die Opfer der Räuber= bande bringe ich kein Mitleiden zusammen. Wer nicht spekuliren oder mühelos durch unreellen Gewinn erraffen will, der braucht nicht zu Wolff und zu Sommerfeld zu gehen. Man hat unter den Betrogenen große Namen genannt, und wenn es auch undenkbar erscheint, daß z. B. der Gips=Minister von Boetticher 400 000 Mark zu verlieren hatte, so ließe in anderen Fällen doch der schlaue Zauber ziemlich leicht sich erklären; denn auf der Reichsbank gibt's keine Trinkgelder wie bei den Trüffelfirmen, und man ahnt oft gar nicht, wie weit und wie hoch die Sehnsucht nach Trinkgeldern sich er= streckt. Sogar Vertreter der siebenten Großmacht sollen in dieser Beziehung nicht immer ohne Schuld und Fehle die kindlich reine Seele bewahrt haben. Mindestens hat der gute und reinliche Lasker einmal im preußischen Abgeordnetenhause gesagt: „Selbst bei solchen hochacht= baren Organen, die in ihrem politischen Theile un= zweifelhaft, und bei denen die Personen, welche den politischen Theil vertreten, ebenso unzweifelhaft von allen schmutzigen Handlungen weit entfernt sich gehalten haben, auch wahrscheinlich in Unkenntniß gewesen sind —, selbst bei solchen Organen haben diejenigen, welche die Vermittelung zwischen diesen Organen und jenem an= steckenden Platze, den man die Börse nennt, zu besorgen hatten, sich nicht fern gehalten, an dem für sie doppelt

unerlaubten Gewinne Theil zu nehmen und das Publikum zu verführen." Das war 1876. Und als wir
1891 schrieben, da war der Matador, den Lasker in
seiner Rede hauptsächlich treffen wollte, noch immer der
Börsenredakteur eines „hochachtbaren Organs" und ein
Ehrenrichter in journalistischen Angelegenheiten obendrein.

Für den guten und reinlichen Lasker war es ein
rechtes Glück, daß er den neuen Krach nicht mehr zu
erleben brauchte. Es ist ihm bitter verübelt worden,
daß er nur den hochadeligen Gründern unbarmherzig zu
Leibe ging; aber die Motive seiner schwächlichen Beschränkung waren gewiß ehrenwerth. Jeder Angriff
auf die Wolff und Leipziger und Sommerfeld, so raunt
auch heute noch man sich in die Ohren, treibt neues
Wasser auf die Mühlen der Antisemiten und eine Juden-
hetze wollen wir doch nicht heraufbeschwören. Gewiß
nicht. Aber ich glaube, gerade durch dieses Totschweigen
und Vertuschen ist der Antisemitismus erst recht eigentlich gestärkt worden, weil man darin die Anzeichen einer
Solidarität zu erblicken glaubte, die in solchem Umfange
thatsächlich gar nicht besteht. Von Juden, namentlich
von denen der älteren Generation, hört man oft die un-
erbittlichsten Urtheile über das schnöde Treiben des
Börsenpöbels und diesen vortrefflichen, oft genug pein-
lich sauberen Menschen erweist man sicherlich keinen
Dienst, wenn man jetzt jede Kritik der Börsenmanöver
durch ein wildes Gelärme über die Gräuel der Staats-
lotterien und Totalisatoren, an denen doch wohl kaum
jemals noch Einer zum Bettler geworden ist, nieder-
zubrüllen versucht und die unerhörten Banditenstreiche der

Gebrüder Sommerfeld durch Optimismus und Selbsttäuschung zu entschuldigen strebt. Religion- und Racen-
unterschiede haben mit diesen Dingen gar nichts zu
schaffen. Die Union générale des klerikal-antisemitischen
Herrn Bontoux war nicht viel besser als die Berliner
Wechselbank Friedländer & Sommerfeld, und wer von
Zola's Börsenroman auch sonst nichts wissen mag, der
sollte doch das kluge Wort der sittlich kerngesunden Heldin
beherzigen: „Pour moi, les juifs, ce sont des hommes
comme les autres. S'ils sont à part, c'est qu'on
les y a mis."

Uebrigens legen gerade die Fälle Wolff und
Sommerfeld für eine schöne interkonfessionelle Parität
ehrenvolles Zeugniß ab. In dem Bankierklub, in dem
der Kommerzienrath von irgend eines Manché Gnaden
sein Dreißigtausendmark-Partiechen zu machen pflegte,
finden Besitzer aller drei Ringe friedlich sich zusammen.
Der Theaterdirektor, dem Sigmund Sommerfeld für entsprechende Gefälligkeiten diskretester Art einen Kredit von
180 000 Mark eröffnete und den er auch sonst noch ver-
möge seiner publizistischen Machtvollkommenheit förder-
samst unterstützen konnte, bezeichnet sich als Katholiken.
Und als derselbe Sigmund Sommerfeld in's Ostseebad
Binz, allwo er wieder einmal eine Spitzbubengründung
verübt hatte, Vertreter der Presse lud, da folgten Christen
und Juden seinem Ruf und bald las man überall,
welche Wunder in Binz vollbracht waren, auf Kosten
der Depotgeber des Herrn Sommerfeld.

Wasser thut's freilich nicht. Durch die hart gefrorene Thiergartenstraße aber rollt Wagen auf Wagen

und der rentenlos Vorüberwandelnde liest die Namen alt- und neutestamentarischer Speisenbereiter. Der im Erdgeschoß waltet und wirkt, der Koch, weiß, wie es gemacht wird, auf daß Herr Plutussohn, und auch Herr von Plutus auf Plutushausen, beim östlichen wie beim westlichen Speisegesetz zufrieden sein kann. Es geht doch eben nichts über Trüffelpurée.

9. 11. 1891.

XVII.

Suprema lex.

❦

In das Gedenkbuch der guten Stadt **München** hat der deutsche Kaiser den Spruch ein= gezeichnet: Suprema **lex** regis voluntas. Das Wort ist natürlich bekannt geworden und es hat eine gewisse Erregung hervorgerufen; hier und da sah schon ein Verfassungwächter den Absolutismus in leib= haftiger Gestalt herannahen, der mir übrigens gar keinen Schrecken in's Gebein jagt. Wenn der Herrscher das Recht hat, kraft eigenster Entschließung, ohne des ber= genden Schildes eines verantwortlichen **Ministers** sich zu bedienen, einen Bismarck **aus** dem **Dienste des Reiches** zu schicken und damit den wichtigsten politischen Akt der letzten zwanzig Jahre nach freiem Ermessen rechtsgiltig zu vollziehen, dann vermag **mein** beschränkter Unterthanen= verstand den bis zur Erschlaffung hergebeteten Verfassung= paragraphen keine welterschütternde Bedeutung beizumessen. Wo **das** Größte dem Eigenwillen vorbehalten bleibt, soll man auf Kleines und Kleinstes sich nicht allzu stolz versteifen.

Aber die Angstphilister mögen nur ruhig die Nacht=mütze über die länglichen Ohren ziehen: wir werden die Verfassung behalten und der Kaiser denkt sicherlich an keine Rückkehr zum „erleuchteten Despotismus" Fritzens des Großen. Man könnte den Spruch aus dem Ehren=buche ja wohl auch anders deuten, suprema mit voluntas konstruiren, und die Geschichte würde dann so aussehen: Suprema regis voluntas lex (esto!). Wer verbürgt uns, daß es nicht so gemeint war? Man muthe doch gefälligst dem Vertreter der deutschen Nation nicht die ungeheuerliche Geschmacklosigkeit zu, er habe erklären wollen, des Königs Wille sei oberstes Gesetz, — im Bayernlande, allwo die Münzen die Züge eines armen Blödsinnigen aufweisen. Ich habe einmal gelesen, der unglückliche König Otto finde ein argloses Vergnügen darin, den Personen seiner Umgebung in's Gesicht zu spucken, auch wohl auf Vorüberwandelnde zu schießen. Auch das ist eines Königs Wille — Nero und der zweite Ludwig trieben es ja noch toller —: wollen wir ernsthaft darüber reden, ob dieser Wille Gesetz sein soll?

Man kann einen Herrscher heute ganz gut ohne Krone und Szepter und Goldapfel sich vorstellen; aber man glaubt insgemein immer noch, so ein hoher Herr regiere zu jeder Tages= und Nachtzeit, und man will ihm nicht das Recht auf privatmenschliche Vergnüglichkeit zugestehen. Da sitzt er, vielleicht in heiterer Tafellaune, in Reisestimmung, in einer fremden Stadt, und schreibt, was ihm gerade einfällt, in's Gedenkbuch, und sofort

geht das Spüren los und das **Kommentiren**. Unan=
gefochten darf doch **jeder** Privatmann seine mehr oder
minder poetischen Einfälle in geduldige Fremdenbücher
abladen. Es soll einen Journalisten geben, der stets an
solchen Stellen den Spruch von der immer zu übenden
Treue und Redlichkeit hervorsucht, und in **Genua** las
ich, von einem ebenso deutschen wie erbärmlichen Schrift=
steller unterzeichnet, das stolze Wort: Auch **ich** bin ein
Dichter. Ich habe den Mann nicht darum **für** größen=
wahnsinnig gehalten.

Wenn dieses Blatt erscheint, werden wir der Geburt
eines großen Geistbefreiers gedenken, Voltaire's, der den
Völkern die Binde des Irrthums löste. Dieser Freund
eines absoluten Königs hat, nicht **nur** in der Ode an
Friedrich, Worte über das Königthum gesprochen, die dem
Fürstenspiegel des Macchiavelli, einem der mißverstan=
densten Werke der Weltliteratur, und dem berühmten
Juniusbriefe „to the king" herrliche Ergänzung bieten.
Heute erscheint mir **am** wichtigsten die Erinnerung an
jene Verse, die **der** siebenzehnjährige Voltaire **der** Ge=
mahlin seines Oedipus auf **die** Lippen legte:

„Nos prêtres ne sont point ce qu'un **vain** peuple pense,
Notre crédulité **fait** toute leur **science**."

Was hier **von** den Priestern, höchst unhellenisch,
gesagt ist, das gilt auch **für die Fürsten**. Weil das
Volk sie für Uebermenschen hält, thut es ihnen Unrecht
und kann zu mystischem Selbstbewußtsein veranlagte
Szepterschwinger in neronische Triebe hineinschmeicheln.
Es war der Agrippina verbrecherischer Sohn, der einstens
erklärte, erst durch ihn habe die staunende Welt erfahren,

wie viel einem Fürsten erlaubt sei. Und ein Landesvater von gänzlich anders gearteter Geistesverfassung,
Friedrich Wilhelm I., der Preußenkönig, schrieb noch
1732, also immerhin beträchtliche Zeit nach Nero:
„— Wir sind doch Herr und König und können thun,
was Wir wollen."

Herr Eugen Richter meint, an diesen König erinnern
„historisch" gewisse Aussprüche des jetzigen Kaisers. Ich
glaube, der Sozialistenvernichter irrt sich. Wilhelm der
Zweite verschmäht gewöhnlich den majestätischen Plural,
er ist Ich und setzt sich selbst, so oft er das Wort ergreift, — und das kommt nicht ganz selten vor, wie
männiglich bekannt ist. [Er hat den guten Jugendwillen,
Alles zu reformiren, alle Welt glücklich zu machen, und
mit einer Gabe rascher und lebendiger Auffassung vereint
sich leicht die holde Jugendlichkeit, vorhandene Schwierigkeiten zu unterschätzen.] Ein Fürst steht hoch und steigt
allzu selten herab, um die gemeine Wirklichkeit der
Dinge aus der Nähe betrachten zu können, und so kann
es geschehen, daß er den Teufel durch Beelzebub aus-
zutreiben versucht und die Straßenprostitution zu ver-
bannen durch die Menschheitschmach öffentlicher Häuser.

Solcher Irrthum, den man einen idealistischen
nennen mag, wird erst eine Gefahr, wenn der Monarch
schlecht berathen und in den Stand gesetzt ist, auch aus
dem irrenden Willen Gesetze zu prägen. In Deutschland, wo heute ein ekelhafter Byzantismus umgeht, den
eine würdelose Publizistik großgepäppelt hat, in Deutschland möchte man jetzt am liebsten die Initiative zu
allen Dingen, guten und schlimmen, beim Kaiser suchen,

der doch am Ende auch nur ein sterblicher Mensch ist.
Wilhelm der Zweite hat erkannt, daß unsere Zeit im
Zeichen des Verkehrs steht. Wenn es sich trotzdem er=
eignet hat, daß Eisenbahnzüge eine halbstündige Ver=
spätung erlitten, weil auf der Hubertusjagd ein Schwein
— es kann auch eine Sau gewesen sein, ich war wirklich
nicht dabei — zur Strecke gebracht werden sollte, so ist
das ohne Zweifel ein Vorgang, von dem der Monarch
eben so wenig erfährt, wie von dem erstaunlichen Ver=
such, durch polizeiliche Absperrung der Berliner Bahn=
höfe Otto Bismarck, den Einzigen, der stürmischen Be=
grüßung einer tausendköpfigen Menge zu entziehen.

Die Frage hat mich oft beschäftigt: Was erfährt
ein Monarch eigentlich? Es wäre ja möglich, daß man
dem Kaiser nur jene stockdummen Zeitunglügen vorlegte, die
seit beinahe zwei Jahren uns täglich erzählen, Bismarck
habe, der mehr als je Geliebte, nun „den letzten Rest
seiner Popularität eingebüßt". Es wäre auch möglich
nicht nur, es ist sogar wahrscheinlich, daß man einen
Herrscher in dem Glauben erhält, alle seine Reden und Hand=
lungen fänden enthusiastische Aufnahme, während es in
Wirklichkeit doch recht sehr anders auszusehen pflegt.
Die Fälschung der öffentlichen Meinung, die unsere
gefällige Presse Tag für Tag verübt, kommt solchem
Unternehmen ja bereitwilligst zur Hilfe. Wenn nun
ein zum Thron gelangter Herr immer wieder vernimmt,
daß seine Genialität den Nagel auf den Kopf getroffen
hat, wahrhaftig, er muß schon sehr stark und sehr frei
von ererbter Anmaßung sein, um nicht bis zur Selbst=
vergötterung sich treiben zu lassen. Der erste Napoleon,

groß auch in brutalster Offenherzigkeit, hat es gesagt:
„Ich zeigte ihnen den Weg zum Ruhm, sie wollten mir
nicht folgen; ich öffnete ihnen meine Vorzimmer, und
in Schaaren stürzten sie sich hinein." Und in einem
zu Unrecht geschmähten Buche, in Gustav Freytag's
Schrift über den Kronprinzen und die Kaiserkrone, habe
ich die prachtvollen Sätze dick angestrichen: „Jede
Lebensäußerung des Herrn, der durch seine Stellung
und Lebensaufgabe der Nation werth ist, erscheint bedeutsam und werthvoll, während sie an einem Andern
unbeachtet bliebe; in gleichgiltige Worte wird ein besonderer Sinn gelegt; der gewöhnliche Scherz wird als
geistvoll gerühmt; auch ein mattes Interesse des Helden,
das in anderen Menschen für selbstverständlich gelten
würde, wird gefeiert. Und wenn das Volk jahrelang
seine Fürsten an solche Bewunderung gewöhnt hat, wie
darf es ein Wunder nehmen, daß diese selbst eine große
Meinung von dem erhalten, was sie reden und thun,
auch wenn es nicht ungewöhnlich ist? Wenn die kleinste
Beachtung, welche der Fürst einem Menschen gönnt, diesen
erhebt oder glücklich macht, so gehört für den Fürsten
eine außerordentliche Bescheidenheit dazu, damit er nicht
eine hohe Meinung von seiner Erhabenheit über Andere
erhalte, und in diesem Sinne darf man sagen, die Nation
verzieht unablässig ihre Gebieter, am meisten die, welche
sie am meisten liebt."

Solche Verziehung eines Fürsten kann unter Umständen ganz außerordentlich kostspielig für die Nation
werden. Dem Fürsten droht, wie dem Schauspieler,

der mitunter nicht einmal so häufig **wie** ein Militär=
monarch das Kostüm **zu** wechseln hat, die Gefahr **der**
Eitelkeit, der Effekthascherei. Alles soll wirken, den
Anschein der Hoheit und Würde wecken **und** tiefernsten
Beschäftigtseins, finsteren Grübelns sogar über schwierigsten
Lebensproblemen. An dieser ewigen Photographir=
béreitschaft ist schon, ehe es noch Trockenplatten gab,
der gekrönte Komödiant Nero zu Grunde gegangen, mit
dem kaisergeckigen Ruf: Qualis artifex pereo! Und
heute würde monarchisches Applausbedürfniß beim Bären=
spiel mit nackten Christenmädchen sich kaum bescheiden,
heute böte ein blutiges Völkerschlachtefest nächstliegende
Zerstreuung. Darum wäre es wirklich **gut**, **wenn** man
sich bei uns entschließen könnte, **mit** dem persönlichen
Lebenswandel der Höchsten und Allerhöchsten sich weniger
eifrig zu beschäftigen, nicht jedes Zufallwörtchen geschäftig
herumzutragen, nicht in jede prinzliche Kinderstube hinein=
zuschnüffeln. Es ist wieder **der** königtreue Freytag, der
spricht: „Ob solch' **unabläſſiges** Vorführen **der** Fürsten
den Zeitunglesern vortheilhaft **ist**, soll hier **nicht** unter=
sucht werden; für **die** Fürsten selbst wird **diese** Ge=
schwätzigkeit zuweilen Beläſtigung, jedenfalls **ein Zwang**,
der ihr ganzes Wesen beeinflußt."

Es ist vielleicht der erfreulichste Zug **im Wesen**
des jetzt regierenden Kaisers, daß **er** von solchem Zwange
noch ganz frei ist. Wenn Freytag wünscht, jede Aeußerung
eines hohen Herrn möchte „eine wohl überlegte und für
die Oeffentlichkeit zugerichtete sein", so wird er über
manches burschikose Wort Wilhelms des Zweiten den

bedenklichen Kopf geschüttelt haben. Mir scheint, der Kaiser hat eine sehr moderne Auffassung von seinem Beruf, er will ein Anreger, nicht ein unfehlbar Entscheidender sein. Er hat sich von der Schulkonferenz belehren lassen; die Realgymnasien, die ihm so unnützlich dünkten, bestehen fort; Begas ist noch nicht zum Nationaldenkmalschöpfer ernannt, und auch in der Prostitutionfrage ist noch nicht aller Tage Abend. Daß der Zornbrief in Sachen Heinze nicht die Gegenzeichnung eines Ministers trug, hat die Presse aufgemutzt, anstatt es zu loben: eine Privatäußerung war der Brief, regis voluntas, nicht aber suprema lex. Recht schlimm ist es freilich, daß man solche Privatäußerungen nicht frank und frei kritisiren darf, ohne befürchten zu müssen, in die Schlingen des Paragraphen über die Majestätbeleidigung zu fallen. Ich weiß nicht, ob es wahr ist, daß neulich entschieden wurde, schon das Sitzenbleiben beim landesüblichen Kaiserhoch sei ein straffälliges Vergehen. Ist es wahr, dann zittere ich für den armen Theaterkritiker, der einem vom Kaiser belobten Stücke derb zu Leibe geht. Aber auch ohne diese Entscheidung ist der Zustand schon schwierig genug geworden. Ist es beleidigend, wenn man schreibt, ein Monarch verstehe nichts von Dirnenhäusern, oder ist nicht vielmehr das Gegentheil beleidigend? Neulich habe ich lange darüber gesonnen, aber ich kam zu keinem befriedigenden und gefahrlosen Schluß. Bedarf die Majestät wirklich so besonderen Schutzes gegen unvorsichtige, vielleicht trunkene und sinnlose Reden; und ist es nöthig, einen armen

Teufel neun Monate einzusperren, weil er ein neun=
monatliches Prinzlein „beleidigt" hat? Ich glaube es
nicht; ich glaube auch, daß die Höchsten und Allerhöchsten
selbst kaum jemals einen Strafantrag stellen würden,
wenn nicht diensteifrige Staatsanwälte ihnen zuvorkämen.
Setzt ein Fürst frei und kühn seine Person ein, dann
kann er nicht gewillt sein, freier und kühner Kritik den
Mund zu verbinden. Voltaire's absolutistischer Freund
ließ die Schmähblätter niedriger hängen und hatte die
Lacher auf seiner Seite. Und es waren nicht gerade
die angenehmsten Herren, die auf Wortbeleidigung eine
Strafe setzten: Tiberius war einer der Ersten, die der
lex maiestatis solche Ausdehnung gaben, und als
Tacitus im ersten Buche seiner Annalen dessen gedachte,
da schrieb er: „Denselben Namen hatte dieses Gesetz
auch bei den Vorfahren, anders aber kam es zur An=
wendung: wenn nämlich Einer das Heer verrathen,
Aufruhr gestiftet oder das Gemeinwesen auf Abwege
geführt und so des römischen Volkes Herrlichkeit ge=
lästert hatte. Nur Thaten wurden geahndet; das bloße
Wort blieb ungestraft." Wenn von diesem ältesten
römischen Recht etwas in das neue bürgerliche Gesetz=
buch des deutschen Volkes übergehen könnte: Fürsten und
Völker würden sich besser dabei stehen. Nur die stolze
Würde der Nation kann den Fürsten erziehen; nur die
bescheidene Würde des Fürsten und seine einsichtige
Selbsterkenntniß kann monarchisch regierten Völkern zum
Heile gereichen. Deshalb ist auf beiden Seiten jede
kritische Regung willkommen zu heißen, die Unzufrieden=

heit mit Bestehendem weckt und die Möglichkeiten der Besserung schafft. An dem höchsten Gesetz, daß nur aus Zweifeln ein frommer Glaube erwächst, kann kein selbst= herrlicher Wille zu rütteln sich vermessen, noch an dem Worte Hegels, das dem deutschen Geist einst zum Siege über Europa verhalf: Der Widerspruch bewegt die Welt.

15. 11. 1891.

XVIII

Sommerfeld's Rächer.

❦

Trüffelpurée muß doch wohl eine schwer verdauliche Speise sein. Wie eine Centnerlast liegt sie den trauend Hinterbliebenen der Hirschfeld & Wolf und Leipziger im Magen und verursacht den Aermsten bedenkliche Kongestionen und Uebelkeiten, für die dann der Koch verantwortlich gemacht wird. Auch Sommerfeld's selige Erben mögen viel ausgestanden haben, bis das von Virgil überlieferte Wort der Dido an ihnen zur Wahrheit wurde: Exoriare aliquis nostris ex ossibus ultor.

Er fand sich, der Rächer aus dem Stamme der Sommerfeld's, und er that eine That, die in die goldenen Bücher aller Trüffelschlinger eingezeichnet zu werden verdient, den Mitlebenden zum Gedächtniß, späteren Geschlechtern zur Nacheiferung. Und weil ich es für eine hehre Pflicht halte, jedem glorreichen Vollbringen hier ein Denkmal zu setzen, nur deshalb will ich versuchen,

troß Fieberanfall und Influenza-Stimmung, dem Rächer
gerecht zu werden und der Rache. Bitte aber um Zu-
billigung mildernder Umstände.

Am Abend des 20. November sah ich den Theaterkritiker der „Gegenwart", der von einem Pflichtbesuche
des Lessingtheaters zurückkehrte. Ich fand den mir gut
Bekannten einigermaßen verändert: sein Ueberrock war
zerrissen, sein Schirm zerbrochen; unterhalb des rechten
Auges hatte er vier stark blutende Kratzwunden. Da
wir gemeinsame Wirthschaft halten, war die Geschichte mir
nicht gerade angenehm und ich bat mir ärgerlich Rechen-
schaft aus. Schließlich, wenn er in den Zuhälter-Verein
ging, brauchte er doch nicht den neuen Regenschirm mit-
zunehmen. Wir haben in gleicher Qualität keinen Zweiten
zu versenden.

Er brachte mich bald zum Schweigen. Er war gar
nicht bei den Zuhältern, sondern wirklich im Theater
gewesen und behauptete steif und fest, Rock und Schirm
und Auge hätten um meiner Sünden willen gelitten.
Na, wir stritten eine Weile: gilt es Dir oder gilt es
mir; endlich kamen wir überein, auch diese Sache als
eine gemeinsame zu betrachten. Warum, das will ich
berichten, wenn ich zuvor mitgetheilt habe, was mein
guter Kamerad zu Protokoll gab.

Also: er war im Lessingtheater gewesen, das er,
seiner Gewohnheit gemäß, als Einer der Ersten verließ.
In der Säulenhalle vor dem Theater sah er flüchtig ein
Menschenkind, dessen Anblick auf ihn wie üble Luft zu
wirken pflegt. Er blieb, um für den Heimweg eine
Cigarette anzuzünden, eine Minute stehen, und während

er, nach links gekehrt, ein hilfreiches Streichholz suchte,
erhielt er einen heftigen Schlag **auf die rechte Seite des**
Gesichtes und fühlte, wie scharfe Nägel ihm das Fleisch
aufrissen. Das Menschenkind **hatte** ihm aufgelauert und
ihn heimtückisch überfallen. Er packte **den Buben** bei
der Kehle, **hieb** auf ihn ein und drängte ihn **in den**
Kassenflur zurück. Nachdem der Bursche ihn noch **mit**
einem harten Gegenstande, Stock, Schirm oder Ring,
in's Genick getroffen hatte, wurde die Prügelgruppe
durch Schutzleute getrennt und als Name des Wege=
lagerers wurde festgestellt: **Max Albert Klausner**, Re=
dakteur des „Berliner Börsen=Courier". Soweit das Proto=
koll, das nachträglich noch in erfreulichster Weise ergänzt
wurde. Es stellten sich nämlich zwei Zeugen, **die aus=**
sagen und beschwören wollten, **der p.** Klausner habe vor=
her seinen bübischen Plan entwickelt und für die Zeit
des Ueberfalles seine Ehefrau, mit **der er** im Theater
war, unter den Schutz eines Vertrauten **gestellt.** Also
ein vorbedachtes, **ein** kühl ersonnenes Attentat. Ferner
lief ein auf einem Briefbogen des „Berliner Börsen=
Courier" geschriebener Brief des p. Klausner ein, **worin**
der Herausgeber und **der** Verleger der „Gegenwart" mit
ähnlichen Attentaten bedroht wurden. Dieser Scherz
könnte den Staatsanwalt beschäftigen; **für uns ist er**
belanglos.

Ebenso belanglos ist auch die Person des Wege=
lagerers. An die Möglichkeit irgend einer Art von
Satisfaktion ist bei dem Manne nicht zu denken. Ich
habe mich die Mühe nicht verdrießen lassen, Umfrage zu
halten; bei Kavalieren **und** Studenten, bei Schriftstellern

und Redakteuren, bei Freunden und Feinden ritterlicher
Zweikämpfe, sogar bei zwei jetzt bitterlich beschämten
ehemaligen Hausfreunden des p. Klausner habe ich an-
geklopft und überall, ohne einzige Ausnahme, die näm-
liche Antwort erhalten: Wo denken Sie hin? Mit einem
Klausner schlägt man sich nicht. Damit war dieser Theil
der Angelegenheit erledigt und auf prinzipielle Erörterungen der Duell-Frage brauchte ich mich nicht einzu-
lassen. Daß man sich für seine Ehre schlägt, könnte ich
noch begreifen. Kann aber die Ehre eines anständigen
Menschen durch einen unsauberen Gesellen, wie den p.
Klausner, überhaupt angetastet werden? Schon der Gedanke stimmt mich unendlich heiter.

Wenn wir, mein kritischer Kamerad und ich, uns
dennoch gelegentlich mit diesem Wichte befassen mußten,
so geschah das nur, sobald ein öffentliches Interesse in
Frage kam. In das dunkle Privattreiben eines Klausner
hinabzutauchen, dazu fühle ich auch heute, so reichlich
auch das zugeströmte Material ist, weder Neigung noch
Beruf. Aber dieser Mann hat früher zweimal die Ehre
des Journalismus in schwerster Weise geschädigt, und
dafür mußte er öffentlich ausgepeitscht werden. Im
ersten Falle übernahm Freund M. H. die Kammerjäger-
Pflicht, beim zweiten Male ging ich auf die Wanzenjagd.

Mein Kamerad hat dem p. Klausner schlimm mitgespielt. Nachdem er *) festgestellt hatte, daß der journalistische Ehrenmann im Verlaufe von zwei Jahren allein
von zwei Theatern 1106 Freibillets erbettelt und zwei-

---

*) In dem Aufsatze: „Der Fall Klausner".

mal, nach dem Ausspruch dreier **einwandfreier** Zeugen, öffentlich für eine Lüge sein „Ehrenwort" verpfändet hatte, wurde vom Verein „Berliner Presse", auf das Betreiben angesehener Mitglieder, unter denen mir glaub= würdig **Karl Frenzel** genannt wird, eine neue, gewissen= haftere Untersuchung eingeleitet, deren Ergebnissen **der** p. Klausner sich durch eiligen Austritt entzog. Deshalb ist es wohl möglich, daß der hinterlistige Ueberfall die charakteristische Antwort **auf den** „Fall Klausner" ge= wesen ist.

Wahrscheinlicher allerdings will mich bedünken, daß unser Wegelagerer als Rächer der Sommerfeld's gehan= delt hat. Vom 15. August **bis zum** 20. November ver= jährt am Ende auch eine Klausner=Züchtigung. In= zwischen aber richtete ich hier das Trüffelpurée an und während der schwärzlichen Mahlzeit **mußte** ich nach Recht und Pflicht auch der journalistischen Sommerfeld's ge= denken. **Denn** diese Börsenbanditen haben auf alle drei hier **zu** betrachtenden Gebiete unheilvollen Einfluß geübt: auf Literatur, Kunst und öffentliches Leben. Insbeson= dere waren sie als Hauptaktionäre und finanzielle Regenten des „Börsen=Courier" in der Lage, **auf** verschiedenen Feuern zu kochen; sie konnten die Leser für allerlei dunkle Rubel=Manöver erwärmen und fanden das geeignetste Werkzeug in dem p. Klausner, **der sich** öffentlich der von ihm dem russischen Finanzminister geleisteten Dienste gerühmt hat. Dafür unterstützten dann wieder die Sommerfeld's den p. Klausner, wenn er in Nöthen war, und sie entblödeten **sich** nicht, einen Boykott gegen das „Berliner Theater" durchzuführen, nur, weil der Direktor

Barnay den p. Klausner nach Gebühr behandelt hatte. In dieses Nest einmal hineinzuleuchten, schien **mir** geboten; denn ich finde nicht, wie andere verständige und tadellos korrekte Leute, daß **die** Sommerfeldereien **auf** die leichte Achsel zu nehmen sind. Darüber kann **man** sicherlich verschiedener Ansicht sein; übereinstimmen aber wird das allgemeine Urtheil über den Nekrolog, den der „Börsen= Courier" dem Brüderpaar gewidmet hat. Da war von Beiden gesagt, sie seien durch „Optimismus und Selbst= täuschung" zu Grunde gegangen; **da war** von den „un= glücklichen Inhabern der Firma Berliner Wechselbank" die Rede; da wurde dem Einen dieser Unglücklichen „herzliches Mitgefühl" auf die Gruft gerufen, „dem lebensfrohen und bescheidenen Manne, dessen freundliches und liebenswürdiges Wesen Jeden einnahm, der mit ihm in Beziehung kam". Das ging, so zu sagen, denn doch über die Hutschnur und es fehlte **nur** noch der Aufruf an das deutsche Volk, zur Sammlung für ein Sommer= feld=Denkmal.

Es war mir damals durchaus nicht angenehm, daß ich den p. Klausner **bei** diesem Anlaß erwähnen mußte; denn schon früher **hatte ich** von ihm nahe Gekommenen Aufschlüsse über den Charakter dieses Mannes erhalten, die **von jeder** Berührung abschrecken mußten. Aber ohne deutliche Personen=Bezeichnungen geht es in so schweren Fällen nun einmal nicht ab. Es hat sich ereignet, daß ein junger Romanschreiber durch den Hinweis auf einen Reklamemacher für Binz und Umgegend sich getroffen fühlte, daß ein viel älterer und viel berühmterer Schrift= steller eine andere Stelle auf sich gemünzt glaubte, während ich nicht einmal in Gedanken mich mit ihm beschäftigt hatte. Die guten Leute, die immerfort über persönliche Angriffe salbadern, sind mir sehr verdächtig; wenn es sich um ihre politischen Gegner handelt, dann haben sie gegen persönliche Angriffe gar nichts einzuwenden und unterlassen es niemals, Herrn Stöcker an seinen angeblichen Falscheid zu erinnern oder die wundersame Mär aufzurühren, Bismarck habe das Deutsche Reich im Interesse seiner Rittergüter regiert. Nur ihre Umgebung, mögen sie auch noch so sehr sie verachten, soll Tabu sein, nur da soll der Angreifer hübsch „vornehm" bleiben. Man nennt das, glaube ich, Taktik. Aber Taktiker von allen Parteifarben haben wir gerade genug; und als ein kleiner Mann ohne beamtete oder einer Fraktion verantwortliche Stellung brauche ich um Taktiken und Praktiken mich des Teufels zu kümmern. Für mich gibt es anständige und unanständige Leute, und mein Ziel ist, die Anständigen vor den Unanständigen zu warnen und zu schützen, soweit das eines Alleinstehenden schwaches Vermögen kann. Und viel, aber sehr viel vornehmer erscheint es mir, einen Unanständigen an den Pranger zu stellen, als ihn von wegen der süßen Taktik achselzuckend zu dulden. Ich ginge auch weit lieber auf die Löwenjagd; wenn aber das Zimmer, in dem man nun einmal hausen muß, voll von Wanzen steckt, dann ist die Kammerjägerei auch kein zu verachtender Beruf.

Freilich aber muß man sich in diesem Beruf nicht sonderlich stolz, etwa gar wie ein Löwenjäger, vorkommen. Darum habe ich mir selbst und meinem

Kameraden gesagt: Eine große Anzahl vortrefflicher Menschen hat Dir in der Erregung mit einigem Enthusiasmus die Hand gedrückt, weil Du von einem Knoten überfallen worden bist. Lerne selbst von diesem Knoten und erinnere Dich gefälligst, daß der Klausner am 15. Juni 1891 ein Flugblatt in die Welt geschickt hat, in dem es heißt: „Ich würde keinen Augenblick gezögert haben, eine erlittene Mißhandlung, **die nicht mir zum Vorwurf gereichte**, zuzugeben." Gib also getrost zu: Du hast bei dem hinterlistigen Ueberfall mehr als der Klausner abgekriegt, Du hast geblutet und in Folge der Aufregung Dir ein tüchtiges Fieber geholt. Und vor allen Dingen: beklage Dich nicht. Ein Polizist, der auf einer nächtlichen Razzia von Zuhältern oder anderm Gesindel verwundet wird, ein Ungeziefer=Vertilger, den die Wanzen schlimm zurichten, die haben kein Recht zur Klage, denn sie haben ihren Beruf sich freiwillig gewählt. Wenn Du mit dem wackern Boileau eine Katze eine Katze und Rolet einen Schuft nennst, dann darfst Du auch nicht vergessen, daß Katzen kratzen und das Schufte schuftig handeln müssen. Dein Fehler war, daß Du vergaßest: ein geprügelter Köter kann noch immer beißen, nach gutem, altem Köterrecht. Für diesmal nimmst Du Dein schönes, sauberes Taschentuch und wischst die Berührung mit Sommerfeld's Rächer sorgfältig ab, bis auf die letzte Spur. Dann gehst Du wieder, jetzt aber mit einer guten Waffe in der Tasche, in den offenen Kampf gegen Katzen und Schufte. Und wenn Dir später dann einmal ein wirklicher Löwe begegnet, wenn der noch mit

verwundeter Pranke Dich in den Sand streckt und Du
von den vornehmen, den korrekten und respektabeln
Blättern mit keinem einzigen Worte des Nachrufes ge=
ehrt wirst, dann will ich Dich glücklich preisen. Solch'
einen Tod, Herr Gott, laß mich erleben.

22. 11. 1891.

XIX.

Die ungehaltene Rede.

Neulich ließ ein kluger Mann sich herab, meinem Unverstande Wesen und Bedeutung der Parteitaktik zu erläutern. „Sehen Sie," sagte er, „ich habe die feste Ueberzeugung, daß die Partei, der ich mich angeschlossen habe, das beste, unter den jetzt obwaltenden Umständen tauglichste Werkzeug zur Förderung der Kultur ist. Sollten die Umstände oder meine Ueberzeugungen sich ändern, dann würde ich keinen Augenblick zaudern, meiner Partei den Rücken zu kehren. Bis dahin aber ist es meine wichtigste Pflicht, Alles zu thun, was meine Partei kräftigen und den Kreis ihrer Anhänger erweitern kann. Kommt meine Partei empor, dann gelangen auch die Ideen, die ich für gut und richtig halte, zur Anerkennung und Herrschaft. Darum muß mir zunächst das Interesse meiner Partei jedem anderen Interesse vorangehen; denn nur durch die Partei kann ich hoffen, nach der von mir als dem Gesammtwohl heilsam erkannten Richtung Einfluß auf die öffentlichen Angelegenheiten zu gewinnen. Wer in

der Gesellschaft leben **will**, der muß den Takt besitzen,
nicht immer und überall sein wahres Gesicht zu zeigen.
Wer in der **Partei** wirken und sich nützlich **machen** will,
der muß sich **der** Taktik anbequemen, nicht immer und
überall **zu** sagen, was ihm **war** und **was ihm falsch**
erscheint, sondern in erster Linie **dem Interesse der Partei**
Rechnung zu tragen, das ja gerade dem Wahren gegen
das Falsche zum Siege verhelfen soll. Sehen **Sie:** das
ist das Wesen und die Bedeutung der Parteitaktik, **die**
Ihre politische Unreife zu schelten sich vermißt."

Der also sprach, war ein Konservativer; aber **auch**
ein Liberaler hätte nicht **anders** gesprochen. Denn das
Wahre zu vertheidigen, wähnen sie Alle, und das Falsche
zu bekämpfen, Herr von Kleist-Retzow **so gut wie** Herr
Richter, Herr Stöcker so gut **wie Herr** Singer. Das
versteht sich, da es nicht allzu viele absolute Wahrheiten
geben dürfte, eigentlich von selbst. Das taktische Ver=
fahren mag ja **auch recht** ersprießlich **sein;** jedenfalls ist
es durchaus verständig und ehrenwerth, aber, wie mir
scheinen will, ein Bischen umständlich **und nicht ganz**
ungefährlich. Am Ende **meinte doch auch der Verfasser**
der geistlichen Uebungen, der ungewöhnlich **kluge Herr**
Ignatius von Loyola, durch gehorsames Befolgen seiner
Anweisungen würde **die Kultur,** wie er sie verstand, vor=
wärts gebracht werden. **Auch der war ein** Parteiführer
und gewiß Keiner von **den Ungeschicktesten und Unglück=**
lichsten; und ohne eine erkleckliche Dosis von Kadaver=
gehorsam und bestgemeintem Jesuitismus pflegt es auch
heute noch, in modernen politischen Parteien, nicht ab=
zugehen. **Dem als gut** erkannten Zwecke sucht **man**

durch die reinlichsten Mittel nahe zu kommen: sind aber
die reinlichsten Mittel nicht zur Hand oder erweisen sie
sich als unwirksam, — dann muß nun doch die Hexe
dran, und man tröstet sich: der Zweck heiligt die Mittel.

Das macht nun nicht viel aus, so lange es sich
um Kleinigkeiten handelt. Ich trotze dem Zornmuth des
Verfassers der „konventionellen Lügen“ und bekenne, daß
ich recht häufig schon in der Lage war, meine Hoch=
achtung oder Ergebenheit unter einen Brief zu setzen,
der an einen weder der Hochachtung noch der Ergeben=
heit würdigen Adressaten gerichtet war; daß ich Leute
grüße, Leuten die Hand drücke, mit denen ich viel lieber
weder Gruß noch Handschlag tauschte. Auch bemühe ich
mich, wenn ich, selten genug, in Gesellschaften gehe,
nicht etwa durch anmaßende Subjektivität die sogenannte
Gemüthlichkeit zu stören; es ist nicht geschmackvoll, zwischen
Suppe und Pudding das Banner der Ueberzeugung zu
entrollen oder bei jedem nichtigen Anlaß seiner zufälligen
Umgebung in die geschätzten Ohren zu tuten: Seht mich
an, den prinzipientreuen Kämpfer für das Wahre, Gute,
Schöne! Dazu haben nur Narren ein Recht — oder
Religionstifter. In großen und wichtigen Fragen aber
sollte der vielberühmte Takt doch wohl der gröberen
Ehrlichkeit weichen. Es ist taktvoll, der Frau vom Hause
ihren lächerlichen Aufputz zu verschweigen; es ist niedrig,
den knotigen oder zotigen Späßen des Herrn vom Hause
Beifall zu lächeln. Eine Gesellschaft, in der gefällige
Niedrigkeit für Takt gilt, die steht mit einem Fuße min=
destens schon im Grabe ihrer sittlichen Gesundheit. Und
auch ein ganzes Volk muß an seiner öffentlichen Moral

auf die Dauer Einbuße erleiden, wenn im politischen
Spiele die Taktik und immer wieder die Taktik der
höchste Trumpf sein soll.

Darum halte ich, in der Gesellschaft wie in der
Politik, die Wilden für die besseren Menschen. Darum
möchte ich, als ein unverbesserlich Abtrünniger, mit keiner
einzigen Partei durch Dick und Dünn gehen. Und darum
ärgert es mich, daß in unseren Parlamenten es um die
Wilden **nicht** besser bestellt ist. In jedem Lande gibt es
eine außerordentlich große Anzahl von Menschen, die
rückhaltlose Wahrheit, nicht taktische Weisheit, hören
möchten. Deren Wortführer müßten die Wilden sein,
und sie würden sicher nicht schlecht dabei fahren. Die
ältere französische Kritik, Papa Sarcey thut es gern
noch heute, hatte die Gewohnheit, in jedem neuen Stücke
die „scène à faire" aufzuspüren, die Scene, die eigentlich
geschrieben werden mußte, **die** aber nicht geschrieben wurde.
Manchmal kam dabei natürlich das dümmste Zeug heraus;
oft genug aber trafen die Kritiker mitten in's Schwarze.
Ich muß immer, wenn ich einen Parlamentbericht lese,
dieser Theorie gedenken. Jedesmal **fast scheint es mir,**
als fehle der discours à prononcer, **die Rede, die**
eigentlich gehalten werden mußte, die **aber nicht** gehalten
wurde. Man spricht, besser oder — **meistens** — schlechter,
im wohlerwogenen Interesse der Partei; man bemüht sich,
als verschlagener Taktiker dem Gegner die Verantwortung
allen Unheils aufzubuckeln, sich selbst und die immer zum
Bravoruf gerüstete Fraktion in ein möglichst günstiges
Licht zu rücken, und schließlich wird dem Wohl des
Vaterlandes, des theuren, untheilbaren, des durch keinen

Interessengegensatz zerrissenen, unweigerlich eine Kerze
geopfert. Darüber gehen denn so vier bis fünf Stunden
hin und aus Frühstück und Frühschoppen ward ein neuer
parlamentarischer Tag. Die Rede aber, die ich meine,
blieb ungehalten.

So ging es auch neulich wieder, als Herr von
Caprivi, wie man ja wohl allgemein fand, seinen großen
Tag hatte. Es wurden viele schöne Reden gehalten;
die beste Rede aber und die wirksamste hätte doch aus
dem Unausgesprochenen fertig gebracht werden können.
Wäre mein Wilder zur Stelle gewesen, der hätte die
ungehaltene Rede — auch nicht gehalten; denn guter,
alter parlamentarischer Brauch pflegt ja den Schluß der
Debatte durchzusetzen, ehe noch ein Wilder zum Wort
gelangt ist. Lieber drei Parteiredner für das volle und
ganze und unentwegte Programm, als einen Wilden, der
am Ende doch auch Einer ist. So ist es die Ordnung,
so will es das Recht.

Die Rede des Herrn von Caprivi ist vielleicht das
Muster= und Meisterstück einer politischen Rede; an ihr
ließen sich Vorzüge und Fehler der offiziellen Rhetorik
ganz wundervoll nachweisen. Sie gefiel aller Welt, allen
Parteien bei uns, allen Ruhebedürftigen im Auslande;
folglich hat sie ihren Zweck erreicht, und die Vielzuvielen
mögen sie preisen. Denn, lieber Freund, das lerne wohl
verstehen: eine politische Rede ist nur dann gut und Allen
wohlgefällig, wenn sie genau das sagt, was Alle hören
wollten. Dieses Geschäftgeheimniß ist furchtbar einfach,
und wer es noch nicht kannte, dem müssen es nachgerade
doch die herbstlichen Reden aller mehr oder minder ver=

antwortlichen Minister verrathen haben. Herr von Caprivi
kam spät, aber er kam, und als zuletzt Gekommener be=
diente er sich gleich der kräftigsten Mittel und verkündete
den darob doch einigermaßen verblüfften Reichsboten,
auch der Kaiserbesuch in Narwa habe eine vorzügliche
Wirkung auf die dynastischen Beziehungen von Deutsch=
land zu Rußland geübt. Das war das dreimal glühende
Licht, die stärkste von des Herrn Reichkanzlers Künsten.
Aber ich will gleich in einer Berliner Privatbank **ein**
Depot haben, wenn ich jetzt weiß, wie wir **eigentlich**
heute mit Rußland stehen, und warum sich ein so mörder=
liches Geschrei erhob, als man bei uns eine Anleihe auf=
legen wollte für ein von Hunger geplagtes Land, **das**
die berühmten drohenden Truppen=Dislokationen **nicht**
vorgenommen hat und dessen Herrscher der friedliebendste
Mensch von der Welt ist, — immer nach des Herrn von
Caprivi eigenen Worten.

Nebenbei bemerkt: mit den Truppen=Dislokationen
ist das so eine Sache. **Der** Reichkanzler meint, die
bösen Militärschriftsteller hätten das aufgebracht; **aber er**
vergaß, daß noch kürzlich Graf Kalnoky von bedrohlichen
Aufstellungen russischer Truppen gesprochen **und daß**
am 6. Februar 1888 Fürst Bismark gesagt hat: „Diese
Truppenaufstellungen haben schon früher in ausgedehntem
Maße stattgefunden, sie sind in der jetzigen bedrohlich
erscheinenden Form namentlich seit 1879, nach Beendi=
gung des türkischen Krieges, aufgetreten.“ Bismarck
gab also die Dislokationen zu, ohne indessen darin die
Gefahr eines Ueberfalles zu wittern. Aber mir fällt
noch zu rechter Zeit ein, daß der fürchterliche „Schrift=

steller", von dem der neue Reichkanzler so lange sprach,
ja gerade der alte Reichkanzler gewesen sein soll. Meine
Zeitung behauptet es, alle Zeitungen behaupten es, und
wer's nicht glaubt, der ist ein Söldling des Schriftstellers
im Sachsenwalde.

Das nämlich ist der Humor von der Geschichte.
Herr von Caprivi hatte von den Zeitungschreibern in
einem süperben Ton der Verachtung gesprochen, wie ihn
der selige Goetz, der aus dem Goethe-Cyklus, meine
Damen, nicht verächtlicher gefunden hätte, wenn die
Federfuchser von Rathsherren länger auf dem Platze
geblieben wären. Ob in den Augen des Reichkanzlers
alle Zeitungschreiber gleich überflüssig und unnützlich sind,
auch solche, die sich niemals erlauben würden, über Optimismus und Pessimismus so merkwürdige Oberflächlich-
keiten zum Besten zu geben, wie es Herr von Caprivi
that: diese Frage kann uns einstweilen gleichgiltig sein.
Aber kurz und gut: der Kanzler hatte der Presse nach
Gebühr übel mitgespielt, und ich freute mich schon im
Voraus des Entrüstungsturmes, der am nächsten Morgen
mit unfehlbarer Sicherheit durch die Blätter rauschen
würde. Ein schöner Gedanke; aber es kam anders, wie
es immer anders kommt. Die Zeitungen waren entzückt; denn wen hatte Herr von Caprivi im Grunde
ganz allein gemeint? Denselben Schrecklichen, der ja
alles Bösen böser Vater ist, dem wir die schlechte Kar-
toffelernte verdanken und die Influenza, die Bankbrüche
und die Mordepidemie, mit einem Wort: Bismarck.
Und das hatten die Zeitungen ja immer gesagt, voll
und ganz und unentwegt.

Jeder rechtschaffene Abonnent weiß es übrigens
längst, und **den** letzten Zweiflern habe ich es verrathen,
als ich hier **an** den Kollegen Bismarck einen offenen
Brief zu richten wagte. Im Reichstag entsteht **noch ver=**
rätherische Heiterkeit, wenn der neue Kollege für Ottern=
dorf=Geestemünde erwähnt wird; den Herren **kommt es**
noch komisch vor, daß sie die Kürassierstiefel **nun am**
Ende ganz in der Nähe **sehen** sollen. Die Zeitung=
schreiber aber sind nicht so bescheiden, die **lachen schon**
lange nicht mehr, denn sie haben sich mit dem Gedanken
vertraut gemacht, **daß** der Kollege Bismarck in **Varzin,**
in Schönhausen, in Kissingen, in Friedrichsruh vom
frühen Morgen an bis in die späte Nacht **hinein nur**
mit Leitartikelschreiben beschäftigt ist. Neuerdings hält
er sich gar zwei Stenographen und eine Schreibmaschine,
damit es schneller geht und Hartmeyr nicht immer zu
warten braucht. Und wenn, wie Herr von Caprivi in
witziger Absicht **sich** ausdrückte, der Beunruhigungbacillus
jetzt in Reinkulturen gezüchtet wird, so trägt daran bei=
leibe nicht Dilettantismus und Servilismus die Schuld,
auch die Thatsache nicht, daß die Politik des neuen Kurses
den reichlichsten Beifall noch **bei** der Partei **findet,** bei
deren Unterstützung **dem** neuen Reichkanzler „unheimlich"
zu Muthe wird; Gott bewahre: es ist der Herzoglich
Lauenburgische Grund und Boden, dem dieser Bacillus
entkeimt. Nehmt dem Bismarck die Feder weg, die
Stenographen und die Schreibmaschine, und dann: lieb
Vaterland, magst ruhig sein!

Es ist wahr: Herr von Caprivi hat sich später
ausdrücklich gegen die Annahme verwahrt, das Ziel seiner

Angriffe sei Bismarck gewesen. Herr von Caprivi ist
ein Mann von ungewöhnlicher Ehrlichkeit und Integrität;
aber gegen die Legendenbildung kommt er doch nicht auf,
denn die wird von den Parteien im Submissionswege
an den Meistbietenden vergeben. Und der Meistbietende
ist in allen Fällen jenes mystische Ungeheuer, das man
die Taktik nennt und dem ganze Hekatomben von Lügen
als billige Opfer dargebracht werden, — zur größeren
Ehre der kulturförderlichen, der menschenbeglückenden
Ideen. Und deshalb scheint mir Tocqueville Recht zu
haben, wenn er — in seinem Werk „La démocratie
en Amérique" — schreibt:

„Die Parteien sind das spezifische Uebel freier
politischer Zustände.

Die großen politischen Parteien berücksichtigen mehr
die Prinzipien als die Konsequenzen, die Allgemeinheiten
mehr als die Einzelfälle, die Ideen mehr als die Persönlichkeiten. Sie haben mit kleinen Parteien verglichen,
edlere Züge, großartigere Leidenschaften, stärkere Ueberzeugungen, kühnere und freiere Bewegungen; bei ihnen
verbirgt sich das Sonderinteresse, das bleibende Motiv
politischer Leidenschaft, geschickter hinter dem Schleier
des allgemeinen Wohls, so daß der Einzelne selbst sich
über die eigenen Motive täuschen kann . . . Die großen
Parteien erreichen eine Umwälzung, die kleinen eine Er-
schütterung der Gesellschaft; jene zerrütten, diese korrum-
piren sie, aber jene retten sie oft durch tiefgreifende
Aetzungen, diese stören sie stets nutzlos."

Und die ungehaltene Rede? Das Motto hätt' ich
wohl, allein die Rede ist wieder einmal ungehalten ge-

blieben, und zwar wieder einmal, weil ich **bei Bismarck**
mich zu lange aufgehalten habe. Er allein **trägt auch**
diesmal die Schuld, und es wird höchste Zeit, daß er
selbst leibhaftig erscheint und eine Rede redet.

30. 11. 1891.

XX.

Eine Mark fünfzig.

s war an einem Donnerstag und man schrieb den zehnten Dezember 1891. Da ergriffen zwei bewunderte Staatsmänner das Wort und gaben für anderthalb Stunden es nicht wieder her. In der französischen Akademie sprach Herr de Freycinet, der Ministerpräsident, über Emile Augier; im deutschen Reichstag sprach Herr von Caprivi, der Kanzler, über —: ja, worüber der sprach, das ist nicht so leicht zu fassen —: über Krieg und Frieden, über politische und wirthschaftliche Bündnisse, über die Zukunft und die Rettung des Deutschen Reiches und über noch Einiges. Die Rede des Herrn de Freycinet war genau so trivial und lächerlich, die Rede des Herrn von Caprivi war genau so verständig und geschickt, wie man es erwarten mußte. Nicht etwa, weil die geistige Bedeutung der beiden Staatsmänner eine wesentlich verschiedene ist; o nein — der zum Kriegsminister beförderte Civilist trägt auf den Schultern einen eben so kühlen und klugen Kopf, wie

der in die Diplomatie verschlagene Soldat. Den Werth-
unterschied der rhetorischen Leistungen hat ganz allein
die Verschiedenheit des Themas bestimmt. Der Franzose
meinte, auch die Analyse eines Menschen, der zufällig
auch noch ein Dichter war, lasse sich mit den billigen
Mitteln der politischen Phraseologie bestreiten: er ent-
warf von dem tüchtigen und lehrhaft bourgeoisen Augier
ein sprechend unähnliches Bild und blamirte sich vor
versammeltem Palmenvolke. Der Deutsche dahingegen
triumphirte, denn weder mit einem Menschen hatte er
noch mit einem Dichter gar zu thun, sondern mit sogenannten allgemeinen Ideen, und die ebenfalls sogenannten großen Gesichtspunkte boten so bereitwillig
sich ihm dar, daß am Ende Niemand merkte oder merken
wollte, wie viel Lärm da gemacht wurde — um eine
Mark fünfzig.

Zufällig habe ich beide Reden unmittelbar nach
einander gelesen und eine sehr merkwürdige Ueberein-
stimmung in der Methode entdeckt. Aus dem braven
Dichter des gesunden Menschenverstandes wurde ein von
antiker und moderner Grazie umleuchtetes Genie; aus
den Tarifverträgen wurde ein mächtiges, den Beginn
einer neuen Zeit verkündendes Kulturereigniß. Das ist
so der hochpolitische Stil, der, um die Einführung einer
neuen Säbelkoppel durchzusetzen, in angemessener Entfernung einen Weltkrieg ausbrechen läßt, der die Unter-
offizierprämien als ein bedeutsames Moment im sozialen
Klassenkampfe preist und die Rekrutenvereidigung durch
sozialistische Zukunftbilder — frei nach Eugen Richter
— nebst den schwierigsten Gewissenkonflikten unterstützt.

Solche Reden werden niemals so heiß verschlungen, wie sie gehalten sind.

— Aber lesen Sie denn keine Zeitungen? Sind Ihnen denn die schmetternden Leitartikel entgangen, die spaltenlangen eigenen Drahtberichte, die Hymnen der englischen, die Klagerufe der französischen Presse? Und wollen Sie einsamer Schwärmer etwa behaupten, wenn Herr von Caprivi sich erst anderthalb Jahre und dann noch anderthalb Stunden plagt und selbst am Ende Bravo sagt, wenn der deutsche Reichstag im Geschwind=schritt vier Tarifverträge und eine Denkschrift von fünf=undfünfzig Seiten erledigt und dennoch sämmtlichen Fraktionsreden sämmtlicher Fraktionsredner andächtig lauscht, — wollen Sie Originalitäthascher etwa behaupten, daß es bei solchem Aufwande sich um einen Pappenstiel handelt? —

So ruft die politische Entrüstung mir zu, und ich muß erst einen Augenblick Athem schöpfen, um von dem Schrecken mich zu erholen. Als ein dreister Sünder aber erhole ich mich bald und suche, wie immer in poli=tischen Nöthen, Rath und Hilfe zunächst in Otto Bis=marck's gesammelten Reden. Dessen Reden nämlich konnte man nicht nur drucken, man kann sie nicht heute nur lesen, man wird auch in hundert Jahren noch sie lesen; denn anstatt des jetzt beliebten hochpolitischen Stils bieten sie ganz wundervoll individuelle Lebensäußerungen. Und da finde ich denn, unter dem Datum des 2. Mai 1879, die folgenden Sätze: „Der Weg der Handels=verträge ist ja unter Umständen ein sehr günstiger; es fragt sich nur bei jedem Vertrage: qui trompe-t-on ici?

— wer wird übervortheilt? Einer in der Regel, und
man kommt erst **nach** einer Anzahl von Jahren dahinter,
wer es eigentlich ist. Jeder Handesvertrag **ist ja** immer
ein erfreuliches Zeichen der Freundschaft; **in der** Völker=
wirthschaft **kommt** es bloß darauf an, was darin **steht.**
Handelsverträge an sich sind **gar nichts, sie** können so
übel sein wie möglich, es **kommt** darauf an, was darin
steht, und können **wir es erreichen,** daß uns **ein** Staat
mehr abkauft, als wir **ihm,** so werde ich, wenn das nicht
ein **großes** Derangement in unseren inneren Angelegen=
heiten und unsere jetzige Produktionslage bringt, einem
solchen Vertrage gewiß nicht entgegentreten." Mir ge=
nügt das, um über die Handelsverträge **an sich** keinerlei
enthusiastische Zuckungen zu verspüren. Ich bin also
einen Schritt weiter gegangen und **habe** in Erfahrung
zu bringen gesucht, was denn eigentlich so Epoche=
machendes darin steht. Mit heißem Bemühen habe ich
durch **die** schriftlichen **und** mündlichen Darstellungen der
Freunde und Feinde **mich** hindurch gearbeitet und all=
überall dieselbe **Antwort auf** meine stumme Frage er=
halten: Es ist ein **großes, ein je** nach dem Parteistand=
punkte mit heiterem oder nassem Auge zu begrüßendes
Ereigniß, daß vom 1. Februar 1892 **an** der Kornzoll
sinken wird, um eine Mark und fünfzig Pfennige. Alles
Andere ist daneben unwesentlich, dieses Eine aber des
Schweißes der Edeln werth.

Als ich das erkundet hatte, **da** fing die Arbeit erst
ordentlich an. Bisher **hatte** ich nicht viel um die Einzel=
heiten der Nationalökonomie mich bekümmert, jetzt aber
lernte ich bald die schwierigsten Sachen. Und weil

Egoismus nicht mehr in der Mode ist, deshalb will ich mit den wichtigsten Ergebnissen meiner mühsam erworbenen Bildung auch nicht hinter dem Berge halten. Also: die Tonne Brotgetreide war bis jetzt mit einem Zoll von fünfzig Mark belastet; dieser Zoll wird vom 1. Februar 1892 an nur noch fünfunddreißig Mark betragen. Und nun eine ganz kleine Rechnung, ohne alle Apparate, blitzdumm und laienhaft:

Durchschnittlich verbraucht jeder Deutsche an Brotgetreide pro Jahr = 180 Kilogramm.

Bisheriger Zoll pro Doppelcentner = 5 Mark.

Künftiger Zoll „ „ = 3,50 „

Ersparniß = 1,50 Mark.

Da aber — siehe oben — jeder Deutsche an Brotgetreide pro Jahr 180 Kilogramm verbraucht, so wird die Ersparniß des Durchschnittdeutschen betragen = ca. 2,70 Mark pro Jahr, oder = ca. 22$\frac{1}{2}$ Pfennig pro Monat.

Irre ich mich, dann soll mir das besonders lieb sein; aber ich fürchte, ich irre mich nicht; denn in einem ganz vortrefflichen Flugblatte*), das vor einigen Wochen kluge Gegner der Getreidezölle in die Welt flattern ließen, fand ich das Ergebniß der Handelsverträge nach dieser Richtung höchst respektlos als „eine Lumperei" bezeichnet. Und nun verstehe ich die Welt nicht mehr, die über diese Lumperei außer Rand und Band gerathen scheint, und noch viel weniger verstehe ich Herrn von

_____

*) „Etwas mehr Licht über die Getreidezölle." Vom Abg. Dr. Theodor Barth. (Verlag der „Nation", Berlin.)

Caprivi, der seine große Rede über die Tarifverträge mit dem einigermaßen volltönenden Satze schloß: „Ich hoffe, Sie werden mit den Verbündeten Regierungen der Ansicht sein, daß die vorliegenden Verträge geeignet sind, daß innere Gedeihen Deutschlands und seine Welt-stellung zu erhalten und zu fördern."

Die verehrten Herren, die an dieser Stelle lebhaften Beifall spendeten, hätten sich doch gütigst der Thatsache erinnern sollen, daß sie Volksvertreter sind und daß sie folglich auch Dummköpfe vertreten, wie ich einer bin. Diesen Dummköpfen mußten sie entweder klipp und klar sagen, daß es sich hier um keine Lumperei, sondern um ganz bestimmte und greifbare Vortheile handelt, oder sie mußten auf einen beträchtlichen Theil ihrer rednerischen Leistungen freiwillig verzichten. Denn am Ende aller Enden kann man sich doch nicht vierzehn Tage lang ausschließlich über eine Mark fünfunddreißig unterhalten — oder meinetwegen auch über zwei Mark siebenzig. Solche Summen verjubelt ja selbst der mit Recht so beliebte arme Mann bei gutem Wetter auf dem Weih-nachtmarkte.

Scherz bei Seite: ich weiß sehr wohl, daß hinter den anderthalb Mark eine bedeutendere Frage lauert, die Frage, ob Schutzoll oder Freihandel die nächste Zukunft beherrschen soll. Ueber diese Frage könnte ich nun zwar zu jeder beliebigen Zeit jede beliebige Parteirede halten — Wetten werden angenommen —, aber ich verstehe doch zu wenig davon, um vor ernsthaften Leuten ernst-haft darüber zu sprechen. Eigentlich ist das diesmal auch gar nicht nöthig; denn wie auf dem seligen Frieden-

kongreß, den Herr von Caprivi deshalb nicht zu ver=
spotten brauchte, ist auch vom Bundesrathtische aus die
Erörterung der Kardinalfrage ängstlich vermieden worden.
Weil aber aller menschlichen Voraussicht nach auch ferner=
hin zwei fromme Legenden durch die Lande getragen
werden sollen, deren eine das Lied vom letzten Hemde
der hungernden Landwirthe singt, deren zweite den
agrarischen Verschwörerchor, Junker Otto natürlich an
der Spitze, am Aktschluß von 1879 aufmarschiren läßt,
darum möchte ich meinen ganz anspruchlosen Beitrag zur
Geschichte der Getreidezölle doch nicht für mich behalten.

Der Umschwung der Wirthschaftpolitik folgte un=
mittelbar auf das Sozialistengesetz. Daran denkt man
kaum noch, und doch liegt da vielleicht des heiß um=
schwatzten Räthsels Lösung. Eine neue Gefahr, die
größte für die alte Monarchie, kam damals herauf und
als ein rücksichtloser Mann, der zu jeder Zeit nur auf
ein lohnendes Ziel losging, begann Bismarck seitdem
alle Waffen für den einen entscheidenden Kampf zu
sammeln. Seitdem hat ihn die konservative nicht und
nicht die liberale Schablone gekümmert: sein vielleicht
kurzsichtiger, aber ganz bestimmter Plan war, mit eiserner
Faust alle weiter reichenden Ansprüche des Proletariats
niederzuhalten. Es muß Arbeit=Chinesen geben, sagte er sich,
deshalb dürfen auch die Schnabelschuhe nicht mit modernen
Lackstiefeln vertauscht werden. Die sozialistische Agitation
wurde unter das Maulkorbgesetz gestellt, die Freunde
eines erweiterten Konstitutionalismus wurden als Reich=
feinde geächtet — und träumten sie nicht wirklich ein
anderes Reich? — und eine umständliche Sozialreform

sollte die Krone, des neuen Heiles heiligen Gral, mit
einem Tropfen demokratischen Oeles salben. Dazu aber
gehörte heidenmäßig viel Geld und —: woher nehmen
und nicht die Steuern erhöhen? Da war der Kluge
klug genug, sich zu erinnern, daß revolutionäre Bewegungen dann erst gefährlich werden, wenn sie auf
dem platten Lande Wurzel gefaßt haben. Die Land-
bevölkerung mußte mit goldenen oder wenigstens mit sil-
bernen Ketten an den Staat gefesselt werden; die Junker,
die königtreuen, die ihre Söhne Offiziere oder Beamte
werden laffen, mußten die milde Hand der Gesetzgebung
küssen; die seßhaften Bauern mußten sich bevorzugt
fühlen und behaglich im Vaterlande, wo's ihnen gut
ging. Mit einer Klappe wurden so die verschiedensten
Fliegen geschlagen: das mobile Kapital, das in kritischen
Augenblicken schnell auf und davon ist, sollte reichlich
bluten, damit die Grundbesitzer, die man immer fest
packen kann, sich zufrieden fühlten und damit für das
staatssozialistische Experiment Geld genug da war; und
mochten die unsicheren Kantonisten auch schreien, denen,
wer weiß, eine gute Republik schließlich nicht gerade
unangenehmer ist als eine schlechte Monarchie, — wenn
nur die sichersten Stützen von Thron und Altar nicht
in die Brüche gingen. Und so begann eine Politik, die
Den begünstigte, auf den sie, wie ihre Ideale nun einmal waren, unter allen Umständen zählen konnte; eine
Politik des Egoismus, gewiß; nur bestand der Egoismus
nicht darin, daß Bismarck sich und seines Gleichen die
Taschen füllen wollte, sondern darin vielmehr, daß er
durch die Befriedigung des Egoismus sich und der von

ihm vertretenen alten Monarchie die bequemsten und die wirksamsten Werkzeuge sichern wollte. O, er ist klug; er weiß, wie schwer um abstrakte Güter man in ruhigen Zeiten die menschliche Bestie in Bewegung setzt!

So erklärt mein beschränkter Unterthanenverstand sich den Umschwung der Wirthschaftpolitik. Daß es andere Leute gibt, die mit den Gefühlen absoluter Wurschtigkeit dem Floriren oder dem Pleitegehen der preußischen Junker zusehen —: du lieber Dezember= himmel, das verstehe ich vollkommen; erst wenn die Junker abgewirthschaftet haben, kann auf den Ruinen der Weizen des Liberalismus blühen, — falls er nicht dann doch eine Vorfrucht nur gewesen ist, die der Massen= schritt der zur Schüssel strebenden Chinesen unbarmherzig zertritt. Was mich aber immer wieder ärgert, das ist die langweilige Leisetreterei, die uns offensichtliche That= sachen taktisch entstellt, mit gerümpfter Lippe vom Egois= mus spricht und mit eingelernter Hampelmannbewegung — vorne nickt er, hinten pickt er, heißt's auf dem Ber= liner Weihnachtmarkte — das verschliffene Parteifähn= chen entrollt. Die Menschheit hat ja gar keine Zeit mehr zum dummen Lügen, der Advent erschien längst, die derbe Wahrheit will endlich einmal von der glatten Nabelschnur los . . . .

· Auch der einfältigste Tropf kann es verstehen, daß gescheite und wohlmeinende Männer um jeden Preis die Lebensmittelzölle beseitigen wollen, aus sozialen und auch aus rein politischen Gründen, denn nur auf diesem Wege, der die Herren Junker dem Pauperismus aus= liefert, liegt „der moderne" Staat ohne regis voluntas und

perſönliches Regiment. Darum dreht im Grunde ſich
der ganze Kampf. Was aber die neue Regierung will,
das iſt bei allen Lerneifer mir noch immer nicht deutlich
geworden; aber mir ſcheint, ſie will — Augier, nach
des Herrn de Freycinet akademiſcher Schilderung, ein
Idealbild ohne Konturen, ein unfaßbar verſchwimmendes,
ſie will — frei nach Egidy — **eine Kirche ohne Pfaffen,**
oder **noch** lieber — **frei** nach **dem** Prinzen Carolath,
dem politiſchen Egidy — ein ſtarkes Bürgerthum, einen
ſtärkeren Adel und einen ſtärkſten König. Ob das Re=
zept **zu** dieſem Allheilmittel für eine Mark **fünfzig zu**
haben iſt? Oder waren **es** zwei Mark **ſiebenzig?** Ich
weiß es wirklich **nicht** mehr; **aber** ich will gleich nach=
ſehen und dann den nächſten ſozialpolitiſchen Proviſor
herausklingeln, daß er mir eiligſt das Tränklein miſcht:
Aeußerlich! Vor dem Schlafengehen **je** einen Thee=
löffel voll!

12. 12. 1891.

XXI.

Wie schätze ich mich ein?

Schüchterne Fragen an Herrn Miquel.

❧

Sr. Excellenz
dem Herrn Finanzminister Dr. Miquel.
Berlin.

Im Kastanienwäldchen.
(Zwischen Hauptwache und Singakademie.)

Ew. Excellenz

wollen gütigst verzeihen, wenn ich im Laufe meines ganz
ergebenen Fragebriefes Ew. Excellenz nicht immer Ew.
Excellenz tituliren sollte. Da ich nämlich außer meinen
drei Briefträgern — zwei nur von Stephan sogar, einen
von der Packetfahrt — keinen einzigen Staatsbeamten
zu kennen die Ehre habe, und da auch meine allenfalls
noch zu erwähnenden sehr lockeren Beziehungen zu dem
Nachtwächter und dem Laternenanzünder von Berlin W. 9
erst nach Sylvester sich wieder fester knüpfen und in
baare Münze umsetzen werden, so fehlt mir auch,
wie dem nun nicht mehr beamteten Elfenbeinforscher

Emin Pascha, jegliche Gewöhnung an den feierlichen
Kurialstil. Ueberdies scheinen derartige Alterthümlich=
keiten für einen Mann von Ew. Excellenz strotzender
Modernität mir kaum recht zu passen, weil nämlich Ew.
Excellenz gar nicht Minister zu sein brauchten, um auch
Einer zu sein, was von Ew. Excellenz unmittelbaren
Vorgängern neben der Singakademie, den Herren von
Scholz, Bitter und Camphausen, doch immerhin nur mit
einiger Uebertreibung behauptet werden konnte. Nimmer=
mehr hätte ich mich erfrecht, diesen Excellenzen den ihnen
gebührenden Titel zu versagen, während ich nun aller=
dings mich erdreiste, den jetzigen Kastanienwaldmann als
sehr verehrten Herrn und Zeitgenossen zu begrüßen.

Beinahe kollegialisch —: verzeihen Sie das harte
Wort! Aber es geht von Ihnen die Sage, daß Sie
im glücklichen Besitz einer ungewöhnlich reichen und hoch=
fliegenden Phantasie sind, und es geht die andere, von
Ihnen selbst in Toasten, Tafelreden und Interviews
unterstützte Sage, daß Sie den Zeitungschreibern sym=
pathische Empfindungen entgegentragen, die z. B. von
Ihrem wegen seiner rettenden That schon nach zwei=
jähriger Dienstzeit — mit neunwöchentlichem König=
urlaub — in den mit Recht so geschätzten Grafenstand
erhobenen Kollegen Caprivi durchaus nicht getheilt werden.
Sie waren, schon weil Sie gelegentlich Staatsekretäre
warten lassen sollen, um Journalisten zu empfangen, die
Hoffnung der vereinigten Hungerkandidaten und, unter
uns, ich befürchtete immer, eines unschönen Tages würden
Sie noch zum Ehrenmitgliede des Vereins „Berliner
Presse" ernannt werden, dessen Schatzmeister bekanntlich

auch ein Finanzkünstler von vielen Graden ist, wenn auch Ihr ehemaliger Parteigenosse Lasker die neutralen Verdienste dieses Herrn nicht so willig anerkennen mochte wie seinen maskulinischen Verdienst.

In meiner Eigenschaft als Zeitungschreiber also, und weil Sie doch noch nicht Ehrenmitglied des mir unholden Vereins mit dem künstlerischen Schatzmeister sind, wage ich, sehr verehrter Herr, mich an Sie mit etlichen Klagen und Fragen zu wenden, die Ihre berühmte Beredsamkeit mir gütigst beantworten möge. Und zwar wähle ich dazu die Feiertage, weil ich mich der Hoffnung hingebe, mein Brief möchte Sie in besonders milder Stimmung und ohne Beschäftigung mit allzu drängenden Reformplänen antreffen; und ich wende mich gleich an die höchste Instanz, obwohl das Schreiben, das mir zugegangen ist, nicht von — aber ich vergesse ganz, daß ich von diesem Schreiben noch gar nicht gesprochen habe.

Also. Am 17. Dezember erhielt ich einen dicken Brief in grauem Couvert mit grüner Fünfpfennigmarke. Da der Umschlag kaum noch die Spur eines Stempels zeigte, wohl aber den Adressaten als einen Wohlgebornen zu bezeichnen geruhte, und da der flüchtige Blick den Inhalt als eine Drucksache verrieth, so wollte ich den Brief eilends in den Papierkorb werfen, wo sie so sanft ruhen, alle die Zirkulare der Antiquare, der Holz-, Kohlen-, Kaviar-, Stollen- und Karpfenhändler, die zur Adventzeit lithographirte oder mindestens gedruckte Lebenszeichen zu geben pflegen. Denn: daß eine Königlich Preußische Behörde einen verkommenen Gymnasiasten wohlgeboren nennen könnte, wahrhaftig, das hätte ich nicht für möglich gehalten. Und doch war es so, und doch war es ein Glück, daß ich noch rechtzeitig das von den Staatsteuerquittungen her mir erinnerliche rosafarbige Papier erkannte, ein Papier, das sonst nur feinsinnige Gewohnheitdichter und kleine Mädchen zu benützen lieben; denn: hätte ich den grauen Brief mit der grünen Marke und den „rosa“ Bogen wirklich in den Papierkorb geworfen, dann hätte das den Verlust der gesetzlichen Rechtsmittel gegen die Einschätzung für das Steuerjahr 1892/93 zur Folge gehabt. Sollten Sie meine Angabe bezweifeln, bitte: lesen Sie gefälligst § 30, Abs. 1 des Einkommensteuergesetzes vom 24. Juni 1891. Falls Sie zufällig die Gesetzsammlung zur Hand haben, bitte: S. 175.

Der ersten Gefahr war ich demnach glücklich entgangen und konnte nun zunächst einen halben Tag an das Studium der fünf rosafarbigen Konzept-Bogen verwenden, die der Ober-Regierungsrath Herr Tuebben mir, nämlich der Nummer 26 223, zuzustellen gütig genug war. Der verehrte Herr, der mich mehrfach unter die physischen Personen zu subsummiren und mir folglich einen Astralleib nicht zuzuerkennen beliebte, forderte mich als einen bereits mit einem Einkommen von mehr als 3000 Mark veranlagten Steuerpflichtigen zur Abgabe einer Steuererklärung auf und unterstützte diese Aufforderung durch dankenswerthe Mittheilungen über die Einkommenverhältnisse des Amtsgerichtrathes N. N. in M. und des Kaufmannes N. N. in G.; ferner übermittelte er mir, auf zwei Bogen, den zweiten Abschnitt des Steuergesetzes: „Das Einkommen der physischen

Perfonen." Und nachdem ich diefe achtzehn großen
Seiten durchaus ftudirt hatte, mit heißem Bemühen, bin
ich nun auf den kecken Gedanken verfallen, mit der
Bitte um noch weitere Auskunft Ihnen felbft, fehr
verehrter Herr und Minifter, in geziemlicher Demuth
zu nahen.

In Ihrem werthen Schreiben vom 15. Dezember,
Poftftempel vom 16. Dezember, bemerken Sie fehr fein
und richtig, daß ich bisher fchon mit einem Jahres=
einkommen von mehr als 3000 Mark veranlagt worden
bin. Die löbliche Veranlagungkommiffion hat mir zwar
die Garantie irgend eines Jahreseinkommens nicht ge=
währt, wohl aber von einem in die dreizehnte Steuer=
ftufe gehörigen Einkommen ftets pünktlich bei mir die
entfprechende Quote einziehen laffen. So durfte ich für
das Etatjahr 1891/92 bezahlen:

90 M. Staat=Einkommenft. (Unterfchrift: Schmeckebier.)
90 „ Gemeinde= „ („ : Werkmeifter.)
43 „ Miethfteuer („ : „
9 „ Kirchenfteuer („ : Brückner).

Total = 232 Mark.

Wollen Sie gütigft bemerken, daß ich für jeden
Tag alfo annähernd fiebenzig Pfennige an Steuern be=
zahlt habe, dann wird Ihnen das gewiß als eine fehr
anftändige Leiftung erfcheinen, für ein von der Veran=
lagungkommiffion auf etwa neun Mark gefchätztes Tages=
einkommen. Nun aber kommt meine erfte Frage: Woher
nimmt die löbliche Kommiffion ihre Schätzung; woher
weiß fie, was ich nicht weiß, daß ich ein Jahreseinkommen
von mehr als 3000 Mark habe? An zuftändiger Stelle

wurde mir, als ich reklamiren wollte, gesagt: „Sie zahlen 860 Mark Miethe, Sie halten ein Dienstmädchen, — nichts zu machen!" Nun lese ich aber im Artikel 22 Ihres gefälligen Schreibens, daß der zur Bestreitung des Dienstaufwandes bestimmte Theil des Dienstein- kommens nicht steuerpflichtig sein soll — bei Beamten und Militärpersonen. Ich bin kein Beamter und auch keine Militärperson; da wir aber gerade davon reden, möchte ich Ihnen doch gleich mittheilen, daß meine Wohnung und mein Mädchen auch Dienstaufwand sind. Ich sitze fast den ganzen Tag über zu Hause, brauche Bücher und andere Hilfsmittel und bin auch nicht immer in der Laune, mir die Stiefel selbst zu wichsen. Aber weil ich für Wohnung und Bedienung unverhältnißmäßig viel ausgeben und dafür an alkoholischen Kneipengenüssen, und was sonst noch unter der verfänglichen Rubrik „Diverses" zu stehen pflegt, entsprechend sparen muß, deshalb werde ich zu hoch eingeschätzt, denn — ich zahle 860 Mark Miethe und halte ein Dienstmädchen. Und darüber wollte ich mich ganz ergebenst beklagen.

Jetzt werden Sie vermuthlich mit dem Hinweis auf die nun beginnende Selbsteinschätzung mich vertrösten wollen; aber das nützt mir nicht; denn nun kommt meine zweite Frage: Wie schätze ich mich ein? Ganz so einfach nämlich, wie beim Amtsgerichtrath N. N. und beim Kauf- mann M., in deren Verhältnisse die Güte des Herrn Tuebben mir Einblick verschafft hat, liegen die Dinge bei mir nicht. Mit der Bitte um freundliche Indis- kretion erlaube ich mir Ihnen mitzutheilen, daß ich weder aus Kapital- noch aus Grund-Vermögen, weder aus

Renten, Ausbeuten oder Dividenden, noch aus Handel,
Gewerbe oder Bergbau irgend welche Einnahmen beziehe.
Für mich kommt nur die sub 4 angeführte Gewinn
bringende Beschäftigung in Frage, und wenn die Niemand
mehr Gewinn bringt als mir selbst, dann thut mir
eigentlich das schöne weiße Papier leid, das allwöchentlich
so verhunzt wird. Sollten sie die Mühe nicht scheuen,
die zwischen dem 4. und 20. Januar bei Ihnen ein-
laufenden Steuererklärungen deutscher Zeitungschreiber
eigenäugig durchzulesen, dann erst werden Sie die tiefe
Weisheit des Wortes von den Hungerkandidaten in
seinem ganzen Umfange erfassen und durchschauen. Sie
werden Ihr blaues Wunder und erste Theaterkritiker
erster Blätter mit 166²/₃ Mark Monatgehalt erleben.
Darüber nächstens mehr. Was mich anbetrifft, so darf
ich mich nicht beklagen, denn ich habe überhaupt kein
Monatgehalt, nicht den bescheidensten Nickel an festem
Einkommen; ich falle unter Artikel 5,2: „Ihrem Be-
trage nach schwankende oder unbestimmte Einnahmen.“
Die nämlich sollen nach dem Durchschnitt der letzten zwei
Jahre berechnet werden.

Sehr verehrter Herr! Das geht doch wirklich nicht.
Sehen Sie mal: der Amtsgerichtrath N. N., der konnte
seine schwankenden Einnahmen aus Aktien und Dividenden
für spätere Zeiten als Norm nehmen. Meine Aktien
sind, einschließlich eines halben Antisklaverei-Looses, gute
Hoffnungen, meine Dividenden fließen aus gesunden
Nerven. Wenn ich nicht schreiben kann, wenn man mich
nicht drucken will, dann habe ich gar nichts, aber auch
so rein gar nichts, wie ein Finanzminister sich's höchstens

am goldenen Horn träumt. Und wenn ich im nächsten
Jahre, was ich von mir freilich nicht befürchte, ein groß-
stadtluftiges Theaterstück schreibe, dann habe ich vielleicht
so viel, wie Ihr Kollege Wyschnegradsky zu haben
wähnte, als die russische Anleihe in Paris siebenfach
überzeichnet war. Trotzdem könnte ich im übernächsten
Jahre wieder, wie heute, ein mittelloser Proletarier sein;
denn es giebt, wie Ihnen nicht unbekannt sein dürfte,
Stücke, die Geld, und andere, nur ausnahmsweise
schlechtere Stücke, die kein Geld machen, und selbst
Depots sind schon bei hellem Tage verloren gegangen.
Darum kommt nun meine dritte Frage: Weshalb haben
Sie nicht für die sub 4. der Steuererklärung so ge-
wissenhaft angeführten schriftstellerischen, künstlerischen und
wissenschaftlichen Thätigkeiten, soweit sie auf schwankende
und unbestimmte Einnahmen angewiesen sind, besondere
Bestimmungen getroffen? Denn — das bitte ich wohl
zu vermerken — wenn ich hier ein kleines ich setze,
dann meine ich immer uns, sub 4., die mit dem mehr
oder weniger vorhandenen Geiste schwankenden und un-
bestimmten Gewinn Erwerbenden.

Haben Sie Tolstoi gelesen? Na, dann, bitte, lesen
Sie, was der in der schlanken Schrift „Das Geld“ von
den Steuern sagt; schmeichelhaft ist's nicht, aber lehrreich und himmlisch radikal. Ich will ganz irdisch gemäßigt sprechen und Ihnen nur sagen, was Sie schon
lange wissen, daß man nämlich Steuern, besonders direkte
Steuern, wirklich nicht gerade gern bezahlt. Meine
232 Mark thun mir heute noch weh. Und da sollten
Sie als moderner Mensch und Psychologe uns doch nicht

in Versuchung führen. Es gibt grundehrliche Menschen, denen es eine kindische Freude macht, wenn der Pferdebahnschaffner ihre Zehnpfennigspende einmal nicht verlangt; es könnte am Ende Zeitungschreiber geben, die, trotz § 66 und seinen Strafen, den schwankenden Ertrag ihrer Provinzialblätterthätigkeit nach bestem Willen und Gewissen so niedrig angeben, — wie er im schlimmsten Falle doch immerhin sein könnte.

Haben Sie Bismarck gelesen? Aber sie waren ja sicher dabei, als er am 28. März 1881 von der „Fundgrube" der Selbsteinschätzung sprach. Sehen Sie, der wollte „die Coupon schneidenden Klassen" treffen, und den „armen Mann" erleichtern; der wollte das Einkommen aus Coupons höher besteuern als das aus Arbeit, körperlicher und geistiger; der zog, als ein furchtbar praktischer Mensch und Menschenkenner, überhaupt den direkten die nicht entfernt so fühlbaren indirekten Steuern auf entbehrliche Nahrungmittel und Luxusartikel vor. Verzeihen Sie nochmals das harte Wort: ich auch. Und viel, aber sehr viel werthvoller als meine Monatersparniß von 22½ Pfennigen an Brot und Semmeln, die durch die Tarifverträge ja wohl verbilligt werden — sollen, wäre es mir, wenn Sie, geehrter Herr, gelegentlich sich selbst und die übrigen „maßgebenden Kreise" daran erinnern wollten, daß auch geistige Arbeit Schutzvorrichtungen verdient und daß nicht jeder arme Mann eine blaue Blouse zu tragen und in Hinterhäusern zu wohnen braucht. Es gibt auch Tinten-Kulis, und jeder Kuli ist seines Erlasses werth.

Natürlich meine ich: seines Steuer-Erlasses, — was

dachten Sie denn? Können Sie mir also von Herrn Tuebben, den ich herzlich zu grüßen bitte, von meinen 232 Mark noch vor Neujahr etwas zurückerobern, dann wäre das sehr nett und würde Ihrem genialen Finanz= plan, von dem Ihr Oberkollege, der neue Herr Graf, sprach, alle Ehre machen. (Briefe, auch Werthsendungen gefl. an die Expedition dieses Blattes zu adressiren!) Und, sobald es Ihre Zeit erlaubt, sagen Sie mir wohl gütigst: Wie schätze ich mich ein?

Bis dahin begrüße ich Sie

In **hoffender**, harrender Hochachtung

als **Ew. Excellenz**

— **jetzt mußte es sein** —

wohlaffektionirter

Apostata.

P. S.

Und fleißig Tolstoi lesen, **Herr Minister!**

21. 12. 1891.

Pierer'sche Hofbuchdruckerei. Stephan Geibel & Co. in Altenburg.

Neue Folge.

Maximilian Harden.

oltata.

Apostata.

Apostata.

Von

Maximilian Harden.

❦

Neue Folge.

Zweites Tausend.

Berlin 1892.
Verlag von Georg Stilke.

Einige der hier gesammelten Aufsätze erschienen zuerst in der „Frankfurter Zeitung" und in der „Gegenwart".

Vorwort.

✦

Als Herkules, Lessing fabulirt uns davon, in den Himmel aufgenommen ward, bot er unter allen Göttern der Juno den ersten Gruß; und da die Himmlischen staunend sahen, wie er seiner Feindin so vorzüglich begegnete, lachend sprach da der kluge Helde: „Nur ihre Verfolgungen sind es, die mir zu den Thaten Gelegenheit gegeben, womit ich den Himmel verdienet habe." Und der Olymp billigte die Antwort des neuen Gottes und Juno selbst ward versöhnt.

Mitleidige Mode heischt heute, trotz darwinistischem Gespreize, kümmerlichen Kultus der Schwäche; aber ich denke, auch von dem Stärksten kann einmal man Gerechtigkeit lernen und meiner Juno möchte in aller Demuth ich drum meinen ersten Gruß entbieten. Ach, es ist eine gar irdische Juno, und wenn ich sie recht betrachte, sind es wohl gar ihrer zwei, die auf ragender Zinne des Staates und der öffentlichen Meinung treue Wacht halten: die Staatsanwaltschaft und — in gebührendem Abstande — die Presse. Sie haben es wahrlich nicht verschuldet, daß ich durch keine herkulische That mir den Himmel verdient habe, denn ihre Verfolgung hat mich stachelnd geleitet, vom Herbst durch den Winter in den sprossenden Frühling hinein. Aber die Götterkraft läßt sich nicht erzwingen und man muß schon froh sein, wenn die Reinigung eines Eckchens nur im allzu geräumigen Augiasstalle gelang.

Der Staatsanwalt mag ruhig sein. Die alberne und unverständige Absicht einer Beleidigung des Kaisers lag mir fern; und wer zu lesen versteht, der wird auch in den Be-

trachtungen, die in erregter Zeit verkleinlicht und verpersönlicht
wurden, mit ruhigerem Sinn jetzt die sympathische Achtung
erkennen, die den Wegen eines hoch strebenden und merkwürdig
im unklaren Zwielicht dieser Jahrhundertwende schillernden
Monarchen dort nachdenkt. Der Römerkaiser Julianus, dem
ich den schmeichelhaft schimpfenden Beinamen entlehnte, der
zwang durch die Furcht vor dem Verbrechen der beleidigten
Majestät zur Anbetung der alten Heidengötter, neben deren
Bildniß er die eigenen Züge prägen ließ. Mystische Mischungen
aber wirken heute nicht mehr: Das hat der Kaiser erkannt,
da er den Rächern seiner Ehre Einhalt gebot. Daß Fürsten
Menschen sind und oft genug schlechte Rathgeber haben, sah
schon, durch die friederizianische Glorie, die ihm den Blick
niemals dunkelte, Lessing, und er hat auch, mancher friederizia-
nischen Kleinthaten vielleicht gedenkend, vom Geschenk der
Feyen die Fabel erzählt. In die Wiege eines zappelnden
Prinzleins hatte eine loyale Fee als Angebinde den scharf-
sichtigen Blick des Adlers geschenkt, dem in seinem weiten
Reiche auch die kleinste Mücke nicht entgeht; das pries die nicht
ganz so loyale Feenschwester, aber sie fügte zum ersten auch
ein zweites Geschenk: die edle Verachtung des Adlers, die den
kleinsten Mücken nicht nachjagen mag. „Ich danke dir, Schwester,
für diese weise Einschränkung," versetzte die erste Feye. „Es
ist wahr, viele würden weit größere Könige gewesen sein,
wenn sie sich weniger mit ihrem durchdringenden Verstande
bis zu den kleinsten Angelegenheiten hätten erniedrigen wollen."
Sie war also gar nicht so loyal, diese erste Feye, wie sie dem
flüchtigen Blick erschien; zum Staatsanwalt aber hatte sie
kein Talent.

Die achtundvierziger Stimmung will nicht weichen und
in gänzlich veränderter Zeit glaubt manche verspätete eiserne
Lerche sich einen Göttervogel, weil sie dem Herrscher ein
giftiges Trutzliedchen getrillert hat. Als ob heute die Be-
fehdung ganz anderer Mächte nicht weit mehr Muth verlangte,
nicht ungleich modernere Ziele steckte. Juno Nummer eins
ist eine etwas hitzige Dame, die allgemach ihre Binde wohl
ablegen und an unterscheidendes Schauen sich gewöhnen dürfte;
Juno Nummer zwei ist eine kalt Rachsüchtige, von den tugend-
samen Jungfern Eine, die Proserpinens Gemahl für den
Furiendienst warb und die in versklavter Unfreiheit nie Dem

verzeihen können, der klirrend und höhnend am Ende die Kette
niederwarf, dem armen parteilosen Vogel Phönix, dem überall
Neider und nirgend Freunde erstehen. Bei einiger Anlage
zur Eitelkeit hätten sie mir vielleicht schlimm mitgespielt, die
gepeitschten Furien, die den Abtrünnigen mit dem großen Tot-
schweigebann belegten und unter der Ruthe winselten, weil
doch das Verstummen nicht half und der verwehmte Name
schließlich doch aus dem Setzkasten mußte, denn der Staatsanwalt hatte es so gewollt.

Spaßhafte Geschichten könnte ich erzählen und rührend
komische Briefe hier drucken, in denen die Tintenkulis ihre Noth
mir klagten, weil die Treiber jede Erwähnung des Apostaten ver-
pönten. Jetzt, nachdem meine Wochenwanderungen durch die
„Gegenwart" beendet sind, werde ich in einem eigenen Blatte
jedem Sklaven die Möglichkeit bieten, für eine Stunde wenigstens
sich als ein Freier zu fühlen; wer in eigenen Lauten Eigenes
zu sagen hat, der wird eine Unterstatt finden, mag er dem
Kampfe auch, den bis zum letzten Wank fortzusetzen ich fröhlich
entschlossen bin, und dem Kämpfer selbst bitterste Fehde künden.
Auch in dem freien Blatte aber, das für freie und frohe
Europäer von Nichthörigen geschrieben sein soll, wird mein
bester Stolz sein, den zu ödem Stallknechtdienst bei Annoncen-
verlegern jetzt oft erniederten Rittern vom Geiste genug zu
thun, deren öffentliche oder erzwungen private Zustimmung
mir frohestes Labsal war, vom Herbst durch den Winter in
den sprossenden Frühling hinein.

Und weil doch schon zwei Fabeln Lessings hier prangen,
mag auch die dritte noch geduldet sein. Der Nachtigall rühmte
die Grille ihr bewunderndes Publikum: die fleißigen Schnitter,
denen das muntere Zirpen so lustig klingt. Die Nachtigall
aber wollte von dem Beifall so grobnerviger Utilitarier nichts
wissen und meinte, nicht eher dürfe die Grille sich auf ihr
Lied etwas einbilden, als bis ihm der sorglose Schäfer, der
selbst auf seiner Flöte sehr lieblich spielt, mit stillem Entzücken lauscht.

Eine moralische Erläuterung hat Gotthold Ephraim der
Fabel nicht angehängt.

Berlin, am **14.** Juni 1892.

M. H.

I.

Bei Bismarck a. D.

Im Sachsenwalde lag noch tiefer Schnee, als ich drei Stunden in Friedrichsruh erleben durfte. Nicht mit dem Gelüsten eines spür= sinnigen Interviewers war ich der Einladung gefolgt, die freundlichem Bemerken eines aufrichtigen Wollens zu danken war, und lange habe ich deshalb auch gezögert, von den großen Eindrücken kurzer Stunden Einiges zu berichten. Gar so gern behält man das Beste, das man erfahren hat, als ein kostbares Eigenthum für sich selbst. Weil aber neuerdings wiederum über die Persönlichkeit und über die Stimmung Bismarcks so unendlich viel gelogen wird, weil die gewerbmäßigen Interviewer auf wilder Jagd nach sensationell aufzuputzenden Aus= sprüchen eine breite, genrehafte Schilderung des Milieu und der kleinen Züge fast völlig vermissen lassen, die ein Portrait erst lebendig und auch für dem Original fern Stehende ähnlich machen, weil endlich in trübe gährender Zeit schon nach dem Verstreichen eines kurzen

Vierteljahres ein so zu sagen historischer Rückblick möglich erscheint —: darum will ich, unter selbstverständlicher Ausscheidung alles Persönlichen und für die Oeffentlichkeit noch Ungeeigneten, hier zu erzählen versuchen, was ich in Friedrichsruh gehört und gesehen habe. Irgend ein Bedürfniß nach Sensation wird bei diesem Bericht kaum auf seine Rechnung kommen; für das literarische Bismarck-Denkmal aber, dem der gestaltende Künstler erst noch erstehen soll, trägt er aus deutlich bestimmter Zeit doch vielleicht einen winzigen Baustein herbei, zur Festigung des Sockels mindestens eine Hand voll Mörtel. Daß ich bemüht war, den Gedankengang des Fürsten nach Möglichkeit mit seinen eigenen Worten wiederzugeben, das bedarf der Versicherung nicht; wohl aber, daß ich mir bewußt bin, nur subjektive Wahrheit zu bieten und nur Eindrücke, die durch das Medium eigener Anschauung nicht ungefärbt vielleicht hindurchgegangen sind. Nicht eine Momentphotographie also, sondern ein impressionistischer Versuch, der auch die scheinbar unwichtigsten Züge nicht hochfahrend verschmäht und dessen ernsteste Sorge die ist, nicht in künstlich getönter Atelierbeleuchtung, vielmehr im hellen Licht eines genau festgehaltenen Augenblickes das Bild zu zeigen.

Im Sachsenwalde lag noch tiefer Schnee und in weicher Räderspur führte geräuschlos der Wagen dem einfachen Landhause mich entgegen, das da, wenige Schritte nur von der Bahn, zwischen weiß belasteten Fichten und Kiefern hervorgrüßte. Draußen aber, in der deutschen Welt, ging es lärmender noch, als wir seit zwei Jahren gewöhnt sind, zu, um die Mitte des Februars, der die

Wende des Caprivismus uns brachte. Eitel Luft und
Seligkeit hatte, wenn man den Zeitungen nämlich glauben
durfte, die **Politik** der Versöhnung und Freigebigkeit
ringsum nur erschaffen; ungefährdet waren die in ihren
Segnungen grotesk überschätzten Handelsverträge unter
Dach gebracht, und **als** in festlicher Stimmung Herrn
von Caprivi der Grafentitel **verliehen war, hatten** liberale
Phrasier, dieselben, **deren Unterstützung dem Kanzler doch**
unheimlich war, **in Zungen** sein unvergängliches Ver=
dienst gepriesen, nicht ohne dabei, wie des Landes **längst**
so der **Brauch,** etliche Unanständigkeiten in der Richtung
nach Friedrichsruh abzuschnellen. Da brach, **aus heiterem**
Himmel, das Volksschulgesetz herein; alle liberalen Blase=
bälge geriethen **in** Bewegung, das Entrüstungstürmchen
zum Sturm zu entfachen; zum Rütlischwur traten
Bennigsen, Bamberger, **Richter an;** segnend breitete,
unter Thränen lächelnd und im Entzücken, man denke,
verstummt, Heinrich Rickert, **der stets** Unentwegte, die
Hände aus, den Bund **zu weihen, den er** in werbender
Sezession schon erträumt und dann oft, wenn **von** Zoppot
er nach Berlin geeilt war, um das Vaterland **rasch noch**
zu retten, mit Hilfe der Freikarte. Daß der Caprivismus
nie etwas Anderes war als ein frommes Haudegenthum,
vertreten durch einen Gentleman **und** für liberale Augen
gemildert durch anbefohlene Abkehr von bismärckischen
Wegen: die parlamentarischen Eingeweideschnüffler er=
kannten es erst, als **der** leitende und öfter wohl noch
geleitete General seinen Ansichten über Atheismus und
Soldatenmißhandlungen in unglücklicher Stunde freien
Lauf ließ. Auch **der** im Bannkreis der Preßfälschungen

1*

Verschmachtenden Blicke drangen zum ersten Male nun
wieder in die abgelegenen Tiefen des Sachsenwaldes und
geschäftig wurde verbreitet, Fürst Bismarck würde aus
der rathlosen Verworrenheit der Situation eiligst Nutzen
ziehen und im Herrenhause als Triumphator die Schul=
freiheit vertheidigen und die stetige Richtung des alten
Kurses. Höher schlugen, in vorfreudiger Erwartung
solchen Spektakels, die ältesten Phrasierherzen und mancher
Leitartikelschreiber rang der Inseratenüberzeugung seines
Verlegers das Geständniß ab, daß die Bismarckzeit doch
auch ihre bescheidenen Vorzüge hatte.

* * *

„. . . Durchlaucht sind beim Frühstück und lassen
bitten, doch gleich einzutreten!"

Ein geräumiges Zimmer, von Schneelicht und
praller Wintersonne durchhellt, an den Wänden gute
Landschaften und altdeutsches Geräthe. Hinter dem
Eßtisch erhob sich schwer eine mächtige Gestalt und mit
beschämender Herzlichkeit trat der Fürst seinem Gast
entgegen, dessen Befangenheit vergebens nach Worten
suchte und der gewiß linkisch und unbeholfen genug er=
schien. Vor dem durch Geburt oder Amt Gebietenden
mag auch der kleine Mann den Kopf hoch tragen; hier
aber, im Zauber einer aus eigener Kraft erwachsenen
Individualität, mußte ich unwillkürlich des jungen Grill=
parzers gedenken, der in Thränen ausbrach, als ihn Goethe
an der Hand zum Tische führte: „Das Gefühl der
unmittelbaren Berührung mit dem Manne, der ihm die
Verkörperung der deutschen Poesie, der ihm, wie er sagt,
in der Entfernung und dem unermeßlichen Abstande

beinahe zu **einer** mythischen Person geworden war, über=
wältigte ihn." (Scherer.) Daß eine impulsive Natur
wie die Hansens von Bülow durch den ganz persön=
lichen Zauber Bismarcks zu himmlischen Unbedachtsam=
keiten getrieben werden kann, wird Jeder begreifen, der
diese Erscheinung **künstlerisch einmal nur** durchfühlen
durfte; müde Parteiklepper freilich wehte solches Respekt=
gefühl vor großer Menschheit nimmermehr **an.**

„Sie müssen schon entschuldigen, **wenn wir nicht**
mit dem Frühstück gewartet haben, **aber Schweninger**
besteht darauf, **daß** mein Mann jetzt **immer** pünktlich
um zwölf zu Tische geht, und dem Professor gehorchen
wir blind." Die Fürstin **sah von** überstandener Krank=
heit noch etwas angegriffen aus, aber ihre Bewegungen
waren frisch und rasch und schlichte Hausfraulichkeit
scheuchte jeden steifen Zwang schnell hinweg.

Zwischen den berühmtesten Kollegen — denn Otto
Bismarck und Lothar Bucher **sind** heute die ersten
Publizisten im deutschen **Gelände und** an Apostaten=
zügen mangelt es ihnen nicht — **war mir der Platz**
gewiesen, und während der Fürst sich liebenswürdig be=
mühte, **aus der** gut bürgerlichen Mahlzeit **eine** Rarität
zu empfehlen, weißsauren Schweinskopf **mit** pikanter
Sauce („das habe ich **mir** aus Rußland mitgebracht;
der Schnaps hier gehört dazu; **ich bin** immer mit Erfolg
gereist"), holsteinischen Bückling auch oder ein eigens für
ihn gebrautes süddeutsches Bier, ein Mittelding zwischen
Ale und der Berliner Weißen, von dem er sich selbst
aus einer Champagnerflasche einschänkte, hatte ich Muße,
mich zurecht zu finden und Umschau zu halten.

In einem schweren Lehnstuhl saß der Fürst; hinter ihm lagerten die beiden kräftigen Hunde, Tyras und Rebecca, denen er von Zeit zu Zeit einen Bissen zuwarf. Er war im schwarzen Rock mit dem altväterisch breiten Halstuch; bis zum Knie trug er dicke Lederschäfte, denn mit den Beinen, das weiß man schon vom Bundesrathstische her, will es längst nicht so recht mehr gehen. Was mir zunächst auffiel, war die zarte, fast mädchenhafte Frische der Haut, die den mächtigen Schädel umspannt, und die außerordentliche Feinheit der langgegliederten Hände, die nicht einem Greisen anzugehören schienen, sondern einem soignirten Diplomaten von fünfzig Jahren. Diese charakteristische Hand hat der um Nebendinge genial unbekümmerte Lenbach uns nie gemalt und auch die düstere Dämonie konnte ich nicht erblicken, die aus seinen Bismarckbildern häufig mit Tragödienstimmung uns spricht. Franz Lenbach ist eben nicht in der technisch sicheren Wiedergabe des Wirklichen groß, sondern im verdichtenden Erfassen der wesentlichsten Geistesdispositionen; er gibt den ihm sitzenden Menschen nicht wie er ist, sondern wie er nach psychologischem Urtheil sein sollte; darum sind seine Moltkebilder oft sprechend unähnlich, darum aber ist seine malerische Charakteristik der Kaiser Friedrich und Wilhelm des Zweiten auch ganz und gar erschöpfend: dort die leise Unsicherheit, die zwischen prächtiger Pose und erstrebter Volksthümlichkeit in liebenswürdiger Schöne schwankt, hier eigenwilliges Machtbewußtsein, das mit gerunzelter Stirn den Kopf in den Nacken wirft. So hat er auch, in des Rembrandt wohl würdiger Meisterschaft, den Bis-

marck der Historie und des Mythos uns gemalt, den
eisernen, Großes brütenden und skrupellos auf selbst
gebahnten Pfaden vorwärts schreitenden Seher und
Künder neuer Ideale. Auch diesen Bismarck sollte ich
noch schauen; jetzt saß ich neben einem nicht im kleinsten
Zuge greisenhaften Manne von großartigster Vornehm=
heit, im Stil fabelhafter Landlords, und aus den
mächtigen Augen, unter denen die scharfen Einbuchtungen
zurückgetreten sind, lächelte zufriedene Güte und ge=
sättigte Kraft.

Der Fürst ist schlanker, das prachtvoll gemeißelte
Gesicht ist schmäler geworden und über der ganzen Er=
scheinung lagert ein ihr sonst fremder Hauch schmerzloser
Resignation, die dem heldischen Gefüge des Hünenleibes
einen neuen Reiz verleiht. Er hat sich verjüngt und
er hat sich verklärt; es ist, als wären die Schlacken der
Menschlichkeit, die ein dreißigjähriger unumschränkter
Machtbesitz da oder dort immer ansetzen muß, nicht
ohne Widerstand gewiß, abgefallen und nach wehem Wehren
nun ein abgeklärtes Ewigkeitbewußtsein eingekehrt, das
dem cholerischen Temperament lächelnd Schweigen zu
gebieten sich gewöhnt hat und prometheischen Regungen
nicht mehr zugänglich ist. In zwei einsamen Jahren
hat diese Brust viel durchgekämpft und manche bittere
Erfahrung, tobend vielleicht zuerst und mählich dann
in skeptischer Ruhe, überwunden. Er ist nicht derselbe
Mann mehr, der in den Märztagen des kritischen Jahres
1890 grollend wie ein entthronter Dynast der Reichs=
hauptstadt den Rücken kehrte; er hat viel, seit er die
Dinge in anderer Beleuchtung sah, der immer Lern=

fähige und Lernbegierige, gelernt, viel wohl auch vergessen, und wenn ich meinen Eindrücken trauen darf, hat in manchen Stücken Bismarck heute keinen objektiveren Beurtheiler als Bismarck a. D. Leidenschaftlos und in wägender Ruhe spricht er von seinen Gegnern, von den tückischen Feinden sogar; freilich lügt er sich auch nicht die Vorzüge eines milden Gefühlmeiers an, wie er überhaupt niemals bemüht war, seine Person in vortheilhafte oder populäre Beleuchtung zu rücken. Als erzählt wurde, der General Caprivi sei in den zwei Jahren stark gealtert, da verschmähte er billigen Ausdruck der Sympathie; er blieb stumm, und in seinen Mienen nur las man: C'est la guerre, und: In serviendo ipse consumptus sum. Und als eine Zeitungsnachricht den Tod des Reichsglöckners Felix von Loë in Folge eines Gehirnleidens meldete, da meinte er, ohne Wimpernzucken: „Der war immer mente captus.“ Nicht die Spur eines Bemühens um Verschönerung, immer das selbstbewußte Gefühl, auch ohne Retouche bestehen zu können: Nihil humani a me alienum puto!

Mitunter nur, später, als er von intimer Politik sprach und des eigenen Verhältnisses zum neuen Kurs gedenken mußte, empfand ich das unbändig Treibende dieser vulkanischen Natur, ihr tiefes Feuer, ihren erzenen Schritt, das Wogen und Wallen in kochender Subjektivität. Dann war der gütig lächelnde, der liebenswürdig behagliche Landedelmann verschwunden: in den großen Zügen begann es drohend zu wetterleuchten; schroffer und schneller wurde die Geberde; in das verdunkelte Auge trieb innere Erregung heiße Feuchtigkeit, und an dem gewaltigen Haupt trat der Knochenbau schärfer hervor. Dann war der Bismarck der Lenbachbilder da und in die beschleunigte Rede fegten die Flammen eines durch seine impetuose Macht über Abgründe hinweg zwingenden Temperaments hinein. In solcher Stimmung mögen die schweigenden Föhren des Sachsenwaldes den einsamen Reiter, der trotz dem Jüngsten noch galoppirt, mehr als einmal gesehen und unter dem Blitzen des geweiteten Auges fröstelnd erbebt haben, ehe der Starke am Ende auch eigener Gluth gebieten lernte.

*　　*　　*

Auf die Gefahr, von freisinnigem Mannesstolze belächelt zu werden: in ruhelosen Nächten und während der raschen Fahrt hatte ich vor dem Besuche gezittert, wie nur ein Menschenscheuer vor der Begegnung zittern kann, die vielleicht mit dem Sterben einer Illusion enden und sicher dem Selbstpeiniger das Bewußtsein eigener Nichtigkeit stärken würde. Nun war ich nach knappen drei Minuten heimischer hier als neben der vereisten Engländerei kleiner Parlamentarier, die durch geheimnißvoll lächelnde Korrektheit als große Staatsmänner sich zu inszeniren suchen. Es ist die reizendste Gabe starker Menschen, daß sie nicht zu fürchten brauchen, sie könnten „sich etwas vergeben", daß sie den Nahenden nicht herabzudrücken, sondern ihn zu erheben bestrebt sind. Die Verlegenheit währte nur gerade so lange, als der Fürst in viel zu gütigen Worten von meiner Arbeit sprach; dann kehrte das Tischgespräch, als wäre kein Fremder zugegen, zu häuslichen Dingen zurück und die Fassung war wieder da und nur mit dem Titel und mit der

Anrede in der dritten Person fand ich mich nicht zurecht: zwei-, dreimal ertappte ich mich entsetzt auf dem dreisten Sie und die Durchlaucht wollte, wo so mächtiger Eigenwerth schon Ehrfurcht heischte, mir nicht in den Sinn. Ganz alltäglich ist's ja auch nicht, daß der erste Titelträger, mit dem man Bekanntschaft knüpft, gerade Otto Bismarck heißt.

Von den Söhnen wurde, von Herbert und Wilhelm, zärtlich gesprochen, die immer für Briefe an die Mutter reichliche Zeit fänden, auch früher, als der Staatssekretär des Auswärtigen Amtes noch der fleißigste Arbeiter in der Wilhelmstraße war. Von dem spät Arbeiten kam die Rede auf das Licht und der Fürst erzählte, er habe immer nur Oel gebrannt, weil er die Verantwortung dafür nicht übernehmen wolle, daß durch Petroleum ein Mensch verunglücken könnte. „Nur in Kissingen haben wir Petroleum, aber ich habe glücklicher Weise unter dem mir unausstehlichen Geruch nie gelitten." „Das ist sehr einfach, lieber Otto: ich habe für Dich und für Herbert extra zwei schöne Oellampen gekauft." Der Fürst erörterte den Plan einer elektrischen Anlage für Friedrichsruh, die vielleicht weniger kostspielig als Oel sein, für das kleine Haus aber doch wohl nicht lohnen würde. „Sie haben keine Ahnung, wie einsam ich doch hier wohne; das Ding ist ja ursprünglich nicht zu dauerndem Aufenthalt, namentlich im Winter, gebaut. In Varzin habe ich doch das Dorf, wenn ich Menschen sehen will, aber hier sind erstens die Räume beschränkt, und wenn meine lieben Hamburger und die Eisenbahnzüge nicht wären, ich kriegte oft wochenlang keinen neuen

Menschen zu sehen. Uebrigens, das ist unverständiges
Zeug, wenn man immer sagt, durch mein Hiersein hätten
die Geschäfte sich verzögert. Das Gegentheil ist viel
eher wahr. Was in Berlin bis halb fünf erledigt war,
das hatte ich um neun Abends hier; dann blieben mir
zwei Stunden für Durchsehen, Unterschreiben und Glossiren
und am nächsten Morgen trugen in Berlin die Post=
boten die einzelnen Einläufe an ihre Adresse. Aber
glauben Sie etwa, daß so ein Ministerialdiener so flinke
Beine hat wie ein Briefträger? In Berlin blieben die
fertigen Sachen auf meinem Schreibtische liegen, bis ein
ordentlicher Haufe zusammen war, und dann trug der
Bote sie womöglich noch zum Unterstaatssekretär und
die Geschichte verträdelte sich. Nein, von hier aus ging
es am glattesten, und — das müssen die Leute mir doch
eigentlich lassen, daß ich ein pflichttreues Arbeitspferd
war und an meine Bequemlichkeit immer verdammt
wenig dachte. Wenn Schweninger nicht gewesen wäre —!
Die Autoritäten — ich mag keine Namen nennen —
hatten mich ja sämmtlich aufgegeben und redeten in
den Münchener Doktor hinein, wozu er den alten Kerl,
der doch den Krebs hätte, denn nun noch mit einer
Trainirkur quälen wolle. Aber der Professor hat den
Teufel im Leibe, und wenn er hier ist — wir erwarten
ihn heute Nacht —, dann sind wir alle fidel.“

„Ja, und die Störungen in Berlin, durch Hof=
geschichten und Ceremonialzwang und Besuche von Hinz
und Kunz —! Jetzt machen sie das alles da wahr=
scheinlich bureaukratisch ab, Nummer für Nummer akten=
mäßig verfügt. Und dann ist Potsdam noch ein Kreuz

für den Minister; ein halber Tag geht dabei so immer
drauf, denn erst muß man zu Hause im besten Arbeiten
aufhören, dann kommt man zu früh auf die Bahn,
und dauert der Vortrag beim Herrn nur fünf Minuten
länger, da fährt Einem der Zug vor der Nase fort und
es heißt eine Stunde warten. Der alte Kaiser wußte
das schon und war immer besorgt, daß ich nur recht=
zeitig in den Wagen kam."

Die neue Hoftracht wurde erwähnt, die bei Fahrten
nach Potsdam besonders genirlich ist. „Solche Kleinig=
keiten machen am meisten böses Blut. Ich weiß noch,
wie ich als Junge meinen Onkel in den Kniestrümpfen
bewunderte. Für Rheumatiker ist es selbst mit wollenem
Unterzeug noch gefährlich. Bei Napoleon war es ja
auch Mode und als Gesandter konnte ich nicht gut herum=
kommen; während ich aber in dem zugigen Flur auf
meine Kutsche wartete, war mir immer zu Muthe, als
ob ich bis an die Kniee im Wasser stünde. Außer den
Engländern, die es von Haus aus nicht anders kennen,
soll die Diplomatie ja die Mode wohl auch nicht mit=
machen."

Die Tafel war abgeräumt und dem Fürsten wurden
die langen Pfeifen gebracht, die der Diener dann wechselte.
Und in kurzen Zwischenräumen kamen Zeitungen; der
stenographische Reichstagsbericht zuerst, in dem den
Fürsten die Tragfähigkeit des neuen Gewehrs interessirte,
dann eine ganze Anzahl illustrirter Blätter, endlich für
die Fürstin die „Berliner Neuesten Nachrichten" und
für den Fürsten die „Kreuz=Zeitung".

„Seit dem ersten Januar lese ich das Blatt wieder; ich hatte es seit der Deklarantenzeit nicht wieder in der Hand gehabt, aber man will doch wissen, was los ist."

Ich erlaubte mir die Bemerkung, daß die Kreuz-Zeitung in neuerer Zeit überhaupt viele Anhänger gewonnen habe, weil sie wenigstens Farbe bekannt und der Freiherr von Hammerstein eine gewisse Unabhängigkeit gezeigt habe.

„Ja, ja. Wissen Sie, Hammerstein erinnert mich aber doch immer an Richter; auch er ist ein geschickter Mensch, aber er tyrannisirt seine Partei genau wie Richter die „Freisinnigen". Und bei den Konservativen ist das noch viel leichter, weil das meist ruhige Leute sind, die nach einem guten Frühstück sich eben gemächlich den Mund abgewischt haben, wenn sie in die Fraktions-sitzung kommen, und die dann froh sind, wenn ihnen Einer sagt, wie sie zu stimmen haben. Das ist ja überhaupt das Malheur: zwei, drei von den Leuten arbeiten die Vorlagen ordentlich durch und wissen wenigstens, um was es sich handelt, und diese Fraktionsstreber, die einen Andern doch nur bei faulen Sachen zum Worte kommen lassen, die machen dann, was sie wollen, während die große Masse die Drucksachen kaum oberflächlich durchblättert".

Wir waren allein geblieben und ich hatte erwähnt, daß man ziemlich allgemein eine Rede des Fürsten im Herrenhause erwarte. Da fiel das Citat aus dem Liede vom Bruder Straubinger:

> „Da müßt' ich doch ein Esel sein,
> Ein Kerl als wie ein Rinde!"

„Nein, daran denke ich wahrhaftig nicht. Das Herren=
haus hat seine Vorzüge, gewiß; es sitzen da Leute, die
von den Dingen etwas verstehen, aber es sind doch auch
viele Höflinge da, aus dem Chor der strebenden Land=
räthe, die noch ‚was werden‘ wollen. Das ist ja heute
überhaupt in unseren Parlamenten die Sache: jede
Partei hofft, den Kaiser eines Tages noch unter ihren —
wie sagt man doch gleich? ja — unter Ihren Hospi=
tanten sehen zu können, und will sich deshalb nicht
kompromittiren. Nein, das Herrenhaus wäre nicht der
Boden; und im Reichstag? Ich kann Ihnen sagen: es
hat mich manche schlaflose Nacht der Gedanke gekostet,
ob ich sprechen soll.. Aber wie die Geschichte jetzt liegt —
die Schulfrage und die Welfengeschichte gehören auch zu den
Quietis, die man nicht movere sollte —, ist es doch nicht
angebracht, mich als Puffer zwischen die Regierung und die
Parteien zu schieben; das gäbe dann eine Generalabrechnung
zwischen einst und jetzt und würde augenblicklich die
Situation zwar erleichtern, aber die nothwendige Klärung
nur aufhalten. Ich würde erscheinen wie Banquos
Geist an Macbeths Tisch und mancher alte Freund
hat ohnehin schon ein böses Gewissen mir gegenüber.
Trete ich persönlich hervor, dann kann ich mich auch
nicht zurückhalten, sonst wird es nichts; sage ich aber
meine ganze Meinung — ich sehe nicht rosig in die
Zukunft —, dann gerathe ich in eine Stellung, die
meiner ganzen Vergangenheit nach nicht für mich paßt.
Und außerdem würde die Presse ja doch Alles entstellen,
was ich sage; dagegen ist nicht anzukommen.

Man überschätzt meinen Ehrgeiz und man unterschätzt mein Selbstgefühl. Ich bin heute siebenundsiebzig Jahre alt, ich habe wirklich keine Ambitionen mehr. Im Rahmen der **heutigen Politik ist für** mich kein Platz. Minister, die die Krone berathen, gibt es nicht mehr; heute beräth die Krone die Minister, in bester Absicht natürlich, aber das taugt nun doch nicht mehr für mich; dazu sind jüngere Leute nöthig, die noch frische Beine zum Einschwenken haben. Soll ich mich nun hinstellen und Caprivi kritisiren, der doch nur ein Beauftragter ist? Ich **bin** immer ein guter Monarchist gewesen und möchte nichts sagen, was auch nur den Böswilligen antimonarchisch schmecken könnte; aber ich bin auch kein Absolutist, ich glaube namentlich nicht, daß es heutzutage gut ist, wenn die Krone bei jeder Gelegenheit in den allen Anwürfen ausgesetzten Vordergrund gestellt wird. Als ich Minister wurde, fand ich das Königthum bedrängt, mein alter Herr wollte zurücktreten und ich hatte Mühe genug, ihn davon abzubringen. Damals habe ich es als meine Aufgabe betrachtet, **die** Machtstellung der Krone zu verstärken, na, **und das ist** mir nun so sehr gelungen, daß man heute schon wieder auf die Verstärkung der Volksvertretung bedacht sein muß, ich meine den Reichstag, in dem mir das steife Rückgrat nicht immer in genügender Weise vertreten scheint. Und es wäre wirklich für die Monarchie und für unsere ganze Einheit ein Unglück, wenn wir jemals auch nur vorübergehende absolutistische Rückfälle erleben müßten; denn da regiert die Camarilla oder im schlimmeren Falle das Ewig-Weibliche. Das bleibe uns erspart, aber —

es ist mir ein Bischen ergangen wie den vierzehn Noth-
helfern, die dem Reiter eben von der einen Seite herauf-
geholfen hatten — da fiel er auf der anderen Seite
herunter . . .

Ich wüßte wirklich nicht, wie ich auf meine alten
Tage noch einen andern Wunsch haben sollte als den,
daß es unserm Deutschen Reiche recht gut gehen möge.
Aber ich bin nicht ohne Sorge. Es wird mir den
Russen, die ganz verständige Leute sind, jetzt zuviel eine
gar nicht in dem Umfange vorhandene Kriegsluft auf-
geredet — man nennt das jetzt gern eine Suggestion,
aber die Sache ist namentlich für Dilettanten gefährlich.
Und dann —: ich habe mein Leben lang gegen die
Bureaukratie gekämpft, gegen den Geheimrath, aber jetzt
kriegen wir den Assessor; wir kommen unter die Herrschaft subalterner Bureaukratie. Sie glauben gar nicht,
was die Leute jetzt schon für Schreibereien haben, wie
sie von der Regierung mit Auskünften und Doktor-
fragen gequält werden. Da ist die Landgemeindeordnung.
Der Kaiser ist nicht auf dem Lande groß geworden, er
muß sich auf Informationen verlassen und mag es wohl
geglaubt haben, als man ihm sagte, daß es sich um
‚feudale Ueberreste‘ handle, die beseitigt werden müßten.
Früher hat da unsere eingesessene Bauernaristokratie regiert
und ich kann Ihnen sagen, die Geschichte ging fast immer
glatt und gut und die Leute waren zufrieden; jetzt
werden allmälich überall kleine Parlamente entstehen; es
wird noch mehr als bisher geredet werden, und wo das
Redenkönnen den Ausschlag gibt, sind immer die Radikalen obenauf. In solchem Dorf kann heute gewöhnlich

nur Einer ordentlich schreiben, meist der Schullehrer, der muß nun die Berichte machen und ist dann natür= lich der wichtigste Mann. Das wird sich alles erst später zeigen, und wenn die Handelsverträge sich erst fühlbar machen, dann, fürchte ich, wird die Unzufrieden= heit noch zunehmen. Eine **Regierung**, und besonders in einem Staat, der nach **der** Landwirthschaft **gravitirt**, kann eben nicht **vom grünen Tische aus** geführt werden; was man nicht gesehen hat, oder **noch besser am eignen** Leibe erfahren, das kennt man auch nicht.

Es wird jetzt immer behauptet, ich schriebe Artikel gegen die neue Regierung. Das ist natürlich **Unsinn.** Wenn ich eine journalistische Thätigkeit in solchem **Um-** fange übernehmen wollte, müßte ich doch mindestens in Hamburg wohnen. Auch bin ich dazu nicht mehr jung genug. Nein, von Zeit zu Zeit besucht mich einer der Herren und dem sage ich dann wohl meine Ansicht über die Dinge, denn schließlich habe ich doch einige Erfahrung und ich sehe nicht ein, weshalb die gerade verschwiegen werden soll, **wo doch so** viel thörichtes **Zeug gedruckt** wird . . ."

Die behagliche Ruhe war längst aus seinen Zügen entwichen, eine feine Röthe lag **auf** der Stirn, heftig stießen die Lippen dicke Dampfwolken hervor. Nicht ein verärgerter: ein leidenschaftlicher Mensch, der auch in flüchtigem Gespräch nicht ohne Erregung der Aufgabe eines ganzen Lebens gedenken kann. Langsam nur war die Rede in Fluß gekommen; zuerst gab es häufige Pausen, in denen ein Journal angeblättert oder den Hunden gerufen wurde, wie um dem Zwang aufwühlender

Erinnerungen auszuweichen; immer wieder aber zeigte
ein Zucken in dem prachtvoll energischen Kinn, ein un=
willkürliches Erstraffen der Kopfhaut, daß hier eine Noth=
wendigkeit drängte und trieb, vor der es kein Entrinnen
gab. Zweimal wollte der Gast, der in dem Ruhen der
Rede ein Zeichen der Abspannung zu sehen glaubte, sich
entfernen, zweimal hielt eine freundliche Bewegung, ein
liebenswürdiges Wort ihn zurück, das wohl aus dem
Bedürfniß kam, einen nicht ganz Unverständigen nun
auch bis an das Ende des einmal beschrittenen Gedanken=
pfades zu führen. Es war ein Programm, das da, ungleich
vollständiger, als es hier wiedergegeben werden konnte,
in weiten Linien umgrenzt wurde; aber nicht das Pro=
gramm eines kleinlichen Mißvergnüglinges, der neidisch
an dem Treiben und Streben des nach ihm und durch
ihn entstandenen Geschlechtes sich vernörgelt: eine „an=
nähernd königliche Existenz“ regte sich frei und stolz;
einer der Peers sprach, um deren Besitz Bismarck 1867
im norddeutschen Reichstage England pries: „Gänzlich
desinteressirte Existenzen, die auf dieser Welt eigentlich
nichts Erhebliches zu wünschen haben, was sie verleiten
könnte, anders als nach ihrer wohlbedachten ruhigen
Ueberzeugung vom Besten des Staatswohles zu
urtheilen; . . . befriedigte Existenzen, denen der Trieb
fehlt, auf dem politischen Gebiete die Befriedigung
sozialer und finanzieller Bestrebungen zu suchen.“

Welche Befriedigung soll Bismarck heute noch suchen?
Er ist an Erfolg und Ruhm so saturirt, daß ihm zu
wünschen nichts mehr übrig bleibt und Selbstlosigkeit
leichte Pflicht wird. Wenn aber kleine publizistische

Hunde, denen sich jetzt ein byzantinischer Köter aus
Amerika, ein pudelnärrisch Thier, gesellt hat, die Denk=
stätte des lebendig Begrabenen verunreinigen; wenn der
unversöhnliche Kampf zweier Weltanschauungen sich in
niederes Gebelle verzettelt, dann hat auch der Pelide
nicht mehr das Recht, müßig im Zelt zu sitzen, als
alter Onkel in Schlafrock und Pantoffeln, dann muß er
aufs Blachfeld, nicht um sich zu vertheidigen, nur, um
das Vollbrachte und das Erstrebte von fälschenden Künsten
zu säubern. „Ich kann es nur dankbar erkennen, wenn
das von meiner politischen Thätigkeit zu gebende Bild
möglichst ähnlich wird und auch in seinen schwächeren
Theilen ohne Nachhilfe bleibt." In diesem Satz, den
Bismarck, als die historisch=kritische Gesammtausgabe
seiner politischen Reden, ein Werk, das seinen Meister
Horst Kohl auf jeder Seite lobt, vorbereitet wurde, an
die Cottasche Verlagshandlung schrieb, ist ein Theil
wenigstens des heute allein ihn noch reizenden Zieles
bezeichnet. Er hat zu zeigen, was er gewollt und was
er erreicht hat, und er darf den Rest seiner Tage daran
wenden, im Gewollten und im Erreichten den Keim
fortschreitender Entwickelung zu enthüllen. Daß der
kritische Geist auch der Führung des Größten nicht
immer widerspruchlos folgt, kann der jeder Doktrin
lächelnd abgekehrte Realist im Sachsenwalde ernstlich
nicht tadeln. Man braucht keine Lupe, um an dem
Manne, der dreißig Jahre einer Welt gebot und der
bis zur Unmenschlichkeit vergöttert wurde, Fehler zu
entdecken; aber es sind großartige Tragödienfehler —
Genie sein ist immer ein tragisches Schicksal, sagt weise

2*

der alte Vischer — und ihr Anblick mehrt die Liebe, anstatt sie zu mindern. Denn ein fleckenloses Ideal kann menschliche Bewunderung nur, nicht menschliche Liebe umfassen, und Mephistopheles ist wieder einmal sehr klug, wenn er im wüsten Wirrwar der klassischen Walpurgisnacht zu Fausten spricht:

> „Das Auge fordert seinen Zoll.
> Was hat man an den nackten Heiden?
> Ich liebe mir was auszukleiden,
> Wenn man doch einmal lieben soll.“

*   *   *

„. . . Wir Beide haben nicht zum letzten Male mit einander gesprochen . . .“

Durch den Schnee fuhr ich nach Hamburg. Kahle, freudlose Vorstädte erst, dann lustige, kokette Landhäuser, endlich massige Stadtpaläste; dort glühender Bismarckhaß, hier hitzige Bismarckliebe. In kühler Gleichgiltigkeit kommt an der scharfen Prägung dieser Gestalt Niemand vorbei, die, entschlossen Stellung zu nehmen, auch den fernen Betrachter zwingt. Und weil die munter fälschende Taktik mir wohlbekannt ist, die heute jeden vom alten Kanzler nicht scheu seitab Weichenden zu einem Bismärcker sans phrase zu stempeln bestrebt ist, und weil auch ein Bild erst richtig beurtheilt werden kann, wenn man den Standpunkt kennt, von dem aus es entworfen wurde, deshalb mag ein persönliches Wort hier gestattet sein.

Wie auf dem Wege nach Indien Columbus Amerika fand, so etwa hat Bismarck, dessen nächstes Ziel Preußens Größe war, das Deutsche Reich gefunden; er wußte nicht, wohin er ging, **und** darum eben kam er am weitesten. Als Empiriker **haßte** er alle Theorien und abstrakten Begriffe, als agrarischer Produzent war ihm der Zwischenhändlergeist, als Junker das protzige Behagen der empor gekommenen Bourgeoisie **ein** Gräuel: daher rührt seine wachsende Antipathie gegen **den** radikalen Liberalismus, der wirthschaftlich — seine **politische** Rolle ist ausgespielt und an der Unwahrhaftigkeit seines Bekenntnisses muß er zu Grunde gehen — ausschließlich die Interessen des bourgeoisen Zwischenhandels vertritt. Es gelang Bismarck, die Monarchie zu **stärken,** **die** deutsche Einheit fest zu begründen und zwanzig **Jahre** hindurch den Frieden zu wahren. In diesen Werken unterbrach ihn eine doppelte Erfahrung. Er mußte **er**kennen, daß sein Deutschland finanziell nicht lebensfähig war, und er sah sich der ungeheuern Bewegung des Sozialismus gegenüber, **in** dem er irrend allzu lange nur den letzten Ausläufer des **politischen** Radikalismus gewittert hatte. Der Staat brauchte Geld, die besitzenden Klassen heischten Schutz gegen den proletarischen Ansturm und Bismarck war an Erfolgen zu verwöhnt, **um über** die Hilfsmittel erst lange sich den Kopf zu zerbrechen. Es kamen die Schutzzölle, es kam das Sozialistengesetz, es kam die kaiserliche Botschaft vom 17. November 1881, und der Urheber dieser drei eng zusammenhängenden Maßregeln gab sich der Hoffnung hin, auf diesem Wege Geld, Ruhe und Zufriedenheit zu schaffen, und namentlich den unbedingt monarchischen Elementen, dem Feudaladel, der auf die Monarchie in seinem sozialen Bestande angewiesen ist, ein behagliches Wohlsein zu sichern.

Diese ganze Politik war nicht von einem in Bismarcks beherrschender Stellung doch wirklich leicht zu befriedigenden Eigennutz, auch nicht von einer angeblich falschen Theorie eingegeben, sondern, wie der beste deutsche Konservative, Paul de Lagarde, immer wiederholt hat, von finanzieller Beängstigung. Für den Militarismus und für die Sozialreform hat das Getreide geblutet; und als Ergänzung des Sozialistengesetzes wurde das Kartell geschaffen, das ganz natürliche Bündniß der industriellen und landwirthschaftlichen Produzenten. Ein Mann, der an die politische und soziale Mission der Monarchie glaubt und an die bestehenden Besitzverhältnisse nicht rühren will, konnte einen andern Weg nicht einschlagen: er mußte in den treibenden Klassenkämpfen die Prärogative der Krone über allen Zweifel stellen und ihr zur Kriegführung die Mittel schaffen; er mußte aber gleichzeitig auch zur Vertheidigung des bedrohten Gesellschaftgebäudes Mannschaften sammeln und Geschütze anfahren. Die Geschütze bot das Sozialistengesetz, die Mannschaften fanden sich im Kartell.

Nur blöder oder böswilliger Unverstand kann gegen Bismarck den Vorwurf schleudern, er habe die Sozialdemokratie „groß gezogen". Eine wirthschaftliche Bewegung von so ungeheurer agitatorischer Macht kann auch der Stärkste nicht hemmen und kaum fördern; sie wächst, weil das Streben des Einzelnen nach Verbesserung seiner Lage wächst, und ihr Umfang muß besonders weit in einem armen Lande sein, wo nur eine verschwindende Minderzahl kaufkräftig ist und wo die korrumpirende Allmacht des Kapitalismus in demselben

Maße zugenommen hat, **wie durch** die liberale **Theorie** die Hoffnung **auf** staatliche **Wirksamkeit** erschüttert worden ist. Wenn **ein** Schuldiger für **das** Anwachsen des Sozialismus **denn** schon gefunden werden soll: im Dogma von Manchester mag **man** ihn finden, in jener wirthschaftlichen Verblendung, **die gegen Ende der** siebenziger Jahre prophezeite, über kurz **oder lang würde** man den Gedanken an gewerbliche Schiedsgerichte und dergleichen ebenso belächeln wie Fouriers **Phalansterien.** Mag sie in formeller Politik noch so **rabikal sich ge-** berden, die wahre Reaktion verkörpert **sich** heute **in der** freisinnigen Orthodoxie, die, während **sie auf Gummi-** rädern an **dem** Armen vorübersaust, ihm zuruft, in kühler Herablassung: Wir kämpfen für Deine politische Gleich- berechtigung, doch hast Du Hunger, hilf Dir selbst!

Als an die Stelle der Alchymie einstens die Chemie rückte, da mag rathlos **die Wissenschaft** von damals auf neues Werden gestarrt haben, **wie heute die** Politik blinzelnd sich die Augen **reibt vor der** Erkenntniß, daß an die Stelle europäischer Nationen **die** europäischen Parteien nun getreten sind. Fürst Bismarck **war durch** diplomatische Aufgaben hypnotisirt und merkte **den Szenen-** wechsel nicht, der sich vollzogen hatte; **er ging** konsequent, vom Tag nur Vorrath für den Tag erwartend, seinen Weg und sah vielleicht zu spät, vielleicht bis heute nicht, daß in währender Zeit ein moderneres Ideal herauf- gekommen war. Mitunter sieht es so aus, als habe der junge Kaiser dieses Ideal erkannt; aber er schaut die Welt durch **die** Brille seiner Berather und um den Thron fehlen die Männer, deshalb muß jetzt die Alchymie auch wieder dran. Wie der indische Königsohn aus der frommen und weisen buddhistischen Sage aber das verlorene Augenlicht nur wieder erlangen konnte, nachdem er in den **Thränen** der Armuth und des Elends den Sehnerv gebadet **hatte**, so kann auch die Monarchie heute **neues** Leben nur **aus** der Berührung mit den gedrängten Armeen **der** Noth ziehen. Geld hat ihr, Gewalt und Festigkeit Bismarck verschafft; eine Kleinigkeit fehlt **noch: Ethos** und Mitleiden.

Daß die Sozialdemokratie Bismarck haßt, ist ihr gutes Recht; daß sie den größten Vertreter der nationalen Weltanschauung bis zur Metternichtigkeit verkleinert, ist ein Beweis ihrer verärgerten Unklugheit. Die fortschrittliche Bourgeoisie, gegen die er Alles durchgesetzt hat, ließ sich die Vortheile seiner Politik wohl schmecken und fing erst wieder zu schimpfen an, da sie für ihren Beutel zittern und zagen **mußte.**

Er ist gegangen **und** Kommendes birgt romantischer Nebel dem Blick. Ist die Angst erst gewichen, der unbequem Große könnte zurückkehren, dann wird mählich man auch wieder wagen, der prachtvollen Renaissance-Gestalt bewundernd das Auge zuzuwenden und dem mächtigen Individualisten, der vergebens vom kühl ergriffenen Staatssozialismus rasche Erfolge erhoffte, am Ende auch gnädigst verzeihen, daß er 1815 geboren worden ist, in einem märkischen Junkerhause.

II.

Lessings Doublette.

Heute gibt es lustige Arbeit: von einem Presse-
prozeß ist und von den taktischen Kniffen
fraktioneller Biedermänner zu berichten. Keine
angenehmere Aufgabe konnte mir begegnen, und mit dem
armen Schelmen, den man am ersten Januar zum Richt-
klotz schleppte, bin ich ganz einverstanden: das Jahr
fängt gut an. Neugierig bin ich nur, ob ich beim Blei-
gießen in der Sylvesternacht meine wackeren Lieblinge
erblicken werde: den Partei-Kaspar und den Tinten-Kuli.

Im wunderschönen Monat Mai hatte ein Tinten-
Kuli in unerhört respektloser Weise wider den Stachel
gelöckt. Das war nun nicht ganz so wunderbar, wie
es aussieht, denn der Kuli war ein Jude und hatte
deshalb die aus der Apostelgeschichte bekannte Stimme
nicht vernommen, die dem Saul zurief: „Es wird Dir
schwer sein, wider den Stachel zu löcken." Unser Saul
aber war ein Paul und mit Vatersnamen hießen sie ihn

Marx. In der „Vossischen Zeitung" hatte er drei
Jahre und länger, mit der Scheere mehr, wie es scheint,
als mit der Feder, gedient und vor den Augen des
Chefredacteurs, des Herrn Friedrich Stephany, so hohe
Gnade gefunden, daß seine Jugend für die Stellver=
tretung dieses illustren Kulitreibers ausersehen ward. Im
Frohgefühle dieser bevorstehenden Auszeichnung ging Herr
Marx in die Sommerferien; gleich nach seiner Wieder=
kehr aber sagte ihm Herr Stephany, mit der Stellver=
tretung sei es nichts, denn eine Intrigue habe Marx
als Juden entlarvt und ein Jude könne die Vossische
Zeitung nicht verantwortlich zeichnen. Bald darauf ging
Herrn Marx die Kündigung zu, die ihn um so mehr
überraschte, als er selbst nicht lange vorher die Absicht
einer Kündigung ausgesprochen hatte und nur durch das
schmeichelhafte Zureden des Herrn Stephany davon zu=
rückgehalten worden war. Um es kurz zu machen und
weil die Einzelheiten ja doch durch die Prozeßberichte
aller Welt bekannt sind: Herr Marx schied aus seiner
Stellung, und in öffentlichen Erklärungen behauptete er:
seiner Zugehörigkeit zum alten Bunde wegen entlassen
worden zu sein.

Das war nun eine böse Geschichte. Denn die
Vossische Zeitung ist ein Organ der freisinnigen Partei,
die jede antisemitische Regung verpönt, — das humane
Banner der Toleranz in der rechten Hand, in der Linken
den weisen Nathan desselben Lessing, dessen Nachfahre
jetzt Besitzer der Vossischen Zeitung ist. Und diese
Zeitung wieder ernährt sich zum Theil von guten jüdi=
schen Abonnenten und Inserenten, gut im Sinne

Shylocks: „Wenn ich sage, er ist ein guter Mann, so
meine ich damit, versteht mich, daß er vermögend ist."
Diesen guten Männern wurde denn auch in nicht zu
weit bemessenen Zwischenräumen von Lessings Erben
durch sehr volltönendes Geschimpfe auf deutsche und
namentlich russische Judenverfolger eine hübsche Gratis=
freude bereitet, die sich weniger kostspielig herstellen ließ
als etwa ein illustrirter Neujahrskalender oder dergleichen.
Die Beurtheilung der russischen Politik wird ja über=
haupt in einem großen Theile der angeblich liberalen
Presse nur von der Empörung über die Judenver=
treibungen diktirt, und jede englische Korrespondentenlüge,
die von neuen antisemitischen Regungen an der Newa
zu melden weiß, findet da sofort freundliche Unterstatt,
während dem berechtigten Zorn über wirkliche Barbareien
der nicht minder berechtigte Zorn über das schamlose
Treiben jüdischer Kornwucherer, Deserteure und sonstiger
Schwindler, die den hilflosen, ungebildeten und leicht zu
übertölpelnden Mushik bis aufs Blut aussaugen, leider
niemals zur Seite tritt. Das nur nebenbei. Kurz: der
Fall Marx brachte die freisinnige Partei und die Vos=
sische Zeitung gleichermaßen in arge Verlegenheit, und man
durfte begierig sein, wie sich Beide herauswickeln würden.

Herr Eugen Richter, der im freisinnigen Lager die
rücksichtlose Thatkraft vertritt, rührte sich zuerst. Er
stand, wie ein glaubwürdiger Zeuge mir berichtet, schon
vorher mit dem Besitzer der Vossischen Zeitung, dem
Geheimen Justizrath Lessing, in Verbindung, dem er
wiederholt und angelegentlich den berühmten Parlament=
bericht seiner nicht minder berühmten Freisinnigen Zeitung

anstatt des objektiven, allen Parteien gerechten Berichtes von Oldenberg empfohlen haben soll. Die Bekanntschaft war also geschlossen und Herr Richter fragte bei Herrn Lessing in Sachen Marx an. Die Antwort lautete, Marx sei wegen Unfähigkeit entlassen worden, und Herr Richter verfehlte nicht, diese bündige Auskunft zur Beschwichtigung der erregten Gemüther eilends bekannt zu machen. Da aber Marx seine journalistische Existenz nicht stillschweigend vernichten lassen wollte und da er in dem diesmal bemerkenswerth anständigen Berliner Tageblatte „das leichtfertige Spiel mit der Wahrheit und einem Menschenschicksal“ sehr energisch abwehren durfte, so mußte Herr Lessing endlich mit einer Erklärung hervortreten, in der er sagte: „Erst nachdem die Kündigung an Herrn Marx erfolgt war, habe ich von letzterer und davon, daß Herr Marx Jude sei, Kenntniß erlangt. In Betreff der Gründe zur Kündigung kann ich mich nur an die mir angegebenen halten.“ Im Interesse der deutschen Sprache würde Herr Wustmann, im Interesse der Wahrheit mußte der Vertheidiger des Herrn Marx diese stilistische Leistung bemängeln. Denn vor Gericht wurde festgestellt, daß der Herr Geheime Justizrath sich in seiner Erklärung schlimm geirrt hatte: nicht nach, sondern vor „letzterer“ — nämlich der Kündigung — hatte er davon Kenntniß erhalten, „daß Herr Marx Jude sei“; und „in Betreff der Gründe zur Kündigung“ brauchte er sich nicht „nur an die ihm angegebenen zu halten“, denn er selbst — ich citire die Vossische — hatte ja schon früher, wie es nun heißt, „wiederholt verlangt, daß Marx entfernt werden solle, weil seine

Leistungen nicht genügten." Diese justizräthlichen Irrun=
gen und Wirrungen brachte **erst** der Prozeß ans Licht,
den anzustrengen Marx durch die fürsorglichen Rathschläge
anderer freisinniger Männer veranlaßt wurde.

Diesmal traten die Gemäßigten in Aktion, die auf
glatterer Bahn als Herr Richter das antisemitische
Aergerniß aus der freisinnigen Welt schaffen wollten.
Die Wahrheit und das Menschenschicksal **interessiren diese**
humanen Männer natürlich nicht, wohl aber stand ein
Parteiinteresse **auf** dem Spiele und das **mußte**, selbst
über Leichen hinweg, gerettet werden. Es wurde des=
halb Herrn Marx nahe gelegt, er müsse, „im Interesse
der inneren Gesundheit des Freisinns", seine Ausein=
andersetzungen mit der Vossischen Zeitung „bis zu jenem
Punkte fortführen, wo die Wahrheit oder die Unwahr=
heit der aufgestellten Behauptungen nicht mehr eine Sache
von Treu und Glauben oder der Sympathie und Anti=
pathie, sondern des objektiven Beweises ist." Aus der
diplomatischen Verquollenheit ins Gemeinverständliche
übersetzt, hieß das klipp und klar, Marx müsse prozessiren.
Das war ein unendlich schlauer Zauber; **denn der** „ob=
jektive Beweis" mußte zunächst unter allen Umständen
gegen Marx entscheiden. Jeder Zeitungbesitzer hat **das**
unbestreitbare Recht, jeden Redacteur unter Einhaltung
der kontraktlichen Kündigungfrist zu entlassen, und zwar
ohne Angabe von Gründen. Herr Lessing, der durch
ein Bekenntniß antisemitischer Neigungen seinen Namen
und sein einträgliches Blatt kompromittirt hätte, brauchte
also nur seine bestimmte Erklärung zu wiederholen, nach
der die Entlassung mit der Judenfrage nichts **zu thun**

hatte, und Marx konnte dann sehen, wo er mit seinem „objektiven Beweis" blieb. Für jeden Unbefangenen war es von vornherein sonnenklar, daß die Angelegenheit nur mit publizistischen, nicht aber mit juristischen Mitteln zu betreiben war, daß nur durch veröffentlichte Indizien ein moralischer Eindruck nach der einen oder anderen Seite erzielt werden konnte. An einem Gerichtsverfahren konnte einzig und allein die freisinnige Partei ein Interesse haben, denn vor den Schranken mußte sich's erweisen, daß in freisinnigen Blättern von antisemitischer Bösartigkeit überhaupt nicht die leiseste Spur zu entdecken ist. Die schlauen Zauberer haben's denn auch frisch gewagt, aber — nur halb gewonnen und deshalb an die Stelle des zu erwartenden humanen Triumphgeblökes das mit Recht so geschätzte System des Totschweigens treten lassen. Wenn Herr Marx sich einige freundliche Naivität bewahrt haben sollte, wird er über das plötzliche Verstummen seiner zuerst so beflissenen Helfer einigermaßen sich gewundert haben; wer große und kleine Parteibonzen nebst ihren journalistischen Chorknaben in der Nähe sah, dem erscheint der Verlauf der Sache nur selbstverständlich.

Mir ist die Frage, ob die Vossische Zeitung anti- oder philosemitisch ist, recht gleichgiltig, und es wird zahlreiche verständige Leute geben, denen es ebenso ergeht und die am Ende gar noch finden möchten, daß man für die Freigebung der journalistischen Laufbahn für jüdische Mitmenschen heute nicht gerade eine Lanze einzulegen braucht. Schon deshalb will ich in die Einzelheiten des Prozesses hier mich nicht vertiefen. Daß bei der Tante Voß, die übrigens meinem beschränkten Abonnentenverstande als ein verhältnißmäßig geschickt, verständig und ohne allzu aufbringliches Reklamegebimmel **geleitetes** Bürgerweibchen erscheint, jüdische Redacteure nicht beliebt sind, das hatte man in orthodox freisinnigen Kreisen selbst immer geglaubt, **und frühere** Mitarbeiter des Familienblattes für Kasernirung der Prostitution berichten über diesen heikeln Punkt **wunderbare** Geschichten. Aber Herr Lessing, der nationalliberale Besitzer des freisinnigen Blattes, versichert, ihm seien „Türken oder Heiden oder Juden", wenn sie **nur** brauchbar und tüchtig seien, in der Redaktion gleichermaßen willkommen und ob dieser unter dem Zeugeneide **abgegebenen** Erklärung hätte die freisinnige Humanität unweigerlich gejubelt, — wenn nicht das dicke Ende nachgekommen wäre.

Das dicke Ende trug die freundlichen Züge des Herrn Stephany, der als Chefredacteur die gute Tante vor Fremdwörtern besser als vor dem unerbittlichen Briefkasten des „Kladderadatsch" und dessen Stilblütensammlung zu schützen weiß. Nun ist zwar in Mehrings vortrefflicher Schrift „Kapital und Presse" unter dem nicht mißzuverstehenden Titel „Ein falscher Eid" die Gedächtnißschwäche des klassischen Zeugen Stephany ausführlich und erschöpfend dargestellt worden; diesmal aber hat der frühere Protektor Lassalles und jetzige Protégé Lessings doch zu interessante Dinge ausgeplaudert, als daß seine Zeugenschaft der Vergessenheit anheim fallen dürfte. Ich citire im Folgenden immer die Vossische. Also Herr Lessing behält sich zwar das Recht vor, „allein

zu beurtheilen, ob ein Mitglied des Institutes brauchbar
sei oder nicht", aber Herr Stephany ist doch in der an-
genehmen Lage, dem „wiederholten Verlangen" seines
Brotherrn nach der Entfernung des Marx erfolgreichen
Widerstand entgegenzusetzen und den „unfähigen" Marx
sogar für die Stellvertretung in Aussicht zu nehmen.
Und noch einmal trennen sich die Wege der beiden
Herren und wieder siegt der Chefredacteur über den Besitzer: Herr Lessing vertheilt sein Familienerbstück, die
drei Ringe, an Türken, Heiden, Juden, und er scheint
geneigt, die Redacteure Nathan und Salabin einzustellen;
Herr Stephany dagegen meint, es sei „undenkbar", daß
ein Katholik oder ein Jude die auf dem Boden des
Protestantenvereins stehende Vossische Zeitung verantwortlich zeichne. Mit Vergunst, Herr Stephany: ungefähr sagt das Herr Stöcker auch, nur mit ein Bischen
andern Worten. Darf ein Jude nicht ein christliches
Blatt zeichnen, dann darf er auch nicht christlichen
Knaben wehren, christliche Mädchen lehren, christlichen
Rekruten Instruktionstunde ertheilen, im Namen des
christlichen Königs Recht sprechen und am wenigsten als
von christlichen Bürgern erwählter Abgeordneter an der
christlichen Gesetzgebung Theil nehmen oder gar über
kirchliche Gesetze mit abstimmen. Dann bitte ich ergebenst um konfessionelle Schulen, Gerichte, Parlamente
und um Vernichtung sämmtlicher von Protestanten oder
Juden stammender Reden aus der Kulturkampfzeit. Daß
des seligen Windhorst schlaue Trivialität das nicht mehr
erlebt hat, ist wirklich zu bedauern; der hätte das freisinnige Totschweigen nicht mitgemacht und sein ceterum

censeo wäre gewesen: **Her** mit dem katholischen Kultus=
minister, im Namen des heiligen Stephany!

Auf dem Wege des freisinnigen Parteiinteresses
aber lag diesmal solche Logik nicht und deshalb wurde
der **Jude Marx** verbrannt. Er soll unfähig gewesen
sein und diese Unfähigkeit eines angeblich nur mit der
Scheere und dem Gummipinsel beschäftigten Redacteurs
soll sich, merkwürdig genug, **erst** nach **drei** Jahren in
ihrem unerhörten Umfange herausgestellt **haben**. Er soll
auch ein „ungeregeltes" und „übernächtiges" Leben ge=
führt haben und darüber wurde leider der **unter Herrn**
Stephanys Oberaufsicht **den** so zu sagen feuilletonistischen
Theil der Tante bearbeitende **Herr** nicht befragt, **dessen**
Zeugenaussage mitleidige Nächstenliebe für einen im Joche
Stöhnenden bedecken mag; sonst hätten die erschreckten Phi=
lister erfahren, daß der gestrenge Herr Stephany, der früher
selbst ein toller Christ gewesen sein **soll**, es ein unge=
regeltes und übernächtiges Leben **nennt**, wenn zwei junge
Studenten a. D. das harmlose **akademische** Schoppen=
stechen beim Sedlmayr oder **im** Pschorrbräu bierfidel
fortsetzen. Dagegen wurde für die Unfähigkeit allerdings
ein zwingender Beweis vorgebracht. Marx hat nämlich,
man denke! in der Zerstreuung des ersten Tages **nach**
den Ferien eine Notiz zweimal in die Oberredaktion ge=
geben. Und das nennt man **bei den** deutschen Zeitung=
schreibern eine Doublette und nach „dem Vorkommniß
mit der Doublette" **ist** Herr Stephany „sehr böse ge=
wesen" und **er** hat „die Hoffnung aufgegeben, daß die
Stellung des Herrn Marx haltbar sei." Ist das nun
ein Beweis oder nicht? Zwar ist der Chefredacteur,

wenn er schon nicht deutsch schreiben kann und ein schlechtes Zeugengedächtniß hat, doch recht eigentlich dazu da, um Doubletten zu vermeiden. Wäre aber die Steuernotiz wirklich zweimal in die Vossische gelangt, dann war das sicherlich viel, viel unheilvoller als etwa die ostafrikanischen Wippchenberichte oder die Gehörirr= thümer des Musikkritikers, über die Tantchen unverzagt die schützenden Fittige breitete. Der Leiter der Vossischen bringt „nur Artikel, die gewissermaßen aus seiner inner= sten Ueberzeugung herausgeschrieben" sind. Aus der innersten Ueberzeugung des Herrn Stephany aber waren wohl die naturalistischen Kunstberichte des konservativen Meisters Theodor Fontane (monatliches Gehalt: 200 Mk.!) und die spießbürgerlichen Wohlanständigkeiten seines Nach= folgers herausgeschrieben; auch die Handelsberichte des von Otto Glagau und Mehring ohne Retouche photo= graphirten Herrn Julius Schweitzer konnte die über den Wassern schwebende Verantwortlichkeit noch decken und es ruhig hinnehmen, wenn Herr Engel, der einst gegen Bayreuth wetternde Musikpapst, mit seinem Lobe Sänger bedachte, die gar nicht gesungen, aber inzwischen Gesang= stunden genommen hatten. Alle diese Männer sind tüchtig und brauchbar; untüchtig und unbrauchbar ist allein Herr Marx, der Doubletten=Sünder, und er allein ist verdammt.

Mir aber, ich kann nicht dafür, erscheint diese ganze Gesellschaft wie eine einzige große Doublette: diese Partei, die frei und sinnig genug ist, wider besseres Wissen allerhand schmutzige Geschichten totzuschweigen und ihren kleinlichen Fraktionkniffen Menschenschicksale

zu opfern; dieser Erbe Lessings, der im entscheidenden
Punkte seiner zur Beruhigung jüdischer Abonnenten und
Inserenten erlassenen Erklärung sich irrt und in der Hast
dann alle drei Ringe auf einmal an die Männer bringen
will; dieser Chefredacteur, der es für undenkbar erklärt,
daß ein nicht auf dem Boden des Protestantenvereins
Stehender verantwortlich zeichne, und der es doch mit
erlebt hat, wie der verstorbene Redacteur Dumas, ein
Atheist von reinstem Wasser, den keine Macht der Erde
zur Ablegung des christlichen Eides bewegen konnte und
der sich deshalb sogar dem Geschworenendienst entzog,
zu wiederholten Malen und Wochen lang in Vertretung
des auch damals Stephany heißenden Chefredacteurs, die
Vossische zeichnete — Probenummern stehen zur Ver=
fügung —; nochmals dieser Chefredacteur, der von Un=
fähigkeit rabotirt, während er selbst nicht im Stande ist,
auch nur einen druckfähigen Artikel zu schreiben —:
lauter Doubletten, lauter Geschichten, die ich schon ein=
mal gelesen haben muß; ich weiß nur nicht, ob es in
Hackländers europäischem Sclavenleben, in den Pick=
wickiern von Dickens oder in Bismarcks Reden war.

Der Geheime Justizrath Lessing ist ein Großneffe
von Gotthold Ephraim, dem ersten deutschen Publizisten,
und in ähnlichem Verwandtschaftverhältniß steht Herr
Marx zu dem Theoretiker des Sozialismus, zu Karl
Marx, dem Ankläger des Kapitals. Wenn die beiden
Männer im Journalistenhimmel, wo man ein äußerst
ungeregeltes und übernächtiges Leben führen soll, die
Berichte über diesen denkwürdigen Prozeß gelesen haben,
in der Vossischen der Eine, im Vorwärts der Andere:

3*

ich fürchte sehr, daß es dann mit dem vom Professor
Erich Schmidt so beredt gepriesenen preußischen Liberalismus Lessings ein rasches Ende nehmen und daß der
göttlich grobe Kritiker einen Anti-Stephany und Genossen
schreiben wird, — aber nicht für den Verlag der Vossischen Erben und der Lessingschen Doubletten.

28. 12. 91.   *   *
                              *

Daß es auch außer dem Eugen noch Richter in
Berlin gibt, hat der Verlauf des Prozesses Marx in
der zweiten Instanz bewiesen.   Dem vornehmen und
geistreichen Rechtsanwalt Max Bernstein aus München,
der Muth und Anstand genug hatte, nur den Juden-
freundlichkeit heuchelnden Antisemitismus als moralisch
verwerflich hinzustellen, gelang es, ältere und psychologisch
erfahrene Richter zu einer Ueberzeugung zu bringen, die
mit den eidlichen Zeugenaussagen der Herren Lessing und
Stephany in unvereinbarem Widerspruche stand.   So
wurde denn erkannt, daß der wesentliche Grund der Entlassung nicht die angebliche Unfähigkeit des Herrn Marx,
sondern seine Zugehörigkeit zum Judenthum gewesen ist
und daß die dreisten Erklärungen der Herren Lessing und
Stephany nur „Irrthümer“ und „Vorwände“ waren.
Auch dieses Resultat wäre wohl kaum erreicht worden, wenn
nicht zwei inzwischen aus der Vossischen Zeitung ausge-
schiedene Redacteure ihr Zeugniß und andere Herrn
Stephany persönlich Uebelwollende ihre Hilfe beigesteuert
hätten. Nun aber, da zwar nicht der berühmte „objektive Beweis“, doch die subjektive Ueberzeugung mindestens von dem
in Tantchens Busen wogenden Antisemitismus erbracht
war, nun, sollte man meinen, mußten die freisinnigen Ab-

wehrer antisemitischer Regungen ins Treffen rücken und
fürchterliche Musterung halten. O nein: die schlauen
Zauberer schwiegen und Marx, der ein sehr geschickter
und witziger Zeitungschreiber ist, blieb ohne Stellung,
weil er gewagt hatte, gegen den Kartellgedanken des
Unternehmerthums sich zu sträuben, weil er als Tinten=
kuli sich erfrecht hatte, erst noch lange nach Gründen zu
forschen, da man ihn auf die Straße warf. Aber auch
die schlauen Zauberer haben bei dem Gerichtverfahren
nichts gewonnen, denn im grünen Holze des Freisinnes
wurde der rastlos fortnagende antisemitische Wurm ent=
deckt. Und wenn auch Lessings Erbe, dem der irrende
Zeuge Stephany natürlich nur als willenlos gehorchendes
Werkzeug diente, seither sich redlich bemüht hat, durch
gedoppelte Judenschutzvorrichtungen böse Thaten in Ver=
gessenheit zu bringen: es hängt ihm doch an, daß er den
Tag, der die Enthüllung des Berliner Denkmals für den
Nathandichter sah, zu einem judenfeindlichen Scharmützel
benützen wollte. Die Antisemiten aber, die zwischen dem
christlichen Unternehmer und dem jüdischen Tintenproletarier
hier zaudernd standen, die konnten der weisen Frage
des schlauen Jerusalemiten sich erinnern: Wer ist denn
hier der Jude?

III.

Maupaſſant.

✽

1875: unbekannt; 1882: weltberühmt;
1892: im Irrenhauſe.

Dieſe drei Ziffern mag Ceſare Lombroſo vor=
anſtellen, wenn er jetzt an die Sichtung der Perſonalakten
des armen Guy de Maupaſſant geht. Er wird die erbliche
Belaſtung finden, denn Maupaſſants Mutter leidet an einer
Nervenſtörung; er wird klimatiſche Einflüſſe konſtatiren,
denn im Süden, an ſeinem geliebten Mittelmeer, fiel den
Dichter die tückiſche Krankheit an; er wird die verheerende
Wirkung narkotiſcher Mittel aufſpüren, denn Maupaſſant
hatte ſich an den Genuß von Aether gewöhnt. Und der
Turiner Profeſſor wird ſicherlich den Patienten von Paſſy
als ein prachtvolles Beiſpiel für die Verwandtſchaft von
Genie und Wahnſinn ſorgſam in ſeine Tabellen ein=
zeichnen.

Aber Maupaſſant iſt kein genialer Menſch. Gewiß:
die Grenzlinie zwiſchen Talent und Genie läßt mit ver=
ſtändiger Conciſion ſich nicht leicht feſtſtellen; man muß

sie empfinden, wittern, mit dem Instinkt ertasten. Lom=
broso hat **Recht**: natura **non** facit saltus; die Ueber=
gänge vom **Talent** zum Genie sind ebenso zahlreich und
mannigfach wie die Stufenleitern vom Laster zum Ver=
brechen; die Hirnrindenreizung kann in unendlich ver=
schiedenen Graden vorhanden sein. Aber auch Charles
Richet hat Recht, wenn er als die vorragendste Eigen=
schaft der Genialen ihre Originalität im Denken und
Handeln erkennt. Das Genie ist einsam; es hängt nur
durch seine **Fehler** mit seiner Zeit zusammen; es sieht
die Dinge anders, vollständiger oder einseitiger, als seine
Zeitgenossen; es ist abnorm, es schafft eine neue Welten=
vision und läßt scheidend den Kreis seiner Bethätigung
erweitert zurück. Die Geschichte, cette vieille dame
menteuse et exaltée nach dem hübschen Wort Mau=
passants, wird mit keiner Harke, mit keinem Radirmesser
die Spuren des Genies wegwischen **können**. Denn es ist
ewig, weil es ist.

Nein, Maupassant ist kein **genialer Mensch**. Hätte
er nie gelebt, nie eine Zeile geschrieben, an der Ent=
wickelung der französischen Literatur wäre nicht ein
Pünktchen zu ändern. **Frankreich mit** seiner alten Kultur,
mit seinen atmosphärischen Bedingungen, mit seinem
klaren, lachlustigen bon sens hat der Welt **nicht viele**
geniale Menschen geschenkt. Napoleon war **ein Korse**,
Rousseau Schweizer, Zola hat keltoromanisches Blut in
den Adern; **nur** die drei großen Befreiunglacher:
Rabelais, Voltaire, Molière, **und** der berauschte Lyriker
Victor Hugo gehören mit Haut und Haar der Heimath
an. Wohl aber hat der alte Baum der gallischen Kultur

reife Früchte in nahezu unerhörter Fülle gespendet. Auch
wurmstichiges Fallobst freilich fiel oft genug vom müden
Stamme und an mattoiden Künstlern fehlte es niemals,
die — von Baudelaire bis auf Huysmans und Paul
Verlaine — vom Genie und vom Wahnsinn nur die
Grimasse liehen. Und als ich im „Figaro" neulich, zugleich mit der Meldung von Maupassants Selbstmord-
versuch, las, wie Jean Richepin, der in den „Morts
bizarres" in den „Blasphèmes" sich so absurd geberdet,
nun höchst fidel die Geburt eines gesunden Jungen
anzeigte, da mochte ich am liebsten es mit der Homoeo-
pathie halten. Similia similibus curantur: wer sich
gewöhnt hat, den wilden Mann zu machen, der braucht
vor der Zwangsjacke nicht zu zittern. Auch unsere
Wüstheitsimulanten werden eines schönen Tages als gute
Bürger und ruhige Steuerzahler ihr jetzt so geräusch-
volles Dasein beschließen. Papa Richepin erfreut, ein
gezähmter, frisirter Tiger, die Abonnenten der Comédie
française und Maupassant, der nie posirt, nie sich kokett
maskirt hat, muß in's Irrenhaus wandern.

Von den Genialen wie von den Mattoiden ist
Maupassant gleich weit entfernt. Man mußte ihn für
kerngesund halten, für eine mit Zeit und Weile aus-
gereifte Frucht ohne fleckige Wurmspur. Und wenn er
nun doch von zerstörender Krankheit angefallen ward,
so muß man einen neuen Krafft-Ebing erharren, der uns
die Psychopathie des literarischen Arbeiters schreibt. Die
ästhetische Betrachtung gebietet nicht über das wissen-
schaftliche Rüstzeug für solche Aufgabe; sie muß sich
darauf beschränken, aus dem literarischen Schaffen des

Erkrankten die Momente zu sammeln, die allenfalls die Katastrophe erklären könnten.

I.

Guy de Maupassant ist der klassische Erzähler und er stammt aus dem klassischen Lande der Erzählung= kunst: aus der Normandie. Von dort her hatten, während im Süden eine frühe romantische Regung um lyrische Formen rang, die alten Menestrels und Trou= vères die neue und dem gallischen Geiste doch am meisten entsprechende Gattung des Fabliau, der nouvelle, der zwischen Pathos und Witz schwankenden chanson gebracht und in den durch die Jahrhunderte hier aufgehäuften Schatz hat Rabelais so gut wie La Fontaine gegriffen. Von Beiden hat Maupassant stattliche Legate empfangen: er kann lachen, trotz dem Dichter von Gargantua, er kann erzählen wie der naive Fabulist. Aber es gibt einen Unterschied: La Fontaine hatte eine rhythmische, eine auf Versfüßen einherhüpfende Lebensauffassung, während Maupassant immer der Prosaiker bleibt und der skeptische Beobachter, der die Dinge, wie sie sind, sieht, nicht, wie schöner apollinischer Wahnsinn sie träumt. Auch in seinem ersten Buche „Des vers“,*) auch in dem durch die Kraft des Temperaments und durch die gehaltene Einfachheit der Darstellung ausgezeichneten Ge= dicht „Au bord de l'eau“ ist der unregelmäßig gereimte Vers nur eine zufällige und gering geachtete Form, die der Gedanke und das Streben nach prägnantem Aus=

---

*) Victor-Havard, Paris.

druck jeden Augenblick zu sprengen bereit ist. Maupassant ist zum Vers nie mehr zurückgekehrt; 1880 erschien in dem Sammelbande „Les soirées de Médan"*) seine erste Novelle „Boule-de-Suif" und mit einem Schlage war der Ruhm des noch nicht Dreißigjährigen begründet. Alle Mitbewerber, Zola selbst, der darunter war, gestand es freimüthig zu, hatte der junge Guy geschlagen und der rasche Erfolg ist ihm seither nicht von der Seite gewichen.

Boule-de-Suif, zu Deutsch: Talgklumpen, ist die erste, Musotte,**) zu Deutsch: Frätzchen, ist einstweilen die letzte Heldin Maupassants. Beide sind nicht „anständig", und wenn auch nur das patriotische Talgklümplein mit obrigkeitlicher Genehmigung ein horizontales Gewerbe treibt, so wird doch strenger Sittsamkeitanspruch auch an dem artigen Modell Schuld und Fehle finden, das in tötliche Wochen kommt, gerade an dem Tage, da der Liebste mit einer Andern höchst ehrbar sich verbindet. Für ihren Schöpfer werden die süßen Dirnchen deshalb nicht schlechter; er hat für appetitliche Racker eine gar nicht mephistophelische, eher schon eine allzumenschliche Vorliebe und seinem empfänglichen Herzen stehen sie besonders nahe, alle die Deklassirten, die heißen Liebespenderinnen vom Stamme der Manon Lescaut: die Kasernenbewohnerinnen der „Maison Tellier", die algerische „Marocca" mit den gierigen Augen, die

---

*) Charpentier.
**) Musotte. Pièce en trois Actes par Guy de Maupassant et Jaques Normand. Paul Ollendorf 1891.

„Sœurs Rondoli“, gefällige Töchter einer gefälligen
Mutter, „Mademoiselle Fifi“, die elfjährige Favoritin
Châli in ihrer keuschen Perversität und alle die andern
galanten Dämchen der vorurtheillosen Maupassant-Welt.
Er liebt diese Sittenbrecherinnen, denn er haßt die
Sitte, — nicht leidenschaftlich, wie etwa Théophile
Gautier sie gehaßt und verdonnert hat, als die romantischen Wogen noch hoch gingen; sein Gefühl gleicht eher
einer stolzen Verachtung, die von der Menge sich sondern
mag und vom Gemeinen, das die Menge bändigt. Deshalb nimmt er für Boule-de-Suif Partei, gegen die
fromme und bourgeoise Postkutschengesellschaft, die der
armen Prostituirten die von ihr doch erzwungene Hin-
gabe an den Borussenkrieger so übel vergilt; deshalb fällt
auf Musottes letztes Lager alles sympathische Licht und
hochadeliger Stolz wird an der freien Sittlichkeit des
umgetriebenen Modells zu Schanden.

Noch Eines kommt hinzu. Auch die alten Fabulisten
freuten sich an der ewigen Komödie der Liebe, die zu so
wundervollen, lustigen und ernsten Konflikten mit den
Schlagbaumwächtern der geltenden Moral führen. Bei
ihnen aber war es mehr eine witzige Spielerei, une
grivoiserie, was bei Maupassant der Ausdruck einer
ungewöhnlich starken Sinnlichkeit ist. Er ist ein Gour-
mand der Liebe; er genießt mit allen Sinnen und man
braucht seine schwülen Szenen in ihrer nackten Selbst-
verständlichkeit nur der überreizten Impotenz des Paul
Bourget zu vergleichen, um des Unterschiedes einen Hauch
zu spüren. Wie zum schnöden Prahler Biterolf der
Ritter des Venusberges, so dürfte auch Maupassant zu

Bourget, der vor den Bildern Mariens und des heiligen Priap abwechselnd sich knutet, sprechen: „Was hast Du Aermster denn genossen?" Nun ist der arme Tann= häuser, der so viel Lieb' und Lust gewann, ein siecher Mann geworden, und wer weiß, ob jemals er die Glocken wieder hört, die einst so hell ihm in das Bacchanale hineintönten.

In der Feuilletonsammlung „Une campagne" *) hat Zola den jungen Guy geschildert. „Er war mittel= groß, gedrungen, mit harten Muskeln und rothen Backen, strotzend von Gesundheit; ein gewaltiger Wassersportman, der an manchem Tage zu seinem Privatvergnügen zwanzig Meilen auf der Seine machte. Dabei brachte er uns, als ein gefürchteter Schürzenjäger, immer die erstaun= lichsten Frauenzimmergeschichten mit, allerlei unmögliche Liebesabenteuer, deren Erzählung unserem guten Freunde Flaubert die Lachthränen in die Augen trieb." So war er 1874 und so finden wir ihn in seinen Er= zählungen wieder, deren Atmosphäre eine unersättliche, aber niemals renommistische Sinnlichkeit durchdringt, ge= sänftigt und angenehm aufgefrischt durch eine nor= mannische Seebrise und durch den skeptischen, gar zu gern doch blaguirenden Geist des echten Galliers.

II.

Aber dieser Genußsüchtige hat rastlos gearbeitet. Seine Bücher lesen sich, als wären sie in bequemem Flaniren entstanden, und auch das unterscheidet ihn von

---

*) Charpentier.

Bourget, der viel mehr homme de lettres ist, viel mehr
Schreibtisch= und Lampenmensch, bei allem weltmännisch
kavaliermäßigen Gehaben.   Und doch ist Maupassant nicht
nur der stärkere Künstler, der kraftvollere Plastiker, sondern
auch der fleißigere Arbeiter.   Gustave Flaubert, der ihn
wie den eigenen Sohn hielt, und Louis Bouilhet haben
ihm früh den Weg gewiesen, der zu individuellem An=
schauen führt und zu selbst gefundenem Ausdruck.   Die
große Kunst, mit gewöhnlichen Worten ungewöhnliche
Dinge zu sagen, hat er mit heißem Bemühen sich er=
rungen, eine persönliche Auffassung, einen persönlichen
Stil.   Er schreibt das beste Französisch, rein, klar, knapp,
logisch und nervös; und klassisch, wie seine Sprache, ist
auch seine Komposition, seine Gabe, mit zehn, mit fünf
Zeilen uns in seine Welt zu zwingen.   Der Fleiß hat
ihm gegeben, was sonst das Genie verleiht: die Fähig=
keit des originellen Ausdruckes; der Fleiß hat ihn vor
dem Schicksal des glänzend begabten Manieristen Pierre
Loti auch bewahrt.   Maupassant ist nicht in Manier
erstarrt; was wäre in der künstlichen Verarbeitung Lotis
aus der holden Châli geworden! . . .

   Die Künstler sprechen noch immer viel zu wenig
von sich selbst; höchstens, daß da oder dort ein nach=
gelassenes Tagebuch ein Dokument ans Licht fördert.
Wer aber z. B. das „Journal des Goncourt“ kennt,
dem wird der Fall Maupassant nicht mehr ganz dunkel
sein.   Das Publikum hat, und namentlich im neuen
Deutschland, wo eine skandalöse Sprache geschrieben und
leider auch gedruckt wird, kaum eine Ahnung von den
zerreibenden Kämpfen, die der gewissenhafte Schriftsteller,

der nicht mit abgegriffener, fettiger Scheidemünze sich
begnügen mag, alltäglich mit dem Ausdrucke durch-
zuringen hat. In diesen Kämpfen ist Jules de Goncourt unterlegen; er zwang sich an den Schreibtisch, er
feilte und besserte unermüdlich, und wenn die Kraft
nachließ, dann mußte starker Kaffee, mußten Cigaretten
aushelfen. Genau so scheint es Maupassant ergangen
zu sein, der obendrein noch auf anderem Gebiete seine
Lebensgeister verzehrte. Jahre lang halfen die Sport-
künste, die Waldpartien und Meerfahrten auf der schlanken
Yacht Bel-Ami, später aber stellte, als erste Mahnung,
der einseitige Kopfschmerz sich ein, die lähmende Migraine,
und da half denn bald nur noch das Aetherfläschchen,
dessen Wohlthaten in „Sur l'eau"*) beinahe dithyrambisch
besungen sind.

In diesem Buche, dem merkwürdigsten vielleicht,
das Maupassant geschrieben hat, sind allerlei Träumereien,
Eindrücke, Selbstbeobachtungen gesammelt, die von der
sonnigen Riviera her den im Mittelmeer Kreuzenden an-
wehten. Da steht die prachtvolle Empörung des Kulturmenschen gegen das Monstreverbrechen eines Krieges; da
ist die Nothwendigkeit der Absonderung des guten Euro-
päers von Heerdengedanken und Heerdenempfindungen
eingezeichnet; da regt sich die stolze Verachtung der immer
und ewig den Vorlagen der unermeßlichen Natur nach-
schaffenden Kunst und da ist auch, wie ich noch nirgend
sonst sie fand, die Diagnose der literarischen Psychopathie
gegeben. Es ist das Leiden des zweiten Gesichtes, jener

---

*) Marpon et Flammarion.

zermorschenden Krankheit, **die** der Normalmensch, fruges
consumere **natus**, nicht **kennt**, der Glückliche. Wer von
dieser Krankheit befallen ist, **für** den gibt es einfache
Empfindungen nicht mehr, **nicht** mehr ruhige **Freuden**
und reines Genießen. Er sieht **durch** die Oberfläche den
Kern der Dinge, er spürt **den bohrenden Wurm**, er klopft
mit neugierigem Finger alle **Werthe**, alle Sensationen
ab und ist nicht zufrieden, **er hätte denn die Hohlheit**
und Nichtigkeit **deutlich** erkannt. Er analysirt immer,
die Empfindungen, die schmerzlichsten **selbst**, die er hat,
die Liebkosungen **der** Frau, die ihn klammernd hält, die
streichelnden Worte, die sie ihm spricht, und **bei** denen
er denkt: Warum sagt sie das jetzt? Warum **frage ich**
mich, warum sie das sagt? Sein Geist ist wie ver=
doppelt: die eine Hälfte empfindet, die andere notirt; er
ist Schauspieler und Kritiker zugleich in der menschlichen
Komödie. Und **die zweite Empfindung**, **die** kritische,
analysirende, ist noch weit schmerzhafter, **als die** erste,
unmittelbare, ursprüngliche; das **Echo** trägt die rufende
Stimme nur gellender noch zurück. „Qu'on ne nous
envie pas, mais qu'on nous **plaigne**, car voici en
quoi l'homme de lettres diffère de ses semblables.“

Der richtige homme de lettres, der nur **lebt**, um
zu schreiben, — **sein** Gegenstück ist der penny-a-liner,
der nur schreibt, um zu leben — empfindet dieses Leiden
nicht im ganzen Umfange, denn er ist immer **ein** Bischen
Komödiant. Den Lebenskünstler Maupassant hat die
schleichende Krankheit durchfressen. „Die verhängnißvolle
Sucht, Alles **zu** analysiren, erschöpft mich; ich zweifle an
Allem, sogar an meinen Zweifeln,“ sagt Flaubert **in**

der „Correspondance". Baudelaire litt, bevor er blöd-
sinnig wurde, an Hyperästhesie; Tolstoi klagt über „la
folie du doute" und Dostojewsky, in dem die tückische
Krankheit unerhörte Geniewunder zeugte, war ein Epileptiker. Ach, meine Herrschaften, erstaunen Sie nicht gar
so sehr, wenn ein Künstler, ein Dichter dem Irrsinn ver-
fällt; er erliegt seinem Beruf und man soll ihm den
Lorbeer nicht vorenthalten, der für die Bahre des Kriegers
immer bereit ist. Ein ungewöhnlich sinnlicher Mensch
mit starken Begierden und eingeborener Verachtung der
Konvenienz wird durch gewaltsame Sensationen, durch
erquältes Arbeiten und durch die krankhafte Sucht, das
eigene Wesen und jedes fremde zu analysiren, zerrieben;
der Manometer zeigt hundert, der Dampfkessel platzt —:
auf nach Passy zum Doktor Blanche!

III.

Es war nicht meine Absicht, die literarische Persönlichkeit Maupassants hier zu schildern; das mag
ruhigeren Stunden vorbehalten bleiben, in denen von
dem einst so Heiteren man wieder heiter sprechen kann.
Nicht soll deshalb der ironischen Kunst gedacht sein, die
in dem meisterlichen Presseroman „Bel-Ami"*) Triumphe
feiert, nicht der psychologischen Feinheit von „Pierre
et Jean"**), nicht des melancholischen Reizes von „Notre
cœur"**). Eins nur möchte ich mindestens andeuten:
daß nämlich die Entwickelung Maupassants zugleich auch
die Entwickelung der gesammten neufranzösischen Literatur

---

*) Victor-Havard.
**) Paul Ollendorff.

darstellt. Er begann als vergnügter Naturalist, schwelgte
in Milieustudien und selbstbewußten Brutalitäten; mählich
ergriff ihn **ein** zehrender Pessimismus und machte ihn,
lange vor Kronstadt, aber freilich nach des Vicomte de
Vogüé propagandistischem Russenfeldzuge, für die slavische
Mitleidenslehre reif; **man** vergleiche Musotte der Boule-
de-Suif und man wird **die erste Etappe erkennen**; und
langsam wurde nun **auch** der sinnliche **zum übersinnlichen**
Freier, suchte nach entlegenen Problemen, strebte in die
vierte Dimension, witterte nach Irrenhäusern und Spiri=
tistenversammlungen umher. Da entstanden die Wahn=
sinnphantasien: „Fou?“ „Qui sait?“ „Le Horla“.
Da zeigte das Manometer bereits neunundneunzig. Und
gleichzeitig waren die Jungen und Jüngsten in Paris,
die 1880 noch bei Nanas strotzender Gliederpracht ge=
schworen hatten, auch schon **bei dem** mystischen „Là-bas“
von Huysmans angelangt **und bei den** Wunderspielereien
des sehr ehrenwerthen Sâr Peladan.

Wie denken Sie über die **Zukunft unserer** Literatur?
Diese bündige Frage wurde **mir neulich**, fein säuberlich
gedruckt, vorgelegt. Ich habe mich **wohl gehütet**, eine
Antwort zu geben. Denn wir leben **heute allzu rasch**,
als daß die Zukunftdeutung aus Kaffeesatz oder schlechten
Romanen noch **ein** lohnendes Geschäft sein könnte. Der
Fall Maupassant muß auch **die** verspäteten Propheten
nachdenklich stimmen.

1875: unbekannt; 1882: weltberühmt; 1892: im
Irrenhause.

6. 1 92.

* * *

In dieser Studie, die zuerst in der „Frankfurter Zeitung“ veröffentlicht wurde, glaubte die Staatsanwaltschaft der Goethestadt die Kriterien des §. 184 des Strafgesetzbuches (Verbreitung unzüchtiger Schriften) zu erkennen. Den Antrag auf Eröffnung des Hauptverfahrens lehnte das Frankfurter Landgericht durch Beschluß vom 17. März ab. „Gegen diesen Beschluß war von der Staatsanwaltschaft Beschwerde eingelegt worden. Zur Begründung derselben war ohne weitere Ausführung nur vorgebracht, daß das Landgericht den §. 184 des Strafgesetzbuches durch Nichtanwendung verletzt und den Begriff des Unzüchtigen verkannt habe. In seiner Sitzung vom 27. April hat nunmehr der Straffenat des Oberlandesgerichts entschieden, daß die Beschwerde der Staatsanwaltschaft zurückzuweisen sei und die Kosten der Beschwerde-Instanz der Staatskasse zur Last fallen. Die Gründe dieses Erkenntnisses sind von so großem und allgemeinem Interesse, daß wir dieselben im Folgenden wörtlich reproduziren: ‚Die Beschwerde der Staatsanwaltschaft ist nicht begründet,‘ beschließt der Straffenat des Oberlandesgerichts, und sodann führt er aus: ‚Mit Recht geht der erste Richter davon aus, daß der Aufsatz in seinem Zusammenhange geprüft werden muß. Nur aus diesem Zusammenhange läßt sich beurtheilen, ob der Inhalt des Schriftwerkes unter Berücksichtigung von Zweck und Tendenz der Darstellung ein unzüchtiger ist (Entscheidung des Reichsgerichts in Strafsachen Bd. IV, S. 89). Der Aufsatz ist in Veranlassung der geistigen Erkrankung des französischen Schriftstellers Guy de Maupassant

geschrieben. Zum Beginne und zum Schlusse des Artikels
steht, gleichsam als Grundgedanke der ganzen Ausführung, die Zusammenstellung: „1875: unbekannt;
1882: weltberühmt; 1892: im Irrenhause." Entsprechend der aus diesen Daten selbst sich ergebenden
Warnung stellt auch der Aufsatz sich keineswegs als
eine Anpreisung der von dem Dichter vertretenen
Moral dar, sondern sucht in ernster psycho-
logischer Ausführung die Erklärung für den tragischen
Ausgang des Lebens aus der Persönlichkeit und dem
literarischen Wirken des Dichters zu begründen. Daß
hierbei ein wesentliches Gewicht auf die sinnliche Zügel-
losigkeit des letzteren und seiner hauptsächlichsten
Schöpfungen zu legen war, ergibt sich aus dem Gegenstande der Betrachtung von selbst und findet in der
Durchführung der Studie seine vollkommene Recht-
fertigung. Auch kann man nicht sagen, daß diesem
Abschnitte nach der ganzen Anlage des Artikels eine
unverhältnißmäßige Ausdehnung gegeben sei. Wenn
daher der Aufsatz in seinem Zusammenhange es außer
Zweifel stellt, daß sein Verfasser damit ernste literarische Zwecke verfolgt, und keineswegs die
Absicht hat, auf die Sinnlichkeit des lesen-
den Publikums anreizend einzuwirken, so ergibt sich dies auch für den Abschnitt I. selbst, und
insbesondere dessen Absätze 2 und 3. Darin wird freilich, wie es der Gang der Abhandlung erforderte, ein
sinnliches Thema ausgeführt. Aber weder die einzelnen
Wendungen, welche theilweise in klassischen Citaten bestehen, noch die ganze Anordnung und Darstellung läßt

4*

erkennen, daß hier in einer durch den Gesammtzweck
nicht gerechtfertigten Weise das Thema des Geschlechts-
verkehrs, welches auch in der anständigen modernen
Literatur einen breiten Raum einnimmt, zu unsittlicher
Anreizung sollte verwendet werden. Wenn diese Absicht
des Verfassers bestanden hätte, so liegt auf der Hand,
daß ihm die Werke seines Autors ganz anderes
Material hätten liefern können, und daß eine
andere stilistische Behandlung gewählt worden wäre.
Eine solche Absicht kann aber auch daraus nicht unter-
nommen werden, daß gerade Maupassant zum Gegenstande der Studie gemacht worden ist. Diese Wahl
findet ihre vollständige Erklärung und Recht-
fertigung darin, daß Maupassant immer zu den
hervorragendern modernen Schriftstellern gehört,
und daß seine plötzliche Erkrankung damals auch in
deutschen literarischen Kreisen Theilnahme erweckt hatte.
Es bleibt noch die Untersuchung, ob man vielleicht mit
Rücksicht darauf, daß die Veröffentlichung in einer
Zeitung erfolgt ist, zu einer anderen Auffassung
gelangen muß. Es ist unzweifelhaft, daß aus der Art
der Veröffentlichung, etwa in einem ganz anderen Zwecken
dienenden oder für ein besonderes Publikum bestimmten
Organe, sich erhebliche Schlüsse für die Tendenz des
Schriftstückes würden entnehmen lassen. Dies ist aber
vorliegend nicht der Fall; die „Frankfurter Zeitung“ beschäftigt sich in ihrem Feuilleton viel und eingehend mit literarischen Fragen und berücksichtigt dabei
auch namentlich ausländische Schriftsteller. Ebenso ist
die Annahme ganz ausgeschlossen, daß durch die

Veröffentlichung in diesem für ein reifes und ge=
bildetes Publikum bestimmten Blatte die
Absicht verfolgt werden könnte, den Artikel in die Hände
unreifer und für den ernstern Gehalt der Studie ver=
ständnißloser Leser zu spielen. Aus allen diesen Gründen
ergibt sich, daß es ausgeschlossen ist, den Artikel
und insbesondere die unter Anklage gestellten Absätze
als unzüchtige Schrift im Sinne des § 184 des Straf=
gesetzbuchs aufzufassen, mag man diese Strafvorschrift mit
R. G. Entscheidung XIV 398 IV 88 dahin verstehen,
daß eine gröbliche Verletzung des Scham= und Sittlichkeits=
gefühls in geschlechtlicher Beziehung vorausgesetzt wird,
oder mag man es für genügend halten, wenn überhaupt
eine Verletzung in dieser Richtung vorliegt.'"

(Frankfurter Zeitung vom 9. Mai.)

IV.

Der Fall Apostata.

❦

Equipagenkutscher, Sozialdemokraten oder Ver=
theidiger: das waren die Ideale, denen ich
als Junge nachträumte. Die Equipagen=
kutscher hatten es durch ihre stolzen Pelzkragen mir an=
gethan; in den Sozialdemokraten und in den Vertheidigern
bewunderte ich die Schützer der Tugend, die Wortführer
der Armen und Elenden. Ich bin nicht Equipagenkutscher
geworden; eines Tages nämlich sah ich einen meiner
Helden in der gestreiften Stalljacke, den Pferdestriegel in
der Hand, und ich begriff, daß der stattliche Pelz nur
die Dienstlivrée ist, der Hörigkeit wärmendes Symbol.
Auch die Sozialdemokraten wollen nicht viel von mir
wissen; sie finden, ich sei weder Marxist noch Lassalleaner
und ich biene der Gesellschaftkritik auf zu besondere
Weise. Und Vertheidiger? Ja, das hatte mich noch
lange gereizt. Aber dann las ich in Zanardellis
„Avvocatura“ Sätze wie den: „Gewöhnt, das Wahre
und das Falsche mit gleicher Geschicklichkeit zu vertheidigen,

kommen die Advokaten schließlich dahin, daß sie selbst
das Eine vom Andern nicht mehr genau unterscheiden.“
Dann las ich Lombrosos Buch vom politischen Ver=
brecher, dann wurde ich ein Student der Kriminal=
psychologie und dann — ja, dann wurde ich zu „drei=
hundert Mark Geldbuße, im Unvermögensfalle dreißig
Tagen Haft“ verurtheilt, von Rechtswegen, im Namen
des Königs, vorläufig allerdings nur in erster Instanz.
Und nun weiß ich wirklich nicht mehr: soll ich mich
freuen, oder soll ich mich ärgern, daß ich nicht Ver=
theidiger geworden bin?

Es war am 28. Januar, Vormittags nach elf Uhr.
Sieben Herren, die gemeinsam den verflossenen Vorstand
des Vereins „Berliner Presse“ bildeten, hatten mich vor
den Richter geladen, weil ich — wie es in der Klage
heißt — „in Bezug auf dieselben nicht erweislich wahre
Thatsachen behauptet und verbreitet haben“ sollte, „welche
geeignet sind, die Privatkläger in der öffentlichen Meinung
herabzuwürdigen.“ Von den Sieben gegen Apostata
war nur Einer erschienen, zufällig der Einzige, der mir
persönlich bekannt ist: Herr Julius Stettenheim, den ich
besonders schätze, weil er in seinem Wippchen den pracht=
vollen Typus des verlumpten Journalisten und pump=
süchtigen Spezialkorrespondenten geschaffen hat. Die
Uebrigen wurden durch den berühmten Rechtsanwalt
Fritz Friedmann vertreten und ich war äußerst gespannt
darauf, wie dieser nicht ohne Grund höchst gepriesene
Anwalt des Rechtes den Nachweis führen würde, daß
die von mir behaupteten Thatsachen der Wahrheit nicht
entsprächen. Denn der Vertheidiger soll doch, schon vor

dem Kaisererlaß über den Prozeß Heinze war das be=
kannt, zu seinem Theil auch an der Ermittelung der
Wahrheit mitwirken.

In unserm Falle war das verhältnißmäßig leicht
zu erreichen. Es brauchte nur der Beweis dafür er=
bracht zu werden, daß 1. der Verein „Berliner Presse"
nicht von Theaterdirektoren und gastirenden Schauspielern
Geldgeschenke erbeten und unter überschwänglichen Dank=
sagungen angenommen hat; daß 2. das sogenannte
Ehrengericht in den Fällen Lindau und Klausner nach
bestem Wissen und Gewissen das gesammte belastende
und entlastende Material geprüft und nach Recht und
Pflicht seinen Freispruch gefällt hat; daß 3. das aber=
mals sogenannte Ehrengericht als „große chemische Wasch=
anstalt für fleckig gewordene Journalisten=Reputationen
eine heitere Berühmtheit" nicht erworben hat; daß 4.
der Senior im Ehrengericht, Herr Julius Schweitzer,
zur Zeit der Gründerperiode nicht „bedenkliche Börsen=
manöver" gemacht hat. Gelang in diesen vier Punkten
der Beweis, dann war die Ehre des Vereins „Berliner
Presse" gerettet und ich stand, ein Abscheu allen Guten
und Frommen, als Verleumder vor den empörten An=
wälten des Rechtes.

Auf diesen Versuch war ich bereitet, und nicht ich
allein. Auch der Herr Assessor, der mit vornehmster
Objektivität die Verhandlung leitete, wollte am ersten
Tage nur bis zur Beschlußfassung über die Beweisauf=
nahme vorschreiten. Herr Fritz Friedmann hat es anders
gewollt. Er erklärte die von meinem Anwalt gestellten
Beweisanträge für „nicht nothwendig"; er ließ den Vor=

wurf, ich hätte „nicht erweislich wahre Thatsachen" be-
hauptet, in die Versenkung gleiten und begnügte sich bei
der Erhebung einer Klage wegen formaler Beleidigung.
Daraufhin durfte denn auch der Gerichtshof die gestellten
Beweisanträge ablehnen, weil von den Klägern auf die
Ermittelung der Wahrheit kein Werth gelegt wurde.

Dieser Szenenwechsel war so verblüffend, daß ihn
sogar mein Anwalt nicht bemerkte und, während der
Gerichtshof über das Urtheil berieth, noch immer glaubte,
es würde über Zeugenvernehmung und Beweisaufnahme
beschlossen. In Folge dieses Irrthums fiel das Plaidoyer
völlig fort und der Name meines Mitangeklagten, des
verantwortlichen Verlegers, der an meinem Artikel so
unschuldig ist wie ich an dem Dissidenten-Erlaß des
Grafen Zedlitz, wurde überhaupt nicht genannt. Auch
von meinen Aeußerungen zum Fall Klausner *) wurden nur
ganz kleine Bruchstücke verlesen und der Hilfsrichter
und die beiden Schöffen mußten sich über meine Schuld
oder Unschuld schlüssig werden, ohne die Vorgeschichte
des Konfliktes auch nur in den weitesten Umrissen zu
kennen, ohne den Zweck und die Berechtigung meiner
Angriffe auf Grund einer Beweisaufnahme geprüft zu
haben. Aber Zweck und Berechtigung standen ja gar
nicht mehr in Frage; nicht der Verbreitung unwahrer
Thatsachen wurde ich bezichtigt, sondern: durch die Erzählung unbequemer Thatsachen die sieben Kläger öffentlich gekränkt und lächerlich gemacht zu haben.

Der Verein „Berliner Presse", der in zwanzig großen

---

*) Näheres darüber: Apostata. Band I.

Tagesblättern ausführlich beweisen könnte, daß er fälschlich beschuldigt worden ist, zieht es also vor, gegen
publizistische Leistungen den Beleidigungparagraphen an=
zurufen. Kein Parlament, keine sich selbst achtende
Korporation, keine anständige Zeitung sogar würde jemals
eine formale Preßbeleidigung gerichtlich „sühnen". Sollte
aber wieder einmal ein Entrüstungsturm lostoben, weil
ein Minister oder ein Theaterdirektor einen Journalisten
vor die Schöffen stellt, sollten die Redacteure wieder
einmal erhabene Mienen annehmen, weil die Börsen=
ältesten einem Reporter, der durch falsche Nachrichten
den Kredit einer Firma erschüttert hat, die Eintrittkarte
zu entziehen drohen —: dann werde ich nicht verfehlen,
auf das gute Beispiel des Vereins „Berliner Presse"
gebührend hinzuweisen. Die gekränkte Ehre der Vor=
standsmitglieder ist befriedigt und wieder hergestellt, wenn
ein schreibender Proletarier dreihundert Mark bezahlen
muß, zur Strafe dafür, daß er in angeblich zu scharfen
Worten Uebelstände gegeißelt hat, deren Bestehen gar
nicht geleugnet wird. Der Boykott und die Beleidigung=
klage: das sind die Waffen, mit denen diese Herren ihre
Angreifer bekämpfen. Aber ein Sieg mit solchen Waffen,
selbst ein definitiver Sieg, von dem vorläufig noch nicht
die Rede sein kann, der beweist gar nichts; denn nicht
darauf kommt es an, ob Einer durch sein Temperament
zu scharfen Worten sich hinreißen läßt, sondern darauf
allein, ob die Sache gerecht ist, für die er kämpft. Als
Christus den Wechslern und Krämern im Tempel von
Jerusalem vorwarf, sie hätten aus einem Bethaus eine
Mördergrube gemacht, da sogar war dem Nazarener

leicht eine Geldbuße oder im Unvermögensfalle eine Haftstrafe anzuhängen, denn einer formalen Beleidigung hatte er sicher doch, und öffentlich noch dazu, sich schuldig gemacht. Und Luther und Hutten, Lessing und Beaumarchais, ja Eugen Richter selbst, der große Triviale, sie mögen froh sein, daß ihre Gegner nicht im Vorstande des Vereins „Berliner Presse" saßen und sitzen, sonst wären sie immerfort zu Geldstrafen gepoent worden, wegen formaler Beleidigung durch die Verbreitung von Schriften.

Was mich betrifft, — ich warte geruhig die folgenden Instanzen ab. Muß ich zahlen, so werde ich mich damit trösten, daß der Verein „Berliner Presse" diese dreihundert Mark wenigstens nicht an den Theaterpforten, zur Beschämung aller selbstbewußten Journalisten, zu erhaschen braucht. Ich werde auf meine Erholungreise verzichten, werde Paris einstweilen nicht sehen, sondern im Lande bleiben und redlich kämpfen, gegen alles publizistische Ungeziefer. Und am Ende sind die Erfahrungen doch auch nicht ganz zu verachten, die ich in Alt-Moabit gemacht habe, am 28. Januar 1892, Vormittags nach elf Uhr. Denn — wenn ich mir's so recht überlege — Vertheidiger möchte ich seitdem nicht mehr werden; auch mit diesem Jugendideal ist es mir nun ergangen wie damals, als ich den Equipagenkutscher in der Stalljacke sah, ohne den früher bewunderten Pelzkragen.

Es ist in neuester Zeit viel, von Berufenen und mehr noch von Unberufenen, über unsere Rechtspflege geredet und geschrieben worden. Ich stand zum ersten Male vor Gericht, und ich muß sagen: erhebende Einbrücke habe ich nicht mitgenommen. Ist es schon schwer, wenn nicht unmöglich, in zwei Stunden ein Urtheil darüber zu gewinnen, ob ein Angriff auf Mißbräuche, die sich durch Jahre erstrecken, berechtigt oder unberechtigt und im Ton angemessen war, so muß die Schwierigkeit noch erheblich wachsen, wenn ein Anwalt des Rechtes nicht nur seine Beihilfe zur Ermittelung der Wahrheit versagt, sondern auch, um von dem Kern der Sache abzukommen, allerlei Klatschgeschichten behaglich, wie sie ihm zugetragen sind, zu Markte bringt. Besteht das Wesen der Vertheidigung in solchen Kniffen und Pfiffen, dann möchte ich lieber noch den Pelzkragen des Equipagenkutschers tragen als die Robe des Anwaltes, dann aber haben die Herren Vertheidiger auch nicht das Recht, über geringschätzige Behandlung von Seiten der Richter zu klagen.

Herr Fritz Friedmann, der ganz sicher ein meisterhafter Dialektiker von unübertrefflicher Schlagfertigkeit und ein forensischer Fechter ersten Ranges ist und den ich nur deshalb auch als Beispiel wähle, hat neulich eine Schrift veröffentlicht, „Die wahren Lehren des Heinze'schen Prozesses für Sitten und Rechtspflege". Ich notire zunächst die Sprachdummheit im Titel; gutes Deutsch ist das sicher nicht und doch hatte ich mir das Heft zur Verbesserung meines von Herrn Friedmann getadelten Stils gekauft. Ich blätterte es an und sah zunächst, daß es Herrn General-Konsul Eugen Landau „in Dankbarkeit", ich weiß nicht wofür, gewidmet ist. Die erste Seite schließt mit dem Satze: „Ich finde die andere Seite meiner Aktiv-Legitimation für ein der-

artiges öffentliches Hervortreten darin, daß die Vertheidigung in **abstracto**, ihr Palladium, ihre für das
Wohl und Wehe Tausender nothwendige Position gefährdet **ift, und** ich diesem Berufe seit zwölf Jahren an-
gehörend, die jetzt für das öffentliche Bewußtsein hervor-
getretenen traurigen Erscheinungen in diesem längeren
Zeitabschnitte studirt **habe.**" Und weiter: „**Das** alles
kann aber das Recht, ja unter Umständen **die Pflicht**
derartiger Aeußerungen nicht tangiren, **bie wohlgemerkt**
der Kaiser nicht **in** dieser seiner besonderen **Würde,**
sondern als König von Preußen **enunciirt** hat, **der**
soweit Reichsgesetze nicht binden, innerhalb Preußens
auch als gesetzgeberischer Faktor zur Initiative besonders
berufen ist." „Daß bei der freigewählten Letzteren das
Entgelt ein höheres und nach der Tüchtigkeit des Dar-
leistenden sich richtendes **zu** sein pflegt, ist in der Sache
begründet, und entbehrt **die** Hervorhebung dieses Um-
standes für weitere Kreise jedes Interesses." Als ich
diese entzückenden Blüthen **bei** flüchtiger Durchsicht ge-
pflückt hatte, schien **es mir** doch **nicht mehr angemessen,**
den Kollegen Friedmann als Erzieher **zu** tugendlicher
Reine im Stil zu empfehlen. Uebrigens tritt die Schrift
in ihrem fürchterlichen Gemisch von Juristenlatein und
Zeitungdeutsch für die Kasernirung **der** Prostitution, für
den Schutz der armen liebebedürftigen Männer und für
das Ansehen des Anwaltstandes ein.

Ueber Sittlichkeitanschauungen soll man nicht
streiten, **wo eine** Einigung unerreichbar ist. Herrn
Friedmann mißfällt mein Stil, mir mißfällt seine
Moralauffassung, **und** ich finde, er schreibt wie **ein**

Winkelkonsulent, während er allerdings, sein Polke-Triumph hat es wieder bewiesen, wie ein Meister redet und kombinirt. Trösten wir uns also Beide und sprechen wir lieber vom Ansehen des Anwaltstandes.

Herr Friedmann sieht einen Schriftsteller, der seine Verbindungen mit sozusagen führenden Blättern löst und, frei und jeder Rücksicht ledig, nur seine anspruchlos subjektive Meinung sagt, auch wohl Mächtige, wenn sie die Macht mißbrauchen, offen und derb angreift. Auf solche „verdrehten Einfälle", die Einem noch dazu „die Carrière verderben", kann man nur durch persönliche Feindschaft kommen. So folgert Herr Friedmann und erzählt vor Gericht, nicht am Biertisch, ich sei der Tod-feind des seligen Herrn Paul Lindau und ich habe es mir zum Lebensziel gesetzt, diesen „guten Kerl" zu vernichten. Beweis: „etwa fünfzig Postkarten mit unglaublichem Inhalt", die ich an Herrn Lindau gerichtet haben soll. Ich kannte diese Postkartengeschichte bereits; es über-raschte mich auch nicht, als Herr Friedmann Herrn Lindau vor Gericht, nicht am Biertisch, wiederholt seinen „guten Freund" nannte. Herr Lindau hatte mir selbst schon von dieser Freundschaft berichtet, die er freilich als ein „Pump-Verhältniß" bezeichnete; wer pumpte, wer das Verhältniß bot, darüber mögen die Herren sich unterhalten. Ob aber meine Strafe nicht höher normirt worden ist, weil ich in den Verdacht gerathen war, ich sei dumm und vermögend genug, um zwei Mark und fünfzig Pfennige für überflüssige Postkarten ausgeben zu können?

Sollte das Postkartenmärchen noch weiter gesponnen

werden, dann könnte das zu einem öffentlichen Austausch von Dokumenten führen, bei deren Anblick Herrn Lindau und seinen nächsten Freunden die Augen übergehen möchten. Einstweilen hat mein angeblicher Todfeind, seit er für immer ganz unschädlich gemacht worden ist, für mich nicht einmal soviel Bedeutung mehr wie der annoch lebendige Klausner. Die beiden Gereinigten des Pressevereins galten mir immer nur als Typen; hätte der Eine nicht in seiner Eigenschaft als Kritiker und Dramaturg gemeingefährlich gewirkt und versucht, die Existenz einer Schauspielerin zu untergraben, hätte der Andere nicht im Freibilletbettel und Ehrenwortgeben eine besondere Virtuosität gezeigt, dann brauchte ich mich um sie überhaupt nicht zu bekümmern, und — ich habe wirklich Besseres zu thun. Wenn es aber sein muß, dann nehme ich den Besen wieder zur Hand und dann sollen die Federbanditen mich hören stärker beschwören.

Herr Friedmann vertheidigt Herrn Lindau, wie er Herrn Anton Wolff und Frau Prager vertheidigt. Dabei geschah ihm denn nun das Mißgeschick, daß der Gerichtshof den berühmten Bannbrief „meines guten Freundes Lindau" für „nicht gerade ehrenhaft" erklärte, obwohl nur die Bedrohung, nicht aber die Wirkung und die verschärfenden Nebenumstände seinem Urtheil unterbreitet worden waren. Der Vertheidiger aber verlor deshalb den Humor nicht; während die Richter beriethen, kramte er die Akten des Prozesses Prager aus, suchte, unter ebenso lauten wie witzigen Begleitreden, nach stichhaltigen Revisiongründen und rief, als ihm von einem Boten gemeldet wurde, einer seiner Klienten sei eben zu

acht Jahren Gefängniß verurtheilt worden, kreuzvergnügt
aus: „Hab' ich dem Kerl doch zwei Jahre abgeknöpft!"
Am Abend desselben Tages entrüstete der Anwaltverein
sich gegen Herrn Brausewetter und eine zündende Rede
zur Wahrung der Ehre des Anwaltstandes wurde ge=
halten, von Herrn Fritz Friedmann. Mich aber kam die
Lust an, mit meinem witzigen Widersacher in Wettbewerb
zu treten und eine Broschüre zu schreiben: „Die wahren
Lehren des Apostata=Prozesses für Sitten= und Rechts=
pflege".

Denn mir scheint: das alles gehört durchaus zur
Charakteristik unserer Gesellschaft. Eine Vertretung der
hauptstädtischen Presse, die beim Reichskanzler anti=
chambrirt, nachdem er eben erst seiner Verachtung aller
Zeitungschreiber kräftigsten Ausdruck gegeben hat; die
eine formale Beleidigung gerichtlich verfolgt, ohne die
Anständigkeit ihres Verfahrens öffentlich darzulegen;
die in ihrer Mitte Jeden duldet, der nicht in seinem
Beruf durch ehrlose Handlungen ein öffentliches Aerger=
niß gegeben hat, und die den Begriff der Ehrlosigkeit
weitherzig genug definirt. Ein Vertheidiger, der seine
geniale Begabung so selbstmörderisch mißbraucht, der
ideale Absichten beim Gegner für völlig ausgeschlossen
hält und lieber einen Kolportageroman von Todfeind=
schaft und dergleichen gläubig hinnimmt, der im sicheren
Schutze seiner privilegirten Stellung den Angeklagten, aber
noch nicht einmal schuldig Gesprochenen und andere
ehrenhafte Personen mit Schmähungen überhäuft, Be=
weisanträge für überflüssig hält, aber vor versammeltem
Kriegsvolke über Fälle, bei denen es sich um langjährige

Zuchthaus= und Gefängnißstrafen handelt, witzig sein sollende Glossen macht und daneben in Wort und Schrift für das Ansehen des Anwaltstandes feierlichst eintritt. Und im Hintergrunde, als nothwendiger Prospekt, eine sogenannte öffentliche Meinung, die Druckerschwärze und Holzpapier redlich benützt, um alle Decadence=Merkmale totzuschweigen und für die Freiheit der Presse, für die Unabhängigkeit des Anwaltstandes billige Glocken zu läuten. Diese Freiheit aber und diese Unabhängigkeit halten es mit dem indischen Gesetzbuche des Manu, das jeden Sudra mit dem Tode in kochendem Oel bedroht, der sich vermaß, die Haltung eines Brahminen nicht blind zu billigen oder ihm gar Rathschläge zu ertheilen, und sie verehren auch das Tabu, den von den Priestern Ozeaniens dem Volke übermittelten angeblichen Willen der Götter. Manu und **Tabu** sind alte, sind längst verklungene Worte und von einer Priesterherrschaft will unsere höchst aufgeklärte Zeit nichts hören. Aber auch von den heutigen Machthabern noch gilt, was der Advokat Laschi von den ozeanischen Priestern gesagt hat: „Sie verstehen, einen Verstoß gegen das Tabu mit merkwürdiger Schlauheit herauszubekommen, und be= strafen den Verbrecher, fast immer im Geheimen, durch Strang, durch Gift, durch Stürzen in Abgründe, auch wenn er aus Unkenntniß gefehlt hat, auch wenn er nur verdächtig ist."

Daß ich dem Tabu mich nicht beugen will, das können die neuen Pfaffen mir nicht verzeihen und dafür haben sie um schwer erarbeitete dreihundert Silberlinge mich jetzt gepönt, weil doch der Tod durch kochendes Oel

ober Stürzen in Abgründe nicht mehr in der Mode ist.
Aber —: petit bonhomme vit encore, und ehe ich
ein Tabu-Anbeter werde, kehre noch lieber ich zu meinen
Knabenidealen zurück, werde Equipagenkutscher, Sozialdemokrat oder Vertheidiger.

1. 2. 92.   *   *   *

Auch dieser Prozeß hat in der zweiten Instanz eine
Fortsetzung, aber noch keinen Abschluß gefunden. Es
sind darüber falsche Berichte in die Presse gelangt, deren
Kritik ich hier mit den Worten meines verehrten Kampf-
genossen Franz Mehring wiedergeben will: „Abgesehen
von der tendenziösen und mehrfach unrichtigen Darstellung
des Ganges der Verhandlung, enthält namentlich der
letzte Satz des Berichtes eine grobe Unwahrheit, indem
er als sachlichen Kern des abgeschlossenen Vergleichs an-
gibt, daß die Beklagten „ihr Unrecht bedauert" hätten.
Davon steht nicht nur nichts in dem protokollirten Vergleiche, sondern die Beklagten haben nicht einmal münd-
lich irgendwie ein „Bedauern ihres Unrechts" ausge-
drückt; der Gerichtshof hat ihnen auch mit keiner Silbe
eine derartige Zumuthung gestellt; ja, selbst der Anwalt
der Kläger hat sich keineswegs zu einer derartigen
Forderung aufgeschwungen, die nach Lage der Dinge
von seinem Standpunkte aus geradezu komisch gewesen
sein würde. Ich habe der Verhandlung vom Anfang
bis zum Ende im Zuhörerraum beigewohnt und schicke
ihrer nachfolgenden Skizzirung zum Verständnisse voraus,
daß in der Verhandlung vor dem Schöffengerichte die
Erhebung des Wahrheitbeweises an dem Einspruche
der Kläger (Kammergerichtsrath Wichert und Ge-

noſſen), bezw. ihres Vertreters, des Rechtsanwalts
Fritz Friedmann, gescheitert war, und daß die Beklagten ihre Berufungſchrift hauptſächlich darauf begründet hatten, daß ihnen doch der Wahrheitsbeweis
(in einer Preßverfolgung, die wegen Preßbeleidigung
von einem Preßverein eingeleitet war!) nicht abge-
ſchnitten werden dürfe. In der geſtrigen Verhandlung
erklärte nun der Vorſitzende der Berufungkammer von
vornherein, daß der Wahrheitbeweis allerdings den
Beklagten zugebilligt werden müſſe. Insbeſondere müſſe
unter Beweis geſtellt werden, u. A. durch Vernehmung
des Chefredacteurs der „Magdeburgiſchen Zeitung“, ob
das Vorſtandsmitglied des Vereins „Berliner Preſſe“,
Herr Julius Schweitzer, an verwerflichen Gründun-
gen betheiligt geweſen ſei. Der Vorſitzende fragte deshalb den Vertreter der Kläger, ob er nicht auf die
Klage, ſoweit der p. Schweitzer ſie angeſtrengt habe, verzichten wollte. Der Rechtsanwalt Friedmann erweiterte
dieſe Anregung dahin, daß er im Sinne ſeiner Mandanten
zu handeln glaubte, wenn er ſich zu einer völligen Be-
gleichung der Sache bereit erklärte; als Vergleichsmodus
ſchlug er vor, daß Harden und ſein Mitbeklagter eine
kleine Summe, beide zuſammen etwa 100 M., an eine
wohlthätige Anſtalt zahlen ſollten. Auf die entſprechende
Frage des Vorſitzenden weigerte ſich Harden, auf einen
Vergleich einzugehen, da ihm die Perſonen der Kläger
gleichgiltig und faſt durchweg unbekannt ſeien; ihm komme
es auf den prinzipiellen Kampf gegen Auswüchſe der Preſſe
an. Der Vorſitzende ſtellte ihm aber vor, bei einem ſo
weiten Entgegenkommen der Kläger könne er um ſo eher

5*

auf den Vergleich eingehen, als er (der Vorsitzende), bei
aller Anerkennung des bon sens in dem beklagten Artikel,
doch einige formal beleidigende und übertreibende Aus=
drücke darin finde, die wohl unter allen Umständen be=
straft werden könnten. Ein anderes Mitglied des Ge=
richtshofes fügte hinzu, daß Harden durch sein Eingehen
auf den Vergleich seiner prinzipiellen Stellung keineswegs
präjudizire; den Kampf gegen die von ihm angefochtenen
Mißstände der Presse könne er trotzdem fortsetzen. Nach
diesen richterlichen Erläuterungen willigten die Beklagten
in den Vergleich." Durch öffentliche und private Auf=
forderung ist es mir gelungen, die Kläger zum Rücktritt
von diesem so seltsam interpretirten Vergleiche zu be=
wegen. Es wird also fortprozessirt, im Namen der
Preßfreiheit: so will es die Ordnung, so ist es das
Recht.

V.

Gekrönte Worte.

❧

Der treffliche Wustmann wird von dem hier vorangestellten Titel vielleicht nichts wissen wollen; mir aber scheint er ein guter Titel, ein Titel mit doppeltem Boden. Denn er bezeichnet zugleich den Ursprung und das Schicksal gewisser umstaunter Reden. Und wenn die verstorbenen Herren Homer und Büchmann von geflügelten Worten sprachen, warum soll die spätere Neuprägung nicht gelten: Gekrönte Worte?

Reden ist Silber und alle Kronen sind von Gold. Es scheint aber, daß alle Kronenträger verkappte Anhänger der Doppelwährung sind, denn mit dem güldenen Schweigen haben sie ganz selten nur sich abgegeben und, wenn sie schwiegen, dann darf man gewiß sein, daß in ihrer Umgebung Niemand etwas zu sagen wußte. Monarchen und Schauspieler nämlich, die auch in dem Zwange häufigen Kostümwechsels sich berühren, haben nicht selten nur den Geist der Andern, l'esprit d'autrui.

Ein gar nicht nörgelsüchtiger Patriot, Gustav Freytag, wird das bezeugen: „Es ist ganz in der Ordnung, wenn der vielbeschäftigte und zerstreute Herr sich die Rede von einem vertrauten Manne niederschreiben läßt und sich dieselbe einprägt. Sie wird dadurch, daß er sie spricht, die seine, denn er übernimmt die Verantwortung; aber er gewöhnt sich dabei auch, fremden Geist als den seinen auszugeben, und muß sich gefallen lassen, vielleicht mit Behagen, daß seine eigene Auffassung, seine Bildung und sein Verständniß nach den wohlerwogenen und ge= scheidten Worten des Andern geschätzt wird"*). An derselben Stelle hat derselbe Freytag auch die bündigste Erklärung für die oft unersättliche Redeluft der Monarchen gegeben: „Jede Lebensäußerung des Herrn, der durch seine Stellung und Lebensaufgabe der Nation werth ist, erscheint bedeutsam und werthvoll, während sie an einem Andern unbeachtet bliebe; in gleichgültige Worte wird ein besonderer Sinn gelegt, der gewöhnliche Scherz wird als geistvoll gerühmt, auch ein mattes Interesse des Helden, das in anderen Menschen für selbstverständlich gelten würde, wird gefeiert. Und wenn das Volk jahre= lang seine Fürsten an solche Bewunderung gewöhnt hat, wie darf es Wunder nehmen, daß diese selbst eine große Meinung von dem erhalten, was sie reden und thun, auch wenn es nicht ungewöhnlich ist?"

Herbert Spencer meint irgendwo, die heute als Zeichen der Ehrerbietung geltenden Verbeugungen rühren

---

*) „Der Kronprinz und die deutsche Kaiserkrone." Leip= zig, S. Hirzel.

von dem Mißtrauen der Könige her, die nur unbewaffnete
Leute in einer für den Angriff ungeeigneten Haltung
vor ihrem Antlitz erscheinen ließen. Barbarische, oder
wie man heute wohl sagt: patriarchalische Gesetze unter=
stützen diese Vermuthung. Im Tonga=Archipel berührt
man nach höfischer Sitte, den Herrscher zu grüßen, seinen
Fuß mit den Händen, auf die dann der Kopf gelegt
wird. In Loango, einem für das Keimen von Be=
unruhigungbazillen nicht günstigen Klima, wird hin=
gerichtet, wer den Monarchen anzusehen wagt. Bis nach
Europa sind diese freundlichen Bräuche noch nicht wieder
gedrungen und nur die Nothwendigkeit des unterthänigen
Verstummens vor höchsten und allerhöchsten Aussprüchen
hat sich zum Theil wenigstens noch erhalten.

Wer von Vielen beachtet wird und doch vor jeder
rückhaltlosen Kritik geschützt ist, für den liegt die Versuchung nahe, von der gewährten Redefreiheit reichlichen,
allzureichlichen Gebrauch zu machen. Wie der Schau=
spieler gern den Einladungen gefälliger Photographen
folgt, so pflegt auch ein Herrscher willig jeden Anlaß
zu oratorischer Thätigkeit zu benützen; und wie der
Mime vor dem Apparat, so will auch der hohe Herrscher
in seinen Reden gewöhnlich nicht, wie er ist, erscheinen,
sondern wie er wohl sein möchte. Dort muß die Retouche,
hier die Korrektur dran. Aber —: Photographien ver=
gehen und gekrönte Worte bestehen; für die Geschicke
der Welt haben sie ganz selten nur irgend eine Be=
deutung gehabt, zur Legendenbildung aber haben sie doch
Erhebliches beigetragen.

Die Völker langweilen sich gemeinhin ganz fürchter=
lich und deshalb sind sie jedem dankbar, der durch ein
Schlagwort, einen Scherz, eine wirksame Phrase sie
amüsirt oder mindestens beschäftigt. Und weil die Lang=
weile der Völker höchst staatgefährlich ist, haben, die auf
dem Thron oder um den Thron herum saßen, sich immer
bemüht, für Schlagworte, Scherze und Phrasen zu sorgen,
in guten und erst recht in bösen Tagen. War die
Noth am größten, dann half auch wohl das Volk sich
selbst. Als die schwere Hand Friedrich Wilhelms des
Ersten auf Preußen lastete, wurde dem Kronprinzen das
durch ein einwandfreies Zeugniß niemals bestätigte
Wort vom roi des gueux nachgesagt; wahrscheinlich ist
es eben so wenig gesprochen worden wie der nicht minder
berühmte Satz: „Lerne leiden, ohne zu klagen," der
thatsächlich weder gesprochen noch geschrieben worden ist.

Es ist eine anscheinend berechtigte Eigenthümlichkeit
der gekrönten Worte, daß sie fast niemals den wirklichen
Verhältnissen, unter denen sie gesprochen werden, ent=
sprechen und doch zu hohem Ruhme gelangen. Das
gehört zur Naturgeschichte der Phrase, der ein Historiker
allmählich zu wünschen wäre. Aber es gehört gleichzeitig
auch zu den Merkmalen des Dilettantismus, den Paul
Bourget einmal sehr glücklich so definirt hat: „Une
disposition d'esprit très-intelligente et à la fois très-
voluptueuse, qui nous incline tour-à-tour vers les
formes diverses de la vie et nous conduit à nous
prêter à toutes ces formes sans nous donner à
aucune." Etwas von dieser geistigen Disposition steckt
in jedem Allerhöchstgeborenen, der nach dem ganzen

Gange seiner Erziehung im günstigsten Falle doch nur
auf dem militärischen Gebiete ein Fachmensch sein kann,
der aber in allen Fächern seiner umfassenden und komplizirten Thätigkeit heimisch erscheinen will. Und wo der
Schein Wirklichkeit heuchelt, da eben entsteht die Phrase.
Als Nero sein „Qualis artifex pereo!" seufzte, da
stand er auf der Sonnenhöhe des Dilettantismus; die
ragende Zinne des Absolutismus hatte er schon früher
erklommen, als er sagte; „Erst ich habe der Welt bewiesen, wieviel einem Fürsten erlaubt ist." Und ich bin
überzeugt, daß er damals in Gedanken „ich" mit lauter
großen Buchstaben schrieb.

Unwillkürlich drängt die Erinnerung an der Agrippina schlimmen Sohn sich auf, denn eifriger hat für
den kommenden Büchmann keiner von seinen Nachfahren
gesorgt als dieser gekrönte Komödiant, der eigentlich
nur noch fromm zu sein brauchte, um dem von Lombroso entworfenen Bilde des politischen Epileptikers in
jedem Zuge zu entsprechen. Eitel war er und größen-
wahnsinnig und impulsiv, hatte Hallucinationen und
Anwandlungen von Genialität, — so recht der Mann,
der römischen Heidenheit und dem Imperatorenthum den
wirbelnden Kehraus zu tanzen, so recht die typische Erscheinung decadirender Majestät. Und dabei war er
sicher, so lange es eben dauerte, ein Liebling der Massen,
denn alltäglich fielen von seinem Tische Schlagworte,
Scherze und Phrasen. Die Leute aus der Zeit des
Sueton nämlich und des Dio Cassius waren den Galliern
sehr ähnlich, von denen Maupassant — man darf ihn
vor keuschen Ohren doch wohl noch nennen? — gesagt

hat: „Chez nous il suffit d'un peu d'esprit pour
gouverner. La bonne humeur tient lieu de génie,
un bon mot sacre un homme et le fait grand pour
la postérité. Tout le reste importe peu. Le peuple
aime ceux qui l'amusent et pardonne à ceux qui
le font rire." Weil unter Herrn von Freycinet die
Politik langweilig wurde, mußte er vom Platze weichen;
er könnte heute noch Ministerpräsident sein, wenn ihm
über das Verhältniß von Staat und Kirche auch nur
das bescheidenste mot auf die Lippe gekommen wäre;
lachend oder begeistert mindestens hätte die Kammer
dann alles Mögliche und Unmögliche votirt.

Scherz bei Seite. Durch die thörichtsten Phrasen
sind, in Frankreich namentlich, schon herrschende Männer
berühmt geworden und beliebt. Was wissen wir noch
von Clovis? Er heißt der Heilige und seine Nachfolger
führen den schmückenden Namen der allerchristlichsten
Könige. Warum? Weil Clovis beim Anhören der
Passiongeschichte den unsinnigen Ruf fand: „Que
n'étais-je là avec mes Francs!" Und weil er in
monarchischem Gottähnlichkeitgefühle die Siechen und
Bresthaften mit allergnädigstem Finger zu berühren und
mit der wundersamen Tröstung zu entlassen pflegte:
„Le roi te touche, Dieu te guérisse!" Daß dieser
allerchristlichste Monarch seine Verwandten niedermetzeln
ließ und auch sonst noch ein stattliches Maß von Scheu-
säligkeiten häufte —: davon ist nimmermehr die Rede.
Und Philipp der Sechste, den man heute ganz unehr-
erbietig einen Trottel nennen dürfte, trieb es eigentlich
noch toller; in der Schlacht von Crécy war er geschlagen

und verwundet worden und keinen überflüssigeren Mann
gab es im Gallierlande; dreist aber und gottesfürchtig
klopfte er an das Schloß von Arbroie, Hilfe heischend:
„Ouvrez, c'est la fortune de la France!“ Vergessen
ist Crécy, vergessen die Niederlage, aber das stolze Wort
des geängsteten Tropfes lebt und wird noch zu höheren
Jahren kommen.

Es ist, wie ich es verstehe, ein gutes Wort; an
einem leuchtenden Beispiel nämlich zeigt es die hohle
Haltlosigkeit solcher gekrönter Phrasen. Philipp war
wie sein jetzt dumme Streiche machender Namensvetter
von Orléans, eine Operettenfigur, nicht aber, in keinem
Moment, das Glück Frankreichs. Aber er konnte reden,
und reden konnte auch der schwachgemuthe Schürzenjäger
Franz der Erste, der nach der bösen Schlappe von Pavia
doch alle Sympathien gewann, durch den einen Satz,
den er an seine tolerante Mama schrieb: „Tout est
perdu, madame, fors l'honneur!“ Schon damals
nämlich, Graf Trast war noch nicht unter die Kaffee-
pflanzer gegangen, gab es zweierlei Ehre: Für Souveräne
die Eine, die Andere für — die Anderen.

Als Heinrich der Vierte seine Truppen herrlichen
Schlachttagen entgegenführen wollte, da hielt er die aller-
liebste Bierrede: „Enfants, si les cornettes vous man-
quent, ralliez-vous à mon panache blanc; vous le
trouverez toujours au chemin de l'honneur et de
la victoire!“ Und er siegte. Mit seiner berühmteren
friedlichen Phrase aber ging es dem navarresischen Skep-
tiker wider Erwarten; um in die schöne Schmutzstadt
der Pariser einziehen zu können, legte er seinen Glauben

ab: „Bast! Paris vaut bien une messe!" Die Messe
wurde gelesen; mit dem Konvertiten aber zog der Pro-
testantismus in Frankreich ein, dessen Wehen noch heute
den grimmen Zola so ärgerlich stimmt. Und gibt es
bittereren Hohn auf alle Wahrhaftigkeit als desselben
vierten Heinrich berüchtigtes Wort von dem Huhn, das
jeder Bauer an jedem Sonntag im Topfe haben sollte?
Man glaubt gar nicht, wie alt die sozialpolitische Phrase
schon ist.

Und wie denken Sie heute, da die Zöllner und
Sünder im Gefolge des Herrn Méline um den Eingang
spanischer Weine und Maulthiere feilschen, über Ludwigs des Vierzehnten beinahe schon kronstädtischen Ruf:
„Il n' ya plus de Pyrénées?" Sie lächeln und lachen
gar laut, wenn Ihnen einfällt, wie Louis Napoleon,
inmitten der Pläne zu Kriegen gegen China, Rußland,
Mexiko, Oesterreich, die entzückend verlogene Parole ausgab: „L'empire, c'est la paix!" Lange aber, das
bitte ich nicht zu vergessen, hat es gedauert, bis man
zu lächeln und zu lachen begann, und wer weiß, ob
nicht in etlichen hundert Jahren zu der Legende vom
heiligen Clovis und vom ritterlichen König poule-au-
pot auch die Sage vom friedliebenden Louis Napoleon
sich gesellt, den der böse Mob nur in Krieg und Verderben trieb?"

Immer sind es dilettirende Politiker gewesen, die
über die Schwierigkeiten der Situation, über äußere
oder innere Verwickelungen, mit einer tönenden Phrase
sich hinwegzuhelfen versuchten. Und je stärker das
dilettantische Gelüsten war und je geringer die Neigung,

der afghanischen Weisheit zu folgen, die davor warnt,
in alle Löcher den neugierigen Finger zu bohren, —
desto häufiger mußte naturgemäß das oratorische Hexen=
einmaleins aus der argen Klemme helfen.

Aber es gibt noch eine zweite Gruppe von ge=
krönten Worthelden: die aufrichtigen Fanatiker, die ihre
persönliche Impetuosität immer zu verallgemeinern bereit
waren. Dabei denke ich nicht an den großen Napoleon,
der ja auch im strotzenden Imperatorenprunk der korsische
Parvenu blieb und dessen einsame Originalität jeder
Zusammenstellung widerstrebt. Um die Wende des zehnten
Jahrhunderts aber herrschte über das heilige römische
Reich deutscher Nation ein junger Mystiker, Kaiser Otto
der Dritte, von dem Bossuet nicht viel mehr zu berichten
weiß, als daß er nach Gnesen zum Grabmal des heiligen
Adalberts pilgerte und das Königreich Polen schuf,
während sein Erzieher, Bischof Gerbert von Reims und
später Papst Silvester II., ein Gleiches für Ungarn
that. Dieser Otto nun, dem jüngstens in Bryce ein
Portraitist erstanden ist, war so ein redseliger Schwärmer.
Epileptische Anwandlungen fehlten ihm nicht und, wie
alle Epileptiker, erging er sich in riesenhaften Selbst=
täuschungen und grotesker Großmannsucht. Er wollte
Alles erneuern, Alles verjüngen, Alles reformiren, die
Siege des Trajan, die weise Verwaltung des Justinian
und die Heiligkeit des Konstantin verbinden, Ober=
feldherr, höchster Richter und pontifex maximus sein,
in einer Person. Und weil das nicht so im Hand=
umdrehen zu bewirken war, ergab er sich der Magie
und glaubte gläubig, die Wunderkraft seines König=

ringes könne alle Unzufriedenheit verscheuchen und aus
der Erde, was der Kaiser nur wünschte, hervorgehen
lassen. Von seiner Allmacht hatte er, von seinem Gottes-
gnadenthum, eine außerordentlich hohe Meinung, schwelgte
in mystischen Vorstellungen und zügellosen Phantasien
und seine Begriffe verwirrten sich allgemach so sehr, daß
er schließlich in einem seiner Erlasse schrieb: „Wir haben
dieses verordnet, auf daß unsere heilige Kirche gekräftigt
und sicher gestellt sei und unser Reich nebst den Edelsten
der Nation zu herrlichen Ehren kommen kann. Möchten
Wir selbst, nachdem Wir gerecht im Zelt des irdischen
Lebens Unsere Tage verbracht haben, für würdig erachtet
werden, nach dem Ausgange aus dem Gefängniß dieser
Zeitlichkeit, in Weisheit an der Seite des Allmächtigen
Herrn der Heerschaaren zu regieren!" Das gerade
charakterisirt diesen interessanten empereur fin-de-siècle
— auch Nero war ja Einer —, daß er ein rückwärts
gekehrter Reformator war, daß er durch einen mystischen
Wahn doch mitunter einen Schimmer der wahren Be-
dürfnisse seiner Zeit zu erhaschen verstand. Mit alten
und ältesten Formeln wollte er Neues schaffen, über
romantische Gebirge zu modernen Pfaden streben —
der Aermste.

Weit frohere Empfindungen weckt uns das Gedächtniß solcher Monarchen, die aus ihrem Herzen keine
Mördergrube machten: der große Cäsar, der den Muth
jeder renommistischen Phrase hatte; der große Alexander,
den Plutarch sagen läßt: „Wenn ich nicht Alexander
wäre, würde (nicht: möchte) ich wohl Diogenes sein";
der große Vespasian mit seinem allzu menschlichen „Non

olet"; der große Konstantin, der den Mantel der Liebe
über jegliches Vergehen seiner pfäffischen Höflinge breiten
wollte; der große Sonnenkönig, der dem Absolutismus
die Devise gab: „L'Etat c'est moi" und der das un=
geduldig anmaßende Wort sprach: „J'ai failli attendre";
der große Friedrich, der auch Gazetten mitunter geniren
und der nicht immer jeden nach seiner Façon selig
werden ließ, der aber durch zwei gekrönte Worte
wenigstens sich als ein rückhaltlos aufrichtiger Landes=
vater erwies: „Ihr Racker, wollt Ihr denn ewig leben?"
rief er, den Krückstock schwingend, den weichenden Sol=
daten zu, und sans souci de la postérité schrieb er
das wahrhaft staatsmännische Wort: „S'il y a à gagner
à être honnêtes, nous le serons; et s'il faut duper,
soyons fourbes" —: sie alle gehören hierher und
auch Friedrich der Zweite von Hohenstaufen mag noch
ihnen zur Seite treten, der offen eingestand, er mäste
nur solche Schweine, die ihm allein den Speck liefern
müßten; und Ludwig der Elfte von Frankreich beschließe
die Reihe mit seinem wundervollen pragmatischen Grund=
satze: „Qui nescit dissimulare, nescit regnare, —
voilà tout ce qu'il faut de latin à un prince!"
Nicolo Macchiavelli mag sich hängen lassen, denn solches
Trostwort hat selbst er in seiner furchtbaren Analyse
des Despotismus nicht gefunden.

Selbstgefällige Dilettanten, schwärmende Fanatiker,
romantische Weltverbesserer, brutale Realpolitiker —:
ohne gekrönte Worte sind sie sämmtlich nicht ausgekommen.
Und doch, wenn man zurückblickt — wie unendlich gering
war die Bedeutung dieses redseligen Getöses für die

Geschicke der Welt, wie ist es immer verhallt vor der Logik der Thatsachen, daß nichts fast übrig blieb als eine fromme Legende und ein Fetzen bedruckten Papiers. Hofgeschichteschreiber und andere Byzantiner mögen noch heute sich dran ergötzen und vielleicht findet ein konfessionell gedrilltes Geschlecht einst auch an dieser Ueberlieferung wieder Gefallen; vorläufig aber gibt die Mehrheit der Verständigen noch dem siebenzehnjährigen Voltaire Recht, der 1711 des Oedipus mütterliches Gemahl sprechen ließ:

„Nos prêtres ne sont point ce qu'un vain peuple pense,
Notre crédulité fait toute leur science!“

Die Phrase ist ein Kind der Kultur, ein Kind der Liebe zur schönen Pose, zum malerischen Faltenwurf; in der guten Gesellschaft würde man sie vielleicht ein natürliches Kind nennen, ohne zu bedenken, daß dadurch ein leiser Vorwurf gegen die Unnatur der — Ehe anklingt. Die Barbarei hat sich der Prägung gekrönter Worte immer noch ungünstig erwiesen, während selbst niedrig Gezeugte auf der Höhe einer weithin sichtbaren Stellung sofort die Gabe des Großsprechens empfingen, — man denke an Cola Rienzi, den Sohn eines Schankwirthes und einer Wäscherin, der den Cäsarenwahnsinn so weit trieb, die Mitra der Troerkönige zu tragen, als Tribunus Augustus sich huldigen zu lassen und in tollkühnen Erlassen alle Fürsten der Erde vor die Schranken seiner Gerichtsbarkeit zu heischen; man denke an Robespierre, an Bonaparte, an Mac-Mahons unklug prahlendes „J'y suis, j'y reste“, an Gambetta, der den Marschall mit der knirschenden Phrase stürzte: „Se soumettre on

se démettre!" Nicht die Geburt unter Purpurdecken
also: der Machtbesitz vielmehr und das Machtbewußtsein
suggerirt den Muth zur Phrase und jeder politische
Soldat trägt im Tornister den Marschallstab des gekrönten Redners.

Nur die überzeugtesten Absolutisten schwiegen stets
still und die überzeugtesten Verfassungbekenner: der
barbarische Herrscher begnügt sich mit einer Geberde,
Katharina und Peter der Große verschmähten die tönenden
Worte, und die Königin Victoria von England, deren
Vorfahrin mit Leicester und Essex als jungfräuliche
Königin auf die Nachwelt gekommen ist, spricht nur
durch das Medium ihrer vom Volke erwählten Berather.
Wo das Selbstbewußtsein nach immer neuen Worten
sucht, da ist es im Kern schon erschüttert. Es mag
daher rühren, daß die Beherrscher aller Reußen, in ihrer
nach unseren Begriffen kulturellen Zurückgebliebenheit,
für die Prägung gekrönter Worte so wenig geleistet haben.
Der einzige Nicolai Palkin, Nicolaus mit dem Stöckchen,
lebt in einem Schlagworte uns fort, und das ist so
schön, daß es auch civilisirteren Monarchen als Motto
wohl zu empfehlen wäre. Als nämlich der Zar um
eine Unterstützung für den großen melancholischen Satiriker
Gogol gebeten wurde, gab er der holden Werberin
5000 Rubel und fügte lächelnd die Bitte hinzu: „Der
Name des Spenders darf nicht genannt werden, sonst
glaubt Ihr poetischer Schützling, nun müsse er ein offi=
zieller Dichter werden!"

Aber — Ironie des Schicksals! — noch unter
demselben Zaren fiel derselbe Gogol in Ungnade, weil

sein heiliges Lachen die Herrschaft des bösen Pessimus zu fördern schien, weil er zu laut gesprochen hatte und zu unabhängig. Ein seltsames Verhängniß lastet auf den gekrönten Worten: sie tönen, sie bleiben und fälschen ihres Verkünders Bild, doch sie bedeuten nichts und über sie hinweg rauscht der treibende Strom der Zeit, dem großen Ozean zu, dem geheimnißvollen, der die seichten Bäche lärmender Beredsamkeit, altväterlich den Jahrmarkt der Eitelkeiten belächelnd, in seinem Schooße verschwinden sieht.

25. 2. 92.

VI.

Die romantische Schule.

Entsetzet Euch **nicht**, o meine Freunde! Denn nicht von alter Literatur will ich, sondern von neuester Politik zu Euch sprechen; nicht von Clemens Brentano, von Novalis und Tieck längst Bekanntes vortragen, sondern die wundersame Legende von den zween Grafen verkünden, von Zedlitz und Caprivi. Des Knaben Wunderhorn ist lange verklungen, doch eben setzen die praeceptores Germaniae die neue Wunder= flöte an, Knaben und Mägdelein wieder eins aufzu= spielen. In den alten Berg will Graf Zedlitz, der wohlbeleibte Rattenfänger von Posen, frische Jugend locken und jammernd steht und die Hände ringend die Schaar der furchtbar Verständigen bei Seite und sucht, durch laute **Reden** und pathetische Geberden, dem weit= berühmten Sänger die rothbackige Beute abspänstig zu machen. Allerlei Geister werden beschworen: vom alten Fritzen wird die immer noch blanke Toleranz, vom jungen Lassalle **das** durch **Herrn** Virchow aufgefrischte

Wort vom Kulturkampf entlehnt und gräßlich tobt, das Hohenzollern=Hauskreuz auf dem Professorenfrack, der Felix Dahn jetzt um die Mauern, als gälte es, den seligen König Roderich unter die Haube und den un= seligen Kampf um Rom zum Austrag zu bringen. Auch andere tote Männer thun wieder einmal höchst lebendig, und wie ein prächtiger Parabegaul in der Arena schüttelt, des Disziplinargesetzes nicht achtend und nicht der Ent= setzung von Limburg=Stirum, Herr von Bennigsen die Mähne, und wenn Herr von Forckenbeck nicht durch seine siebenzig Jahre und durch die Errichtung von Wärme= hallen in der Musterwirthschaft der loyalen Residenz= stadt zurückgehalten wäre, er würde gewiß auch wieder auf die Schanzen rufen, im zoologischen Garten, an einem billigen Sonntag. Doch es ersetzt „voll und ganz" ihn Herr Eugen Richter, den nach zweistündiger Rede eine Halsentzündung befiel, dessen goldene Worte aber für fünfzig Pfennige („Partien von zehn Exemplaren à 25 Pf.") käuflich sind und dessen Moniteur jetzt am Kopfe die unbezahlbaren Sätze trägt: „Für Schule und Elternrecht im Kampfe gegen geistliche Herrschaft allzeit voran steht die Freisinnige Zeitung ... Alle einschlagen= den Fragen werden in der Freisinnigen Zeitung auf das eingehendste und sachlichste erörtert ... Man abonnirt bei allen Postanstalten u. s. w. u. s. w." Entsetzet Euch nicht, o meine Freunde, sondern folget des Herrn Professors Friedberg weisem Rath: Wachet und betet, denn, wahrlich, schwer ist diese Zeit.

Der Umschwung ist selbst für unsere an Ueber= raschungen allmählich gewöhnten Nerven etwas rasch ge=

kommen. Vor vier Wochen noch war's ja wohl eine Lust zu leben, mit dem neuen Kurs den sonnigen Gestaden der Freiheit entgegen zu steuern, und Herrn Rickert wandelte fast eine Ohnmacht an, als er las, der gute Kanzler sei schon des Amtes müde. Wer etwa mehrere Wochen an der Influenza gelegen hat, der wird nicht ganz leicht sich jetzt wieder in die Zeit schicken lernen, denn nun sitzt das Staatsschiff in dichtem Nebel, die Dampfpfeife gellt durch die bangen Lüfte, und in Schlafrock und Pantoffeln stürzen alle die guten Revolutionäre an Bord, die Seegespenster zu betrachten: die Dunkelmänner, den Gewissenszwang, die rabenschwarze Reaktion. Und Graf Caprivi, der im Januar noch so hell blickende, humane Mann mit den freundlichen Sitten, sieht auf der neuesten politischen Momentphotographie dem General Volland von der Hahnenfeder aus den Rittern vom Geiste so ähnlich wie ein frommer Kriegsmann dem andern.

Kurzsichtigkeit oder Selbsttäuschung? Wollte man es nicht früher bemerken oder hat man es wirklich erst jetzt bemerkt, daß auf der Kommandobrücke des Panzerschiffes Deutschland der nach allen Regeln modernster Technik hergestellte Kompaß schon längst die Richtung weist: Politische Romantik? Trotz den alten Fanfaren, den Escarpins und Schnallenschuhen, den hohen Liedern von goldener Mittelalterlichkeit und Kirchenbauten sollten die Parteihäuptlinge sich in der Richtung getäuscht haben? Dann muß die von Berufes wegen geübte Politik die Augen weit mehr noch als den Charakter verderben.

Alle Romantik entspringt dem metaphysischen Be-

dürfniß des Menschen, den Schopenhauer deshalb animal
metaphysicum genannt hat. Daß die Massen nicht
philosophisch denken können, erkannte schon Plato: daß
sie mit plattem Rationalismus sich nie bescheiden werden,
erkannte erst Goethe und spottete drum über Nicolai
und den Doctor Bahrdt. Aber er spottete auch über
die Kirchendogmatik, über den Lämmleinkultus und die
empfindsame Herrenhuterei, für die einst das Fräulein
von Klettenberg ihn einzufangen bemüht war; und doch
mußte er mit eigenen Augen noch die Wiederherstellung
des Jesuitenordens sehen, das Wirken Schleiermachers
und Hamanns und die Regung der Orthodoxie unter
der Führung des preußischen Kultusministers Nicolovius,
dem ein ironischer Zufall die Nichte des großen Welt-
kindes von Weimar zur Gattin gegeben hatte. Der
klassische trat vor dem romantischen Geiste zurück, der
Universalismus vor dem Nationalismus; nicht in die
griechische, sondern in die altdeutsche Vorzeit richtete nun
sich der Blick, und die Welt wurde, nach dem napoleonischen Schrecken, zur Abwechselung wieder einmal fromm.
Damals sprach Goethe das Wort vom Romantiker-Ver-
hängniß, von der dräuenden Gefahr, „am Wiederkäuen
sittlicher und religiöser Absurditäten zu ersticken".

Durch Philosophie und durch Religion läßt das
metaphysische Bedürfniß des Menschen sich stillen, der
Wunsch, als ein übersinnlicher Freier zu erhaschen, was
dem Werben der Sinne sich nicht neigen will. Die
Philosophie wendet sich an die Ueberzeugung, die Religion
an den Glauben, und sie besitzt — nach Schopenhauer —
das „unschätzbare Vorrecht, den Kindern beigebracht zu

werden, als wodurch ihre Dogmen zu einer Art von zweitem angeborenem Intellekt einwachsen, gleich dem Zweige auf dem gepfropften Baum; während hingegen die Systeme der ersten Art sich immer nur an Erwachsene wenden, bei diesen aber allemal schon ein System der zweiten Art im Besitz der Ueberzeugung vorfinden." Der Gegensatz scheint mir ganz klar, und ich wünschte nur, daß heute, da die Religion wieder in den Vollbesitz ihres unschätzbaren Vorrechtes zu gelangen strebt, auch der Thatbestand nicht verdunkelt würde. Nicht um einen Kampf zwischen Christenthum und Atheismus, wie es in der beschämend dürftigen Rede des Reichskanzlers hieß, handelt es sich in Sachen Richter contra Zedlitz, sondern um die Wahl zwischen der rationalistischen und der romantischen Schule. Nicht Spinoza steht gegen Christus, nur Nicolai eifert wüthend gegen Hamann los. Und diesen Konflikt kann ich, bei allem Lärmen, den er erregt, bei aller symptomischen Bedeutung, die er sicher besitzt, doch nicht gar so hoch tragisch auffassen.

Denn das war eigentlich recht lange schon zu bemerken, daß der neue Kurs ins alte romantische Land wies. Der heilige Clovis, jüngst erst sprach ich davon, und seine mitunter auch beinahe heiligen Nachfahren pflegten am Tage nach der Weihnacht Sieche und Bresthafte und solche, die an Kröpfen und Skrofeln litten, sich vorführen zu lassen, mit der Fingerspitze sie zu berühren und dann zu sprechen: Le roi te touche, dieu te guérisse. Die also allergnädigst Ausgezeichneten glaubten an Wunder und schritten selig fürpaß. Bei uns ist jetzt alle Tage Weihnachten und die ganze Schlacht tost

nur um die Frage, ob es möglich ist, die alt und skep-
tisch gewordene Menschheit wieder so gläubig zu machen,
daß sie aus sozialen Gefahren, aus Mordepidemien und
vom Anblick barbarischer Soldatenschinderei mit der
Hoffnung scheidet: Le roi te touche, dieu te guérisse.
Die große Apotheke der Romantik, die nach der Episode
Napoleon auch in Deutschland wieder eine Filiale errichtet hatte, bietet jetzt nach der Episode Bismarck die
restirenden Tränklein und Salben feil, die um die Zeit
Vollands von der Hahnenfeder von wegen der geistigen
Erkrankung des früheren Prinzipals nicht mehr los-
geschlagen werden konnten.

Das Volksschulgesetz ist mit seinen einhundert und
vierundneunzig Paragraphen doch nur ein Symptom. Von
der horazischen Weisheit ausgehend, daß ein neues
Gefäß den einmal angenommenen Geruch lange bewahrt,
will man den Kindergemüthern frühzeitig positive Religionen eintrichtern, um so sie vor Anfechtung zu bewahren und vor dem übeln Geruche der Gottlosigkeit.
Und zwar sollen auch die Kinder nicht kirchengläubiger
Eltern des Heiles theilhaftig werden und die Freunde
und die Feinde dieser heiß umstrittenen Dissidenten-Maß-
regel merken gar nicht, daß es dabei sich um eine
sozialistische Auffassung handelt, die Gesellschaftrechte der
freien Bestimmung der Persönlichkeit vorangehen läßt.
So blind macht Kampfeswuth und Erregung. Da ist
es denn auch nicht gar so wunderbar, wenn die Stür-
menden am Ende das Ziel ihrer Mühen in ungeheuerlicher Vergrößerung sehen und ganze Horden von Heu-
schrecken zu erblicken wähnen, wo in Wirklichkeit nur

flügelmüde Motten aufgeflattert sind. Professoren und
Politiker blasen die „Volksseele" zu wilder Empörung
auf, weil die Simultanschule bedroht ist, und sie ver=
gessen darüber, daß unser Jahrhundert nicht scheiden
wird, ohne die wichtigere Frage zur Lösung gebracht zu
haben: Gehört die Religion überhaupt in die Schule
oder gehört sie in's Haus.

Jetzt liegen die Dinge so: In einer Klasse sitzen
sie friedlich zusammen, Protestanten, Katholiken, Juden
und Dissidenten; zeigt aber der Stundenplan auf Reli=
gion, dann trollt, mit gepackter Mappe, ein Häuflein
ab, und auf dem Hofe heißt es und in den Gängen:
„Au! Guck' mal, — die Juden gehen schon!" „Du
Rindvieh, mein Vater is Katholike!" schallt es dann
manchmal zurück. Aber die Jungen wissen ganz genau,
daß sie nicht zu einander gehören, daß sie das alte
Testament selbst, dessen gefährliche Sittenlehre ich gern,
wenn der Staatsanwalt gerade einmal schläft, kritisiren
möchte, nicht gemeinsam lesen dürfen. Ein idealer
Zustand ist das gewiß auch nicht, und das Mißtrauen
weckende Gefühl konfessioneller Geschiedenheit kann nach
der Beseitigung der Simultanschule, die nichts Ganzes,
sondern ein schwächlich liberales Kompromiß nur dar=
stellt, viel empfindlicher auch nicht sich geltend machen.

Ueber Erziehung, das merke ich nicht zum ersten
Male, läßt ohne den Muth der Phrase eigentlich nichts
mehr sich sagen. Was für die Stärkung im Glauben,
was gegen fromme Dressur sich vorbringen ließ, das hat
Fénélon im Telemach und Rousseau im Emile erschöpft,
und nebenher ist vom reichen Tische Pestalozzis, Base-

bows und Lagardes mancher feine Gedanke, manches
verständige Wort gefallen. Am klügsten aber, so scheint
mir, waren auch hier die Alten: Antisthenes, der nur
vom Schlechten die Jugend entwöhnen wollte, und ganz
besonders Epikur, der höchst resignirt scherzte: $\pi\alpha\iota\delta\epsilon\dot{\iota}\alpha\nu$
$\pi\tilde{\upsilon}\sigma\alpha\nu$ $\varphi\epsilon\tilde{\upsilon}\gamma\epsilon$ — Laß ab von unnützlichem Erziehen!
Der epikuräischen Weltanschauung ist die Stunde gewiß
nicht günstig, das skeptische Unterrichtprogramm aber
sollte man so ohne Weiteres doch nicht verachten, denn
die Väter wissen heute ja gar nicht einmal genau, für
welche Zeiten sie die Söhne erziehen sollen. Die beiden
Grafen sogar, die jetzt im Landtag die einhundert und
vierundneunzig Paragraphen vertreten, selbst die führen
allerlei mystische Reden von Dingen, die da kommen
könnten, möchten und dürften.

Solche Epochen der Unsicherheit bieten der Romantik
ergiebigen Boden. Die vom Heraufkommen des dritten
Standes erschreckten Erbeingesessenen pflückten blaue
Blumen, in mondbeglänzter Zaubernacht; derberes Ge-
räusch aus neuen Heimstätten scheucht heute die im
Besitz früh Ermüdeten zum heiligen Gral, zu Parsifals
christlich = buddhistischem Symbolismus. Der gesteigerte
Intellekt, der nicht mit dem sich begnügt, was er sehen,
schmecken und riechen kann, heischt für sein metaphysisches
Bedürfniß Befriedigung und furchtlos dürfte man eine
fromme Jahrhundertwende prophezeien, wenn zwischen
Friedrich Wilhelm dem Vierten und Wilhelm dem
Zweiten nicht eine neue Religion von unerhört — seit
dem Feldzuge des Paulus unerhört — propagandistischer
Kraft erfunden worden wäre, im Sozialismus. Der

Reichskanzler hat wohl das Läuten gehört, aber er weiß
nicht recht, wo die Glocken hängen; er führt die so=
zialistische Gefahr gern im Munde und ahnt doch nicht,
daß er seine Kräfte als guter Mensch und — weniger guter
Musikant der Einstudirung des „alten Entsagungsliedes"
weiht, nur um die neuere Weise zu übertönen: „Es
wächst hienieden Brot genug für alle Menschenkinder!"
Der erste und der zweite Kulturkampf, der Streit um
die Maigesetze und die missio canonica der Schule
sind nur Vorspiele zu dem viel größeren Kampfe zwischen
dem tief pessimistischen Christenthum, das vom elenden
Diesseits auf ein besseres Jenseits vertröstet, und dem
Sozialismus, der hier auf Erden schon das Himmelreich
errichten will. Zweimal schon, gegen das römische
Heidenthum und gegen das echt orientalisch schwelgende
Judenthum, hat die mitleidig pessimistische Lehre des
Bergpredigers gesiegt, und noch immer hat sie, wer weiß,
die Mehrheit, die Frauen und anderen Schwachen, für
sich. Nicht so leichthin möchte ich deshalb Herrn Eugen
Richter glauben, daß Katechismus, Bibel und Gesang=
buch im Kampf mit dem Sozialismus nur einem höl=
zernen Säbel gleichen.

Einstweilen steht das Gefecht noch still und die
klugen Führer der Sozialdemokratie spotten des grimmen
Streitmuthes der Kulturkämpfer und halten ihre Schaaren
vorsichtig im Schach. Die Mittelparteien, ich meine
die Nationalisten, werden vielleicht das Schicksal der
Girondisten theilen und dann erst, wenn die Be=
wegung über sie hinweggegangen und die Fehde zu den
Radikalen gelangt sein wird, den Triariern, dann erst

wird nach dem romantischen Intermezzo wieder eine entscheidende Weltwende aufdämmern. Wie sie aussehen wird? Wer noch lebt, wird's erleben.

Allzu lange braucht es gar nicht mehr zu dauern. Denn —: Bismarck ging und Keiner kam, der wie dieser Deichhauptmann, auch die Blödesten sehen's nun zu spät, dem drohenden Dammbruche vorzubeugen vermöchte. Daß die romantische Schule bald abzuwirthschaften pflegt, lehrt jede Erfahrung und der Helm wird die Kongestionen nach dem Kopfe jetzt wohl nur beschleunigen.

Das Volksschulgesetz ist nur ein Symptom, das Erste nicht und erst recht nicht das Letzte, der romantischen Krankheit. Und weil man im Patientenzimmer nicht gern grobe Wahrheit sagt, blieben selbst die verhärtetsten Kulturkämpfer stumm, als ein biederer General meinte, er beurtheile jeden Menschen ausschließlich nach seinem Verhältniß zu Gott. Träumt man denn „an maßgebender Stelle" wirklich nichts von der Euthanasie des Christenthums, von seinem an den Namen Luthers schon anknüpfenden mählichen Hinüberschlummern in einen sanften Moralismus, den die Furcht vor etwas nach dem Tode nicht mehr schreckt, seit die Wissenschaft den epikuräischen Satz vom endgiltigen Sterben bestätigt hat? Unter den Zöglingen der romantischen Schule werden nur wenige hierarchisch geputzte Kirchenlichte glänzen, fruchtbar aber sein und reichlich sich mehren wird die unheilige Nachfolge des   Apostata.

12. 2. 1892.

VII.

Menuet.

❦

Am **17.** Februar veröffentlichte Ernest Renan ein Buch, in dem der skeptische Theosoph sein Bedauern darüber ausspricht, daß er von dieser schönen Welt scheiden müsse, ohne die Lösung der von allen Seiten jetzt uns umdrängenden Räthsel noch zu erleben, insbesondere aber, ohne eine bündige Antwort auf die ihn lebhaft ineressirende Frage zu erhalten: „Quel sera le développement du germe intérieur de l'empereur Guillaume II?" *)

Am 18. Februar suchte eine Deputation arbeitloser Bauhandwerker den Oberbürgermeister der Haupt- und Residenzstadt Berlin auf; da der ruhebedürftige Herr, der die Siebenzig überschritten hat und sich deshalb von seinen erschreckten Parteigenossen auf weitere zwölf Jahre zum Stadtvertreter wählen ließ, erst nach zwölf Uhr auf

---

*) Feuilles détachées. Par E. Renan. Calmann Lévy, Éditeur. Paris 1892.

dem Rathhause zu erscheinen pflegt und da ferner durch
eine in der Privatwohnung des Kummunalherrschers zu
gewährende Audienz der erhabene Gedanke der Selbstverwaltung Schaden nehmen könnte, so mußten die
Arbeitlosen sich mit dem zweiten Bürgermeister begnügen,
einem nicht minder freisinnigen Manne, der bei seinem
Amtantritt durch einen tapfern Ausfall gegen den
gefesselten Prometheus von Friedrichsruh sich höchstem
Wohlwollen empfohlen hatte.

Am 24. Februar, Mittags um ein Uhr, zu einer
Zeit also, wo Herr von Forckenbeck hoffentlich bereits
seiner parlamentarischen Parteipflicht waltete, gedachte der
Präsident des deutschen Reichstages, Exzellenz von Levetzow,
der Männer, die mit der viertelhundertjährigen Geschichte
des Einheitparlamentes in ununterbrochener Verbindung
geblieben waren, und dabei begegnete es ihm, daß eine
begreifliche Gedächtnißschwäche ihn nicht auf den ver-
schollenen Namen des Abgeordneten Fürsten Bismarck
kommen ließ.

Am 24. Februar, Nachmittags gegen sechs Uhr,
hielt der Kaiser beim Festmahle des brandenburgischen
Provinziallandtages eine Rede, die alle Nörgler und
mißvergnüglichen Mäkler zur Auswanderung aufforderte
und in den Worten gipfelte: „Mein Kurs ist der richtige,
und er wird weiter gesteuert."

Am 25. Februar, Morgens, erschien in den Schau-
fenstern der Buchhändler eine Schrift des mit dem
Hausorden der Hohenzollern geschmückten Professors Felix
Dahn, aus der einige Stellen hier mitgetheilt werden sollen:
„Die angeführten Gründe der Mißstimmung können leicht

sehr stark vermehrt werden: ach, gar viele Thaten und
Reden sind gethan und geredet, welche besser ungethan
und ungeredet geblieben wären. Es ist dem gegenüber
doch gar zu einfach, wenn uns . . . . gesagt wird, »es
besteht gar kein Grund zur Beunruhigung«! Das ist,
wie wenn der Arzt dem über Zahnschmerzen Klagenden
erwidert: »Mein Lieber, Sie haben ja gar keinen Grund,
Zahnschmerzen zu haben.« Die letzten Gründe unserer
Beunruhigung entziehen sich nur eben oft der Aussprache
. . . . Das bange Gefühl der Unberechenbarkeit der
Leitung ist weit verbreitet im deutschen Volke: gerade
bei Männern, welche die eifrigsten Anhänger des Reiches,
Preußens, der Hohenzollern, gewesen und geblieben sind:
ist es »patriotisch«, sich darüber hinwegzutäuschen und
Andere? . . . . Ist es denn gleichgiltig, ob in dem
Volk, in den Treuesten des Reichs das frühere begeisterte
Vertrauen banger, ja bestürzter Sorge gewichen ist? Ist
es »schwächlicher Pessimismus«, das zu sehen und es zu
sagen? . . . . Es sieht düster aus im deutschen Reich.
So sage nicht blos ich, ein vereinzelter Nach=Schwärmer
von Sedan, so sagen und denken viele Hunderttausende,
die es so gut meinen mit Kaiser und Reich, daß sie
ohne einen Augenblick des Besinnens sterben würden
»für Kaiser und Reich«. Wäre es nun besser, »patrio=
tischer«, solch' bange Sorge zu verschweigen? Oder ist
es männlicher — gerade nicht »schwächlich« — nach oben
hin, laut vernehmlich, zu warnen?" *).

---

*) Moltke als Erzieher. Allerlei Betrachtungen von Felix
Dahn. Breslau, S. Schottländer, 1892.

Am 25. Februar, Mittags, durchzog eine nach Tausenden zählende Bande die Hauptstraßen der Stadt Berlin, und zum rothen Stadthause, zum grauen Schloß gellten und johlten heisere Stimmen empor: „Brot!" „Arbeit!" Vorher hatte ein unkluger sozialistischer Agitator gesagt, die Sozialdemokratie dächte nicht an Auswandern, das würde sie anderen Leuten überlassen, wenn einst der Tag gekommen sei.

Am 25. Februar, Abends, fand im Kaiserschlosse ein Hofball statt, bei dem für Civilpersonen das Erscheinen in Escarpins und Schnallenschuhen gewünscht wurde. Auf demselben Hofball wurde zum ersten Male wieder das von der pensionirten Königlichen Solotänzerin Frau Marie Koebisch-Wolden in Gegenwart beider Majestäten einstudirte Menuet à la reine getanzt.

Am 26. Februar wiederholten sich die Berliner Straßentumulte in noch wüsteren Formen, und zugleich schrieb der Pariser „Temps", der greise Ernest Renan brauche nun auf die Beantwortung seiner wißbegierigen Frage nicht länger mehr zu warten: „Quel sera le développement du germe intérieur de l'empereur Guillaume II?"

* * *

Soweit reichen meine Wochennotizen und für diesmal hätte ich also die Auswahl. Auch mit Sir Francis Drake könnte ich mich beschäftigen, dem zu Unrecht berühmten Admiral, der weder die Kartoffeln noch den stillen Ozean entdeckt hat; oder mit dem zu Unrecht unberühmten Balboa, der nach seiner wassersüchtigen Berg-

partie bald **den** Kopf verlor und dann zum Ueberfluß
auch noch **geköpft** wurde; oder mit dem Alliirten von
Roßbach und Dennewitz, **dem** einzigen Großen dieser
Welt, den man, ohne Widerspruch befürchten **zu müssen**,
immer **citiren** kann. Alle diese Stoffe aber sind **mir zu**
brenzlich, und nachdem die Zeitungen fast **sämmtlicher**
Parteien an der Rede des Kaisers **rückhaltlose Kritik**
geübt haben, scheint es mir nicht **mehr** nöthig, **bei dieser**
Privatäußerung noch länger zu verweilen. [Ein durch
den Zufall der Geburt auf den Thron gelangter Monarch
ist ein sterblicher Mensch und also nicht allwissend; **ihn**
über Thatsachen und Stimmungen aufzuklären, **ist die**
Sache seiner Berather, und die allein trifft **die Verant=**
wortung, wenn diese Aufklärung mangelhaft oder gar
nicht besorgt wird.] Nur der unersättliche, der einge=
fleischte Bismarck=Haß, der auch den Widerstand gegen
den Gipsverherrlicher von Boetticher im Keim schon er=
stickte, konnte die angeblich liberale Presse abhalten, auf
die Rede an die brandenburgische Mannschaft mit **dem**
Rufe zu antworten: Fort mit Caprivi! [Denn an des
Kaisers persönlicher guter Absicht ist doch nicht **zu zwei=**
feln, und daß er in allerhöchster Zurückgezogenheit **die**
Wünsche und Stimmungen **des** Volkes nicht errathen
kann, ist selbstverständlich.] Die unzufriedene Erregtheit,
die täglich ängstlicher eine verhängnißvolle Wendung
der deutschen Geschichte befürchtet, knüpft nur an die
Thatsache sich, **daß** ein General zur Führung von Ge=
schäften sich abkommandiren ließ, denen weder sein In=
tellekt noch der Umfang seines mit löblichem Eifer ver=
vollständigten Wissens gewachsen ist, und daß dieser

ehrliche, aber begrenzte Mann die Stelle des ersten Be=
rathers der **Krone** einnimmt. Wäre die Zahl der un=
abhängigen Politiker **in unseren** Parlamenten **nicht** so
erschrecklich gering, dann hätte der Vertreter der höchsten
Reichsgewalt **die** Stimmen **der** Unzufriedenheit längst
schon gehört und ihm und uns **wäre** dann die Enttäu=
schung erspart geblieben. Die **Rickert** aber und die
Rickertgenossen, die vor wonnigem Entzücken über den
neuen Kurs und die Einladungen zu Ministerdiners und
Kanzlerschoppen bis zum Morgengrauen des Volksschul=
gesetzes mit den allergetreuesten Oppositionbeinen stram=
pelten, die vor zwei Monaten noch den Einsamen im
Sachsenwalde als den einzig Unzufriedenen, so weit die
deutsche Zunge nur klingt, zu bezeichnen pflegten, die
haben wahrhaftig nicht die geringste Berechtigung, jetzt
eiligst wieder ihren längst eingekampherten Mannesmuth
vor Königsthronen auszukramen, nachdem der Kaiser, in
erfreulichster Offenherzigkeit, ihnen den Rücken gekehrt
und der höchst freisinnige Fuchs die fatale Säure der
Trauben erkannt **hat.** Vor vierzehn Tagen noch hörte
ich aus dem Munde des Fürsten Bismarck das lächelnde
Wort: „Jede Partei hofft, den Kaiser doch noch einmal
als Hospitanten in ihren Reihen zu sehen." Heute ist
diese Hoffnung räumlich wohl etwas eingeschränkt und
das ist eine nicht hoch **genug zu** schätzende Folge der
Rede an die märkische Mannschaft. Denn die Hoffnung,
für vorsichtig verborgene atheistische, für laut bekannte
manchesterliche Bestrebungen **und** im Kampfe **um das**
parlamentarische Regime, **nach** englischem **Muster,** bei
einem [ungewöhnlich machtbewußten Hohenzollernkaiser

Unterstützung zu finden: diese Hoffnung war doch ein
Bischen zu — „entschieden liberal".

* * *

Aschermittwoch steht, da ich schreibe, vor der Thür,
die Welt sieht grau aus und nebenan, leider riecht man's,
werden Pfannekuchen gebacken, brr! in Schweineschmalz.
Hinten rumort mein Hausmädchen, das als Spanierin,
gelbe Seide mit Schwarz, auf den Maskenball will;
drüben probirt ein Referendar einen Wallensteinerhut;
auf der Straße rasseln die Wagen und poltern die
Droschken, denn jeder will heute zum Tanze, bei Hofe,
in der Philharmonie, oder wenigstens im Wintergarten.
Und ich soll hier sitzen und abstrakte Politik schwatzen,
während doch das vergnüglichste und „aktuellste" Wochen=
thema mit anmuthigster Gravität mir winkt: das Menuet?

Tiefe Verbeugung. Drei Schritte nach rechts.
Tiefe Verbeugung. Drei Schritte nach links. Tiefe
Verbeugung. Schwenkung vorwärts. Tiefe Verbeugung.
Schwenkung rückwärts. Tiefe Verbeugung. Inzwischen
sind der Beredsamkeit keine Schranken gesetzt.

Muß man nicht froh es begrüßen, daß er zu neuem
Leben erweckt worden ist, dieser graziöse, dieser hoch=
politische Tanz, der in nuce ein ganzes uraltes Regie=
rungprogramm enthält? Der „Berliner Local=Anzeiger",
den ein irrendes Gerücht jüngstens als das kommende
Regierungorgan bezeichnete, hat seine gouvernementale
Einsicht jedenfalls dadurch erhärtet, daß er dem wieder=
erstandenen Menuet vierzig loyale Zeilen widmete.

Ich bitte, nicht etwa gleich an den Don Juan zu
denken; da macht eines unglaublich taktlosen Bauern-
mädchens schriller Hilfeschrei ja der Menuetlust ein frühes
Ende. Unter Ludwig dem Vierzehnten aber, der mit
der Allongeperrücke und in Schuhen mit rothen Absätzen
öffentlich als musengöttlicher Apollon aufzutreten liebte,
der zum Symbol die Sonne und zur Devise den frechen
Spruch „Nec pluribus impar" erkor, damals, in der
Glanzzeit der Menuetpolitik, durfte die gesammte Bauern-
schaft des allerchristlichsten Königreichs gegen galante
Herrenrechte um Hilfe kreischen, ohne daß deshalb auch
nur eine Hofdame für eine Sekunde aus dem Takt kam.
Vor dem Gassenlärm schützten Fenster und Vorhänge —:
en avant, messieurs et mesdames!

Die Geschichtschreiber sterben aus und man müßte
an der Belehrung kommender Geschlechter verzweifeln,
wenn nicht für Deutschland wenigstens zwei wackere
Kadettenlehrer die süße Pflicht historischer Märchenerzäh-
lung auf sich genommen hätten; sie schreiten dabei rückwärts, von Sedan nach Mantinea, und ich möchte ihr
amusantes Buch dem Krebsmenuet vergleichen, das ich
in einem alten Tanzbüchlein entdeckt und Frau Koebisch-
Wolden hiermit angelegentlichst empfohlen habe. So
gut aber, das befürchte ich, werden unsere Kadettenlehrer
die Kunst doch nicht verstehen, in usum serenissimi
delphini Geschichte zu machen, wie mein alter Freund
Bossuet, der Bischof von Meaux, der mit beinahe religiöser Bewunderung von dem Sonnenkönig spricht, „le
Monarque le plus absolu qu'il y ait jamais eu sur
le trône," und mit geringschätzender Lauheit von Ludwig

dem Dreizehnten, der nur den Ruhm davontrug, „d'avoir
laissé tout **faire**, plus heureux d'avoir eu un Grand
Ministre **que** glorieux d'avoir mérité les louanges
par lui-même." Was ließe, gerade nach dieser Rich=
tung, **aus der** jungen deutschen Geschichte sich noch Alles
machen!

Uebrigens hat Ludwig **der** Vierzehnte ganz geduldig
den Tod seines allmächtigen Ministers Mazarin **abge=**
wartet, dem er bis dahin gehorsamst, **sogar bei der**
Trennung von Maria Mancini, gefolgt war. Allerdings
zählte der vielversprechende Jüngling damals erst drei=
undzwanzig Jahre und später entschlüpfte ihm das aller=
liebste Wort: „Ich weiß nicht, was ich gethan hätte,
wenn er noch länger am Leben geblieben wäre!" **Der**
kluge Kardinal aber war auch klug genug, rechtzeitig zu
sterben, und nun hinderte den jungen Monarchen nichts
mehr, sein eigener Minister zu sein **und nur** für die
Finanzen eine selbständige Kraft, Mazarins Schüler
Colbert, zu bestellen. Ein lustiges Luxusleben begann;
Molière mußte seine bitteren Menschheitsatiren durch öde
Balletalegorien im schmeichlerischen Optimusstil schmack=
hafter machen, auf daß des gottbegnadeten Monarchen
zärtlicher Makronenmagen **sie** verdauen konnte, und
während in den protzig prunkenden Schlössern, unter den
vorgeschriebenen tiefen Verbeugungen, Menuet getanzt wurde,
drang, für byzantinische Harthörigkeit noch nicht vernehm=
lich, schon das ferne Grollen der heraufziehenden Revo=
lution aus **der** düster drohenden Chorstrophe empor, mit
der Hofdichter Racine den zweiten Akt seiner Athalia
schloß:

„De tous ces vains plaisirs, où leur âme se plonge,
Que restera-t-il? Ce qui reste d'un songe
  Dont on a reconnu l'erreur.
A leur reveil — ô reveil plein d'horreur! —
  Pendant que le pauvre à sa table
Goûtera de ta paix la douceur ineffable,
Ils boiront dans la coupe affreuse, inépuisable,
Que tu présenteras au jour de ta fureur
  A toute la race coupable!"

Es war dieselbe Tragödie von Athalia, die hundert=
undfünfzig Jahre später, am 4. Januar 1841, in Berlin
ausgepfiffen wurde, weil sie dem Publikum pfäffisch er=
schien und weil Friedrich Wilhelm IV., der Paranoiker
auf dem Thron, an die Stelle des Hegelianers Alten=
stein den neuen, mit dem „christlichen Staat" liebäugeln=
den und die Wissenschaft konfessionell knutenden Kultus=
minister Eichhorn gesetzt hatte. David Friedrich Strauß
wurde damals verpönt, Stahl beschwor die Wissenschaft,
umzukehren, und während Johann Jacobi — es ist
genau einundfünfzig Jahre her — seine vier ernsten
Fragen an den zur Zeit für Humboldt noch „amüsablen"
König richtete, höhnte der arge Heine den neuen Alexander:

„Ich ward ein Zwitter, ein Mittelding, das weder Fleisch
        noch Fisch ist,
Das von den Extremen unserer Zeit ein närrisches Gemisch ist.
Ich bin nicht schlecht, ich bin nicht gut, nicht dumm und nicht
        gescheute,
Und wenn ich gestern vorwärts ging, so geh ich rückwärts heute."

Damit war die Menuetpolitik in's Herz getroffen
und mählich wuchs die Empörung gegen den selbst=
bewußten, rebelustigen und mystisch schwärmenden König,

deſſen literariſche Talente noch **kurz zuvor einen Triumph**
gefeiert hatten, als er in **ſtrömendem Regen vom Balkon**
des Berliner Schloſſes dem unterthänigſt begeiſterten
Volke zugerufen **hatte:** „**Ich** will meine Gelübbe halten,
ſo Gott mir **hilft.** Zum Zeugniß heb' **ich** meine Rechte
zum Himmel empor! — Vollenden Sie **nun die** hohe
Feier, und der befruchtende Regen Gottes **ruhe auf**
dieſer Stunde!" . . . .

In Frankreich hatte ſchon früher die Menuetherr=
lichkeit ein Ende gefunden. Ludwig XV., der geiſtreiche
Wollüſtling, hatte ſein lachend verzweifeltes **Wort** „Après
moi, le déluge!" gerufen, **und** langſam ſtieg nun, ob
auch der glänzende Dunkelmann Joſeph de Maiſtre ihr
wehren wollte, ganz wie Eichhorn, durch fromme Sprüche
und Kirchenlieder, die Sündfluth empor. Diderot, faſt
etwas wie ein disziplinirbarer Profeſſor, ſchrieb der
Maitreſſen= und Pfaffenwirthſchaft den entſetzlichen
Refrain: „Et des boyaux du dernier prêtre serrez
le cou du dernier roi!" Voltaires jauchzender Hohn
ſchlug aus der Ode an den Gerichtshof, aus den Epiſteln
an Uranie, gleich ſengender Lohe hervor und verſchwälte
mit dem dogmatiſchen Chriſtenthum auch den lüderlichen
Abſolutismus. Das blitzblanke Gewaffen nahm Beau=
marchais auf, der geniale Pamphletiſt, der aus des ſech=
zehnten Ludwigs Dienſten ſkrupellos **in** die des Wohl=
fahrtausſchuſſes übertrat.

Bei Hofe ahnte man nichts vom nahenden Ver=
hängniß. Marie=Antoinette ſpielte Komödie und tanzte
Menuet, Ludwig XVI. ſchoß Rehböcke und war höchlich
verblüfft, als auf die vor dem Toben einer hungernden

Menge gestellte Frage, ob es denn wieder einen Straßen=
tumult gäbe, ein verängsteter Höfling mit der Antwort
herausplatzte: „Sire — ich fürchte, diesmal ist es die
Revolution!"

Sie kam. Und ihr erstes Opfer war das Menuet.
Von ihrer Flucht wurde Madame Veto auf einem Karren
zurückgebracht und die graziöseste Menuettänzerein ihrer
Zeit mußte unterwegs die plebejischen Zuckungen der
Carmagnole von den Damen der Halle sich vortanzen
lassen, die der verspäteten Absolutistin die wilde Weise
in die verwöhnten Ohren krächzten:

> „Dansons la carmagnole!
> Vive le son du canon!"

Die Carmagnole hat das Menuet besiegt und ver=
nichtet. Auch der napoleonische Glanz hat es nicht wieder
erweckt; welche Figur hätte der brutale Korse inmitten
der zopfigen Niedlichkeit gespielt! Dame Eugenie freilich
versuchte, auch im gravitätischen Hoftanz ihrer Vor=
gängerin Marie=Antoinette ähnlich zu werden, deren
schwerster Stunde eine milde Laune des Schicksals sie
gnädig entzog. Eugeniens Bewunderer, Ludwig von
Bayern, hätte, in seiner kindischen Schwärmerei für den
Sonnenkönig, vielleicht auch das Menuet noch einmal
galvanisirt, wenn er des Anblickes holder Frauen nicht
frühzeitig überdrüssig geworden wäre . . .

Tiefe Verbeugung. Drei Schritte nach rechts. Tiefe
Verbeugung. Drei Schritte nach links. Tiefe Verbeu=
gung. Drei Schritte vorwärts. Tiefe Verbeugung.
Drei Schritte rückwärts. Tiefe Verbeugung. Und der

ganze anmuthig feierliche Zauber in Escarpins und
Schnallenschuhen!

Wie vermoderter Rococoplunder aus der Masken=
garderobe einer ausgeklungenen Zeit wittert es uns
an und keck hätte ich und zuversichtlich behauptet, daß
mit diesem Tanzregime nichts mehr anzufangen ist, —
wenn nicht zu rechter Zeit eben noch mein Hausmädchen
vom Maskenball heimgekommen wäre, gelbe Seide mit
Schwarz, die Haare etwas zerzaust, wohl vom Winde,
und, hochroth, von dem funkelnagelneuen Tanz, in Ent=
zückung, berichtet hätte: „Wissen Sie — tiefe Verbeugung
— drei Schritte nach rechts — — — Das ist jetzt die
feinste Mode und wird überall getanzt.“

Am Ende hätte ich doch besser gethan, der Frage
des weisen Renan nachzudenken. Aber es schlägt eins,
Aschermittwoch ist da —: carne vale, gute Nacht,
Menuet! Gegen geringe Leihgebühren nimmt die Masken=
garderobe die ganze gepumpte Rococoherrlichkeit zurück,
die im Kerzenschimmer nur und im qualmenden Weih=
rauchgewölk einen matten Schein lebendiger Wirklichkeit
zu erheucheln vermag, vor dem ersten Frührothleuchten
aber, in verschlissener Armsäligkeit, müde dahinsinken muß.

27. 2. 92.

VIII.

Sse-Ma-Thsiau.

Einem französischen Reisenden sagte der Prior im Kloster von Ceylon: „Ich kenne Ihre Literatur, ich beobachte Ihre Entwickelung und ich bin überzeugt, daß Sie eines Tages zu uns zurückkehren werden." Ein Rückmarsch der Menschheit nach Indien wäre im Zeitalter der Tolstoi-Krankheit, nachdem der Kreislauf wieder einmal durchmessen und der sehnende Hang zum Pessimismus und zu geistigem Nihilismus wieder eingezogen ist in die müden Seelen, gewiß nicht undenkbar, denn mächtig zehrt das Bewußtsein der Eitelkeit aller irdischen Dinge an der zum entschlossenen Widerstande untüchtigen Skepsis der Modernen und schon Goethe, der doch ein Starker war und ein Dichter, sprach es aus: „Wir alle leiden am Leben." Der Mann im Kloster von Ceylon mag also zu seiner siegessicheren Erwartung wohl berechtigt sein und wir wollen nur hoffen und streben, daß uns die Wegrichtung

nicht in die Irre leitet und **daß** wir am Ende nicht
nach Indien gelangen, sondern nach — China.

Das Reich der Mitte ist die uralte Wiege **der**
Nützlichkeitanbetung, des Philisterthums und der Polizei=
bevormundung; ein Land ohne Heldensage, die Heimath
eines schulmeisterlichen Pedantismus. Der tapfere Jo=
hannes Scherr, der **für solche Dinge stets eine feine**
Witterung hatte, meinte deshalb: „China's **Helden sind**
Polizeikommiffäre, feine Heroologie **ist eine Sammlung**
von Verwaltungsedikten." Und es ist gewiß **kein Zu=**
fall, daß gerade in diesem Lande zuerst eine Strafe er=
funden wurde, die alle stolze Männlichkeit zu vertilgen
bestimmt war. Zwanzig Jahrhunderte sind darüber ver=
gangen, das Reich der Mitte beherrschte der Kaiser Wen=
Ti, da wurde der Schriftsteller Sse=Ma=Thsian wegen
eines politischen Verbrechens zum Tode verurtheilt und
dann begnadigt, — zur Entmannung. Was
er geschrieben, was er begangen **hatte,** davon fehlt mir
die Kunde, das Eine aber lehren neue und neueste Er=
eignisse, daß auch in unserem öffentlichen Leben heute
noch Kräfte thätig sind, die mit ganz ähnlichen Mitteln
jede freie Regung, jedes offene Wort niederzuhalten be=
müht scheinen. Dabei denke ich nicht an das erbärmliche
Gesindel der Denunzianten, die jede Gesinnung ver=
dächtigen, jeden gesprochenen oder geschriebenen Satz
drehen und deuten möchten, um dem wirklichen oder
vermeintlichen Gegner eine Schlinge zu knüpfen; dieses
dunkle, verächtliche Treiben ist nur ein Symptom einer
tiefer wurzelnden Krankheit, denn da nur kann der
Denunziant gedeihen und für seine ekeln Triebe eine

Bethätigung finden, wo die Gesundheit des öffentlichen
Lebens bereits erschüttert ist. Und fast sieht es so aus,
als sollten wir jetzt darauf eine Probe machen.

Ob es nun Macchiavelli war oder Fouquier oder
ein anderer kluger Mann — ich kann im Augenblick den
Ursprung des Satzes nicht kontroliren —, aber Recht
hatte er, wie er auch heißen mag, der einst gesagt hat,
aus zwei Zeilen wolle er gegen jeden beliebigen Schreiber
die zu einer Anklage nöthigen Verdachtmomente schöpfen.
Vanfen, auch ein Schreiber, hat das Recept bündig an=
gegeben: „Wo nichts heraus zu verhören ist, da verhört
man hinein. Ehrlichkeit macht unbesonnen, auch wohl
trotzig.“ Und hat man, wie ich es in diesen
Tagen that, den kleinen Olshausen — Strafgesetzbuch
für das deutsche Reich — erst einmal gründlich durch=
gelesen, vom ersten bis zum dreihundertundsiebenzigsten
Paragraphen nebst Anhängen, dann erst ahnt man, wie
viele Fußangeln und Fallstricke auf den arglos Daher=
schreibenden lauern. Ein soziales Problem soll erörtert
werden, das gerade die Oeffentlichkeit in Athem hält —:
flugs meldet sich ein angeblich Beleidigter und § 186
tritt in seine Rechte; mit der unerläßlichen Objektivität
soll die leichtfertige oder gar cynische Lebensauffassung
eines Dichters geschildert werden: sofort ist § 184 bei
der Hand und spürt nach den Kriterien einer unzüchtigen
Schrift; oder der verwegene Zeitungschreiber rückt der
Historie hier, der Legende dort nahe auf den Leib —:
augenblicklich wittern eifrige Wächter der Ordnung alle
möglichen und unmöglichen Parallelen und bräuend taucht
im Hintergrunde § 95 auf. Irgend eine geheime, un=

saubere Absicht muß der Schreiber ja doch wohl haben
und kein Teufel glaubt ihm, daß er etwa nach bestem
Gewissen nur **der Wahrheit** dienen will. Nicht immer,
das **ist** wahr, führt dieses Verfahren auch zu einer Ver-
urtheilung, immer aber **und** ausnahmelos führt es zur
Entmannung und als der Schrecken schrecklichster erscheint
mir das Schicksal des **Kollegen Sse-Ma-Thsian.**

*   *   *

In seinem geistreichen Essay über den Parlamentaris-
mus sagt Lothar Bucher: „Ein Volk ist frei, **wenn seine**
Gesetze seinen Bedürfnissen adäquat sind. Das kann **der**
Fall sein bei Zuständen, **die an** den Robespierre'schen
Menschenrechten gemessen sich sonderbar genug ausnehmen.
Völker können auf sehr niedrigen Kulturstufen frei und
bei sehr hoher Entwickelung **unfrei sein.“** Die den
wechselnden und wachsenden Bedürfnissen entsprechende
Umgestaltung der Gesetze **aber, die allein** die Freiheit
verbürgt, wird in **ihrem** Vorschreiten immer wieder durch
die Neigung aufgehalten, am Alten festzukleben und **am**
Ueberkommenen, durch den Hang, für den moderne
Soziologen die Bezeichnung „Misoneismus“ gefunden
haben. Der Haß des Neuen, die Furcht vor dem Neuen
sind die harten Pfeiler, an denen jede kräftige Vorwärts-
bewegung zu zerschellen droht. Edmond de Goncourt
hat **in** sein Tagebuch einmal die witzige Bemerkung eingezeichnet, die Revue des deux mondes würde mindestens
zweitausend Abonnenten verlieren, wenn sie die Farbe
ihres Umschlages **ändern** wollte. Das mag — wer weiß
auch? — satirische Uebertreibung sein; sicher ist jeden-

falls, daß derartige Abonnentengefühle der Mehrheit nie=
mals ganz fremd sind. Und dadurch, durch diese der
Menschheit eingeborene konservative oder misoneistische Be=
anlagung ist, auch bei den besten Absichten der Regierenden,
jedes Volk in jedem Augenblick der Gefahr nahe gebracht,
unfrei zu werden, weil seine Gesetze seinen Bedürfnissen
nicht mehr entsprechen.

Die leitenden Männer im neuen deutschen Reich
haben durch übertriebene Zähigkeit im Festhalten am
Herkömmlichen bisher sich nicht bemerkbar gemacht. Sie
mußten im Gegentheil schon den Ruf des Warners
vernehmen: **Quieta non** movere! Ungern möchte ich
deshalb glauben, daß es ihre Absicht sein sollte, unter
gänzlich veränderten Umständen auf veraltete Bräuche
zurückzugreifen und ein Ketzergericht, allen Wortfrommen
zur Wonne, über die noch nicht Entmannten abzu=
halten. —

Durch die Blätter läuft ein geängstetes Murmeln
von Verfolgungen und Anklagen. Da oder dort soll der
Kaiser beleidigt worden sein und die Gesinnungriecherei
denunzirt täglich fast neue Verbrecher. Und weil leider,
wo es sich um ein crimen laesae maiestatis handelt,
noch immer ohne die Ermächtigung des angeblich Be=
leidigten die Klage erhoben wird, scheinen wir einer Zeit
der politischen Prozesse entgegenzugehen, die zur Festigung
unseres Ansehens sicher nicht beitragen kann und in der
Vortheile eigentlich nur für den Denunzianten zu erhoffen
sind. Denn der mehr oder minder begabte Publizist,
dessen Leistung mit dem schwindenden Tage sonst ver=
gessen wäre, wird sofort zum Märtyrer, wenn seine

Schrift ein Verbot, wenn ihn selbst eine Strafe trifft. Und Märtyrer sind für das herrschende System immer gefährlich, weil sie, mit Recht oder mit Unrecht, das Gefühl wecken und nähren, es sei die Zeit des Leidens für den Gerechten wiedergekehrt. So lange aber nur, das hat schon Benjamin Constant erkannt, bieten die politischen Verhältnisse eines Landes die Gewähr der Dauerbarkeit, als die öffentlichen Einrichtungen dem Niveau der Anschauungen des Volkes entsprechen; individuelle Reibungen, vorübergehende Friedensstörungen mögen auch dann nicht ausbleiben, revolutionäre Gelüste aber finden dann erst ein geeignetes Erdreich, wenn die Harmonie zwischen den Einrichtungen und den Anschauungen durchbrochen ist.

*   *   *

In den alten Zeiten absolutistischer Willkür ließ die Vortrefflichkeit, die Schwäche oder der Verfall einer Regierung ziemlich sicher aus der geringeren oder größeren Anzahl der politischen Prozesse sich beurtheilen. Schon einmal habe ich an das Wort des Tacitus über die lex maiestatis erinnert,*) die anfänglich nur Thaten, nicht aber verhallende Worte mit Strafen bedrohte. Aus den Tagen des Titus, des Marc Aurel und Hadrian wird von Majestätbeleidigungen nichts gemeldet, doch schon Domitian strafte die Verächter seiner Gladiatoren, Nero verbot den Gebrauch von Purpurfarben und Tiberius erklärte es für ein Verbrechen, mit einer die Züge des Kaisers zeigenden

---

*) In „Suprema lex" (Apostata, Bd. I).

Münze einen zweideutigen Ort zu betreten. Wie schlimm es gar Caracalla trieb, das mag man bei Spartian nachlesen; ich scheue die Schilderung — von wegen des § 184.

Andere Zeiten sind heraufgekommen. Die Träger der Krone haben einem Theil ihrer Rechte entsagt; sie haben die Pflicht auf sich genommen, die Verfassung, die Selbstbestimmung der Völker zu wahren, und dafür tauschten sie das stillschweigend oder ausdrücklich ihnen zugestandene neue Recht ein, von der Verantwortlichkeit für die Maßregeln ihrer Berather entbunden zu bleiben. Wo ein besonders starkes Temperament einen Fürsten aus dieser weislich umhegten Stellung heraustreibt, wo er als Mensch zu Menschen sprechen will, da erscheint es beinahe vermessen, plötzlich auf einen alten Brauch zurückzugreifen, von dem der Bruch mehr ehrt als die Befolgung, und jede freimüthige oder auch nur unvorsichtige Aeußerung dadurch erst, daß man sie für unerlaubt erklärt und für gefährlich, mit dem Nimbus einer Bedeutung zu umkleiden, die sie in den meisten Fällen niemals besaß. Soll es dem Herrscher etwa, dessen Ohr die scharfe Rede fast ausnahmelos nicht erreicht hat, eine Befriedigung gewähren, daß in einer engen Zelle irgend ein Mann entmannt wird? Oder sollen die hinter getünchten Mauern angestellten Betrachtungen über die Herrlichkeiten des staatsbürgerlichen Lebens am Ende zur Kräftigung des monarchischen Gefühles beitragen?

Deutschland sah im Jahre 1846 nur 76, in den Jahren 1848 und 1849 aber 242 und 362 Anklagen wegen Majestätbeleidigung, und unmittelbar nach dem

Kriege gegen Frankreich und nach der Begründung des
deutschen Reiches stieg die bis dahin gesunkene Zahl
wieder auf 375. Diese Ziffern beweisen, daß zwischen
der persönlichen Beliebtheit des Herrschers und der Menge
der Majestätprozesse ein intimer Zusammenhang nicht
besteht; zugleich aber beweisen sie auch, daß jede Zeit
unruhigen Ueberganges, die zwischen den Anschauungen
des Volkes und den Einrichtungen des Staates eine
bange Kluft aufreißt, dem Anwachsen politischer und
dynastischer Prozesse günstig ist. Neue Religionen und
entscheidende Weltwenden künden durch solche Erscheinungen
sich an und den Kern der Sache schienen mir deshalb auch
diese Sätze zu treffen, die ich in Lombrosos Werke über
den politischen Verbrecher fand: „Beleidigungen des
Staatsoberhauptes und des Parlamentes durch die Presse
bilden oft ein Sicherheitventil und ein Symptom der
öffentlichen Meinung; sie gehen entweder von Halbver-
rückten aus und lassen die Dinge, wie sie sind, oder
von begabten, gesinnungtüchtigen Männern und fördern
dann das öffentliche Leben, indem sie Lücken und Ge-
brechen enthüllen, die bei der die Mehrheit beherrschenden
Furchtsamkeit verhüllt und unbestraft geblieben wären ...
Wie man heute eine Bestrafung des Fluchens für lächerlich halten würde, müßte auch die Beleidigung des
Regenten oder des Parlamentes dafür gelten." Der
deutsche Reichstag hat wohl noch immer die Ermächtigung
zu Strafanträgen gegen Beleidiger versagt; noch immer
aber auch finden sich eifrige Anwälte, die ganz genau
wissen, wodurch der deutsche Kaiser sich beleidigt fühlt.

* *
*

In China repräsentirt der Herrscher den Himmel, das Volk die Erde, und eine lange Stufenleiter führt von unten nach oben: das Mandarinenthum. Und dennoch baut man auch in diesem ummauerten Lande schon Eisenbahnen, und Revolutionen sind an der Tages= ordnung. Ein auf der Höhe historischer Auffassung an= gelangter Staatsrechtlehrer könnte diese Decadence viel= leicht von der Thatsache herschreiben, daß ein Erlaß des Kaisers Ho=Ti gegen Ende des ersten nachchristlichen Jahrhunderts die Strafe der Entmannung abgeschafft hat. Kein chinesischer Unterthan darf mehr zum Eunuchen gemacht werden. Das Schicksal des Kollegen Sse=Ma= Thsian aber hat von seinem Schrecken noch nichts verloren.

6. 3. 1892.

IX.

M. d. R.

Neulich bin ich im preußischen Abgeordnetenhause gewesen. Es war gut besetzt und die anwesenden Herren unterhielten sich offenbar ganz vortrefflich, in wechselnden Gruppen, ohne durch den Redner auf der Tribüne sich auch nur im Geringsten stören zu lassen. Mitunter, nicht allzu oft, drang durch das Schwirren und Summen und Kichern und Räuspern ein Ton von der Rede zu mir herauf und von den Gefahren der Freizügigkeit, von Verrohung und Entsittlichung, von goldener Zunftzeit auch, war Einiges zu erlauschen. Dicht unter der Tribüne schrieb ein jüngerer Herr einen Brief, neben ihm las ein älterer andächtig eine Broschüre. Jetzt ein schwaches Bravo, mitten aus der eifrigsten Plaudergruppe, die von der Rede noch weniger als ich gehört hatte, und jetzt kletterte ein neuer Sprecher herauf, ein dicker Herr, und still ward es im Saal, und erwartungvoll drängte Alles heran. Der ältere Herr selbst machte in seine Broschüre ein Eselsohr, nur

8*

der jüngere schrieb ruhig an seinem Briefe fort. Wie ein beliebter Komiker führte der dicke Herr sich mit einem derben Spaß ein und einen derberen sparte er für den Abgang auf; die dazwischen liegende halbe Stunde füllte er mit Witzen, schlechten und auch guten sogar, zu denen ein eben beendeter Handwerkertag ihm den Vorwand bot. Zweitausend Handwerker hatten sich in der preußischen Hauptstadt versammelt, um auf Mittel zu sinnen, wie dem Niedergange des Handwerkes rechtzeitig noch vorzubeugen wäre —: und einem Vertreter des preußischen Volkes war das der willkommene Anlaß, sich Witze abzuquälen, zum Gaudium seiner Hörer, für fünfzehn Mark Diäten pro Tag. Es war ein großer Erfolg. Im Fortgehen sah ich noch, wie der jüngere Herr seinen Brief couvertirte.

Acht Tage später etwa war ich im deutschen Reichstage. Ein spärlich besetztes Haus, aber ein vergnüglicher Lärm, als ob alle 397 Reichsboten beim Frühschoppen säßen. Nicht die bescheidenste Aufmerksamkeit für die Redner, die resignirt ihr Sprüchlein hersagten und für die muthige That unweigerlich mit dem fraktionellen Beifall belohnt wurden. Diesmal entdeckte ich zwei Briefschreiber, ganz links Einen und den Anderen mitten im Centrum. Vom Taback war die Rede, von einer erhöhten Steuer auf importirtes Rauchkraut, und ein Abgeordneter — ich kannte ihn, ein klarer und kluger Kopf — sprach recht lehrreich und sachverständig über die Unterschiede von havannesischem und pfälzischem Taback. Schon ärgerte es mich, daß man ihm weder Diäten schenkte noch auch nur Gehör, — da entnahm ich aus

einem Zwischenrufe, daß **der beredte Vorkämpfer** der
Importcigarren sich selbst als einen „**Nichtraucher**" be=
zeichnete. Der kluge Mann, **der in seinen** vier Wänden
gewiß über seinem Verständniß entrückte Dinge nicht
einmal ein unverbindliches Urtheil abgeben würde, der
sprach nun, ohne es je geschmeckt zu haben, über indisches,
pfälzisches und uckermärkisches Kraut, als **berufener Sach**=
verständiger, als **Vertreter** des **deutschen Volkes**, als
M(itglied) d(es) R(eichstages).

Dort Witze, hier Dilettantismus, **und an beiden**
Stellen der Eindruck geschwätziger Zerstreutheit. **Für ge**=
raume Zeit wiederum hatte ich meine Ansicht über unseren
Parlamentarismus pflichtgemäß kontrolirt, und anstatt
wegen der chronischen Beschlußunfähigkeit des Reichstages
mir den Kopf zu zerbrechen, blätterte ich meinen Bucher
auf — „der Parlamentarismus **wie er ist**" — und
notirte die zornigen Sätze: „Politik ist **eine Wissenschaft**;
regieren ist eine **Kunst**. Wem der **Stiefel** gerissen ist,
der unterwirft sich der hochverständigen Einsicht des
Schusterjungen. Er erkennt **ihn, und mit** vollem Recht
und in dem allein **noch** zulässigen Sinne **des Wortes**,
als eine Autoriät an. Er nimmt sich, **und** mit demselben
Recht, ein Urtheil darüber heraus, ob der Stiefel **ihn**
drückt; aber er blamirt sich nicht durch eine »Meinung«
darüber, wie Pfriem und Ahle gehandhabt werden sollen.
Ueber die Staatsflickerei besteht jeder eifersüchtig auf dem
kostbaren Rechte eine Meinung zu haben und verkanne=
gießert eine Zeit, die er nützlich verwenden könnte, sich die
Materialien **zu** einem Urtheil **zu** verschaffen."

*   *   *

Wenn ich viel Geld hätte, ich würde einen Preis aussetzen, um endlich einmal ziffernmäßig festgestellt zu sehen, wieviel Zeit und Mittel alljährlich der große Moloch Parlamentarismus verschlingt, in Peerskammern, in frei gewählten Landtagen und in den Körperschaften der Selbstverwaltung. Denn jede Stadtverordnetenversammlung spielt ja heute schon sich auf das Parlament heraus, und ist die neue Landgemeindeordnung erst alt geworden, dann wird in jedem Flecken und Dörfchen bald man die herrlichen Redefabriken zum Himmel ragen sehen. Ein ungeheurer Aufwand an Zeit, Mühe und Geld wird solchermaßen verthan, Stenographen, Telegraphen, Rotationmaschinen werden in den Dienst gestellt, und wenn gar erst jeder Dorf=, Stadt oder Landvertreter, wie es doch sicher nicht ausbleiben kann, seine ansehnlichen Diäten erhält, dann werden wir das Emporkommen einer neuen Kaste erleben, einer Parasiten=Spezies, deren Sprossen nichts anderes mehr erstreben werden als den Titel: M. d. R. Oder auch: M. d. A. oder sonstwie.

Noch später aber, da die Vernunft doch am Ende nicht ewig sich den Mund verbinden läßt, noch später wird eine glücklichere Menschheit vor Lachen fast bersten, so oft ihr das Ammenmärchen gesungen wird, von den Parteien, die nach dem erhabenen Vorbilde von Swifts Liliputanern jahraus, jahrein sich darüber stritten, in wildem Grimm, wo man die aufgeschlagenen Eier denn nun anschneiden müsse, und von den Regierungen, die immer neue Männer an die parlamentarische Scheibe schickten, nach deren Erfahrung und Sachkenntniß die

frischweg dilettirenden Herren dann munter zielten, die,
wie der selige Cobden, ihr geliebter Patron, „Alles über
die Frage gelesen" haben.

Aus England stammt der Parlamentarismus, und
auf das Beispiel Englands werden seine Freunde mein
dem ersten Blick wohl gar reaktionär erscheinendes Lästern
verweisen. Wir wollen der Frage ausbiegen, ob die
Engländer — und namentlich auch Schotten und Iren —
mit den parlamentarischen Erfolgen wirklich so zufrieden
sind und ob sie noch heute dem Wort des Junius gläubig
vertrauen, das von der Tollheit der Wenigen zum Besten
der Vielen spricht. Aber mit dem Hinweis auf Eng=
land ist wahrhaftig nicht immer doch Alles auch für
unsere ganz anderen Verhältnisse bewiesen. Weil die
englischen Kavaliere von Karl dem Zweiten einen ein=
träglichen Kornzoll zu erschmeicheln verstanden, quält man
uns täglich mit der Räubergeschichte von der durch den
Großgrundbesitzer Bismarck organisirten Begehrlichkeit der
Agrarier, während Preußen, wie es nun einmal, gut
oder schlecht, ist, doch nach dem Osten gravitiren muß
und nach der hilfebedürftigen Landwirthschaft, von deren
Gnaden wir ungesunden Großstadtgewächse sämmtlich nur
leben. Weil England durch Jahrhunderte die Selbst=
sucht der Besitzenden zum höchsten Gesetz erhoben hat
und eine Großhändler=Moral auf den Thron gesetzt,
deshalb sollen auch wir nach Manchester pilgern, während
wir stolz sein dürften, da bei uns zuerst der große Ge=
danke sozialen Mitleidens die Gesetzgebung durchdrang.
Und genau so übel steht es mit dem Beispiel vom
Parlamentarismus. Im englischen Parlament, das auch

darin ein getreuer Spiegel der Bevölkerung ist, nehmen
Landwirthschaft und Industrie die ersten Stellen ein,
dann kommen die liberalen Berufe, dann der Handel
und ganz zuletzt die Beamtenschaft. Und — die Hauptsache! —: das englische Parlament gibt die Gesetze, die
Minister haben nur die Exekutive, die Krone hat nur
die Repräsentation. Ich fürchte, zur Ordnung gerufen
zu werden, wenn ich einen Vergleich mit unseren Zuständen versuchen wollte. Auch in unseren Landtagen
sitzen vortreffliche Männer, höchst gescheite und weise sogar, aber es scheint, daß Montesquieu nicht aufhören
will, Recht zu behalten, mit seinem täglich noch bestätigten
Satz: „Il semble que là, où il y a plus de sages,
il y ait moins de sagesse.“

Der Parlamentarismus ist erfunden worden, ehe an
eine freie Presse zu denken war. Im März 1771 wagten
einige englische Zeitungverleger zum ersten Male, die
Debatten zu veröffentlichen, und diese „unerhörte Frech-
heit“ wollte das Haus der Gemeinen am liebsten sie im
Kerker büßen lassen. Auch das hat im währenden Jahrhundert sich gründlich geändert und heute sieht man, nach
zweistündiger Lungenleistung, den unermüdlichen Eugen
Richter zum Stenographentische wandern, um die Rede,
die er eben gehalten, so zu „machen“, wie er sie morgen
früh — oder in der Nachtausgabe schon — gehalten
haben will. Und in unzähligen Leitartikeln, die jetzt
ja auch bereits im Fabrikbetriebe für zehn, für zwanzig
und noch mehr Blätter zugleich gehandwerkt werden, wird
zu unzähligen Malen Alles wiedergekäut, was von der
Tribüne herab verkündet worden ist oder noch verkündet

werden soll. Daraus entsteht dann die „öffentliche
Meinung", an die ganz dieselben Leute noch glauben,
die in stolzer Aufgeklärtheit längst von den Alchymisten
sich abgekehrt haben und von Miß Abbot, dem nieblichen
Wundermagneten des Wintergartens.

Daß auch politische und soziale Organismen sich
umwandeln, im Wechsel der Zeiten, braucht nach Darwin
und Spencer nicht erst bewiesen zu werden. Oder doch:
unseren Berufparlamentariern, denn die sehen nicht oder
wollen nicht sehen, daß ihr betriebsames Lärmen um
nichts ist und daß sie, mögen sie noch so stolz auch auf
die Berichterstatter, die schwitzenden Courierpferde ihres
Geistes, blicken, doch im günstigsten Falle nicht mehr
und nicht weniger sind als: redende Journalisten, eifrige
Alleswisser und Alleskönner, deren volkvertretende Weisheit am anderen Morgen von den minderwerthigen Tages-
leistungen verachteter Zeitungschreiber nicht sonderlich vortheilhaft immer sich abhebt. **Die Walze ist** ausgeleiert,
es muß ein Neues werden.

In seinem Buche **über die politique expérimentale**
— induktive Politik könnte **man sie nennen**, im Gegensatze zur ewig-gestrig doktrinären — **meint** der Franzose
Donnat, das Vertrauen zum Parlamentarismus sei der
schlimmste moderne Aberglaube. Soll ein Franzose anders
urtheilen, wenn er sieht, wie sein Vaterland nur durch
die festgerammten Stützen der napoleonischen Verwaltung
sich gegen die eloquente Hochfluth bewahren kann? Frankreich wäre heute ein glückliches Land, wenn die Deputirten-
kammer abgeschafft und die unentbehrliche Kontrole der
öffentlichen Angelegenheiten der freien Presse und der je-

weiligen Volksabstimmung überlassen werden könnte. Auch
in anderen Ländern hindert die parlamentarische Bureau=
kratie — so etwas gibt es, Herr Richter! — jede ver=
nünftige Regierung, denn Bureaukraten und Advokaten,
die in allen Parlamenten des europäischen Festlandes den
Ton angeben, sind die geborenen Vertreter träger Routine
und aufgeblasener Scholastik und die geschworenen Feinde
alles rüstigen Fortschrittes.

Das vielköpfige Ungeheuer will doch auch sein Futter
haben, das Parlament will doch seinem Namen Ehre
machen und reden, ohn' Ermatten, und deshalb kommt
die Gesetzfabrik nicht zur Ruhe und immer schneller
arbeitet die Paragraphenmaschine und immer neue Straf=
barkeiten und Heilsamkeiten werden entdeckt, Novellen
manchmal und manchmal auch ganze Kriminalromane ge=
schrieben und immer neue Reden gehalten. Schon der
sehr tote Tacitus aber hat es gesagt: „Corruptissima
res publica, plurimae leges" und D'Argenson über=
setzte sich's in sein geliebtes Französisch: „Pour mieux
gouverner il faut gouverner moins." Wer weiß, ob
wir mit der Zuhälter=, der Trunksucht=, der Schul= und
Börsenreform, mit dem Verrath militärischer Geheimnisse,
dem Checkgesetz und anderen schönen Dingen uns jetzt
herumärgern müßten, wenn das vielköpfige Thier nicht
in brüllendem Hunger durch die Lande striche.

*   *   *

Auf einen Weg, den ich mitunter jetzt wandeln
muß, denn er führt gen Moabit, allwo man das Recht
spricht, ragt ein mächtiger Bau herab, die kommende

Frohnveste der Rednerei. In diesem Reichstagpalast
werden die **Herren M. d. R.** sich wohl fühlen, da werden
sie ihre Korrespondenz erledigen und ihren Tagesklatsch
austauschen, Besuche empfangen und sich bedienen lassen, am
Buffet und manchmal gewiß auch im **Saal**. Gebt ihnen
dann noch entsprechend reichliche Diäten, **und** über Beschlußunfähigkeit wird Herr von Levetzow dann nicht **mehr**
zu klagen haben, der Wirkliche Geheime Rath, **der zu**
Häupten der unabhängigen Vertretung des **Volkes** thront.
Wer ein Doppelmandat erwischt, kann dann **lachen, denn**
mit dreißig Mark für den Tag lebt sich's herrlich in der
Berliner Welt, **fern** von der drückenden Sorge um Weib
und Kind, fern **auch von** Geschäften, die ja in **einer**
siebenzig Mann starken Fraktion doch immer auf ein
Halbdutzend führender Geister abgewälzt werden. Die
Führer arbeiten, kennen zur Noth doch die Dinge, von
denen sie sachkundig reden, wissen, auch wenn sie zufällig
Nichtraucher **sind,** der Blöße ein kleidsames Mäntelchen
umzuthun, geben die Richtung, **getreu dem** Programm,
und führen **den Haufen beim Hammelsprung.** Die
Andern haben nur Bravo zu rufen, hört! hört! und
sehr richtig! je nach Bedarf, bei der Paroleausgabe für
die Partei und bei entscheidenden Abstimmungen nicht
zu fehlen, den milden oder auch strengen Tyrannen günstige
Zeitungausschnitte zu apportiren **und** sich Karten drucken
zu lassen mit M. d. R.

Häufig **schon** sah ich zum ragenden Bau empor und
dachte künftiger Zeit. Werden auch in diesem Hause
drei, vier Parteiredner die nämlichen Gründe für oder
gegen die Kreuzercorvette K. vorbringen und kostbare

Vormittage vertröbeln mit nutzlosen Zolldebatten? Wird auch hier der Witzbold ein großer Mann sein und jeder Sachverständige für einen bestochenen, unmaßgeblichen, nieder zu schreienden Interessenten gelten? Und wird auch der Sport noch fortblühen, dem Gegner umständlich, aus Akten und Protokolen, nachzuweisen, daß er am 24. Februar 1872 anders gedacht hat als am 13. März 1892, daß er demnach nicht ein politischer Charakter ist, sondern ein moderner Entwickelung fähiger Mensch?

Noch ernstere Gedanken auch und bangere Fragen stiegen mir auf. Soll es das traurige Vorrecht der Deutschen bleiben, daß ihre Beamten und Repräsentanten in banausischer Abschließung von allen Disziplinen verharren, die auf anderen als politischen und spezialistischen Pfaden dem Kulturgange dienen, und darf es im deutschen Reichstag niemals Männer geben, die auch über ein Denkmal, einen Dombau, eine Dichtung kunstverständig' zu reden wissen?

Doch zunächst noch ganz allgemeine Zweifel an der Zukunft des Parlamentarismus, wie er heute ist, in Reichstagen, in Landtagen und Kommunen. Ich glaube nicht daran, daß sich immer wieder Autoritäten, Minister oder Schusterjungen, bereit finden werden, von unverantwortlichen und unverständigen Dilettanten ihre mühsame Arbeit zertrennen und über die kaum dem Nächsten erkennbare Kette von Wirkungen, die an das geringfügigste Gesetz sich hängt, und über den Gebrauch von Pfriem und Ahle in selbstgefälliger Weitschweifigkeit sich belehren zu lassen. Ich glaube es nicht, und das beinahe verletzend fröhliche Lachen des Grafen Zedlitz, als man

ihn den Vernichter der Selbstverwaltung hieß, nährt
meine Zweifel. Es muß der Tag kommen, der an die
Stelle der großstädtischen Parlament=Bureaukratie und
=Advokatokratie eine gesunde und sachverständige Interessen=
vertretung führt, die keine Fünfzehnmark=Feuilletons
plaudert und nur über solche Cigarren spricht, deren
Rauch ihre Zunge beizte. Und bald muß das geschehen,
denn für die ungeheuerlichen Vorräthe, die täglich, in
Rede und Schrift, aus den Parlamenten auf den Markt
geworfen werden, ist kaum noch ein Konsument aufzu=
treiben; dem beschlußunfähigen Reichstag kehrt ein zur
Aufnahme unfähiges Publikum gelangweilt und über=
sättigt den Rücken.

Lord Burleigh hat einst gesagt: „England wird nie
fallen, es sei denn durch sein Parlament.“ In Deutsch=
land laufen erst seit einem Vierteljahrhundert die Visiten=
karten mit dem schmückenden M. d. R. um. Aber schon
ist das nationale Ersatz=Gewissen, wie ich das Parlament
gern nennen möchte, so schläfrig geworden und so senil,
daß für die einzelnen politischen Thiere allgemach die
Stunde naht, wo sie nachforschen müssen, ob es nicht
doch am Ende besser wäre, das eigene Gewissen zu Rathe
zu ziehen als die müde Ersatz=Reserve der M. d. R.

14. 3. 1892.

X.

Eroica.

Allegro con brio.

Nach dem Bismarcktage, ganz früh am Morgen, scheuchte mich eine Visitenkarte in die Kleider, auf der ich die Worte las:

Dr. Hans von Bülow
Hofkapellmeister und Hauspianist
Seiner Majestät des deutschen Volkes.

Am Tage vorher hatte er in Hamburg eine Probe und ein großes Beethovenkonzert dirigirt, inzwischen in Friedrichsruh seinen Glückwunsch abgestattet, die Nacht im Bahnzuge verbracht, und nun stand er da, frisch und leidenschaftlich und interessirt, jeder Zoll ein Künstler. Hastig sprang das Gespräch umher, im Suchen und Finden gemeinsamer Neigung, doch immer wieder kehrte es zu der Rede zurück und zum Staubabschütteln vom 28. März. Warum denn die biederen Berliner gar so aufgeregt

thäten, wollte der verwegene Musikant wissen, und ob
man nun an der Spree nicht mehr der Verehrung für
den alten Kanzler Ausdruck geben dürfe. Ganz alt=
väterlich weise kam ich mir vor, als ich dem sehnigen
Jüngling mit dem sprühenden Blick nun zu erklären
versuchte, daß die vereinigte Intelligenz der Reichshaupt=
stadt von seiner lange überdachten Rede auch nicht ein
Wörtlein verstanden hatte. Den Militarismus sollte
er verherrlicht, das Andenken Beethovens gekränkt und
närrisch gar sich benommen haben. Er wurde himmlisch
nervös, fuhr mit pantomimischen Ausrufungzeichen im
Zimmer umher, und blitzschnell, wie er gekommen, war
er verschwunden. Ich aber gedachte der geistreichen und
darum eigenwilligen Analyse, die Richard Wagner uns
von der heroischen Symphonie des Großmeisters Beethoven
gegeben hat: „Der erste Satz umfaßt, wie in einem
glühenden Brennpunkte, alle Empfindungen einer reichen
menschlichen Natur im rastlosesten, jugendlich thätigsten
Affekte."

Ein heiß sprudelndes Temperament, das auf jeden
Eindruck hitzig reagirt, das jäh seinen Stimmungen nach=
gibt, das sein zuckendes Leben im Kampf mit der Masse
verzehrt, dem gedunsenen Feinde jeder hoch aufgeschossenen
Persönlichkeit. Das ist der Stoff, aus dem man die
Helden knetet, die Märtyrer und die Narren. Das ist der
Stoff, aus dem unser Hans von Bülow de la Mancha ge=
zeugt ist, den in glitzernder Rüstung nun die Berliner
Barbiere zu Boden geschlagen haben. Dulcinea, die
Schönste aller Frauen, pries vor dem tötlichen Streiche
der spanische Ritter: der borussische Musikant schied mit
dem grimmig lächelnden Rufe: „Hängen Sie Eugen

Richter, dann komme ich wieder!" Nur gerecht ist es
daher und billig, daß Herr Eugen Richter den wilden
Hans dem urkomischen Bendix verglich und daß die sorg=
fältiger gekämmten freisinnigen Tribunen in feierlicher Er=
habenheit verkündeten, man dürfe Bülow nicht ernst nehmen.

<h2 style="text-align:center">Marcia funebre.</h2>

Niemals thue ich beim Hochrufen mit und niemals
sollte ein starker Mensch die Masse zum Hochrufen reizen.
Hans von Bülow nun vollends, der den Schatten des
einsamen Max Stirner beschwor, mußte vor banaler
Toaststimmung ängstlich sich hüten. Da liegt seine tra=
gische Schuld: den Bismarck, den wir meinen, den ehrt
man nicht mit Orchestertusch und Massengeschrei; der ist
uns schon entgöttert, wenn er in patriotischer Kirchweih=
stimmung die feindlichen Völker mit verhallenden Worten
in die Pfanne haut. Dürfen wir von Bülow aber, dem
im Nachschaffen größten musikalischen Künstler der Zeit,
so kritische Regungen fordern? Seine weibliche An=
schmiegsamkeit, die bei Beethoven und Brahms und beim
heiteren Mozart sich festsaugt, weist ihm den Rang, und
an den gewaltigen Zauberer im Sachsenwalde sollte sein
enthusiastischer Drang sich nicht verlieren? Auf ein
wundervoll weibliches Talent, das, dem geliebten Ideal
zu dienen, eifrig stets die Hüllen wechselt, ward die Last
einer stolzen Herrennatur gelegt: so entstand das Problem
Bülow, das den Philistern jetzt so viel zu schaffen macht.

Wie ein Held erliegt, wie eine Kraft, die uns mit
entzücktem Grauen erfüllte, zur tragischen Katastrophe
geschleift wird: das malt uns Beethoven im zweiten

Satze seines heroischen Gedichtes. Dem Konsul Bonaparte war es gedacht, dem korsischen Parvenu, doch dem
heilig geölten Cäsaren verweigerte der Meister sein Werk,
denn sein verstiegener Menschheitglaube begriff nicht, daß
im verschnittenen Kulturpark der große Brecher alter
Tafeln immer zum wüthenden Tyrannen werden muß.
Gewalt üben oder Gewalt leiden: vor diese Wahl stellt
das Schicksal in jeder Stunde den kräftig entwickelten
Menschen; siegt er, dann heißt ihn die Ueberlieferung
einen gewaltthätigen Unterdrücker; gibt er der Mehrheit
sich gefangen, dann ward er ein Opfer des Rechtes.
Denn von dem Einzigen und seinem Eigenthum, dessen
Evangelist der verschollene Stirner war, ist nimmermehr
die Rede und Recht ist, was der zufällig herrschenden
Klassenmoral das Rechte, das Nützliche, scheint. Darum
ist Bonaparte dem liberalen Bürgerthum ein Scheusal,
und Sokrates, der vor der schweißigen Majestät des Volkes
sich beugte und in den Vielzuvielen seine berufenen
Richter erkannte, Sokrates gilt als der tugendhafteste
Athener. Auf der anderen Seite des moralischen Aequa-
tors, wo eine sengende Sonne die blassen Gassenweisheiten
von Gut und Böse wetterhart bräunt, wird das Urtheil
wohl anders lauten.

An die Oberfläche so steil abfallender Fragen hat
Herr von Bülow gerührt, und als er eben an den gefährlichsten Gipfel gerieth und den umbunsteten Begriff
des Heroischen fast schon mit kecken Fäusten packen konnte,
da machte er verschüchtert Kehrt und bog in die breite
Toaststraße ab. Gewiß hatte er Recht und gewiß hatte
auch Bismarck Recht, als er die von festlichen Hoch-

gefühlen bekneipten Fackelträger mit einer tönenden Phrase
entließ. Denn am Schlehenbusch werden noch eher Wein-
trauben wachsen, als daß in der niedergehenden deutschen
Kultur für ernste Gedanken nachdenkliches Verständniß
aufsprießen wird.

Nicht mit getragenen Trauerklängen geleitet bei uns
man die Helden zu Grabe. Wachtparademusik ertönt
von früh bis spät und die gut gesinnten Mannesseelen
marschiren in Reih und Glied zur Kontrolversammlung.
Und wenn irgendwo gelacht wird und triumphirt über
den Fall eines Einzelnen, dann nur darf man gewiß
sein, daß die Barbiere einem Helden die Bahre rüsten.
Der revolutionäre Künstler, der nicht Fürstendiener sein
kann und doch die Majestät des deutschen Volkes auf
seine Karte druckt, er spottet seiner selbst und weiß
nicht wie.

Scherzo.

Eugen Richter wollen wir doch lieber nicht aufhängen.
Neben den staatsmännischen Gesichterschneidereien mancher
Genossen wirkt seine breite demagogische Beredsamkeit
fast jetzt schon wie ein Labsal. Ein beschränkter Fachmensch kann immerhin, wenn die breitspurige Tribunen-
rolle seinem Ehrgeiz genügt, noch mehr Gutes stiften
als die superkluge Geberdenspäherkunst der allergetreuesten
Opponenten. Herr von Bülow vergriff sich da im Symbol,
denn Richter ist durchaus nicht der Typus der neuen
Berlinerei.

Aber ich vergaß ganz, daß Bülow ja nicht ernst zu
nehmen ist, daß er als guter Musikant zwar bestehen

kann, sonst aber gefälligst den Mund zu halten hat. Das Publikum bezahlt ihn, das Publikum hat ihm sein Benehmen vorzuschreiben, das Publikum zischt ihn aus, wenn er sich erdreistet, außer dem Gelde etwa gar auch noch Achtung zu verlangen. Und weil er immer wieder seinen Zorn über den unmusikalischen Protzenpöbel nicht meistern kann, deshalb möchten die unterthänigsten Diener des berlinischen Kunstgeschmacks ihn am liebsten gleich steinigen. Krankhaft eitel nennen sie ihn und skandal= süchtig und die schellenlauten Thoren, die in parlamen= tarischer Schaumschlägerei ihr armsäliges Leben verzetteln, rümpfen verächtlich hochpolitische Nasen.

Das Genie eines Menschen aber, ihr lieben Leute von der Kapitalistenmoral, will bezahlt sein, und nicht nur in klingender Münze. Wer euch geniale Politik oder Musik vormacht, der wird zu Zeiten auch wohl etwas ungeberdig, und wenn er ausschlägt, dann ist es zu spät, ihm lammfromme Droschkengaulsitte zu predigen. Ein Graf Caprivi verliert seine gemessene Haltung nie, mit ruhiger Würde trägt er der Zeiten Gunst und Laune; aber unter solchen Dirigenten treibt im Orchester auch jeder, was er mag, und anstatt der heroischen Symphonie fiedelt man den Gaffern ein billiges Bierkonzert vor. Dem genialen Menschen gegenüber muß die Mittelmäßig= keit immer ein Bischen die schweren Pflichten üben, die der tyrannische Carlyle seiner klugen und geistig hoch= stehenden Frau auf die zarten Schultern zwang; während die Aermste Brot backen und Botendienste thun mußte, schrieb der leidenschaftliche Egoist seine hero-worship.

Finale.

Von weithin sichtbarer Stelle einer anmaßenden Menge bittere Wahrheit zu sagen: das ist eine Lust, der ein leidenschaftlicher Sinn nur schwer widersteht. Diese Lust, glaube ich, und nicht der Wunsch, mit den politischen Kannegießern die Kräfte zu messen, hat Herrn von Bülow verlockt. Durch das ganze Leben des merkwürdigen Mannes zieht sich das Verlangen, über die künstlerische Wirkung hinaus auch noch einen direkten erzieherischen Einfluß zu üben. Nicht viele Deutsche von seiner Bildung, seinem begeisterten Hang zu universeller Betrachtung leben uns heute noch, nicht viele auch sicherlich, die immer der siegenden Sache den Rücken kehren. Wenn der verwegene Musikant jetzt den berlinischen Staub von den Schuhen schüttelt und als Tambourmajor in den Zug der Nörgler sich einreiht, dann beweist das nur, daß im stickigen Klima der Großstadtluft die guten Europäer nicht mehr athmen können und daß unsere Geschichte beim letzten Satze der Eroica angelangt ist: Allegro molto!

5. 4. 92.

XI.

Der ewige Barabbas.

❦

Zum Feste der ungesäuerten Brote, am sechsten Tage nach dem Sonntag der Palmen, da auf einer Eselin Jesus von Nazareth in die Haupt= und Residenzstadt Sr. Hoheit des Landpflegers Pilatus eingezogen war, brachte die jerusalemitische Presse im Sperrdruck hochgestimmte Leitartikel. Die Osterglocke konnte sie dazumal noch nicht läuten, denn, der über= morgen auferstehen sollte, der mußte heute doch erst ge= kreuziget werden, und niemals, wenn ihnen ihr Ansehen lieb war, durften die Schwarzkünstler wagen, auch nur um Fußesbreite dem Pöbel voraus zu sein. Wohl aber galt auch schon damals die schöne Sitte, an Sonn= und Feiertagen die Waffen ruhen zu lassen und des Krieges Stürme schweigen, weder den moabitischen Finanzminister anzugreifen noch auch nach Mesopotamien kalte Wasser= strahlen zu spritzen, sondern von innerer Politik, staats= männisch gelassen, zu sprechen und den sozialen Frieden zu predigen, unentwegt. Solches that denn die jerusale=

mitische Presse, und es freute sich dessen das schon dazumal
liberale Bürgerthum in Stadt und Land.

War da nämlich der fromme Brauch, daß zu Ostern
stets ein Verbrecher losgegeben wurde, und hatte längst
schon man sich darüber bestritten, wen die Krone wohl dies=
mal begnadigen würde. Zwei Anwärter kamen in Betracht:
Jesus, den sie höhnend, in militärischen Antisemiten=
versammlungen sogar, den König der Juden nannten,
und Barabbas, der wegen Landfriedenbruches und Er=
regung von Aufruhr verhaftet worden war. An die
Krone aber hatten sich unverantwortliche Rathgeber ge=
drängt und Ohrenbläser, die den Platzhalter des Kaisers
zu verführen trachteten, auf daß er Jesum frei gäbe, den
sie den Gesalbten hießen und Gottes eingeborenen
Sohn. Darob entbrannten in Zorn die verantwortlichen
Rathgeber, aus dem Staatsrathe die, aus den Synoden und
Parlamenten, und was sonst noch durch die Weihen der
öffentlichen Wahl gegangen war und deshalb Alles wußte
und in Zungen zu reden vermochte, und der Parteiführer
Caiphas, Hofprediger zwar und doch liberal wie nur
Einer in Stadt und Land, beschloß, seinen ganzen Ein=
fluß und den seiner Presse dazu einzusetzen für Barabbam.
Und so kam es, daß irgend ein Höchstgelehrter, Ebers
vielleicht oder auch Brugsch Pascha, einen sehr merkwür=
digen Papyrus fand, die papierene Mumie eines jerusa=
lemitischen Tageblattes vom Feste der ungesäuerten Brote.
Nach den landesüblichen Tropen der Einleitung las
man da:

„ . . . Auf das ursprünglich so sonnig heitere Fest,
das gerade uns mit dem Frühling auch neue Abonnenten

in reicher Fülle zu bringen pflegt, fallen diesmal ernste
und düstere Schatten. In politisch bewegter Zeit treten
wir in das neue Quartal und wie ein lastender Alb
liegt es auf dem liberalen Bürgerthum in Stadt und
Land. Aengstlich sind die Blicke der breiten Massen des
Volkes auf den Träger der Krone gerichtet, und zweifelnd
fragt sich die aufgeschreckte Volksseele, ob der gesteuerte
Kurs auch wirklich der richtige ist. Unsere gesammte
Haltung entrückt uns wohl dem Verdacht einer unzu-
frieden nörgelnden Gesinnung, aber gerade weil wir in
unverbrüchlicher Treue zur Krone stehen, müssen wir in
bewährter Ehrerbietung doch der Frage Raum geben,
ob es nicht schlechterdings gemeingefährlich erscheint,
einer Bewegung Konzessionen zu machen, die an den
wurzelfesten Säulen der Staats- und Gesellschaftordnung zu rütteln sich vermißt. Wohin gerathen wir,
wenn ein Agitator, der gegen die geheiligten Interessen
der Bürgerschaft und der wahrhaft königtreuen Klassen
die wüsten Schaaren der Besitzlosen aufruft, straflos
bleibt, wenn Besitz und Bildung von schamlosen Dema-
gogen mit dem beschimpfenden Namen eines öden und
geistlosen Materialismus gebrandmarkt werden dürfen?
Erst gestern konnten wir — vor allen anderen jerusalemitischen Blättern — über die imposante Kundgebung
berichten, die im Hause unseres allverehrten Hofpredigers
Caiphas stattfand. Die wahrhaft liberale Gesinnung,
die hier zum Ausdruck kam, hat in den weitesten Kreisen
der Bevölkerung rasch ein gewaltig nachhallendes Echo
gefunden und immer dringender schallt der Ruf nach
einer unzweideutigen Klärung der Situation zum Träger

der Krone empor. Nicht mit der kleinen Münze einer
kärglichen Abschlagzahlung kann hier geholfen werden,
nicht eine Verkleisterung, vielmehr eine entschiedene Aende=
rung des Kurses fordert das Volk, und selbst wir, die
wir das humane Banner stets mit besonderem Stolz
unseren zahlreichen Lesern vorangetragen haben, selbst
wir müssen uns, da es das Wohl des Gemeinwesens
verlangt, in den unserer führenden Stellung entsprechen=
den vornehmen Formen jenem Schrei anschließen, der
heute, den österlichen Frieden durchbrechend, zum König=
schlosse hinauftönt: Kreuzige, kreuzige ihn! Im Kampfe
um den Bestand unserer heiligsten Güter muß jede
Klinge heraus und die leitenden Männer wären übel
berathen, wenn sie versuchen wollten, gegen den starken
Strom der öffentlichen Meinung zu schwimmen, als
deren berufene Vertreterin eine nach oben und unten
gleichmäßig unabhängige Presse in jedem aufrichtig kon=
stitutionellen Staate ...“

Pontius Pilatus war ein streng konstitutioneller
Monarch, und da er vernahm, wie die Schriftgelehrten
und die Wechsler, wie Bildung und Besitz ihre Stimme
erhoben, in der Presse, in Petitionen und Re=
solutionen, that er, wie er immer zu thun pflegte, ehe
er eine Unsauberkeit angriff: er wusch die Hände und
reichte sie dann dem liberalen Bürgerthum in Stadt und
Land. Denn er war ein römischer Aristokrat und scheute
den schweißigen Druck der öffentlichen Meinung, deren
Ursprung er auch allzu gut kannte, der Besitzer eines
auskömmlichen Reptilienfonds. Und mit reinen Händen
lieferte er den Nazarener an das Kreuz, den sozialen

Reformator, und ließ den politischen Verbrecher Barabbas laufen.

In den Straßen von Jerusalem aber, die nach ungesäuerten Broten rochen und **entvölkert** waren, weil es die Massen der Römer **und Juden** zum Spektakel von Golgatha zog, streiften **zwei** Männer einander und schielten sich in die verstörten Blicke: der bleiche Schuster Ahasverus und der rothe Radikale Barabbas, unsterblich beide und beide ewig, weil der Eine in schwerster Stunde den Gesandten beschimpft hatte, weil der Andere klug genug gewesen war, neben dem Großen ein Kleiner zu sein und neben dem sozialen Erwecker ein gut bürgerlicher Fanatiker.

Das liberale Bürgerthum in Stadt und Land feierte schönsten Sieg und auf den Befehl der kulturfreundlichen Verleger kündete die Presse den Triumph der freiheitlichen Idee, denn so hieß die Losung der Hierarchie, der Gedankenherrschaft, die ideologisch alle Dinge zu betrachten vorgab. Als aber die Abendblätter erschienen, **mit zweck=** entsprechenden Leitartikeln, höchst schmeichelhaften natürlich für die kraftvolle Regung der Volksseele, da ward, genau um die sechste Stunde, eine Finsterniß über **das ganze** Land und die Sonne verlor ihren Schein, und der Vorhang des Tempels riß mitten entzwei. Die öffent= liche Meinung hatte glänzend gesiegt: Jesus von Nazareth war tot, aber Barabbas war gerettet.

*   *   *

Der tiefsinnigen Lehre dieses ersten Charfreitages denkt man in keiner Kirche nach, wo buchstäblich nur, was Matthäus und Marcus, was Lucas und Johannes aufgezeichnet haben, und meist auch stumpfsinnig, wiederholt wird, als ob die Apostel zu allen Zeiten nicht in die Irre getappt hätten, so oft sie des Meisters Wort verbreiten wollten und also vergröbern mußten. Der einzige Paulus macht eine Ausnahme, vielleicht, weil seine Hyperästhesie eine im Schmerz ihn heiligende Bekehrung erlebt hatte, wahrscheinlich aber, weil er es nicht mit Barabbas hielt, sondern mit Christus, nicht mit der politischen Idee, sondern mit der sozialen That, die er aus den engen Banden jüdischer Sektirerei entbinden und allen Völkern gemein machen wollte. Das Gegenstück zu seinem internationalen Christenthum sucht heute, mit ernstem Wollen und taumelndem Blick, Herr von Egidy: ein sozusagen germanisch-monarchisches Christenthum, für das er, in einem unglückseligen Aufruf, auch Juden und „Zugehörige sonstiger Glaubens-Gemeinschaften" zu werben sich redlich bemüht. Liberale Professoren haben den Aufruf mit unterzeichnet, dessen Charakteristik damit wohl erschöpft ist; denn ein wirklichen Juden, die der rituellen Verstümmelung darum doch entgangen sein können, und wirklichen Liberalen, die nicht weit von den Helldörfern deshalb zu wohnen brauchen, gefälliges Christenthum ist höchstens noch ein mit ideologischen Lappen verbrämtes Gespenst, dem unter den Füßen der Boden entweicht. Der rechte Jude und der rechte Liberale in Stadt und Land muß, wenn er inzwischen des Heuchelns gar nicht so schwere Kunst nicht

erlernt hat, auch heute noch für Barabbas votiren und
gegen den Galiläer.

Aber da sind zwei Hindernisse: die sogenannte Er=
füllung des alten Testaments und die sogenannte Humanität
oder auch Philanthropie des Liberalismus. Zwei stein=
alte Sätze, die der klopfende Finger, hat er die einge=
sogene Ehrfurcht einmal nur erst überwunden, hohl findet,
beim Wiederklang. Brüchige Töpferwaare, der ein moo=
siger Steinfirniß aufgepinselt ist. Kein Steg führt vom
alten zum neuen Testament, von der satten zur lechzenden
Moral, keiner auch von Golgatha zur freisinnigen Zei=
tung, und wenn sie noch zehnmal radikaler auch sich ge=
berdete. Es ist wahr, Herr Virchow, neuerdings ja ein
ragender Thurm im Kampf um die — ach, du grund=
gütiger Goßler! — freie Schule, hat vor fünfzehn Jahren
schon sich gegen den Verdacht gewehrt, er wolle „die
Kirche depossediren", damals, als er durch seine Spiegel=
fechterei gegen den Darwinismus unsterblich, nicht zum
ersten übrigens und gewiß nicht zum letzten Male, bei
allem verdienten Ruhm sich blamirte. Aber die Kirche
ist nicht das Christenthum und gerade das Beispiel ist
gut, weil einen wissenschaftlich nach einer Seite hoch
entwickelten Geist es im erstickenden Gestrüpp sozialer
Beschränktheit zeigt. Was wissen die guten Bürger vom
Christenthum, für die, nach ihres angenehmsten Plauderers
mir unvergeßlichem Ausspruch, die Gesellschaft immer
Recht hat, und die achselzuckend durch das Leben streifen,
auf gekräuselter Lippe den skeptischen Trost, daß die
Güter nun einmal ungleich vertheilt sind, daß aber —
— laissez faire, laissez aller — mit Zeit und Weile

das freie Spiel der Kräfte allem Uebel schon abhelfen
werde, mit einmüthiger Hilfe der Bezirksvereine natürlich?
Christen mögen sie sein im Kirchenvatersinne des Sanct
Irenäus, der reizend opportunistisch gesagt hat: Omnes
ii Christiani fuerunt, qui secundum rectam rationem
vixerunt, quamvis Christiani non fuerint; sehr schlecht
aber würden sie vor Paulus bestehen, der an die Galater
schrieb: „Alle Gesetze werden in einem Worte erfüllet,
in dem: liebe Deinen Nächsten als Dich selbst." Ob ihr
Rationalismus noch bei dem höchsten Wesen der wilden
Männer vom Berge in nüchterner Tugendlichkeit sich auf=
hält, ob ihr Radikalismus bei dem heiligen Cobben
bereits und seiner entgötterten Eisregion angelangt ist:
ein Kameel wird eher noch durch ein Nadelöhr gehen,
als daß ihrer Einer nur in den Himmel des Zimmer=
mannssohnes kommt. Vor einem Halbjahrhundert schon
hat Bruno Bauer, der an der engsten Krümmung des
Weges von Hegel zu Marx sozialkritische Wacht hält,
das erkannt, da er schrieb: „Jene Bürgerklasse, die für
die neuere Geschichte ein so furchtbares Gewicht erhalten
sollte, ist keiner aufopfernden Handlung, keiner Begeiste=
rung für eine Idee, keiner Erhebung fähig; sie gibt sich
für nichts hin als für das Interesse ihrer Mittelmäßig=
keit und siegt endlich nur durch ihre Massenhaftigkeit,
mit welcher sie die Anstrengungen der Leidenschaft, der
Begeisterung, der Konsequenz zu ermüden wußte, durch
ihre Oberfläche, in welche sie einen Theil der neuen
Ideen einsaugt. Sie hat die revolutionären Ideen, für
welche nicht sie, sondern uneigennützige oder leidenschaft=
liche Männer sich aufopferten, sich allein zu Gute kommen

laſſen, den **Geiſt** in Geld verwandelt. Freilich, nachdem ſie jenen **Ideen** die Spitze, die Konſequenz, den zer= ſtörenden **und** gegen allen Egoismus fanatiſchen Ernſt genommen hatte."

So klug war, nicht umſonſt **zählte ſie noch** aus= ſchließlich zu Jacobs talentvollen Söhnen, vor **faſt zwei=** tauſend Jahren ſchon die Bourgeoiſie **von Jeruſalem.** Sie repräſentirte die Bildung und die gute **Sitte dazu,** denn mit ihr ſtritten Phariſäer **und Schriftgelehrte;** ſie war liberal, denn ſie wollte das „Zeitgemäße", die Ordnung, die — nach Renan — von **früheren Räubern** und ſpäteren Gensdarmen eingeſetzte; ſie wollte **die Ver=** nunfterkenntniß auf die beſtehenden Verhältniſſe anwenden; ſie war ſogar radikal, weil das billig iſt, und die Be= freiung eines politiſchen Verbrechers wie Barabbas genirte ſie gar nicht, denn durch politiſches Bumbum **und Trara** läßt die Menge am bequemſten von verdrießlicheren und koſtſpieligeren Anſprüchen ſich fortſcheuchen. Ihre **Blind=** heit aber war eine bewußte; ſcharf und ſchlau **ſah ſie** doch über die beſtehenden Verhältniſſe **hinaus und** er= kannte, recht lange vor der marxiſtiſchen Geſchichtauf= faſſung, in der ſcheinbar gänzlich vergeiſtigten und ideo= logiſchen Bewegung von Nazareth frühzeitig den wirth= ſchaftlich revolutionirenden Charakter, die Gefahr **für den** Beſitz und den freche Feſte feiernden Egoismus, **die** ge= meinſam, wie ſich von ſelbſt verſteht, unter die ſchöner klingende Rubrik: Kultur eingereiht wurden. Die an dieſer römiſch=jüdiſchen Kultur kein Intereſſe hatten: die Schwachen nur, **die** Unterdrückten und alſo die Frauen, gingen zum Galiläer über, — unter 430 Märtyrerleichen fand man in den Katakomben die Körper von 232 Frauen, ersten Blutzeuginnen christlicher Leidenschaft. Willig warfen sie im Rausch für das neue Heil ein Leben hin, das nach dem orientalisch eilenden Uebergang vom Kind zur Matrone erbärmlich zu welken bestimmt war und von der gepriesenen Kultur nichts zu hoffen hatte. Doch die im Besitze wohnten und also im Recht, die setzten mit Nägeln und Zähnen sich zur Wehr gegen einen Mann, der seine missionarische Thätigkeit äußerst dreist mit einer Börsenreform im Tempel begann und über Friedländer und Sommerfeld gar wohl Moral predigen wollte. Der echt bourgeoise Haß gegen den Ausge- wachsenen brauchte kaum noch hinzuzukommen: die Frak- tion Caiphas war nur klug und programmgetreu, da sie für Eugen Barabbas, den rothen Freiheitkämpen, die Amnestie erbat und dem vagabondirenden Feinde der scharrenden und jobbernden Gesellschaft die Dornenkrone auf das Haupt stülpte.

La théologie m'amuse, la folie de l'esprit hu- main y est dans toute sa plénitude —: heute darf man das Wort des Voltaire zeitgemäß ändern: Die Ideologie zeigt jetzt die menschliche Dummheit in uner- schöpflicher Fülle. Wenn Herr Virchow oder, noch viel schlimmer, Herr Rickert gegen die Pfaffen tost und die goldene Zeit friederizianischer Herrlichkeit, loyal säuselnd, zurücksehnt, dann glaubst du, geliebte Mehrheit, noch immer, für Friedrich und Virchow und Rickert handle sich's dabei um eine Idee, eine freiheitliche, oder wie Du sie sonst nennst. Doch aus Gemeinem ist auch der liberale Mensch gemacht, und das Interesse nennt er seine

Religion. Grabe der pompöfesten Idee bis auf den Grund, und über dem Meeresspiegel wirst Du eine wirthschaftliche Intereffenschicht finden, der sie entkeimt ift. Wer intelligente Arbeiter braucht, fordert im Staats= laben Bildung, billig feinetwegen und schlecht; wer ge= dulbige Knechte sucht, gibt zu Schleuberpreifen die Bil= bung für demüthige Hörigkeit dran, und Marquis Posa felbft würde nicht kniefällig um Gebankenfreiheit bitten, wenn er, anftatt auf Malta ein Ordensritter mit feftem Ge= halt zu fein, in Hinterpommern etwa Wruken züchten müßte.

Deshalb mag ich die rechten Junker, weil die offen meift eingeftehen, daß sie für ihre Tasche finnen und trachten, und daß ihnen die beiden Anwärter auf des Pilatus Gnade gleich unfympathisch sind, womit ja dem hübsch staatlich und eigenthumförderlich gezähmten Chriftglauben keinerlei Abbruch geschieht. Und deshalb mag ich die rechten Liberalen nicht, weil die am liebften sich ftellen, als trüge ihr Lammesrückgrat uneigennützig das Leib einer Welt, und weil sie vor Jesus und Barabbas, ohne Unterschied der Konfeffion, zugleich sich neigen möchten, auf daß nur ja mit dem Gott auch der Lump ihnen feine süße Stimme geben möge, zum Rebekampf für wohltemperirte Freiheit und vernünftige Religiofität, die auch Handel und Wandel nicht hindert.

*   *   *

Als wir gemeinsam früher den heiligen Rock *) be= fchauten, da sprach ich schon von der erften Lotterie. Sie be=

---

*) Apoftata, Band I.

schloß den ersten Charfreitag und ich möchte fast wetten, daß
Barabbas, der ganz gewiß unter den Kriegsknechten nach
Rekrutenmißhandlungen forschte, einen Haupttreffer ge=
macht hat. Die soziale Revolution war an's Kreuz ge=
schlagen, Besitz war wieder Ehre und die wüthige Jagd
nach dem Glück begann mit gedoppeltem Eifer. Drinnen
in der Stadt hieß man's sittiglich freie Konkurrenz ohne
Bevormundung durch den arg listigen Staat und mit
möglichster Sicherheit für den einmal erlangten Besitz,
den geruchlos vom Vater zum Sohn sich vererbenden.
Vor den Thoren draußen rissen, Geldmangel und die
fehlende Gelegenheit zu umfassender Spekulation trugen
die Schuld, auch die letzten Bande frommer Scheu, und
in schamloser Nacktheit trat das zeitgemäße Prinzip her=
vor, als Hazardspiel, das die Söldner des konstitutio=
nellen Landpflegers mit den reinen Händen den Offizier=
kasinos vermacht haben und den Bürgerressourcen in
Stadt und Land. Es war ein schöner, ein denkwürdig
geweihter Abend, den die Förderer der kommenden
Schloßlotterie beschaulicher Weltweisheit stets widmen
sollten.

Am dritten Tage aber nach dem Fest der unge=
säuerten Brote, da die Getreuen das Grabdenkmal des
Gekreuzigten leer fanden und von unirdischen Abgeord=
neten das Wunder der Auferstehung vernahmen, eben
da erschien auch in der jerusalemitischen Presse ein Leit=
artikel, recht nach dem Herzen der festlich erregten Bil=
dungphilister und recht nach dem Bedürfniß ihrer ver=
dorbenen Magen, denn in ethisch hochgestimmter Tonart
wurde darin die bewährte öffentliche Meinung auf die

Schanzen gerufen, gegen die schranken= und skrupellose Ausbeutung des Spieltriebes, die des Aermsten sauer erworbenen Groschen dem Kollekteur zuführt oder gar dem Staat, anstatt ihn dem ehrlichen Handelsmanne zu gönnen. Eine herrliche Osternummer, hinten der Kurszettel und als Beilage der Bericht über die Prämienziehungen. Ver= antwortlich zeichnete, in erprobter Gesinnungtüchtigkeit, der Auserwählte des zu freier Selbstbestimmung erweckten Volkes, der ewige Barabbas.

11. 4. 92.

XII.

Sem.

✠

Vom Lande Gosen bis zur Provinz Posen ist der alte Jahwe, auch Jehovah genannt, seinen Kindern ein liebender Gottvater geblieben, für und für, oder wie man heute druckt: voll und ganz. Nach dem verpestenden Aussatze, an dem einst der Sizilier Diodorus, Strabo, Tacitus und später Schiller sich entsetzten, sandte er ihnen den Antiochus Epiphanes, den wider Willen größten Wohlthäter an Israel; nach Moses Maimonides, einer hellen, doch auch schlimmen Leuchte der Rabbinerpresse, den Moses Mendelssohn, nach Sommerfelds und Wolff die nimmermüden Dioskuren Paasch und Ahlwardt. Der bei Abrahams Kalbsbraten sich beschied, wird's auch nicht übel nehmen, wenn sein gottväterliches Mühen derb darwinistisch hier bezeichnet wird: als Selektionsfaktor für die Spezies hat den verstreuten Stämmen er immer den geeignetsten Verfolger auf die Spur zu hetzen gewußt und eine stete Aussonderung ward so geübt, bei der Untüchtiges ver-

fiel und Tüchtiges nur tüchtiger noch wurde. Daß
nebenher die drei Moses alle erreichbaren Bildungele=
mente hinüberretteten in die Judenheit — der im Schilf
Gefundene die egyptische, Maimonides die aristotelisch=
griechische und Mendelssohn die dämmernd aufgeklärt ger=
manische Kultur —: das steht auf einem anderen Blatt
in Darwins Buch und bezeichnet deutlich die mimicry
der Hebräer, ihr Bestreben und Vermögen, der Um=
gebung nach Art und Farbe klug sich anzupassen. Weil
er am eignen Leibe dies Bestreben verspürt hatte, gab
der Erleuchtete vom Sinai dem Volke ein Gesetz, das
es von anderen Völkern, treu befolgt, auf ewig trennen
mußte, und weil ein Souverän fast immer milder ist
als sein Minister, sorgte Jahwe dafür, daß seine Kinder
durch früh beginnende Verfolgung für tausendjährigen
Kampf gestählt auch würden. So half über den Aus=
satz denn der böse Antiochus hinweg und über Sommer=
felds der Ahlwardt und der Paasch. Was rechte Juden
sind, die sollten ihnen besondere Gebete zahlen, auf daß
die Selektion nur munter fort gedeihe. Aber was sind
rechte Juden? Am besten sagt es immer noch der alte
Paulus, der einstens an die Römer schrieb: „Denn das
ist nicht ein Jude, der auswendig ein Jude ist, auch das
ist nicht eine Beschneidung, die auswendig im Fleisch
geschieht; sondern das ist ein Jude, der inwendig ver=
borgen ist, und die Beschneidung des Herzens ist eine
Beschneidung, die im Geist und nicht im Buchstaben
geschieht."

Nun ist aber Paulus in der Redaktion antisemi=
tischer Blätter nicht beschäftigt und deshalb wird sein

Konvertitenhaß noch überboten und bei Ahlwardt und
bei Paasch heißt der Feind nur noch ganz einfach: Sem,
und dieser u. s. w. Sem hat in der Kreuzzeitung bereits
auch Unterstatt gefunden. Zu diesem Kollektivum Sem
wird nun ein Jeder gezählt, dem in den Stammbaum
irgendwo und irgendwie ein Tröpfchen Judenblutes ge-
flossen ist, und läßt ihm gar ein Denunziatiönchen rasch
an's Zeug sich flicken, dann wird das Tröpfchen gleich
zum Ozean. Was hilft da noch die mimicry? Mag
Einer auch die höhere Kulturstufe der Christenheit erklommen und mit Haut und Haar sich europäisirt
haben —: er ist ein Jude und er wird verbrannt.
Cordelia hat das Wort gesprochen, das sie so lange
scheu verbarg, allein ihr wunderlicher Vater achtet noch
immer sie dem rohen Scythen gleich.

Gegen diesen Götzendienst hat in sehr wirkung-
voller Rede neulich Professor Adolf Wagner sich gekehrt
und den Rektor Ahlwardt hat auch der Freiherr aller
Junker, der Tyrann der Kreuzzeitung, höchst unwirsch
jüngst sich abgeschüttelt. Das war von beiden Herren
klug gehandelt, denn Sem kann nur frohlocken, wenn
Ahlwardt der Rektor des Antisemitismus bleibt. Die
sittlichen Qualitäten dieses konfiszirtesten Mannes habe
ich nicht zu beurtheilen, ganz einfach, weil ich sie nicht
kenne und nach den Erfahrungen der Stoecker-Hetze mit
einigem Mißtrauen auf die Zeitungcharakteristiken blicken
muß; der angebliche Falscheid des Herrn Stoecker ist
noch heute ein beliebter Paradegaul, während die ebenso
denkwürdigen wie freisinnigen Gedächtnißschwächen der
Helden des Prozesses Marx mit dem Mantel einer

Nächstenliebe bedeckt werden, die diesmal gar nicht christ=
lich ist. Aus den Schriften Ahlwardts, die ich sämmt=
lich gelesen habe, kam mir der Eindruck, daß er es viel=
leicht sogar ehrlich meint, genau so ehrlich wie jeder
Delirant, der Mäuse tanzen sieht, und daß ihn Gründer
mindestens und Gründergenossen doch nicht so geraden=
wegs beschimpfen dürften, auch Herr Eugen Richter nicht,
dessen Nachtausgaben, seine vornehmeren Parteigenossen
sehen es seufzend, in dreistem Verleumden selbst das
Aeußerste leisten. Der Aberglaube nimmt täglich neue
Formen an und nun soll's ein Verbrechen sein, wenn
Herr Paasch selbst Bismarck schon als Judenknecht er=
blickt und wenn Herr Ahlwardt einen Judenbund vor
Augen sieht, der Deutschland mit unbrauchbaren Flinten
überschwemmt? Eine schlimme Erfahrung mit einem
schwarzen Manne hat hier den Wahn gezeugt, daß alles
Unheil nur von den schwarzen Männern stammt. Das
ist ein Superlativ und jeder Superlativ grenzt an den
Wahnsinn, und das Geknatter der Judenflinten wird
deshalb seine Brüder eher verwunden als Sem, den
Unverwundbaren.

*　　*　　*

Die Unverwundbarkeit dankt er nur den Bütteln
von Verfolgern, den Titus und Antiochus und Ahl=
wardt; die haben mit plumpen Fäusten immer wieder
die Auseinanderstrebenden geeint und alle Rührigkeit
und Schlauheit gefördert, die durch scheinbares Elend
zu segnendem Gewinn kam. In der Diaspora konnte

kühne Tapferkeit der ehemals so kräftigen Raffe gegen
brutale Uebermacht nicht nützen und nach dem Gesetz
der Transformation traten zu den im Keime schon vorhandenen noch neue Eigenschaften, die nicht allzu angenehm das Erbe Jacobs dann ergänzten. Der Jude,
der auf dem Rialto angespieen wurde und noch zu
Boernes Zeiten auf Verlangen Mores machen mußte,
gewöhnte sich an heuchlerische Demuth und lernte im
Besitz, im beweglichen, der leicht von Land zu Land sich
retten ließ, der Güter höchstes schätzen, das einzige, das
zwischen den vier Pfählen wenigstens ein Wohlbehagen
schuf. Was mein verehrter Pathe, Herr Julianus, für
das Christenthum gethan, das thun und thaten für den
Rest der Stämme Judas die vom Geschlechte des Antiochus: aus der bequemen Anerkanntheit und trägem
Beharren trieben sie die schon Entartenden hinaus in
neuen Kampf um's Dasein. Die Unterdrückung depra-
virt stets, ganz gewiß; doch für den Geist ist keine
bessere Hygiene noch erfunden als der Druck von feindlichen Gewalten.

So lange das alte Testament mit seiner — ich
will vorsichtig sein und sagen —: verspäteten Moral in
allen Schulen noch gelehrt wird, läßt über den jüdischen
Geist nur schwer sich's offen reden. Lessing hat sich die
Sache leicht gemacht, da er seinen Klosterbruder sich beklagen ließ, weil Christen gar so oft vergessen wollten,
daß unser Heiland auch ein Jude war. Nun war aber
Jesus ganz sicher ein entschlossener Antisemit; für Juden,
gegen Juden sprach er ein Gesetz, das gegen orientalische
Genußsucht in seinem tiefsten Kern sich kehrt, und sein

seltener Zorn entbrannte, so oft die Pharisäer ihm be=
gegneten, die gegen alles Fremde stolz sich abschließen
und ganz und gar nur Juden sein mochten. Und wie
er, so haben alle besten Söhne Sems gedacht: Acosta
und Spinoza, Boerne, Heine, Lassalle und Karl Marx.
Ob sie der Weltweisheit, der Politik oder der Volks=
wirthschaft sich nun beflissen, sie blieben dem lyrischen
Ueberschwang der Rasse treu, aber sie kehrten auch von
dem anderen Erbtheil Jacobs rücksichtlos sich ab, von
dem merkantilen Geist, der Esau erst und Laban dann
betölpelt hatte. „Der Widerwille gegen Handelsleute
und Juden als solche ist bei mir auf den höchsten Grad
gestiegen," schrieb Boerne 1822 und später: „Rothschild
wird bestehen bis zum jüngsten Tage — das heißt dem
der Könige. Welches Ultimo! wie wird das da
krachen!"

Noch ist das Ultimo nicht da und auf der ganzen
Linie siegen Separatisten und Pharisäer, weil immer
wieder die ernsthaften und ehrlichen Entjuder von den
Antisemiten zurückgedrängt wurden und weil das Ghetto
niemals fiel. War einst das Gitter eisern, ist es nun
von Gold; der alte Ritus gilt, das alte Speisegesetz,
die für den Orient doch nur taugen, und in arabischem
Stil, der Architekt nennt's, glaub' ich, maurisch, sieht
weit und breit man Synagogen ragen. Die Juden, die
ganz deutsch gern werden möchten, die müssen drunter
leiden und seufzen oft dem Ahasverus nach; die israeli=
tische Aristokratie aber ist heute noch ganz pharisäisch,
treibt Inzucht, künstelt sich adlige Vorurtheile zurecht
und verpönt, wer anders betet, anders freit und anders ißt.

Altvater Jahwe freut sich dran. Die Mosessöhne sieht er unverfälscht drum gern erhalten, weil sie so früh vor anderen Göttern ihn — im Dekalog — bevorzugt haben. Deshalb beschwerte er den Wanderranzen ihnen nicht mit einem Staat, den keuchend sie durch die Jahrtausende zu schleppen hätten, deshalb gab er den Kreuzverächtern ein Kreuz mit auf den Weg: nimmer müden Haß und nimmer rastende Verfolgung.

Einer der judenfreundlichen Notabeln von 1880, Theodor Mommsen, hat doch die Juden einst die Träger der Dekomposition genannt. Sie sind es wohl kaum mehr als jeder proletarisirte Feudaladel — ich bitte, nicht zu lächeln, es gibt auch orientalischen Adel, und sein Stammbaum ist der ältere; verarmte Junker sind stets die gefährlichsten Revolutionäre, und darum auch hat Bismarck den Ungeduldigen in Preußens Osten reichlich den Mund gestopft. Die aristokratische — die Bibel sagt: pharisäische — Abschließung hat den Juden die Freundschaft, ja, die Bewunderung der radikalsten Individualisten erworben, die gegen den staatlichen Zaum beißen und schäumen und von nationaler Entwickelung nicht gern viel hören. Die Politik vom freien Spiel der Kräfte, die jedem Börsenmakler mehr Vertrauen als dem Ungeheuer Staat schenkt — wo dieser Racker nicht etwa als freisinnige Kommune sich vermummt —, die muß mit dem Judaismus sich zusammenfinden in der Loosung: So wenig Staat wie möglich! Und Beide müssen einen Todfeind haben: den Sozialismus, den christlichen vom Katheder und den von Marx, Laffalle und Singer, Sems verlornen Söhnen.

Verarmten Hochmuth liebt man nicht, und doch kann solch Empfinden allein den Haß noch nicht erklären, der fressend weiter wühlt und den man mit dem weisen Nathan nicht und nicht mit toleranten Sprüchlein aus der Rickertei beschwören wird, die stets das Gute will, doch stets das Böse schafft. Tolerant und human waren auch die verstorbenen Herren Giordano Bruno, Luther, Kant, Schiller und Fichte und haben dennoch dem jüdischen Geist oft grausam mitgespielt. Wo liegt der Grund begraben? Luther führt auf die Spur, der sagt: „Wisse, daß du nächst dem Teufel keinen bittereren Feind habest, denn einen rechten Juden . . . . . . Sie halten uns Christen in unserem eigenen Lande gefangen, lassen uns arbeiten, sitzen derweil hinter dem Ofen und faullenzen . . . . .“ Das Wort hat fortgewirkt, und heute gilt die Haß nicht Sem recht eigentlich, sondern dem Zwischenhändler, der scheinbar oder wirklich mühelos reichliches Geld erwirbt. Der proletarisirte Adel hat, da man andere Gewerbe zu lange ihm verschloß, doch noch ein lohnendes Geschäft ergattert, im Zwischen= handel mit Getreide und Kunst, mit Spiritus und öffent= licher Meinung, mit Recht und Bankeffekten nährt er sich redlich — und auch anders — und schleunigst hat er eine Geldmoral sich ausgeprägt, die nun den alten Adelsbrief ersetzen muß. Dem oberflächlich Zublickenden heißt das jetzt jüdischer Geist und ist im Grunde doch nur Zwischenhändlergeist, der arische Bankiers und christ= liche Annoncenpächter — sprich: Verleger — längst schon beleckt hat. Gewiß haben die Juden für Zwischen= handel — Joseph, Meyerbeer und Rothschild — ent=

schiedenes Talent, und die Epoche, die von dem Zwischenhandel sich zu befreien und dem Anbieter den Verbraucher selbst zu nähern sucht, konnte ihnen kritische Tage nicht ersparen. Auch die aber wird ihre Zähigkeit geruhig überdauern, denn — wofür haben sie nicht Talent? Sie sind in China Kulis, in Bombay stramme Bauern und Soldaten, in manchem Theil Arabiens Schmiede, Zimmerleute, konservativ mit Beaconsfield in England, mit Lasker liberal in Deutschland, weil höchst thöricht sie die Konservativen von den ersehnten Pforten weisen. Kommt einmal die Nuance Helldorff auf, dann werden sie in Schaaren nach rechts sich wenden und glücklich sein, nur endlich bei den Krafterhaltern vom Stamm des Juden Stahl sitzen zu dürfen. Mimicry: Um jeden Preis der Umwelt ähnlich werden, sie überbieten lieber noch an Echtheit und Korrektheit!

*   *   *

Durch die Zeitungen marschirte dieser Tage ein Notizchen, darin bewiesen werden sollte, der Schwede Strindberg habe den Briten Shakespeare ganz lästerlich bestohlen, weil er nämlich gegen ein böses Weib dem Manne die Worte Shylocks gegen schlimme Christen auf die Lippe legt. Mit feiner Absicht natürlich, wie selbst ein journalistischer Kommis verstehen sollte: die Entlehnung ist so handgreiflich, daß man nicht mit bebrillter Nase erst drauf gestoßen zu sein brauchte. Die kleinlich hinterlistige Rachgier des lange Unterdrückten sollte gezeigt werden, und war dem Briten aus der

Renaissance der lechzende Paria ein Jude, so schien er
dem Weiberhasser von Malmö der zum Madonnendienst
geknechtete Mann. Der Vergleich ist auch von Tolstoi
in der Kreutzersonate schon angedeutet worden, wo
Posdnyschew spricht: „Wie die Juden mit ihrer Geld=
macht uns ihre Unterdrückung entgelten lassen, so die
Frauen. ‚Ihr wollt, wir sollen nur Handel treiben?
Gut, wir treiben Handel und werden eure Herrn‘, sagen
die Juden. ‚Ihr wollt, wir sollen nur ein Gegenstand
der Lust sein? Gut, wir sind ein Gegenstand der Lust
und machen euch so zu Leibeigenen‘, sagen die Frauen.“
Das klingt mehr paradox, als es in Wahrheit ist.
Denn Sem, wie er nun einmal heißt, ist wirklich bei=
nahe weiblichen Geschlechtes, anschmiegsam und der Be=
fruchtung stets gewärtig und sprudelnden Extremen eher
als kühler Objektivität geneigt, von heißer Liebe stets
geleitet und von heißem Haß und der Person mehr als
der Sache zugethan. Den Frauen wird der Strindberg
nicht, den Juden nicht der Ahlwardt ihre Macht ver=
kürzen, denn gegen deren blinde Uebertreibung führen
sieghaft sie ihre Vorzüge in das Treffen. Wer in der
Ehe zuerst sich als den Schwächeren bekennt, ist schon
verloren: auch daran sollten die Befehder Sems sich
doch erinnern und die Bezwingung Deutschlands nicht
durch alle Gassen tuten. Jede Ehe ist schwer und ganz
besonders die, in der homöopathisch sich die Aehnlich=
keiten fanden — und Deutsche sind wie Juden fast im
Ausland unbeliebt, weil sie, an kärglichen Verdienst ge=
wöhnt, den Eingeborenen gern unterbieten und ihre
Nationalität oft um drei Heller geben. Wo aber eine

Scheidung doch unmöglich ist — und an die Austreibung der Leviten denkt ja nicht Paasch einmal —, da muß wohl oder übel Eines sich zum Anderen fügen und, wenn der Lärm verstummt ist und die Hetze, dann erst kann in aller Ruhe Michel den Sem befragen, ob er nicht am Ende vom toten Buche lieber und von morgen- ländischer Satzung scheiden will und in des Gatten Wesen allgemach sich schicken.

25. 4. 1892.

XIII.

Dynamystik.

✱

Zum erften Mai hatte ein belgifches Witzblatt, es mag auch ein witziges Blatt gewefen fein, in vier faft genialen Karikaturen Vergangenheit, Gegenwart und Zukunft der Staatenbildung ins Ewig-Schweinerne überfetzt. In majeftätifcher Gelaffenheit ruhte das abfolute Schwein zuerft in feinem Pfuhl, von borftenviehifchen Cavalieren und forglichen Hoffäulein eifrig umbienert; dann hatten Seine Majeftät das Schwein Allergnädigft eine Verfaffung zu geben geruht: um den behaglich kothigen Thron rüffelten die Minifter, rofige Ferkelchen beforgten das civile Cabinet und in dem Haufe der Gemeinen begann die Hatz der eloquenten Eber; die bürgerliche Republik folgte nun: die Krone war verfchwunden, das freie Spiel der Kräfte ftand in höchften Ehren und in wildem, wüftem Uebereinander, des Nachbarn Fall fogleich als Schemel nützend, umbrängte jetzt den Trog, was fchweinifch fich und freiheitlich gefinnt auch fühlte; zuletzt, nach dem Getobe der

freien Konkurrenz, die selbstverständlich nur den unrein=
lichsten Schweinestaatsbürgern Nutzen brachte: borstigen
Jobbern, Schlammbaissiers und witternden Terminspeku=
lanten in Kartoffelschalen, kam das Idyll, frei nach
Fourier und Bebel: an seinem Trog ein jedes Schwein
beschaulich schmatzend, ungestört von Eigennutz und
anderm wilden Triebe, das friedlich schöne Bild künftiger
Schweine=Phalansterien.

Nur flüchtig konnte ich· die Bilder mir betrachten,
ihre erstaunlich tiefe politische Weisheit aber hat sich
doch dem Gedächtniß eingeprägt und immer, wenn ich
seitdem aus aller Herren und aus herrenlosen Ländern
Programmreden las, umspielte die staatliche Evolution
der lieben Schweine gar schmeichlerisch den Sinn. Dem
Apulejus und seinem goldenen Esel mochte ich den zeich=
nenden Satiriker vergleichen, der auch, wo er verschwieg,
mir Beifall abgewann. Ein fünftes Bild nämlich
mußte man gerade zu diesem ersten Mai doch wohl er=
warten, der uns im Zeichen Ravachols erschien; mein
Zeichner aber hatte mit vieren sich begnügt, und ich ent=
nahm daraus, daß er genau so wenig wie ich selbst
vom Planen und vom Hoffen des Anarchismus sich ein
Bild zu machen im Stande war. Und diese Ueberein=
stimmung getröstete mich sehr, weil sie den fast Ver=
zagenden doch ganz allein nicht ließ, im Dunstgebild
der neuen Dynamystik.

*   *   *

Schnell fertig ist die Zeitung mit dem Wort. Unsere journalistischen Markthelfer haben mit dem Begriff des Anarchismus nicht erst lange sich geplagt; die Aermsten müssen ja, gepeitschte Tintenkulis, verschweigen, was sie etwa denken, und schreiben, was der Brotherr wünscht und seine Abonnenten fordern; in Berlin mindestens, dem angeblichen Mittelpunkte deutscher Bildung, gibt es kein Tagesblatt, in das ein selbständiger Geist selbständige Gedanken schreiben dürfte. Je nach dem Parteistandpunkt hat man denn auch die Anarchisten als äußerst linken Flügel dem Sozialismus anzuhängen sich bemüht oder als Räuber und Mordbrenner sie auszuschreien oder endlich tiefsinnige Ableitungen vom russischen Nihilismus zu verfassen, ganz billig und ganz schlecht, zehn Pfennig die kleine Zeile, und wo es gegen Rußland geht und freundlich Herrn Stambulow, dem Meister der Reklame, gar noch zugeschmunzelt wird, da kommt es auf eine Hand voll Zeilen auch nicht an. Der Rest war Ravachol-Geklätsch, hochmüthiges Schimpfen auf die Pariser Bourgeoisie, als ob die von Berlin viel besser wäre, und großartige Verachtung der Geschworenen, die dem zuviel besprochenen Dynamitbold mildernde Umstände zugebilligt haben. An die Ursache dieser Blamage wurde natürlich nicht gerührt; da es sich um eine liberale Errungenschaft handelt, darf man als aufgeklärter Abonnentenfänger doch nicht sagen, daß Gevatter Schneider und Handschuhmacher in der Rechtsprechung nichts zu suchen haben, die ein Gefühl des Rechtes und psychologische Schulung von ihren Dienern zu verlangen hat.

Ob Ravachol nun in Noumea mit Gabriele Bom=
pard sich vergnügen, ob er sein edles Haupt dem Fall=
beil beugen wird —: mir ist es unendlich gleichgiltig;
die Presse, die ganze Spalten mit eigenen Drahtberichten
über sein Treiben füllen ließ, die hat dafür gesorgt,
daß neue Helden seiner Art sich finden werden. Auch
ist bisher, darin hat Zola Recht, an Menschenleben und
Eigenthum durch Dynamit nicht mehr zerstört noch
worden, als das tägliche Ungefähr von Wagen und
Gedränge, von Eisenbahnen, Feuersbrunst und Wassers=
noth verschlingt. Wichtig und interessant erscheint mir
nicht der Erfolg, nur die Bemühung, nicht die That,
nur der Gedanke, und nur die Frage soll uns hier ver=
locken, ob wir mit einer erst heraufziehenden oder mit
einer schon scheidenden Bewegung im Anarchismus es
zu schaffen haben.

*   *   *

Des Fleißes darf man stolz sich rühmen, und
um so stolzer, wenn umsonst des Fleißes Mühe blieb.
Als bald da, bald dort es in Europa zu krachen begann,
machte ich mich eifrig an die anarchistische Geheimlehre,
verschaffte mir den von London aus geleiteten „Révolté“,
ein wundersames Blättchen, und verschrieb, frisch aus
Paris, zwei Bücher des Fürsten Peter Krapotkin, der ja
wohl mit Elysée Reclus der Reichskanzlei des Anar=
chismus vorsteht: „Paroles d'un Révolté“ *) und

---

*) Paris, Marpon et Flammarion.

„La conquête du pain“.*) Beide Bücher, es war
nicht kurzweilig, habe ich durchgelesen: Da steh' ich nun,
ich armer Thor, und bin so klug als wie zuvor und
auch durch Lombroso nicht klüger geworden, der an den
Anarchisten kriminalistisch und anthropologisch sich be=
eifert hat.

Fürst Krapotkin träumt einen **Kommunismus** unter
Freien, der dem Kulturmenschen staatliche **Ketten** brechen,
jedes Gesetz abschaffen und, gleich von übermorgen an,
freie Verständigung über Genuß und Güter, **über Be-**
hausung, Nahrung, Kleidung und Vergnügen einführen
soll und will. Das Ich soll befreit und Arbeit und
Genuß nach eigenem Belieben dem Einzelnen, dem gott=
ähnlichen Egotisten, erreichbar werden, der nichts vom
Nächsten weiß noch wissen mag, der nur sein Selbst
kennt und alle hilfreichen Maschinen, die für die grobe
Arbeit noch erfunden werden sollten. Jeder nimmt, was
er erwischen kann, und wer zuletzt kommt, mahlt zuletzt.
Dieses Ideal, meint Fürst Krapotkin, ist ungezählter
Explosionen werth und seine Erfüllung steht ungeduldig
wartend, meint der Fürst Krapotkin, schon vor der aller=
nächsten Thür, die schleunigst drum zu sprengen ist.
Die rettungslos verirrte Logik des wunderlichen Heiligen
zeigt sich schon darin, daß er, neben dem sogar sein
Landsmann Tolstoi noch wie ein ökonomisch Einsichtiger
erscheint, auf seine Fahnen die Losung „La Sociale“
schreibt, während er zugleich doch selbst den einsamsten

---

*) Paris, Tresse et Stock.

Gipfeln eines verstiegenen Individualismus entgegen-
marschirt.

Die Kritik des Systems ist allzu billig, um uns
hier zu reizen. Krapotkin ist ein armer Abliger und
diese Sorte ist jeder revolutionären Ablenkung von
eigener Misere stets geneigt; von den sozialen Zusammen-
hängen menschlicher Dinge spürt er nichts und ihm
fehlt der Geist, um wie der spirituelle Anarchist Nietzsche
oder dessen Ahn Max Stirner die Lücken seiner Einsicht
zu verbergen. Wenn ich seine Träume in's Schweine-
bildliche mir übersetze, dann sehe ich vor einem großen
Trog in schöner Freiheit das Borstenvieh sich überpurzeln
und schrecklich quiekt das Angstgeschrei der Balgenden
mir in die Ohren.

*   *   *

Und diese Phantasie geleitet zur Entdeckung, daß
dem dritten das fünfte Bild merkwürdig ähnlich gerathen
müßte, denn in der rücksichtslosesten Konkurrenz, im freiesten
Spiel der Kräfte, im jubelnden Triumph des laissez
aller, laissez faire: da haben wir die Anarchie, wie
Krapotkin sie träumt, die riesengroße, in tolles Uebermaß
verzerrte Karikatur des liberalen Wünschens. Und nun
fällt mir auch ein, daß Bismarck, es war schändlich,
einmal gesagt hat: „Der russische Nihilismus ist mehr
eine klimatische Abart des Fortschritts als des Sozialismus.“

Schändlich, aber richtig. Die Quellen des Nihilismus
deuten nach Frankreich und nach Deutschland, zu Fourier
führen sie, zu Saint=Simon und Proudhon und zu

Hegel. Waren aber die Dekabristen von **1825** dem Vorbilde **der** französischen Revolution treu gefolgt, so blieb die sozial begrenzte Auffassung der Nihilisten von 1848 mehr **den** deutschen Einflüssen unterworfen, ob ihre literarischen Neigungen auch **zu den** Galliern strebten. Bjelinsky, Herzen, **Bakunin fanden mit** den radikalen Junghegelianern Fühlung, und von ihnen über= nahmen sie den abstrakten Freiheitbegriff, **der nun**, un= wissenschaftlich und unmenschlich, als Norm an die ver= schiedensten Staatenbildungen und Gesellschaften gelegt wurde. Bakunin, **der die Leidenschaft der** Zerstörung eine schöpferische Leidenschaft genannt hat, reiste wie ein Fleischerknecht für die Revolution, schlug sich, ohne zu wissen, wofür, und durch ihn und Bjelinsky knüpfte sich die Verbindung mit Ledru=Rollin und Orsini. Der internationale Anarchismus war geboren.

Die Klügeren unter **den** Zeitungschreibern haben das Läuten wohl gehört, **sie wissen nur** nicht, wo die Glocken hängen. Alexander **Herzen war der** Glöckner, sein bestes Pamphlet heißt **die Glocke, und wenn fein** angeborener Zartsinn vor dem Aeußersten **erschrak**, so stand zur Seite **ihm der** wüste **Bakunin**, neben dem radikal Liberalen der Anarchist, der **von Hegel gegen** Hegel sich entwickelt hatte. In deutschen Landen war durch deutsche Könige und geistliche Territorialherren zuerst und dann durch die Reformation, die mit den germanischen Rechtsbegriffen gründlich aufräumte, die römische Anschauung von **der** Allmacht und dem All= vermögen des Staates groß geworden, den Hegel später dann als Wirklichkeit der sittlichen Idee und Irdisch=

11*

Göttliches verehrte. Von dieser Katholisirung des Staatsbegriffes ging nun Evolution und Revolution aus: Marx und Engels sozialisirten ihren Hegel, von dem die Liberalen wiederum sich zu befreien suchten. Und nach der Verhimmelung des Staates mußte auch die Parole Zulauf finden: Gar keinen Staat; Freiheit dem Einzigen und seinem Eigenthum!

Max Stirner bleibt im Geistigen und kann deshalb gegen den gassenläufigen Liberalismus schwere Streiche führen; bei Krapotkin aber zeigt ganz klar sich die Verwandtschaft: derselbe abstrakte Freiheitbegriff, der den verschiedensten Kulturen, ohne Rücksicht auf Gewordenes und Werdendes, abgefordert wird, dieselbe Staatbefehdung, leidenschaftlich bei den Besitzlosen naturgemäß und sanfter bei gesättigten Besitzern, derselbe Mangel an Erkenntniß sozialer Ansprüche. Mag immerhin der Anarchismus mit Proudhon liebäugeln: er bleibt am Ende doch grotesk verzerrter Liberalismus, Ausfluß romantisch-subjektiver Ichverherrlichung, keine heraufkommende, sondern eine niedergehende Anschauung, deren Rückzug die Dynamystik uns verschleiern soll.

*　　*　　*

Zurück zur Schweinerei. Ist es gelungen, das fünfte Bild hier nachzuzeichnen, dann ist auch klar, daß die anarchistische Schweinewirthschaft in der bürgerlichen Republik am ehesten, bei den Kasernentrögen des Sozialismus am wenigsten gedeihen kann. Sozialdemokratie und Anarchismus scheiden sich wie Wasser vom Oel, richtiger, wie Wissenschaft von Romantik; das bleibt nur da verborgen, wo vor der Gewaltsamkeit der Mittel

Vernunft in Ohnmacht fällt. Wie unsere Gesellschaft dem rothen Schrecken nur begegnen kann, hat schon Lagarde gelehrt: „Die Anarchistenpartei wird nicht in Folge irgend welcher Auseinandersetzungen über die Nothwendigkeit der Obrigkeit verschwinden, sondern dadurch, daß die Obrigkeit anders regiert, als sie zur Zeit thut. Niemand mag barfuß gehen, der passende Stiefel zur Verfügung hat: Jeder wirft die Stiefel fort, welche ihn drücken und seine Füße zwängen, mit Leichdornen behaften, zum Wandeln unfähig machen." Nach dem Minister Constans, der sich zur Macht emporgeschwindelt und gestohlen hat und eine schamlose Plutokratie betrieb, mußte ein Ravachol erscheinen.

Nicht alle Anarchisten sind Ravachols, im Gegentheil, meist sind es, wie Krapotkin, Reclus und der auf Stirners Pfaden besondern Zielen zuschwärmende Lyriker Mackay, träumende, überfeinerte Idealisten, die aus widriger Wirklichkeit sich zu geistig perversen Trieben retteten. Selbst der scheusälige Tropmann hatte vor seinem Attentat zum Schutz der Kinderarbeit in Spinnereien segenreiche Vorrichtungen erfunden, und erst als er sah, wie wenig heute, ist nur Gewinn im Spiel, ein Menschenleben gilt, erwachte ihm mörderisches Gelüsten. Die Kräfte alle zu erhalten, die nach Bethätigung verlangen, das muß die sehr konservative Aufgabe jetzt sein, die es verhindert, daß alle Naturen von freierem Wuchse der Gesellschaft Feinde werden und zaudernd nur noch am Scheidewege stehen, zwischen der Dynamystik und dem Sozialismus.

3. 5. 1892.

XIV.

Der 2¹⁄₂-Bund.

Auf Eisgetränke verstehen die Italiener sich, das muß der Neid ihnen lassen, und der nationalen Brauselimonade wissen sie eine wechselnde Würze zu verleihen, vor der eines Nord=länders Biersinn beinahe beschämt erbleicht. Sie schmecken vortrefflich, diese Eisgetränke, dem Erhitzten aber und auch dem im Magen Empfindlichen drohen sie mit bösem Leiden und der in allen Häfen genuß= und gefahrkundige Kapitän hatte mich deshalb auch gewarnt, ehe wir auf einem neuen Indienfahrer der deutschen Sunda=Linie, bald ist ein Jahr darüber vergangen, Genua anliefen. Im Golf von Lion hatten wir schlimmes Wetter gehabt und über das nun wieder tiefblaue ligurische Meer grüßte schon der jetzt zum Jubiläum reife Columbus und in weiß glühender limpidezza stieg schon die Stadt des Fiesco empor, als wir noch immer, weil nämlich unzwei=deutige Symptome fehlten, fast erbittert darüber stritten, wer von uns denn nun eigentlich seekrank gewesen war.

Beim Lunch hatte ich, **beim** Diner der Kapitän **durch** Abwesenheit geglänzt; ich hatte einen wichtigen Brief, er hatte Müdigkeit vorgeschützt, aber der Steward, der ihm zu Diensten war, lächelte merkwürdig verschmitzt und wollte **selbst** den Bestechungversuchen nicht Rede stehen. Und dann kam der Lootse **an Bord;** mit dem Bummeln war es vorbei und ganz **bescheiden nur** durfte ich auf der Kommandobrücke ein Plätzchen **nehmen.** Von wegen der Zollscheerereien **und** Tabackriechereien konnte der Kapitän nicht gleich **mit** an das Land **und in das** Gewimmel eines nach Brasilien bestimmten Auswanderer= dampfers, dem **in schwärzlichen Schaaren** die Zwischen= decker zuströmten, entließ **er mich mit** dem Ruf: „Um neun also im Tingeltangel neben der Post, und hüten Sie sich vor dem kalten Zeug und vor den — **na,** Sie wissen schon!“ Die genuesischen Kutscher sind wegen galanter Anerbietungen nämlich berüchtigt.

Nach den Erfahrungen von Amsterdam und South= ampton wußte ich bereits mancherlei, **unter** Anderem auch, daß es vergeblich **ist, einen** Seemann am Abend vom Tingeltangel **fern halten zu** wollen; also **zuerst** Campo Santo, dann die **Villa Pallavicini, Palazzo** Doria natürlich und endlich die Singspielhalle, wo wir, drei für Sumatra verpackte Holländer, ein **nach** Siam berufener Hauslehrer und ich, hart an der winzigen Bühne nun niedersaßen. Neben uns ein alter, furchtbar feiner Herr, neben dem wieder ein Offizier in voller Uniform, den dünnen Rohrstock zwischen den Beinen, den Stürmer schief auf dem hübschen Kopf, im Munde die lange Regiecigarre, deren Strohhalm keck hinter'm Ohr

spitzte, und auf dem Schooße das zärtlich gekrabbelte
Seidenhündchen der Diva so unheiligen Ortes, die in
gemessenen Zwischenräumen von ihres Kriegers Muscat-
wein zu kosten kam. Unser künftiger Siamese war außer
sich, als Lieutenant der preußischen Reserve, über solche
Entweihung der Waffe und seine Empörung wuchs, da
der in des Königs Rock Gekleidete seiner guten Freundin
ganz ungenirt zutrank, während sie uns in einem frechen
Lied der Yvette Guilbert die Erlebnisse von Saint-Lazare
in die Ohren schrillte. Der alte und furchtbar feine
Herr muß unser Staunen wohl bemerkt haben, denn
lächelnd beugte er sich herüber und sagte: Rassurez-vous,
messieurs, il se battra comme un lion, mais elle est
vraiment un peu raide, celle-là! Und wir freundeten
uns an, gingen bis weit über Mitternacht die Via Roma
auf und ab, bis zu Victor Emanuels Denkmal stets und
dann wieder zurück, und endlich brachte er mich in eigener
Barke an Bord und ich hatte den Kapitän verfehlt und
vier Glas Eislimonade getrunken.

Am andern Morgen war die Erkältung da, im
Magen und im politischen Glauben obendrein. Der
furchtbar feine Herr nämlich hatte sehr seltsame Geschichten erzählt und über die wahre Stimmung Italiens
mir die Augen geöffnet, leidlich objektiv, soweit seine
irredentistischen Neigungen das zuließen. Daß in einem
katholischen und lateinischen Volke nur durch künstliche
Erhitzung die Sympathien von Frankreich abgelenkt
werden können, daß der Dreibund unerschwingliche
Militärlasten dem Lande aufbürdet, daß Crispi, la
dupe de Monsieur de Bismarck, verhaßt und die

Bündnißpolitik schon längst nicht mehr populär sei, er=
fuhr ich da, und am Ende hieß es: „Was bieten uns
denn die Verträge? die Freundschaft der Heimath
Radetzkys? Niemand bedroht uns in Nizza; die Russen
sähen uns gern in Triest, und wenn die Franzosen die
Nilmündung wirklich beherrschten, könnten wir uns auch
mit ihnen verständigen. Das Bischen Tunis wäre doch
zuletzt kein Lohn für die schwere Rüstung . . . Nein,
Ihr Bismarck hat diese Herren Rolibant und Crispi
beim Pferdehandel gründlich hereingelegt, aber seit er
fort ist, sieht hier alle Welt klar und nicht ein Jahr
wird vergehen, bis wir, trotz König Humberts Vorliebe
für Berlin, den Kopf aus der Schlinge ziehen, uns mit
Frankreich, das jetzt den Papst bald zum Vetter hat,
freundlich vertragen, unsere Finanzen auskuriren und
allen Werbungen mit dem Gedanken Cola Rienzis und
dem Worte Cesare Balbos begegnen: l'Italia farà da
se! Und nun Gute Nacht und spielen Sie nicht in Port
Said, il n'y a que des Grecs là-bas!"

* * *

Noch ist das Jahr nicht um und schon hat der
Fall des Marchese Rudini uns mit Eislimonade erkältet
und mein furchtbar feiner Herr mag wohl bereits zum
steinernen Rè galantuomo emporschmunzeln. Der Papst,
der in Rom doch mehr, als man gemeinhin wohl glaubt,
noch gilt, hat feierlichst, in einem Welthirtenschreiben,
die französische Republik anerkannt; vor Garibaldis
Denkmal in Nizza wurden Komplimente gewechselt; Herr
von Giers, in Europa heute vielleicht der schlaueste
Diplomat, hat in Monza verweilt; die Beständigkeit

deutscher Politik wird, mit Recht oder Unrecht, da und dort leise angezweifelt und die Zeit ist ganz sicher nicht fern, wo von den drei Geharnischten Einer verstummen muß, auf die alljährlich in der mitteleuropäischen Arena wiederkehrende Frage: Cousin, kannst Du noch?

Italien kann nicht mehr, und wenn jetzt irgend ein schlauer Zauberer die Karre, am Zündhölzermonopol und der Erbschaftsteuer vorbei, wirklich noch eine Weg= strecke weiterschiebt, über kurz oder lang wird sie doch festgefahren sein und mit gedoppelter Hast wird das Volk dann Stück für Stück der Militärlast vom Wagen nehmen, der unter dem jetzigen Gepäck zu brechen droht. An dem schönen Lande zehren drei schlimme Blutegel: die Papstfrage, die auch den Einheitstaat noch in Parteien zerreißt und durch die Priester die Frauen aufsäßig macht; der Parlamentarismus, der eine Herrschaft der Advokaten hochgebracht hat, die ja überall, weil sie sonst ihre Scholastik umlernen müßten, leidenschaftliche Gegner jeder ernsten Reform sind und die jeder Vereinfachung der Gesetze und der Verwaltung widerstreben, weil nur in komplizirten Verhältnissen das Prozeßwesen gedeiht, — der Parlamentarismus, der sich wieder so herrlich offen= barte, als er am fünften Mai auf Monte Citorio mit einer Zufallsmehrheit von ganzen acht Stimmen dasselbe Ministerium stürzte, dem er, in genau gleicher Lage, kurz vorher noch ein famoses Vertrauensvotum gegeben hatte; endlich und hauptsächlich aber der weit gehende Anspruch des Dreibundes, der zu viel fordert und zu wenig bietet und deshalb von dem Verlangten nachlassen muß, wenn nicht längst **vor** der entscheidenden Stunde dem Genossen im Stiefel **der** Athem ausgehen soll.

Italien w i l l auch nicht mehr und **ein** starker Theil der Bevölkerung mindestens bekennt sich **zu** der Ansicht meines furchtbar feinen Herrn. In einem sensationell und hoffentlich pseudoffiziös zugestutzten Buche — „Berlin — Wien — Rom" *) heißt die Geschichte — wird uns zwar erzählt, erst nach Bismarcks Rücktritt habe das Deutsche Reich die rechte **Liebe erworben und** der Dreibund die rechte Festigkeit, und **Rußland** sei nun ganz ruinirt und England uns für besondere Fälle **ge**wonnen und inniger denn je zuvor Italien uns **verkettet**, Dank dem weisen Wägen des vom Wirbel zur Zehe und von den Handelsverträgen zum Schulgesetz und noch weiter vertheidigten leitenden Generals —: aber die Wundermär klingt doch bedenklich nach Zeitungpolitik und die italienische Krisis setzt ihr an's Ende ein bängliches Fragezeichen. Der ungenannte Verfasser stammt vom Herrn Optimus ab und die Pillen **aus** seiner Apotheke — „Zum Anti-Nörgler" — sind Erwachsenen doch gar zu süß; herrlich vollendet findet er Alles **in** dieser besten Welt, und in Kamoenen singt er den Ruhm des Grafen Caprivi, der uns so weislich geführt. **Das** ist der Patriotismus des Vogels Strauß, der, im Sande **den** Kopf, den hellen Himmel preist, indessen das Wetter heraufzieht. Oesterreich-Ungarn ist in vorgeschrittener Zersetzung, **mit** den altmodisch liberalen Deutschen raufen Tschechen, Hunnen, Slovenen, Slovacken beinahe schon

---

*) Leipzig, Duncker und Humblot.

in offenem Bürgerkrieg; Italien hält die Vortheile nicht
mehr den Lasten des Dreibundes entsprechend; in Eng=
land stehen unberechenbare Wahlen vor der Thür; den
alten Feinden der Friedensliga hat noch der Beherrscher
aller Beichtväter sich gesellt; partikularistische und sozia=
listische Gelüste streben empor —: und ein Buchmacher will
uns einreden, daß im Mai 1892 „das deutsche Soll
und Haben sich günstiger stellt als am 20. März 1890“.
Mag's ihm glauben, wer noch freisinnig ist.

Vor dem König von Dahomey, der mit Bischöfen
und Anarchisten jetzt Herrn Loubét schlaflose Nächte
bereitet, darf man bei Todesstrafe nicht vom Sterben
reden, weil eine Beleidigung Seiner bis zum Erscheinen
des Sensenmannes unsterblichen Majestät darin schon er=
blickt wird. Soll auch der Dreibund erst, dessen Kraft
schon in die Brüche geht, ganz aus den Fugen sein, ehe
die Furcht vor dem Neuen sein Verscheiden, zu spät
dann, bekennt? Wenn die franco=russischen Brüder wirk=
lich einen Ueberfall sinnen, dann wissen sie auch ganz
genau, daß von unsern geharnischten Cousins Einer
bereits nicht mehr kann, und die Vorspiegelungen würden
nur die deutschen Augen verblenden. Auf Eisgetränke
verstehen die Italiener sich, das muß der Neid ihnen
lassen, doch will, wie die Rache, auch die italische Brause=
limonade kalt genossen sein, weil den Erhitzten sie mit
böser Erkältung bedroht.

$$* \qquad * \qquad *$$

Graf Caprivi sitzt am Sprudel und außer dem
Wasser, das er doch plötzlich nicht lassen darf, mag auch
Besorgniß ihm warm machen. Ein Reichskanzler hat

es ja nicht ganz so leicht wie etwa Eugenius Gracchus, der über den Aufruhr jetzt klagt, über Verleumder, der Richter, der selbst die Strohpuppen stopft, die er dann niedersäbelt, unter dem Jauchzen der Garden. Ein Reichskanzler kann schon magenkrank werden, wenn er befürchten muß, das italienische Heeresbudget, das von 297 auf 246 Millionen Lire für das jetzt begonnene Jahr bereits herabgesetzt ist, könnte noch weiter rapid sich vermindern, unter Zanardelli oder unter Crispi gar, der inzwischen wohl aus der Hypnose erwacht ist und nüchterner nun die Dinge sieht. Dafür ist es ein magerer Trost, daß — nach unserm Herrn Optimus — „unser Verhältniß zu den Dingen im Orient und zu den öster= reichischen Interessen auf der Balkanhalbinsel ein anderes geworden" sein soll, seit der allzu geräuschvoll inszenirten Erneuerung des Dreibundvertrages. Die Dinge im Orient, für jeden, der lesen kann, heißt das: Bulgarien; und diese Anspielung sichert Herrn Optimus und seinem Buche den Beifall aller klugen Leute, die zwar nicht neue Steuern und neue Truppen, die aber einen frischen, fröhlichen Krieg mit Rußland gern haben möchten, die gern zwar die Polen zu Deutschen, doch ungern die Balten und Letten und Esthen zu Russen werden sähen. Und Graf Caprivi sitzt an den heißen Quellen und die Besorgniß auch mag ihm warm machen, denn während der Dreibund sacht in einen Zweiundeinhalb=Bund sich wandelt, heischt immer ungestümer die öffentliche Meinung eine antirussische Politik.

Auch diesmal ist, was man so öffentliche Meinung nennt, nur private Faulheit. Außer dem Optimusbrevier

ift mir da eine Schrift zugeflattert, die es in wünschens=
werthefter Weise ergänzt. Die Gedanken sind kurz, der
Titel ift lang: „Eine Frage an das französische Volk:
Ift der Verrath der Kultur an die Barbarei eine That=
fache? Von Ghibellinus." *) Herr Optimus ruft gegen
Rußland Europa, mit Ausnahme Frankreichs, auf die
Schanzen; Herr Ghibellinus, profan Dr. Fränkel, hat
fich die Aufgabe gestellt, der heiligen Alliance auch noch
Gallia, die Spröde, zu fangen, und nach Seite 33 erst
läßt er's genug sein und schließt wundervoll bescheiden:
„Franzosen, wollt Ihr das nicht einsehen? Ich bin
überzeugt, daß Ihr es einsehen werdet!" Ich nicht,
halten zu Gnaden. Nämlich die Geschichte von der
Kultur und der Barbarei und was Ghibellinus sonst
noch aus freisinnigen Zeitungen zusammengeschleppt hat.
„Die französische Ausgabe wird in kürzester Frift er=
scheinen", und da dann Europa bald Ruhe haben wird,
magst auch Du ruhig sein, bis zum Ablauf der kürzesten
Frift, liebes Vaterland, Hort der Kultur. Herr Ghibellinus
ift ein eifriger Zeitungleser — Bismarcks Reden scheint
er nur genug zu kennen, um das Wort vom saigner
à blanc immer wieder unfinnig zu verstümmeln —; er
weiß ganz genau, daß Rußland nach der Weltherrschaft
strebt, daß es ein barbarisches, wirthschaftlich ruinirtes
Land ift, daß in den Ostseeprovinzen, denen mit Rück=
ficht auf ihren Ausfuhrhandel doch der ärgste Feind nur
eine Angliederung an Deutschland wünschen kann, „Bil=
dung und Befitz" deutsch sind, daß Turgenjew, ach, er

---

*) Weimar, H. Weißbach.

wußte es besser, „ein echter slavischer Russe" und Tolstoi
„überspannt" ist und dergleichen mehr. Natürlich fehlt
auch das Geschwafel vom Panslavismus nicht, der seit
Jahren schon den Augenblick erwartet, mit Haut und
Haar uns zu verschlingen. Es ist wirklich ein Genuß,
auf einem Haufen so mal Alles zu sehen, was im Laufe
der Zeit von hungrigen Korrespondenten zusammen=
telegraphirt worden ist. Merken die Herren, wenn sie
derlei drucken, denn gar nicht, daß sie einzig und allein
die indischen Geschäfte Englands besorgen, mit deutschen
Lettern auf deutschem Papier?

Einer freisinnigen Mannesseele gilt das Ansehen
Bismarcks nichts, der 1887 gesagt hat: „Daß man
uns von russischer Seite angreifen wird, glaube ich nicht;
eben so wenig, daß man von russischer Seite nach Bünd=
nissen sucht, um in Verbindung mit Anderen uns an=
zugreifen, oder daß man von Schwierigkeiten, die wir
auf anderer Seite haben könnten, den Gebrauch machen
würde, uns mit Leichtigkeit anzugreifen. Wir werden
Händel mit Rußland nicht haben, wenn wir nicht bis
nach Bulgarien gehen, um sie dort aufzusuchen. . . .
Was ist uns denn Bulgarien? Die Freundschaft von
Rußland ist uns viel wichtiger als die von Bulgarien
und von allen Bulgarenfreunden, die wir hier im Lande
haben." Daran hat Kronstadt selbst, eine Frucht nach=
bismärckischer Politik, nichts geändert, denn der Admiral
Gervais hat vom Zaren nur die eine Versicherung fort=
getragen: „Wenn man Sie angreifen sollte, wird man
zwei Gegner finden." Und deshalb sollte man Ruß=
land nicht beständig den Gedanken suggeriren, es plane

einen Angriffskrieg: das sagte mir Einer, der es wissen kann.

Aber lassen wir Bismarck und reichen den Herren Optimus und Ghibellinus lieber einen Atlas, Seite 2, Karte von Europa. Ob man Rußland für ein bar= barisches Land halten will —: einerlei; auch einem Barbaren, dem sogar am wenigsten, sagt ein Verständiger, der mit ihm hausen muß, alle kulturstolze Verachtung in jeder Minute nicht sechsmal heraus; und es hat doch, wenn von Kultur denn die Rede sein soll, schon recht verschiedene Kulturen gegeben, im Wechsel der Zeiten, von Lao=tse bis auf Emin Pascha, und die germanische Kultur scheint dem Freiherrn von Huene auch nur „so= genannt". Aber Barbarei hin, Kultur her: mit fünf gesunden Sinnen und zwei Augen, die sehen, kann ein politisches Thier doch unmöglich glauben, das riesige Reich, das von der Weichsel da sich bis zum Ural reckt, sei durch irgend eine Kombination zu entwurzeln oder nur ernstlich auch zu erschüttern. In seiner jungen Geschichte ist Rußland immer durch Niederlagen vorwärts gebracht worden; ihm wird auch die Hungersnoth, die jetzt schon das hilfreiche Väterchen unendlich populär gemacht hat, zum Guten dienen, und wenn ich überhaupt Geld zum Anlegen hätte, sicherer noch als Anton Wolff und selbst Façonschmiede mit zu Unrecht verlästertem inneren Werth wären mir Russenpapiere, viel lieber und sicherer freilich noch gute preußische Konsols. Denn mit der täglich gedruckten russischen Pleite ist es nichts, un= gehoben ruhen im Boden noch Schätze; und gerade, weil wir, der drohenden Gefahr einer Uebervölkerung zu

entgehen, mit Rußland uns noch auseinander zu setzen
haben werden, für das in Asien noch sehr viel Platz ist,
gerade weil Ost= und Westpreußen ohne das ehemals
polnische Hinterland nicht zu leben vermögen, deshalb
sollten wir uns doppelt und dreifach hüten, das in
seinem jetzigen Bestand auf die Dauer unhaltbare Oester=
reich im Balkan zu vertreten und England in Berlin.
Es haben der kolonialen Weltmächte schon mehrere ab=
gedankt, in währender Kultur, und das Schiff, das nach
Genua trägt, fährt den Niederlanden, fährt Spanien
und Portugal vorbei, um später Egypten zu berühren,
wo, vor Ghibellinus und seinem Banner, die Kultur auf
Pyramiden geklettert ist.

*   *   *

Die hitzige Verkündung des neuen Dreibundvertrages,
die in Anwesenheit der französischen Arbeiterschutz=
delegirten erfolgte Erinnerung an Wellington, das eifrige
Werben um Englands Gunst schufen den großen Taumel=
rausch von Kronstadt und Moskau, und nun wird zur
Abkühlung uns italienische Eislimonade gereicht. Nur
dem Erhitzten oder im Magen Empfindlichen droht sie
mit bösem Leiden, dem Gesunden kann sie vom Zechen
wohl die Blasen aus dem Hirn treiben, und daß sie
gegen Seekrankheit gut wirkt, habe ich, um endlich es
zu gestehen, in Genua selber erprobt. Etwas Seekrank=
heit, die immer zugleich ja auch Sehkrankheit ist, bringt
aber jeder neue Kurs mit sich und da ist es nützlich,
wenn das Eisgetränk gleich zur Hand ist, auch für den

Mann am Steuer, der jetzt beim Sprudel sitzt. Er hat
sich bemüht, in der Dreibundpolitik kaum einen Viertel-
strich Backbord zu nehmen und im alten Fahrwasser, im
sichern, zu bleiben; vielleicht übersah er aber, weil das
keine Schiffskarte zeigt und mit dem alten Kapitän leider
die Verbindung abgebrochen ist, daß die Politik Bismarck
immer — gegen Benedek, gegen Pius den Neunten,
gegen Hasselmann und Most — pädagogische Zwecke
verfolgte und immer, wenn sie eine neue Richtung ein-
schlug, den Moment schon ersah, wo die alte, ruhige
Straße wieder frei sein würde. Um das Jahr 1879
wurde Rußland anmaßend und forderte einen Druck auf
Oesterreich, den Bismarck erst verweigerte und dann mit
der Schöpfung des Dreibundes beantwortete, einer
Schöpfung, die um so schwieriger war, als Deutschland
und Italien gegen Oesterreich sich das Recht auf nationale
Einheit erkämpft hatten. Jetzt ist ein Jahrdutzend ver-
strichen, Rußland hat sittigere Bescheidung gelernt und
der Mann am Steuer sollte nachgerade Sprudelbecher
und Limonadeglas bei Seite stellen und auslugen, ob
die schmelzenden Schollen vom Norden her nicht das
alte Gewässer des Dreikaiserverhältnisses wieder frei gegeben haben, in dem, bevor erst die internationalen
Arbeiterkartelle dazu zwingen, der Harnisch gelockert
werden kann, den auch politisch Freihandel treibenden
Briten zum Leid, den um's Dasein hart kämpfenden
Deutschen, Lateinern und Slaven aber zur Lust, die
dann ängstlich doch nicht mehr darauf zu horchen brauchen,
ob nach dem Rathschluß der Advokaten von Monte

Citorio der schwer dahinkeuchende Cousin am Tiber noch kann. Eben dämmert, da ich dieses schreibe, der Tag des Frankfurter Friedens, seine einundzwanzigste Wieder- kehr, uns heran. Gar so schlecht war es doch am Ende nicht unter dem alten Kurs . . .

9. 5. 92.

XV.

Kirchenvater Strindberg.

❦

Zur Stunde, wo die Sonne sinkt, ging Zarathustra allein seines Weges; da begegnete ihm ein altes Weiblein und redete also zu seiner Seele: „Vieles sprach Zarathustra auch zu uns Weibern, doch nie sprach er uns über das Weib." Und der Weise entgegnete: „Ueber das Weib soll man nur zu Männern reden." Sie aber: „Rede auch zu mir vom Weibe," sprach sie, „ich bin alt genug, um es gleich wieder zu vergessen." Und Zarathustra that nach ihrem Wunsche und als Lohn empfing er von dem Weiblein zum Abschied diese kleine Wahrheit, die er behutsam gleich unter dem Mantel barg: „Du gehst zu Frauen? Vergiß die Peitsche nicht!"

Dem Gedächtniß der Alten entschwand der Zauberer und seine Rede, Zarathustra aber gedachte der Alten und ihres Rathes. Und da er nach zehn einsamen Jahren, die er in der scharfen und dünnen Luft blanker Gletschergipfel gelebt hatte, in die Allgemeinheit wieder hinabkletterte und die erworbenen Wahrheiten, hohe und niedere, tiefe und flache, vor dem Volke auszukramen anhub, da ward auch die kleine Wahrheit des alten Weibleins nicht vergessen. Das Volk aber lachte der stolzen Verkündigung und der Weise fand in seinem Lachen Eis und er entsetzte sich vor dem Lande der Bildung. Nur wenige Jünger fand er zunächst und unter solchen nur, die gleich ihm der Ekel vor den Viel-zuvielen auf windige Höhen gescheucht hatte. Einem Jeden von ihnen aber gab er die kleine Wahrheit mit, die mit geheimnißvoller Geberde er stets unter dem Mantel dann hervorlangte: „Du gehst zu Frauen? Vergiß die Peitsche nicht!"

Zur Stunde, wo die Sonne sinkt, hatte Zarathustra sein Geschenk empfangen; das konnte ihm Warnung sein. Auf schwindelnder Wacht aber hatte der Einsame äußere Zeichen mißachten gelernt und so ahnte seine um eigene Sonnenaufgänge gottähnlich schwärmende Seele auch nicht, daß eine späte, müde und alte Wahrheit ihm von dem Weiblein geschenkt war, eine morgenländische Wahrheit, die in der Wiege schon die Menschheit ge-funden hatte. Und im Nachdenken erst ward ihm viel-leicht offenbar, daß eine Asiatin ihn angesprochen hatte, mit verschollener Weisheit aus dem Osten, wo die Para-diese sich aufthun und die Schlangen zum Kreuze kriechen.

* * *
*

Zarathustra heißt im profanen Leben, das Melde-papiere kennt und, ach, Irrenhäuser, **Friedrich Nietz-sche**, und der von seinen Jüngern die gellendste Stimme hat, ist ein Schwede und hört auf den Namen: **August**

Strindberg. Meister und Geselle sind Antichristen und poltern lyrisch gegen den Kultus der Schwäche und zeigen vor allem Volk ihre straffen Muskeln, höchst renommistisch, auf offenem Markt. An dem flackernden Blick aber und an hektischen Flecken auch erkennt der Arzt ihre Fieberkrankheit und bei näherem Zusehen merkt er wohl auch, wie die Hitze über sie kam. In eisigen Nächten warfen die Schlaflosen sich umher, der Ruhe bedürftig und von der Ruhe geflohen, mit heiß gesonnenem Hirn und brennenden Gliedern; einzige Rettung schien ihnen, mit kräftigem Griff die Decke wegzuschleudern, unter der sie so lange geschmachtet hatten, die aus dem weltberühmten Geschäft von Arthur Schopenhauer, in die zwei Generationen schon sich eingewickelt hatten, um nach Nirvana hinüberzuschlummern. Am Morgen fühlten die Zwei sich gesund, sprangen und prahlten mit neuer Stärke; die nächtliche Entdeckung aber hatte das Fieber gelockt, und als wieder die Sonne sank, da krochen unsere Patienten auch wieder rasch in die Federn und zogen die wärmende Decke gleich bis an den Hals. Die sorglichen Frauen, die so geschäftig sie pflegten, so gräßlich aufmerksam und so abscheulich hingebend, die hatten es immer gesagt: Nur nicht sich aufdecken, hübsch still liegen nur und nicht denken, lieber bis Hundert zählen und dann wieder von vorn, — und auch sonst noch viel von dem alten Eiapopeia.

Unter Frauen nämlich waren die Beiden aufgewachsen, von Frauen verhätschelt worden und umsorgt, und in dieser Gesellschaft hatten sie sich ästhetisirt und gelernt, körperlich stets und geistig in gewählter Toilette zu erscheinen. Auf die Länge indessen ermüdet solcher Zwang und wird lästig und die Damensitte reizt zum Widerspruch auf. Immer den gebügelten Rock oder gar den Frack anziehen müssen —: das hält nur ein Hof= männchen oder ein Gigerl aus; eigensinnige Geister treibt es, der verblüfften Welt sich in Hemdärmeln auch ein= mal zu zeigen, fürchterlich trotzend und sittenbrecherisch: Seht mich an, ich bin ein Kerl! Für mich gibt es keine moralischen Vorurtheile mehr; ich habe sogar meinen Rock abgelegt und wandle im Licht, in Hemb= ärmeln.

In Hemdärmeln und mit der Peitsche strichen die Beiden nun durch die Lande und sagten steile Sprüche her gegen die Verweiblichung dieser Welt, und die auf= geschreckten Ehemänner gaben wohl Acht, daß ihre Ge= sponse von des Meisters Treiben und seines Gesellen ja nichts erführen; wie bei Lorenz Sterne der Kapitän Shandy auf des Bruders Rath seine Gattin vor Rabelais, Scarron und anderen allzu Heiteren gehütet hatte, so wurden nun Nietzsche und Strindberg aus behaglichen Wohngemächern verbannt und Räucherpapier angezündet, die Luft hinter ihnen zu reinigen. Die Frauen aber lachten heimlich der Angst, denn sie hatten längst Paulus und Ibsen, Michelet und Mill, Bebel und Mantegazza gelesen und wußten, daß Neues über die entwickelte Rippe nicht mehr zu sagen war, und ein Hausfreund, ein Belletrist und deshalb ganz ungefährlich, hatte ihnen zum Ueberfluß noch einen Satz gezeigt, den Balzac seiner verfänglichen Physiologie der Ehe zum Motto gesetzt hat: „Un homme, quelque malicieux qu'il puisse être, ne dira jamais des femmes autant de bien ni autant de mal qu'elles n'en pensent elles-mêmes."

* * *

In seinem Buche über die Hörigkeit der Frau beruft John Stuart Mill sich auf die offiziellen Berichte der Regierungen von Hindostan, um nachzuweisen, daß den indischen Staaten die Herrschaft gekrönter Frauen immer am besten bekommen ist. Mill ist ein scharfsichtiger, mitunter aber auch ein befangener Beobachter und sein Blick, der das Nächste: die mannigfache Unnatur der bürgerlichen, und besonders der englischen Gesellschaft, so klar erfaßt, bringt in die Ferne, in Gewordenes und Werdendes, nicht immer weitschauend vor und zurück. Ohne diesen Fehler seines Vorzuges, ohne diese oft merkbare Kurzsichtigkeit hätte er schwerlich so weite Wirkung geübt, denn dem umfassenden Geist lähmt lächelnde Skepsis leicht leidenschaftlichen Eifer, der den Hörer zwingt und über schwindlige Abgründe fortreißt. So hat der Engländer auch übersehen, daß in den indischen Staaten, an deren Beispiel er sich entzückt, zumeist die Polyandrie geherrscht hat; und als einen schimpfenden Scherz verzeichnet er den im Grunde doch nicht so unrichtigen Ausspruch: Königinnen sind besser als Könige, denn unter den Königen regieren häufig Frauen, unter Königinnen aber fast immer Männer. Ein deutscher Soziologe, August Bebel, hat in dem ganz vortrefflichen kritischen Theil seines Werkes über die Frau und den Sozialismus dem Ursprung des Problems viel tiefer nachgegraben; mit der ungetrübten Frische und Kraft des nicht durch die Einzwängung in Systeme verkrüppelten Autodidakten ging er der Frauenfrage, auf Wegen, die Lewis Morgan, Bachofen, Engels und Kautsky gebahnt hatten, zu Leibe und als **die** Wurzel heutiger Schwierigkeit erkannte **er**: den Uebergang vom Mutterrecht zum Paternat — schon Rahel Varnhagen hatte das geahnt —, vom Kommunismus der Urgesellschaft zur Einsetzung des Privateigenthumes. Was daran sozialistisch **ist, laß ich bei** Seite und will nur flüchtig der Thatsache gedenken, **daß in** den orientalischen Ländern das Mutterrecht **und die Viel**männerei das höchste Alter erreicht haben und daß den Inderköniginnen, **die Mill** so stolz begrüßt, die Erinnerung an die **Zeit** der Frauenherrschaft noch im Blute lag. Auf welche handgreiflichen Mittel diese Herrschaft schon in der alten Welt sich zu stützen pflegte, das **mag** man aus der Lysistrate **des** Aristophanes erkennen.

Mit den Ansprüchen des Privateigenthumes und des umgestalteten Erbrechtes, das nun nicht mehr die Gens, sondern die legitime Nachkommenschaft als Erben einsetzte, mehr als mit den noch ganz naturwüchsigen Sittlichkeitbegriffen gerieth die Freiheit **der** Geschlechter in Konflikt und die damals wichtigsten Völker suchten ihr auf besondere Weise beizukommen: die Römer durch das Julische Gesetz, das der zurückgehenden Bevölkerung aufhelfen sollte, die Juden, die nie über Unfruchtbarkeit zu klagen hatten, durch religiöse Weihen. Die biblischen Patriarchen und Könige hatten sexuelle Wünsche **sich** ebenso wenig versagt wie die Cäsaren und die römischen Junker, und wie **es** in Rom aussah und in Jerusalem, davon haben **die** Kritiker ein belehrsames Bild geliefert: Tacitus, Sueton, Petronius und Jesus. Und weil man immer geneigt ist, das Mittel der Lust auch für die schuldige Ursache der Lust zu halten, weil ferner auch die moralischen Gesetze immer vom Stärkeren, vom Machthaber der Stunde, gegeben werden, deshalb folgte auf die Frauenherrschaft als Reaktion unmittelbar der Haß und die Verachtung der Frau. Ernest Renan schreibt in der Histoire des origines du christianisme: „Die gesellschaftliche Stellung der Frau war damals niedrig und ungewiß; namentlich waren die Wittwen, trotz einigen Schutzgesetzen, mißachtet und oft genug dem Elend preisgegeben. Viele Gelehrte wollten der Frau jede religiöse Bildung versagen. Der Talmud rechnet unter die Menschheitplagen die geschwätzige Wittwe, die mit den Nachbarinnen ihre Zeit verträtscht, aber auch die bei umständlichen Gebeten sich aufhaltende Jungfrau." Der Talmud entzog auch den Jungfrauen jede Mit= wirkung bei der Gattenwahl: „Wenn deine Tochter mannbar ist," so lautet die Vorschrift an den Vater, „dann schenke Einem deiner Sklaven die Freiheit und verlobe sie ihm." Die beiden stärksten Triebe der Frau blieben also unbefriedigt: der Wunsch nach individueller Aussonderung des Gatten und das metaphysische Bedürfniß, — zwei Triebe, mit denen eine sozialisirte Gesellschaft der Zukunft doch vielleicht noch überraschende Erfahrungen machen möchte.

Das Christenthum kam auf, die Weltanschauung, die man aus dem Ort und der Stunde ihrer Geburt begreifen muß, die Religion für — oder besser noch: gegen zügellose Orientalen. Ich glaube, in seinem durch den Parteistandpunkt bedingten Hang zur Vereinfachung aller menschlichen Dinge irrt August Bebel, wenn er sagt: „Das Christenthum verfiel in das andere Extrem, es predigte die Askese. In einer Zeit entstehend, die nur die Rechtlosigkeit der Frau kannte, und in falscher Vorstellung sie als Urheberin der herrschenden Laster ansehend, predigte es die Verachtung der Frau." Die drei Partizipien möchten hingehen, aber die Thatsachen bedürfen der Kontrole. Die Verachtung der Frau war schon da, ehe das Christenthum entstand, und schon vorher hatte die geschlechtlich begoutirte Gesellschaft die Frau als die Urheberin der herrschenden Laster angesehen. Lombroso erzählt in seinem durch die Fülle des gesammelten Materials verblüffenden Buche über den politischen Verbrecher,*) die Durchforschung der römischen Katakomben habe ergeben, daß an der christlichen Revolution die Frauen mit der erstaunlich hohen Ziffer von 40 pCt. betheiligt waren, und er fügt, im Gegensatze zu Bebel, hinzu: „Die Erklärung liegt ... darin, daß die neue Religion der Frau eine so andere Stellung sicherte als die antike Welt und ganz besonders im Orient." Der Bergprediger hatte den Schwachen und Unterdrückten, den Armen und Elenden das Heil gebracht, und Renan kennt seine Gemeinde, der übersinnlich Vielgeliebte, der sagt: „Les femmes accouraient naturellement vers une communauté, où le faible était entouré de tant de garanties."

Aber die christlich = soziale Bewegung — ich bitte,

---

*) Deutsch von Dr. H. Kurella. Verlagsanstalt und Druckerei-Aktien-Ges. Hamburg 1892.

an Paulus dabei und nicht an Stöcker zu denken — mußte,
um Erfolge zu haben, zu einer nachgiebigen Taktik sich
bequemen und mit bestehender Gewöhnung Kompromisse
schließen. Auch damals mag es „Unabhängige“ gegeben
haben, die auf dem kürzesten Wege im Sturmschritt auf
das Ziel losgehen wollten; die Fraktionellen aber, die
damals Apostel hießen, die widerstrebten klüglich dem
Ungestüm und schmiegten schlau in vielen Stücken der
geltenden Sitte sich an. Was dem Christenthum an
judaistischem Geiste heute noch eignet, das dankt dieser
Taktik das Dasein, dem Paulus besonders, der bei allem
Radikalismus auch nach der Bekehrung die Sektirerei
niemals ganz überwunden hat. Und weil nach alt-
jüdischer Satzung — siehe den Fall Adam — die
Frau als Verderberin galt, weil sie — siehe das neunte
Gebot — unter das Eigenthum rangirte und nur —
siehe den Fall Thamar — als Gattungobjekt einen
Rechtsanspruch hatte: das Recht auf Nachkommenschaft,
deshalb schickte auch hierin, wie in der Sklavenfrage,
der neue Glaube sich in die Zeit und ihre Sitte, die
sich ja immer für Sittlichkeit ausgibt. Der Gekreuzigte
selbst hatte mit Frauen, der Samariterin wie der
Sünderin, als mit Gleichen verkehrt, vielleicht, weil er
im Lande der Gynaikokratie erste Weisheit gesogen hatte,
und was ihm die Evangelisten gegen die Frau und die
Ehe in den Mund gelegt haben, verdient nicht immer
mehr Glauben, als die moderneren Interviews. Während
aber seine Lehre, allen Schwachen zum Heil, auch den
Frauen, die im Orient vom Kind rasch zur Matrone
verblühen, das metaphysische Bedürfniß stillte und ihrer

irdischen Thätigkeit einen lohnenden **Wirkenskreis** in der organisirten Wohlthätigkeit erschloß,*) vergaßen **die** apostolischen Politiker, auch aus taktischen Rücksichten, bald und gern, welchen Dank die Ausbreitung ihrer Agitation den Frauen schuldete, und sie begannen, an Frauenlästerlichkeiten es den orientalischen Umwohnern noch zuvorzuthun. Bebel, der das Christenthum sehr unhistorisch und **gerade von seinem** Parteistandpunkte auch sehr unklug befehdet, hat **nach dieser Richtung eine** stattliche Anzahl von Citaten gesammelt. Paulus: „Die Ehe ist **ein** niedriger Stand; heirathen ist gut, nicht heirathen ist besser.“ „Einem Weibe gestatte man nicht, daß sie erziehe oder lehre, sondern sie gehorche, diene und sei stille.“ Petrus: **„Ihr Frauen, seid** gehorsam **Euern Männern!“** Und so fort, bis in das aus der Leidenszeit erlöste und zur Staatsreligion erhobene Christenthum allmählich ein pfäffischer und mönchischer Geist einzog und die Kirchenväter anfingen, ihres Leibes Entbehrung in schrille Flüche zu entladen. Augustinus: „Die Ehelosen werden am Himmel glänzen wie leuchtende Sterne, während **ihre** Eltern (die sie zeugten) den dunkeln

---

*) Les institutions que l'on regarde **comme** le fruit tardif du christianisme, les congrégations des femmes, les béguines, les sœurs de la charité, furent **une** de ses premières créations, le **principe** de sa force, l'expression la plus parfaite de **son** esprit. En particulier l'admirable idée de consacrer par une sorte de caractère religieux et d'assujettir à une discipline régulière les femmes qui ne sont pas dans les liens du mariage est toute chrétienne. (Renan.)

Sternen gleichen." Origenes: „Die Ehe ist unheilig und unrein, ein Mittel der Sinnenlust." Tertullian: „Ehelosigkeit muß gewählt werden, wenn auch das Menschengeschlecht zu Grunde geht." „Weib, Du solltest stets in Trauer und Lumpen gehen, dem Blick Deine Augen voll von Thränen und Reue darbietend, um vergessen zu machen, daß Du das Menschengeschlecht zu Grunde gerichtet hast. Weib! Du bist die Pforte zur Hölle!" Und wiederum so fort. Isis, Kybele, Juno nahmen die milderen Züge der seligen Gebärerin Maria an, doch zugleich wurden auch die frohen Heidengötter zu schlimmen, den frommen Einsiedler schreckenden Dämonen und das mönchisch spiritualisirende Empfinden beschwor den alten Weltekel herauf.

Solche Stimmungen mußten ihren Höhepunkt erreichen, als die herrschenden Klassen, nach den wüsten Ausschweifungen der goldenen Mittelalterlichkeit und ihrem nur äußerlich verchristlichten Hetärismus, abgewirthschaftet hatten und zum Genießen unfähig geworden waren. Die Welt wurde wieder einmal mystisch, auch wohl satanistisch, und taumelte zwischen perverser Unzucht und perverser Entsagung unlustig einher. In Luther rebellirte die Natur, die gesunde, mannbare Sinnlichkeit, der des Mannes zu wenig war auf der müden Erde und die auch das Weib wieder aus der Schlangenlegende erlöste. Nicht entkatholisirt nur hat er die christliche Lehre, er hat sie auch entorientalisirt; er ist der Uebersetzer der Bibel auch in symbolischem Sinn: der große Verdeutscher des Christenthums. Daß man ihn im neuen Deutschland — siehe den § 184 des

Strafgesetzbuches — jetzt nicht in **Frauenfragen** zum
Zeugen aufrufen darf, ist der Humor davon.

* * *

Luthers Werk ist nicht erfüllt, die Gütertheilung
zwischen Geist und Materie ist nicht vollzogen, nicht im
Leben und nicht in der Dichtung. So oft eine Klasse
noch jung war und frisch und genußfähig, so oft hat
sie auch nach der Emanzipation des Fleisches gestrebt
und den mönchischen Zwang abgestreift —: Luther,
Molière, Goethe, das junge Deutschland, Schleiermachers
Lucindenbriefe — und immer kam dann auch die Frau
zu Ehren und Ansehen. So oft eine Klasse müde wurde
und die Genußfähigkeit verlor, so oft stellte sich auch der
geschlechtliche Ekel ein und die pessimistische Weltabkehr
—: Bossuet, Joseph de Maistre, Tolstoi, der Satanist
Huysmans, die Symbolisten, Nietzsche und Strindberg —
und immer zog dann die Epoche der Frauenverachtung
herauf. Es ist doch mehr als ein Zufall, daß Schopen=
hauers Hauptwerk zwar schon 1819 veröffentlicht wurde,
aber erst kurz vor der bürgerlichen Revolution von 1848
seine weite Wirkung gewann. Er wollte, wie Nietzsche
und lange vor Strindberg, in der Behandlung der
Frauen zu der „ungeheuren Vernunft des alten Asiens"
zurück und die herrschenden Klassen lauschten ihm erst,
als ihre Müdigkeit sich nach der uralten Menschheitwiege
zu sehnen begann und nach dem Schlummerliede der
Kirchenväter. Denn es ist Kirchenväterweisheit, die uns
heute, ungemein geistreich und scheinbar auch ungemein
modern, gepredigt wird, orientalische Weisheit, senile
Weisheit, Skopzenweisheit. Tolstoi, einst ein flotter

Offizier, saß auf den letzten Sprossen, als er die Kreutzer=
sonate schrieb, und Maupassant war ein gebrochener
Mann, ehe in der Liebe er ein Haar fand. August
Strindberg nennt die Liebe der Geschlechter einen Kampf
und er hat heute Recht, denn der Mann ist schwach und
das Weib — siehe den Fall Brünnhilde — ersehnt
Stärke, und wo es die missen muß, da erwächst ihm Haß
und Verachtung. „Wen haßt das Weib am meisten?
— Also sprach das Eisen zum Magneten: ich hasse
Dich am meisten, weil Du anziehst, aber nicht stark ge=
nug bist, an Dich zu ziehen.“

Das ist ein Wort von Nietzsche, der in hellsten
Stunden die keimende Gefahr ganz genau erkannt, der
aber doch, nachdem er sich erkältet hatte, die wärmende
Decke wieder bis an den Hals zog, die aus dem welt=
berühmten Geschäft von Arthur Schopenhauer, in die
zwei Generationen schon sich eingewickelt hatten, um nach
Nirvana hinüberzuschlummern. Da uns zur Wohnstatt
aber nun einmal Sansara angewiesen ist, nicht die sturm=
lose Abgeschiedenheit, sondern das Haus der ewigen
Wiedergeburten, des Gelüstens und Verlangens, der
Sinnentäuschung und wandelbaren Formen, des Geboren=
werdens, Alterns, Erkrankens und Sterbens, deshalb
kann uns auch die ungeheure Vernunft des alten Asiens
nicht nützen, noch die orientalische Weisheit naturwissen=
schaftlich aufgeputzter Kirchenväter. Die europäische Frau
ist nicht die Uräffin, wie Dumas, nicht das in stetem
Verlangen sich verzehrende Weibchen, wie der Ifisanbeter
Zola und der Confuciusanbeter Tolstoi annimmt, und
wo, durch ganz persönliche Erlebnisse verschreckt, der

Kraftrenommist Strindberg nicht mit Unrecht kleinlich satanische Triebe in ihr entdeckt, da wird weder Zarathustras Peitsche noch die von Stuart Mill angestrebte formale Rechtsgleichheit Abhilfe schaffen und auch die von Bebel erharrte Gesellschaft wird, ich fürchte, mit dem individualistischen und mit dem metaphysischen Verlangen der Frau einen schweren Strauß zu bestehen haben. Das Urchristenthum erstarkte, weil es der Frauenthätigkeit ein Gebiet erschloß, das nun, den geänderten sozialen Bedingungen gemäß, von jeder neuen Gesellschaftreformation rastlos und vorurtheillos erweitert werden muß. Wenn die Frau nicht mehr dazu erzogen und, öfter noch, dazu abgerichtet wird, den Mann als die Welt und die Welt durch den Mann zu betrachten, dann wird sie vom Manne auch nicht mehr heischen, daß er die Frau als die Welt und die Welt durch die Frau betrachten und der Einzigen eigen sein soll, mit Leib und Seele, mit Haut und Haar, wie Knecht und Magd, wie Ochse und Esel und Alles, was ihr ist.

6. 5. 1892.

XVI.

Der Ententeich.

❧

Il n'y a plus aucune faute à commettre —: in den letzten Monaten ist das aus den Tagen der französischen Revolution berühmte Wort von den Freunden weit öfter noch als von den Feinden des Deutschen Reiches wiederholt worden. Ein Fehler aber, der verhängnißvollste, war noch zu begehen: die Politik Caprivi, deren einzig konsequente Richtung Treitschke durchaus zutreffend in dem Bestreben erkannt hat, immer und überall das Gegentheil von dem zu thun, was Bismarck gethan hätte, diese rastlos um populäre Erfolge bemühte Politik konnte dahin gelangen, vor der sogenannten öffentlichen Meinung ihr Dienerchen zu machen. Auch diese vorläufig letzte Etappe ist nun erreicht worden und in seiner Mannheimer Rede konnte der Abgeordnete Eugen Richter rühmend verkünden, zwei= mal habe in neuester Zeit die öffentliche Meinung die herrschenden Gewalten, also doch wohl auch den Kaiser, gebeugt: in den Fragen des Volksschulgesetzes und des Nationaldenkmals für den alten Kaiser Wilhelm.

Rühmend hat Herr Richter diese Siege verkündet und sein Stolz ist gewiß nicht unberechtigt, denn in beiden Fällen hat er die öffentliche Meinung zum wesent= lichsten Theile gemacht, als schlechter Journalist und guter Redner, und seine Stellung im Parlamente und namentlich im engeren Kreise seiner Parteigenossen ist durch diese überraschenden Erfolge erheblich befestigt worden. Der Thiergartenflügel der freisinnigen Partei, der in tiefstem Herzen Richter innig haßt, hatte gehofft, nach Bismarcks Scheiden mit dem unbequemen Uebergewicht des Fraktiontyrannen leichter fertig werden zu können. Das war natürlich ein Irrthum; das Irren und falsch Prophezeien war von je des Thiergartenflügels edelster Beruf, mochte es sich nun um die Getreidezölle oder um die Sozialdemokratie handeln. Sittlich und geistig stehen die Bamberger und Barth unendlich höher als der rüde Banause aus der Zimmerstraße, und für unser öffentliches Leben wäre es vielleicht ein Glück, wenn ihnen die Führung der Partei zufiele. Mit öder Manchesterei allein aber und mit humanen Schaumschlägerkünsten auf Friedenskongressen gewinnt man die Massen nicht; und von den bourgeoisen Erscheinungen der reichen und stilvoll eingerichteten Talmi=Engländer hebt die puritanische Gestalt des düster blickenden Volkstribunen nur um so wirksamer sich ab. Der Assessor a. D. Eugen Richter, der durch Provinzkorrespondenzen ein stattliches Ver= mögen zusammengescharrt hat und dem dann freisinnige Geldmänner zuerst eine Zeitung und später eine Dotation

13*

entgegentrugen, ist der Robespierre der Partei, der
Incorruptible, und zugleich ihr fleißigster Arbeiter, ihr
geschicktester Organisator und ihr rücksichtlosester Klopf-
fechter im Parlament. Er lebt in der papiernen Welt
seiner umständlichen Registratur, wo nach Daten und
Nummern die preußische und die deutsche Geschichte sorgfältig geordnet ist; von den wirklichen Bedürfnissen und
Stimmungen der Zeit hat er als Journalist und parlamentarischer Bureaukrat keine Ahnung und seine Beschränktheit in allen nicht formal politischen Dingen ist
sprichwörtlich geworden. Als berufmäßiger Volksvertreter aber ist er ohne Zweifel ein großes Talent
und ich möchte fast glauben, daß die von ihm betriebene
schnöde Verleumdung, neben der alle Ahlwardts der
Welt nur wie harmlose Unschuldlämmer aussehen, weniger
noch der von Franz Mehring aus der Seele des Thiergartenflügels gegeißelten Unanständigkeit seines Charakters
als der unglaublichen Begrenztheit seines Intellektes
entspringt, dem jeder nicht orthodox Freisinnige sofort
für vogelfrei gilt. Die hervorragendsten Leistungen Richters
liegen ohne Zweifel auf dem Gebiete der Bismarckkritik;
nachdem er den Altreichskanzler bereits als Alkoholiker
entlarvt und seiner auswärtigen Politik gründlich heim-
geleuchtet hatte, schwang er in Nr. 130 der Freisinnigen
Zeitung vom 5. Juni 1892 sich zu der allerliebsten
Behauptung empor, daß „die geistigen Kräfte des Fürsten
Bismarck gar nicht mehr ausreichen würden, irgend ein
Amt zu führen". Bei allem in neuester Zeit leider un-
redlichem Bemühen kann doch der Thiergartenflügel auf
ähnliche Großthaten noch nicht blicken. Man müßte

ein Buch daran wenden, um nachzuweisen, welches Unheil
die breite demagogische Beredsamkeit und die zwischen
Windthorst und Adolf Ernst einherschwankende Trivialität
dieses Mannes über unser Vaterland gebracht hat. Eine
Partei, deren intelligenteste Mitglieder einen solchen
Verderber genau kennen und ihm dennoch, heimlich
seufzend und wohl auch fluchend, die Zügel überlassen,
eine Partei, deren Interessen die unanständigste deutsche
Zeitung zunächst vertritt, eine solche Partei hat sich
selbst das Urtheil geschrieben und mag meinetwegen stolz
darauf sein, dem Deutschen Reiche einen Führer geschenkt
zu haben, wie ihn in ähnlicher Qualität, so ungebildet,
dreist und knotig, kein anderes Volk besitzt.

Dieser Vortreffliche also ist heute die beherrschende
Persönlichkeit in unseren Parlamenten und ihm gegen=
über steht eine Regierung, die um jeden Preis mit
populärem Winde segeln möchte und in deren Mitte
zwei einstweilen unerschütterliche Thürme ragen. Da ist
Herr von Boetticher, der unglückliche Schwiegersohn und
glückliche Ritter des hohen Ordens vom Schwarzen Adler:
ihn stützt die ganze Bismarckfeindschaft und der Frei=
sinn namentlich fühlt seiner gegipsten Morgen=Wieder=
Lustigkeit sich nah verwandt. Und da ist, ganz anders
geartet, Herr Miquel: ihn stützen die nationalliberalen
Parteigenossen, das Centrum, das für seine Enthaltsam=
keit im Kulturkampf ihm dankt, endlich die Konservativen,
deren Steuerprogramm er eben durchzuführen begonnen
hat. Herr von Boetticher hat das natürliche Interesse,
seine Beliebtheit zu bewahren, um gewisse Erörterungen,
die nachträglich noch an den Welfenfonds anknüpfen

könnten, fern zu halten. Herr Miquel hat das eben so
natürliche Interesse, besonders die liberalen Elemente in
den Kammern bei guter Laune zu erhalten, denn er will
als Reorganisator der preußischen Finanzen in der Geschichte fortleben und später vielleicht, wenn die jetzige
Regierung erst abgewirthschaftet hat, auf dem Kanzler-
stuhle niedersitzen. Beiden Männern konnte das Auf-
treten einer so fest umrissenen politischen Gestalt, wie
es Graf Zedlitz ist, nur äußerst unwillkommen sein.

Die politische Bedeutung des Volksschulgesetzes, das
mehr noch als der Prozeß Polke uns gelangweilt hat,
brauche ich hier nicht zu erörtern; seine Geschichte aber
führt geradenwegs uns in den Ententeich, auf dessen
flachem Grunde, das, lieber Leser, lerne wohl verstehen,
nicht eine künstlerische, nein, eine hochpolitische Frage
schlummert.

Der Kultusminister von Goßler mußte gehen, weil
sein Volksschulgesetzentwurf weder den Ansichten des
Kaisers noch denen der Mehrheit des preußischen Ab-
geordnetenhauses entsprach. Graf Zedlitz kam, sein Ent-
wurf fand den Beifall des Monarchen und der Kammer-
mehrheit und nach allen konstitutionellen Regeln mußte
er Gesetz werden. Herr Miquel hatte die Immediat-
eingabe mit unterzeichnet, die für die Lex Zedlitz die
königliche Genehmigung erbat; der große Eugen aber
blies zum Sturm, im Lande regte sich nicht immer
künstlich gemachte Entrüstung, Herr von Bennigsen setzte
dem unvorsichtigen Freunde ein nationalliberales non
possumus entgegen und der Finanzminister sah durch
die wacker angeblasene Unzufriedenheit sein Steuer-

programm und durch den Grafen Zedlitz seinen über=
ragenden Einfluß im Ministerium gefährdet. Sehr
plötzlich erkannte er die Nothwendigkeit, von der neuen
Schulpolitik sich abzuwenden, er bat um seine Entlassung,
der Kaiser aber forderte ihn auf, das Ergebniß der fort=
schreitenden Berathungen gefälligst erst abzuwarten. Wenn
das Gerücht nicht irrt, wäre Herr Miquel dann als
Unheilprophet umhergegangen, des Schulgesetzes Scheitern
stets verkündend, und hätte jedem, der da hören wollte,
laut verkündet: „Passen Sie auf, die sechsundzwanzig
Bürgermeister im Herrenhause werden wie ein Mann
dagegen stimmen!“

Es scheint denn auch gelungen zu sein, dem Kaiser
die Dinge so darzustellen, als ob Graf Zedlitz eine allzu
selbständige ministerielle Politik anstrebte, während er
doch nur ausführen wollte, wozu die Herren Boetticher
und Miquel anfänglich gnädigen Beifall genickt hatten.
Und so erfolgte denn die erste Beugung, von der Herr
Richter jubilirend sprach: Graf Zedlitz ging und es
löste sich der Alb vom schwer beladenen Busen des libe=
ralen Bürgerthumes in Stadt und Land. Die stärkste
Persönlichkeit war aus dem Rath der Krone verdrängt,
den durch seine Reden arg kompromittirten preußischen
Ministerpräsidenten löste ein bejahrter Routinier ab, der
ragenden Thürme aber schonte die konservativ=klerikale
Mehrheit, denn —: Herr von Boetticher ist in Friedrichs=
ruh verhaßt und Herr Miquel führt das konservative
Steuerprogramm aus.

Neues Gewölk zog indessen am hellen Himmel auf
und neue Sorge legte sich lastend um die Häupter der

Herren Minister. Wieder wogte die Volksseele heftig,
wieder rief Held Eugen auf die Schanzen, wieder schienen
die heiligsten Güter der Nation auf dem Spiele zu
stehen. Es war zum Entzücken komisch.

Dem ersten Kaiser im neuen Reich soll ein Denk=
mal gesetzt werden. Die Minister, die Mitglieder des
Bundesrathes und des Reichstages hatten gewünscht,
dieses Nationaldenkmal in der Gegend des Branden=
burger Thores errichtet zu sehen, der regierende Kaiser
aber hatte sich für die Schloßfreiheit entschieden und
da den Ministern, den Mitgliedern des Bundesrathes
und des Reichstages das nöthige Rückgrat fehlte, um
dieser Entscheidung eine künstlerisch sachverständige Kritik
entgegenzusetzen, so war die ganze Angelegenheit seit dem
Sommer 1890 einfach dem kaiserlichen Willen anheim=
gestellt worden. Während nun dem Kunstgefühl, das
unter den Ministern, den Mitgliedern des Bundesrathes
und des Reichstages bekanntlich nicht vertreten ist, all=
mählich vor dem Gedanken bange wurde, den alten Kaiser
künftig zwischen dem Schlosse und der Bauakademie,
zwischen dem grauen und dem rothen Kasten, Wache
halten zu sehen, waren auch dem jungen Kaiser Be=
denken aufgestiegen. Er mochte daran denken, daß er
nach der Niederlegung der Häuser auf der Schloßfreiheit
zur Rechten die Börse, zur Linken die schmutzige Wäsche
der Spreekähne vor Augen haben würde, und es mochte
ihn auch die Aufgabe reizen, als Erster unter den preu=
ßischen Königen der bildenden Kunst ein augustisches
Alter heraufzuführen. Da legte der Baumeister Ziller
dem Monarchen einen Plan vor, in dem verständige

Beurtheiler die glücklichste Lösung der vorhandenen
Schwierigkeiten zu erkennen glaubten; Herr Ziller wollte
die Bauakademie beseitigen, den Wasserlauf der Spree
verbreitern und den mit Gartenanlagen zu schmückenden
Platz durch eine Brücke mit dem Werderschen Markt
verbinden. Damit hätte nicht nur das Nationaldenkmal
einen ästhetisch möglichen Hintergrund erhalten, die Stadt
wäre auch um einen künstlerischen Schmuckplatz reicher
geworden, dem gerade an dieser Stelle sehr lebhaften
Verkehr wäre Raum und einem Theil der Hungernden
Arbeit verschafft worden —: lauter vortreffliche Dinge,
wie mir scheinen will.

Aber die gar nicht unerschwinglichen Geldmittel
für die Ausführung dieses Planes sollten durch eine
Lotterie geliefert werden und Lotterien sind unpopulär
und stellen die Herren Minister vor eine fatale Entscheidung, denn ihr Nein könnte vielleicht den Kaiser
und ihr Ja würde sicher die Parlamente ärgerlich stimmen.
Ein gewissenhafter Berather der Krone hätte nun zum
Kaiser gesagt: „Majestät, der Lotteriehetze können wir
uns nicht aussetzen; lassen wir eine ausführliche Denkschrift anfertigen und sehen wir mal zu, ob der Reichstag den Muth hat, uns die sechs oder zehn Millionen
abzuschlagen, die zu einer künstlerischen Umgestaltung des
Schloßplatzes und zu einer auch spätere Zeiten befriedigenden Lösung der doch immerhin nicht ganz un-
wichtigen Denkmalsfrage nöthig sind.“ Das war der
Weg über die stolze Vordertreppe; unsere Excellenzen
aber hatten es anders im Sinn.

Ein Herrn Miquel nahe stehendes Blatt begann
das Schießen und alsbald war die Kanonade allgemein.
Uferlose **Projekte**, wüste Ausschreitungen byzantinischer
Phantasie, neronische Bauwuth —: Bum! Bum! Bum!
Das Schloß soll auf einer Insel liegen, für die kaiser=
liche Yacht soll ein Ankerplatz geschaffen werden, Panzer=
schiffe sollen vom Schloßplatz direkt bis Helgoland oder
gar bis Dar=es=Salaam fahren können und Anlagen
werden geplant, gegen deren unerhörten Pomp alle
Wunderbauten des tollen Bayernkönigs nur dürftige
Armeleutehäuser sein werden. Und die ganze Geschichte
soll durch eine schamlose Entfesselung des Spieltriebes
bezahlt werden, in demselben Augenblick, wo die Börsen=
kommission drauf und dran ist, die Terminspekulation
des armen Mannes zu erschweren! Ist es etwa noch
nicht genug an den zahllosen vernichteten Existenzen, die
durch die Schloßfreiheit= und durch die Kolonial=Lotterie
um ihren mühsam erworbenen Besitz gebracht worden
sind? Sollen neue Opfer bluten, neue Schätze dem
Moloch in den Rachen geworfen werden, abermals
Hunderttausende auf den Trümmern ihres zerrütteten
Familienglückes wilde Schwüre zum Himmel kreischen
und den mitleidig schweigenden Sternen geloben, nie
mehr an den achten Theil eines vom ganzen Stamm=
tisch übernommenen Zweiunddreißigstels die Zukunft des
frommen Säuglings in der Wiege zu setzen?!

Wenn nämlich unsere Zeitungen einmal moralisch
entrüstet sind, dann sind sie's auch gleich ordentlich.
Mit Kleinigkeiten gibt sich der Leitartikelschreiber über=
haupt nicht ab, am wenigsten im Sommer, wo es doch

ein rechtes Fressen ist, nach Herzenslust so öffentliche
Meinung zu machen. Den Plan des Herrn Ziller kannte
Niemand; Herr Richter aber, der **im** sicheren Schutz
parlamentarischer Redefreiheit die Regierung des alten
Kaisers eben erst eidbrüchig genannt und früher schon
das feine Stichwort **von** der Schnaps= und Schweinepolitik
des Fürsten Bismarck ausgegeben hatte, Herr Richter sprach
nun gelassen das große Wort vom Ententeich = Projekt.
Dieser riesige Witz genügte, **um einen ernsten und un=
eigennützigen** Künstler dem Hohn aller dummen **Partei=
jungen** auszuliefern.

Und so schrieb denn die antisemitisch = freisinnige
„Vossische Zeitung" in schöner Entrüstung: „Höflinge
und Schmarotzer haben es verstanden, den guten Ein=
druck, **den** die Zurückziehung des Schulgesetzes bei der
Mehrheit des Volkes hervorrief, schnell zu zerstreuen.
Nicht die Millionen, welche kostspielige Bauten erfordern,
nicht die Unsittlichkeit der Entfachung **des** Spieltriebes
sind es, was die Nation mit tiefem **Unmuth** erfüllt,
sondern die Befürchtung, daß das Vaterland, **wenn die**
Abenteurer und Schranzen in unpolitischen Dingen be=
stimmenden Einfluß gewinnen, auch der politischen Zu=
kunft ungewiß sei. Denn bliebe die öffentliche Meinung,
bliebe die ausgesprochene Ansicht aller Parteien und des
gesammten Staatsministeriums wirkungslos neben den
liebedienerischen Schmeicheleien unverantwortlicher Ohren=
bläser, weshalb sollte nicht auch in Lebensfragen des
Staates, bei der Entscheidung über Krieg und Frieden
die Stimme eines geheimen Rathgebers maßgebend sein
gegen alle unbefangenen Vertreter des öffentlichen Inter=

esses? Indessen noch ist der Schade gering; noch ruhen die Pläne bei ihren Erfindern und mangelt die Zustimmung der entscheidenden Stelle, noch fällt kein Schatten der Verantwortung bis an die Stufen des Thrones, und darum hat das Volk zu sprechen und zu rathen, so lange es Zeit ist."

Ist das nicht reizend? Und mußte das liberale Bürgerthum in Stadt und Land da nicht von bangem Entsetzen geschüttelt werden? In manchem Ministerium rieb mancher Mann manchmal vergnügt die verantwortlichen Hände.

Die gute Tante Vossin wußte natürlich ganz genau, daß die Pläne nicht mehr bei ihren Erfindern ruhten, sondern längst die Billigung des Kaisers gefunden hatten. Aber: man so thun, heißt's in Berlin. Ein Herrn Miquel nahe stehendes Blatt hatte inzwischen ja den Namen des Höflinges, des Schmarotzers, des Abenteurers und Schranzen und liebedienerischen Schmeichlers bekannt gemacht, mit dem der Kaiser diese Dinge wiederholt besprochen hatte. Gegen diesen Mann, den Oberverwaltungsgerichtsrath Kunze, schwirrten nun die Pfeile, die eigentlich einer ganz anderen Stelle zugedacht waren, gegen ihn wurde die öffentliche Meinung mobil gemacht und die niedrige und widrige Infamie, mit der er aus allen publizistischen Winkeln angegriffen und verdächtigt wurde, zeigte die liberale Presse der Reichshauptstadt in ihrer ganzen Glorie. „Kunze bezieht ungeheure Provisionen aus der Lotteriegeschichte;" „Kunze will einen Orden;" „Kunze will Oberbürgermeister von Berlin werden!" Und schließlich als letztes Mittel, das immer

verfängt: „Kunze ist Antisemit, darum muß er ge-
schlachtet werden." Wer diesen Rattenkönig von Gemein-
heiten nicht kennt, der weiß auch nicht, welchen bübischen
Verleumdungen heute ein wehrloser Privatmann ausgesetzt ist, zwischen den Fängen der so zu sagen liberalen
Presse. Was soll er thun? Jeder Berichtigung, die er
etwa veranlaßt, wird sofort ein neuer Schwanz von
Verdächtigungen angehängt und ein verständiger Beobachter hat einmal ganz richtig gesagt: „Eine Zeitung
ist wie ein Kirchthurm, an dem täglich neue Passanten
vorübergehen; wird heute vom Thurm gerufen, ich sei
ein Schuft, dann nützt mir eine Ehrenerklärung von
übermorgen verdammt wenig, die neue Spaziergänger
mit halbem Ohr nur vernehmen . . ."

Herr Kunze hat niemals antisemitische Regungen
gezeigt; er ist ein durchaus unabhängiger Mann, dessen
Thatendrang und Begabung allerdings auf dem Ruhe-
posten im Oberverwaltungsgericht nicht den genügenden
Raum zur Entfaltung finden mag und der deshalb die
völlig selbstlose Arbeit in der Denkmalsfrage wohl besonders gern ergriffen hat. Und wäre es denn ein Unglück, wenn der in den Geschäften der Verwaltung erfahrene und ästhetischen Erwägungen nicht verschlossene
Mann Oberbürgermeister von Berlin würde, da eine
etwa hervortretende Neigung zu ausschweifenden Projekten
der Magistrat und die Stadtverordneten doch zügeln
könnten? Mit der Leiche Forckenbecks wird jetzt vom
Freisinn ja wacker gekrebst und sicher war der Verstorbene
ein Gentleman, ein vornehmer Repräsentant und ein
ungewöhnlich scharfsinniger Jurist, aber auch, selbst in

den längst entschwundenen Tagen seiner Arbeitfähigkeit,
ein am Ueberkommenen hängender, amusischer Nüchterling.
Und es wird gewiß Leute geben, die von der Stadt
Berlin mit ihrem Millionenetat erstens sozialpolitische
und zweitens künstlerische Interessen in ganz anderem
Maße gefördert sehen möchten, als das bisher geschah
und unter irgend einem manchesterlich vertrocknetem
Baumbach jemals geschehen wird. Aber Herr Kunze
ist konservativ und er besaß das Vertrauen des Kaisers —:
er mußte unmöglich gemacht werden. So wollte es Herr
Miquel, so will es Herr Richter. Denn Zufriedenheit
soll im liberalen Lager freundlich glänzen und im rothen
Hause soll der Freisinn herrschen, in Ewigkeit für und für.

„Es ist die Aufgabe Meiner Minister, Meine ver=
fassungsmäßigen Rechte durch Verwahrungen gegen Zweifel
und Verdunkelungen zu vertreten." Das hatte in einem
von Bismarck gegengezeichneten Erlaß der alte Kaiser
am 4. Januar 1882 an das Staatsministerium ge=
geschrieben. Als aber am 9. Mai 1892 die Schloß=
platzgeschichte vor das Abgeordnetenhaus kam, wo sie
übrigens, weil die ganze Denkmalsangelegenheit vor die
Reichsvertretung gehört, gar nichts zu suchen hat, da
schwieg der Ministerpräsident und auch Herr von Boetticher
fand kein Wort gegen die schnöde und hinterlistige Art,
in der ein durchaus nicht phantastischer Wunsch
des Kaisers erörtert worden war. Im Gegentheil:
Herr von Boetticher, der immer Vergnügte, hielt es für
schicklich und angebracht, den riesigen Witz vom Enten=
teich in den excellenten Mund zu nehmen und sich nach=
drucksamst gegen den „Verdacht" zu wehren, er habe

„das Projekt eines Herrn Ziller" irgendwie patronisirt.
Der große Eugen feierte einen ungetrübten Erfolg: kordial
schonte er die armen Minister, herzlich dankte er allen
Parteien für gütige Unterstützung, munter beschimpfte
er Herrn Kunze und in loyaler Rührung blickte er zum
„alten ehrwürdigen Hohenzollernschloß" empor, das er
unverändert erhalten zu sehen wünscht, der profunde
Kunstkenner, der getreuliche Anhänger der Dynastie.
Wer es aus dem Zehnpfennigroman der süßen Agnes
Müller mit dem ersparten Kapitälchen noch nicht wußte,
der erkannte es nun, froher Empfindungen voll: Er hat
Gemüth, unser Eugen! Und bei den rüdesten Flegeleien
seiner patriotischen Bierrede verzeichnet der Sitzungbericht, dessen Studium ich etwa noch vorhandenen Ver-
ehrern unseres Parlamentarismus dringend empfehle,
regelmäßig: Große Heiterkeit.

Inzwischen waren auch die Minister nicht müßig
gewesen; sie hatten den Grafen Eulenburg in's Feuer
geschickt und der Kaiser hatte nachgegeben, um nicht
gleich mit seinem funkelnagelneuen Ministerpräsidenten
in Konflikt zu gerathen. Das Nationaldenkmal wird also
zwischen dem grauen und dem rothen Kasten stehen, die
barbarische Stillosigkeit des Schloßplatzes bleibt uns erhalten, lieb Vaterland, magst ruhig sein: es gibt keinen
Ententeich.

Oder doch? Ist am Ende unsere ganze Politik in
den Teich gelangt, in dem so wohlig die publizistischen
Enten plätschern?

Otto Bismarck hat einmal gesagt: „Der Weg, auf
dem eine Regierung zu Grunde geht, ist der, wenn sie

bald dies, bald jenes thut; wenn sie heute etwas zusagt und dies morgen nicht mehr befolgt. Eine Regierung muß nicht schwanken; hat sie ihren Weg gewählt, so muß sie, ohne nach rechts oder links zu sehen, vorwärts gehen; kommt sie in's Schwanken, so wird sie schwach und darunter leidet das ganze Staatswesen." Und er hat vor dem Dolch des Macbeth gewarnt, den der schlaf= trunkene Kämmerling des Königs Duncan nicht sah, den die wache Regierung eines großen Landes aber sehen müsse.

In Friedrichsruh scheint man heute geneigt, an eine unbeschränkt persönliche Regierung des Kaisers zu glauben. Das wäre ein Irrthum; die Minister haben freilich nicht den Muth und das Ansehen, um den Kaiser über die wahren Stimmungen des Volkes auf= zuklären, aber sie haben seit einiger Zeit sich gewöhnt, zum Schutz ihrer Schwäche die öffentliche Meinung herbeizurufen, obwohl gerade Herr Miquel, dessen ausge= zeichneter Steuerplan von den freisinnigen Vertretern der Zwischenhändlerinteressen so grausam zu Gunsten des beweglichen Kapitals jetzt zerpflückt wird, doch am besten wissen sollte, wie diese öffentliche Meinung ge= macht wird.

Man redet sehr viel und sehr gern von der Korrup= tion, die Bismarck durch die offiziöse Presse geschaffen haben soll, und man vergißt darüber die ganz unver= gleichlich größere und tiefer eingefressene Korruption, die der Terrorismus des fast ausnahmelos freisinnigen Kapitals in unsere Presse gesät hat. In Süddeutsch= land, wo die sozial einsichtigere Volkspartei über große

Blätter verfügt, **liegen** die Dinge anders. Leider aber
wird die öffentliche Meinung meist von Berlin aus gemacht **und hier kann der** ohnehin erbärmlich bezahlte
Journalist sich eigentlich **nur** noch ernähren, wenn er
orthodox freisinnig schreibt. In der ganzen jüngeren
Literatur kenne ich nur einen einzigen überzeugt Freisinnigen und der wagt **sich** aus der Stickluft des Klüngels
nicht heraus; die Uebrigen nehmen seufzend, il faut
pourtant vivre, parbleu, das Joch auf sich, als Proletarier kapitalistische Interessen vertreten und als **aka-**
demische oder demokratische Sozialisten für Manchester
kämpfen zu müssen. Was sollen sie thun? Jeder Seiten-
sprung wird mit unbarmherzigem Boykott, jede unabhängige Regung wird mit harten Streichen der Hunger-
peitsche bestraft. Ich weiß ein Lied davon zu singen;
mancher brave Kamerad aber hat Kinder zu Hause —
und das ist auch ein Programm!

Um Alles in der Welt möchte ich auf diese Märtyrer ihres Berufes keinen Stein werfen; nur erklären
will ich, warum unsere Berliner Zeitungen auf einem
so kläglichen Niveau verharren, tief unter dem großer
Provinzialstädte. Nur ehrliche Ueberzeugung schreibt gut,
und wenn heute Herr Rudolf Mosse dem Parteibann
den Rücken kehrte und ein Blatt schüfe, in dem jede
literarisch vorgetragene Ueberzeugung ihre Stätte fände,
so würde man übermorgen schon erstaunt vor der Fülle
neuer Talente stehen; und am Ende sollte die Aufgabe,
seinem Lande endlich eine große, Einfluß übende Zeitung
zu geben, einen Millionär doch reizen, schon weil ja auch

mit einem guten Blatte, Scherz bei Seite, viel Geld zu
verdienen ist und eine Bürgerkrone als Rabatt . . .

Einstweilen wird in Berlin die öffentliche Meinung
frech und parteifürchtig gefälscht. Paul de Lagarde
schrieb einst, selbst ein Totgeschwiegener: „In der Presse
schweigt man von einem Manne, einem Gedanken, einer
Thatsache, wann der Mann, der Gedanke, die Thatsache
der eigenen Person, den eigenen Phantasien und Werth-
urtheilen, der eigenen Thatenlosigkeit Abbruch zu thun
droht: man schweigt sogar schon, wann ein Parteigenosse
durch Jene in Gefahr gerathen würde: man schweigt,
wann eine gefährdete Feder, eine einflußreiche Null, ein
auf der Durchschnittshöhe der Alltagsmeinung und des
Alltagskönnens stehender und, weil er Typus ist, als
Ideal geltender princeps mediocritatis den Buben, der
zu vernichten, den Einfall, der zu widerlegen, die Behauptung, die richtig zu stellen ist, unter seinen Schutz
genommen hat. . . . Durch unsere Presse ist Deutschland
zu einem großen Sumpfe geworden, und weil alle anständigen Deutschen den Sumpf nur zu deutlich spüren,
darum hat Bismarcks Ausdruck Reptil, allerdings in
einem von Bismarck nicht gemeinten Sinne, so weite
Verbreitung gefunden. Die bewußte Verleugnung der
Wahrheit wird als Machtmittel gehandhabt, und sogar
prinzipiell gefeiert. Ja, wie es Bauern gab, welche zu
den Scheiterhaufen der Wahrheitszeugen Holz in der
Meinung heranschleppten, Gott damit einen Dienst zu
thun, so giebt es in der Presse schon jetzt ehrliche Seelen,
welche die Sünde wider den heiligen Geist sogar als
Frömmigkeit, und in dieser schrecklichen, die Persönlich-

keit nicht verlierenden Zeit sogar als die allein erlaubte
Art der Frömmigkeit betrachten. Wer nicht den Kadaver=
gehorsam gegen die Partei oder aber gegen die Obrig=
keit hat, gegen den ist (so denken sie) Alles erlaubt.
Cui licitus est finis, etiam licent media.... Daß
dabei gegen die Jesuiten weiter deklamirt wird, ver=
steht sich bei jedem Protestanten von selbst: „Der Zweck
heiligt die Mittel!"

In Berlin ist es so weit gekommen, daß man aus
der Presse nicht eimal mehr erkennen kann, ob ein
Theaterstück gefallen hat oder nicht, und daß nur noch die
Anschauungen der Börsenleute und der ihnen dienstbar
ergebenen Bildungträger eine den wirklichen Interessen
entsprechende journalistische Vertretung finden. Deshalb
könnte uns kein schwereres nationales Unglück treffen,
als daß der Kaiser, dessen kraftvoll gegen bourgeoise
Gelüste strebendem Willen nicht ein einziger ehrlicher
Freund den rechten Weg zu weisen scheint, sich jetzt einer
öffentlichen Meinung gefangen gäbe, die in den Redak=
tionen gemacht und von hungrigen Korrespondenten dann
weiter telegraphirt wird. Schon Heinrich Heine, der sich
durch radikale Phrasen nicht blenden ließ und genau
wußte, daß nicht um die Beschränkung oder Beseitigung
der Monarchie es in der ökonomischen Revolution sich
handelt, sondern darum, den Leuten Rindfleisch statt
Kartoffeln zu geben, schon der gab auch das Stichwort
von der Emanzipation der Könige aus. Noch immer
muß diese Emanzipation der Könige vom engen und
habsüchtigen Egoismus der auf den Großstädten lastenden
Bourgeoisie unser nächstes Ziel sein; und wenn die

14*

Minister nach dem Beispiel buddhistischer Priester in Tibet einen neuen Gott, die öffentliche Meinung, dem Könige als Schreckbild setzen wollen, dann ist unerbittlicher Kampf gegen diesen dumm und dreist glotzenden Götzen vielleicht verdienstlicher als des Herrn Eugen Richter bekümmertes Gegacker um den Ententeich und seine un= gelegten Eier.

6. 6. 92.

Pierer'sche Hofbuchdruckerei. Stephan Geibel & Co. in Altenburg.